1945
1946
1953
1954
1955

L'ÉCOLE
HACHETTE
DU VIN

MA PREMIÈRE CAVE

Olivier Bompas
Béatrice Mialon

hachette
VINS

43, quai de Grenelle – 75905 Paris Cedex 15

L'ÉCOLE
HACHETTE
DU VIN

MA PREMIÈRE CAVE

Olivier Bompas
Béatrice Mialon

hachette
VINS

Les auteurs

Olivier Bompas, nîmois d'origine, est sommelier indépendant, formateur auprès de l'université du Vin de Suze-la-Rousse. Il collabore aussi à différents magazines, notamment *Le Point*.

Béatrice Mialon a exercé différents métiers (communication et commercial) avant de s'intéresser au vin. Formée à l'université du Vin de Suze-la-Rousse, elle prend en charge la communication d'une AOC avant de travailler en cave.

SOMMAIRE

Introduction 6
Composer sa cave à vins 8
Idées de caves 14
Les millésimes 18
Lire une étiquette 24
Les styles de vins 28
Les circuits d'achat 34
La dégustation 36
Les cépages à connaître 40
Les régions viticoles 48

Les vins rouges 80
Alsace & Lorraine 82
Beaujolais & Lyonnais 84
Bordelais 88
Bordelais mythiques 104
Bourgogne 106
Domaine de la Romanée-Conti 120
Jura & Savoie 122
Languedoc & Roussillon 124
Provence & Corse 132
Sud-Ouest 138
Vallée de la Loire 146
Vallée du Rhône 156
Les vins mythiques 166

Les vins rosés 168
Bordelais 170
Languedoc & Roussillon 172
Provence & Corse 174
Sud-Ouest 180
Vallée de la Loire 182
Vallée du Rhône 184

Les vins blancs secs 186
Alsace & Lorraine 188
Beaujolais & Lyonnais 194
Bordelais 196
Bourgogne 202
Jura & Savoie 214
Languedoc & Roussillon 220
Provence & Corse 224
Sud-Ouest 228
Vallée de la Loire 232
Vallée du Rhône 240

Les vins blancs doux 244
Alsace & Lorraine 246
Bordelais 248
Jura & Savoie 254
Sud-Ouest 258
Vallée de la Loire 260

Les vins doux naturels et autres vins mutés 264
Languedoc & Roussillon 266
Vallée du Rhône 270
Floc et pineau 272

Les vins effervescents 274
Champagne 276
Champagnes, les grandes maisons 288
Crémants 290

Glossaire du vin 296

Index des domaines 310

Pour un amateur de vin, composer sa première cave est une étape importante.
Dans ce domaine, il n'y a pas de règles établies, mais simplement le plaisir de se laisser guider par ses goûts, en tenant compte de la façon et du rythme auxquels on va ensuite déguster et consommer les précieux flacons.
Bien sûr, on sera tenté par l'achat de quelques vins de garde dans les beaux millésimes, et les années des événements marquants, comme les naissances, qui seront servis plus tard pour fêter les anniversaires !
Mais l'essentiel du stock doit être consacré à des bouteilles de courte et moyenne gardes, car ce sont les vins que l'on boit le plus couramment.
En moyenne, une cave est composée d'une majorité de vins rouges, d'environ un quart de blancs et le reste en rosés, vins doux et effervescents.
Il est important de penser aux gros contenants, surtout aux magnums, ces flacons festifs qui équivalent à deux bouteilles. Ils sont très adaptés aux grandes tablées et permettent un très bon vieillissement des vins.
Enfin, les conditions de conservation sont importantes, la première ennemie du vin étant la chaleur. Une armoire à vin sera parfaite pour commencer l'aventure, mais il arrive que l'on se trouve vite à l'étroit... Pour les plus entreprenants, ce sera le moment de passer à l'étape suivante : l'aménagement d'une vraie cave.
On trouve aujourd'hui des modules de cave clés en main, mais il est très facile d'adapter un petit local existant à moindres frais.
Des verres dignes de ce nom, une bouteille que l'on veut partager, quelques amis... il ne reste plus qu'à trinquer !

Introduction

COMPOSER SA CAVE À VINS

L'un des principaux attraits du vin est de se bonifier en vieillissant. Mais ce charme n'est pas donné à tous les vins et seuls les grands peuvent prétendre à un tel privilège. Et pour que ces cuvées puissent évoluer favorablement, il faut les servir à leur optimum qualitatif. Celui-ci varie avec les types de vins, les appellations et les millésimes. Un préalable : conserver les bouteilles dans de bonnes conditions pour qu'elles puissent se bonifier avec l'âge. Ce qui ne veut pas dire obligatoirement qu'il faille posséder une cave idéale, enterrée ou semi-enterrée. Un bon cellier peut suffire. Toutefois, quelques points essentiels doivent être respectés.

La bonne cave

Les règles pour une cave modèle

Un rappel nécessaire : pour bien remplir sa mission, une cave n'a nul besoin d'être idéale, construite en belle pierre et voûtée ; il suffit que le local où sont stockés les vins remplisse les trois conditions suivantes :

→ **Conserver une température fraîche et constante**, car les brusques écarts de thermomètre sont les plus dommageables pour le vin. Toutefois, le mercure peut descendre jusqu'à 12 °C ou 10 °C l'hiver et monter jusqu'à 14 °C, voire 16 °C l'été, sans que le contenu des flacons soit altéré. On évitera bien entendu la proximité avec des sources de chaleur, telle une chaudière.

→ **Être obscur et assez humide.** Il est généralement admis qu'un vin exposé à la lumière vieillit trop rapidement. L'hygrométrie se situera entre 70 et 80 %. Au-dessus, on peut craindre parfois une moisissure du bouchon, mais ce risque est limité. En dessous, en revanche, le danger est plus grand : en milieu trop sec, certaines bouteilles peuvent perdre une partie de leur contenu, car le bouchon se réhydrate avec le vin et non avec l'air ambiant. Ce dernier risque alors de s'oxyder.

→ **Offrir un milieu sain et inodore**. Cela peut surprendre si l'on songe à l'image traditionnelle de la cave, envahie de toiles d'araignées. Pourtant, les poussières et les microbes peuvent s'infiltrer dans des flacons, même bien cachetés.

Tout autant que les caractéristiques du local, le choix des voisins du vin est important. En l'absence de local adapté, cave souterraine ou cellier de surface, on aménagera un espace-cave dans son logement ou on fera l'acquisition d'une armoire à vins.

Quelques exemples de cave sans cave

La solution idéale est de posséder une vraie cave sous une maison individuelle. Elle peut être entièrement enterrée ou, si la maison est légèrement surélevée, à demi enterrée. Toutefois, ce n'est pas une obligation absolue pour bien conserver des vins chez soi.

Il existe en effet de nombreuses possibilités. On se méfiera du cellier qui accompagne parfois l'appartement dans un immeuble collectif. Celui-ci peut poser de nombreux problèmes difficiles à résoudre : mauvaise aération, présence de tuyauterie, sources de mauvaises odeurs ou de chaleur, etc. Avant d'entreposer des bouteilles, un état des lieux méthodique s'impose.

On fera preuve également de prudence avec la solution du garage-cave, même si elle est tentante quand on manque de place. Il faut prévoir une fermeture hermétique et une bonne aération. Il faut aussi veiller à rentrer la voiture de façon à ce que le tuyau d'échappement soit éloigné de la porte du cellier et ne soit pas dirigé vers elle.

Une solution commode est de transformer un meuble ou une pièce en cellier. Si l'on dispose d'une petite pièce libre, de préférence assez fraîche, on peut très bien la transformer en cellier. Il faut toutefois prendre soin de l'isoler et éventuellement de créer un système d'aération (par ventilateur ou autres). On peut également transformer une armoire ou un placard. Attention cependant à ne pas l'installer dans la cuisine, à cause des sources de chaleur ou des odeurs.

Enfin, si l'on possède un jardin, il est possible d'y aménager un cellier de surface ou d'y faire creuser une cave enterrée. Dans le premier cas, il faut prendre garde aux frais d'isolation et, dans le second, à la discrétion pour ne pas attirer des visiteurs mal intentionnés.

L'espace-cave

Simples réfrigérateurs améliorés à leur début, les armoires à vins sont devenues aujourd'hui de vrais espaces-caves. Ceux-ci vont du meuble contenant quelques dizaines de flacons à de vastes caves d'appartement pouvant accueillir dans les meilleures conditions plusieurs centaines de bouteilles. Certaines sont livrables en kit. Toutefois, les plus importantes nécessitent de l'espace (2,5 m de largeur sur 2 m de profondeur).

Le choix des casiers

Quel que soit le type de caves adopté, le choix des casiers doit être fait avec soin. En effet, il faut éviter l'empilement de caisses ou de cartons, qui rendrait impossible toute gestion rationnelle de la cave et gâcherait de belles bouteilles, rendues inaccessibles. Il existe deux grands types de casiers : à alvéoles et à compartiments. Dans le premier, chaque bouteille a son empla-

Propriétés isolantes des différents matériaux

L'une des principales tâches, dans l'aménagement d'une cave ou d'un cellier, est d'isoler le local. Ce qui implique de connaître les propriétés isolantes de chaque matériau. Pour fournir la même résistance aux échanges thermiques, une paroi, mur ou cloison, devra être épaisse de :

- *25 mm pour la fibre de verre ;*
- *75 mm pour le bois ;*
- *40 cm pour la brique ;*
- *65 cm pour la pierre ;*
- *1 m pour le béton ;*
- *1,15 m pour la maçonnerie de pierre.*

cement réservé. Les modèles les plus anciens sont en fer, mais on en trouve aujourd'hui en plastique ou dans divers autres matériaux, moins dangereux pour les flacons quand on les manipule. Le second type de casiers est composé de compartiments de 6, 12 ou 24 bouteilles. Ce type de casiers est plus coûteux et plus gourmand en place que le premier, mais il présente de réels avantages, notamment d'être modulable et de faciliter la gestion de la cave par lots.

Attention

Si l'on peut consulter la presse ou les guides pour connaître l'espérance de vie de ses vins, il ne faut pas confondre les indications d'apogée et de longévité. La première notion indique la période, celle où le vin sera à son optimum ; la seconde correspond à la durée (ascension, apogée et déclin) pendant laquelle le vin pourra être bu. Mais, à la fin de cette période, il aura déjà entamé son déclin.

L'art de disposer les bouteilles

Les bouteilles doivent être rangées avec méthode : à chaque type de vins, le milieu qui lui convient. En effet, la température varie d'un endroit à l'autre de la cave. L'air chaud montant, elle est légèrement plus basse au niveau du sol qu'en hauteur : ces nuances ont une incidence sur l'évolution du vin à long terme. Les vins blancs seront placés dans les casiers proches du sol – les moelleux ou liquoreux étant stockés au-dessous des secs. Les étages intermédiaires accueilleront les rosés et les rouges légers ; les casiers supérieurs, les vins rouges de garde. Dans la mesure du possible, il convient de placer les lots de vins par rangées horizontales. Les bouteilles seront gardées couchées : au contact du liquide, le bouchon ne se dessèche pas et garde son étanchéité, ce qui empêche l'oxydation.

Le bon ordre de la cave est aussi essentiel pour retrouver facilement les bouteilles, sans les remuer, car, à la différence du soda, le vin de garde, riche en dépôts, déteste être secoué, et même dérangé… Un casier très accessible, près de l'entrée, sera réservé à vos vins à boire jeunes. En prévision des achats futurs, il convient de laisser un casier vide pour éviter de déplacer les flacons au cours des réorganisations et de disposer d'une table pour poser les dernières acquisitions pendant une courte période. Pour mieux lire le nom du vin, mieux vaut disposer les bouteilles le goulot vers l'intérieur, étiquette au-dessus, ou fixer des étiquettes sur les casiers.

Une bouteille bouchée au liège doit être conservée toujours couchée, pour que le liège soit humecté. Pour les vins mutés et les eaux-de-vie, la bouteille sera conservée debout, car l'alcool peut attaquer le liège.

Constituer sa cave

Établir son fonds de cave

Posséder une cave permet avant tout de faire vieillir de belles bouteilles. Ce sont des vignobles produisant des vins de garde que proviendra votre fonds de cave. Celui-ci peut être limité au départ. Par exemple :

→ 12 grands bordeaux (crus classés), dont 10 rouges et 2 liquoreux ;
→ 12 grands bourgognes (appellations communales, 1ers crus, voire grands crus), dont 6 rouges et 6 blancs ;
→ 8 vins rouges de garde de la vallée du Rhône ;
→ 2 alsaces : grands crus, vendanges tardives, sélections de grains nobles ;
→ 2 vins de Loire : selon vos goûts, des blancs liquoreux de Touraine ou d'Anjou ou des vins rouges de cabernet (chinon, bourgueil...) de millésimes bien cotés.

Si vous souhaitez disposer à tout moment d'un nombre suffisant de bouteilles parvenues à leur apogée, achetez des vins qui n'ont pas le même potentiel de garde, si possible dans des régions et dans des appellations différentes pour varier les possibilités d'accords gastronomiques. Tenez compte aussi des millésimes : des vins de grande origine, destinés normalement à une longue garde, peuvent être prêts à servir plus jeunes dans le cas d'un « petit millésime » ; inversement, des vins d'ordinaire à boire très jeunes peuvent être intéressants à garder quelques années dans un « petit millésime ».

Encavez des vins promis à une garde de cinq, huit, dix, quinze ans et plus, sans oublier de renouveler les bouteilles déjà bues. L'achat aux enchères de vieux millésimes (voir p. 35) permet de compléter sa gamme, mais la prudence s'impose.

Pour étoffer ce petit fonds de cave, deux règles de base :

→ Ne vous contentez pas de multiplier le stock antérieur : il serait dommage de ne pas découvrir de nouveaux vins, appellations, régions ou pays.
→ Évitez de stocker trop de vins à boire jeunes. Privilégiez les bouteilles de bonne ou de moyenne garde, en les achetant par lots de 6 ou de 12 pour pouvoir suivre leur évolution.

Le bon choix

La composition de votre cave dépend de votre capacité de stockage, de vos moyens financiers, de votre consommation personnelle et de vos invitations. Avant tout, elle reflète vos goûts et votre passion ; elle doit être suffisamment variée afin de ne pas vous lasser d'un vin, fût-il le meilleur. Autre raison d'être : satisfaire aux accords gourmands les plus divers.

S'il est souhaitable de disposer de bouteilles classiques pour les accords avec les mets, ne négligez pas les vins moins connus, que vous découvrirez pendant vos vacances dans le vignoble, à l'occasion des foires aux vins ou de vos visites chez le caviste. Après vous être inspiré des propositions de caves des auteurs spécialisés, évadez-vous des schémas habituels.

Gérez votre cave

Établissez un budget tout en gardant une marge de manœuvre pour profiter des occasions et vous autoriser quelques achats impromptus. Votre consommation annuelle reste à peu près constante : pensez donc à renouveler les bouteilles dans chaque catégorie. Tenez compte de la qualité du nouveau millésime et n'hésitez pas à sauter un millésime s'il est trop moyen, ou bien à acheter davantage de bouteilles d'un grand millésime. La gestion n'est pas faite que d'achats : il faut savoir revendre les vins surnuméraires comme ceux dont l'évolution vous semble incertaine.

Tenez un livre de cave

Joli livre illustré, simple cahier ou fichier informatique, le livre de cave est indispensable pour bien gérer votre cave. Notez les entrées et les sorties, les commentaires de dégustation, les alliances avec les mets que vous aurez pu tester. N'oubliez pas d'inscrire les coordonnées de vos fournisseurs, utiles lorsque vous souhaiterez recommander des bouteilles.

Suivre l'évolution de ses vins

Les cinq phases de la vie du vin

Tous les vins suivent la même évolution générale qui comprend cinq grandes phases. La première est l'ouverture du bouquet et du palais, où les arômes et le goût apparaissent timidement. Cette période est de très courte durée car, assez rapidement, le vin se referme pendant une période plus ou moins longue (de quelques semaines à deux ans), perdant ses arômes et prenant parfois de mauvais goûts. Ensuite, le vin reprend son mouvement ascendant. C'est la phase de bonification, où il prend ses saveurs de jeunesse. Les arômes primaires (légués par le raisin : fruits frais, fleurs) et secondaires (issus de la fermentation : pain grillé, caramel, brioche) sont encore dominants dans le bouquet naissant.

Enfin, le vin atteint son apogée. Sa structure s'arrondit et devient plus lisse, les tanins percent leur rugosité. De leur côté, les arômes tertiaires se développent et deviennent dominants. C'est le bouquet. Pour les vins rouges par exemple, il s'agit des odeurs de sous-bois, de cuir ou de venaison. L'apogée dure plus ou moins longtemps.

Et c'est après que commence la dernière phase, le déclin. Toutefois celui-ci n'est pas immédiat : le vin s'amaigrit, ses arômes s'estompent. Toujours agréable au début de cette phase ultime, il devient à la longue sans intérêt.

La connaissance de ces cinq phases ne suffit pas pour prévoir l'évolution de tous ses flacons. En effet, la durée de vie de chaque vin varie en fonction de nombreux paramètres : appellation, terroir, cépages, modes de vinification, millésime et producteur. À cela s'ajoutent les conditions de garde, qui peuvent accélérer ou freiner le vieillissement.

Pour suivre ses vins, une seule méthode : goûter

La meilleure solution pour suivre ses vins est en définitive de les goûter. À partir du millésime (voir p. 18), on estimera le début probable d'entrée dans la phase d'apogée de chacun d'eux. Et, un an à dix-huit mois avant cette date, on ouvrira une bouteille pour évaluer le potentiel de garde. S'il semble toujours important, on recommencera quelques années plus tard, jusqu'à ce que le vin paraisse prêt.

Bien surveiller les millésimes anciens

Pour suivre des millésimes plus anciens, l'amateur dispose d'autres moyens. Ainsi, pour les blancs en bouteille transparente, la couleur apporte une bonne indication sur l'état du vin : dans le cas d'un liquoreux, l'apparition de nuances ambrées sera considérée comme un signal d'alarme.

Pour tous les vins, le niveau du liquide dans la bouteille devra être surveillé de près. On mettra le flacon debout pour examiner les pertes. La situation sera considérée comme normale si le vin arrive :

→ vers le bas du goulot, pour une bouteille d'une quinzaine d'années ;
→ vers le haut de l'épaule, dans une bouteille ayant dépassé les 20 ans ;
→ vers le tiers supérieur de l'épaule, dans une bouteille de plus de 30 ans.

Si le vin est plus bas, il deviendra nécessaire de l'ouvrir pour vérifier son état. De même, tous les 25 ou 30 ans, il est souhaitable de reboucher les bouteilles et éventuellement de transvaser le vin dans un nouveau flacon. Certains crus prestigieux se chargent d'ailleurs d'effectuer l'opération, garantissant ainsi la qualité et l'origine. Ils apposent alors une étiquette spéciale.

Assurer ses bouteilles

Consultez votre assureur : votre cave est-elle couverte par l'assurance multirisque habitation ? C'est souvent le cas si le local communique avec les pièces d'habitation ; s'il est séparé du logement, vous devrez sans doute souscrire une garantie particulière.

Quel que soit le cas de figure, demandez au préalable quel sera le niveau du remboursement des bouteilles en cas de sinistre ou de vol, et enquérez-vous des conditions nécessaires pour être couvert (verrou de sécurité, preuves d'achat…).

Si la cave figure dans le contrat, le dédommagement s'effectuera dans la limite d'un capital garanti, préalablement décidé par vous et votre assureur. Si vos flacons sont d'une grande valeur, il vous faudra probablement faire expertiser votre cave. Contrairement à d'autres biens, le vin peut acquérir de la valeur avec les ans : comment vos bouteilles seront-elles remboursées ? À leur prix d'achat ou à celui qu'elles atteindront le jour du sinistre ?

Pour faciliter le remboursement, vous avez intérêt à accumuler les preuves : des factures essentiellement. Des photographies et un livre de cave géré avec méticulosité (en notant bien les entrées et les sorties), sans constituer des preuves, viendront étayer votre demande.

IDÉES DE CAVES

La richesse des références en vins peut dérouter. Quels vins faut-il absolument avoir chez soi ? Rares sont les amateurs à ne s'être jamais posé la question. Pourtant, le choix en la matière est avant tout affaire de goût personnel. La profusion de l'offre vous permettra de faire preuve d'originalité.

Propositions de caves par prix

Cave de 55 bouteilles (environ 1 000 €)

Région	*Nb de bouteilles*
25 bordeaux	**17 rouges** (graves, saint-émilion, médoc, pomerol, fronsac) 8 blancs : 5 secs (graves) et 3 liquoreux (sauternes-barsac)
20 bourgognes	**12 rouges** (crus de la Côte de Nuits, crus de la Côte de Beaune) 8 blancs (chablis, meursault, puligny-montrachet)
10 vins du Rhône	**7 rouges** (côte-rôtie, hermitage, châteauneuf-du-pape) 3 blancs (hermitage, condrieu)

Cave de 150 bouteilles (environ 3 000 €)

Région	*Nb de bouteilles*	*Rouge*	*Blanc*
40 bordeaux	30 rouges 10 blancs	fronsac, pomerol, saint-émilion, graves, médoc (dont crus classés)	5 grands secs 5 sainte-croix-du-mont ou sauternes-barsac
30 bourgognes	15 rouges 15 blancs	crus de la Côte de Nuits, crus de la Côte de Beaune, vins de la Côte chalonnaise	chablis, meursault, puligny-montrachet
25 vins de la vallée du Rhône	19 rouges 6 blancs	côte-rôtie, hermitage, cornas, saint-joseph, châteauneuf-du-pape, gigondas et autres AOC communales du Sud, côtes-du-rhône-villages	condrieu, hermitage, châteauneuf-du-pape
12 vins de la vallée de la Loire	5 rouges 7 blancs	bourgueil, chinon, saumur-champigny	pouilly-fumé, vouvray, coteaux-du-layon
10 vins du Sud-Ouest	7 rouges 3 blancs	madiran, cahors	jurançon (secs et doux)
8 vins du Sud-Est	6 rouges 2 blancs	bandol, baux-de-provence, palette, patrimonio	cassis, palette
7 vins d'Alsace	blancs		gewurztraminer, riesling, pinot gris (grands crus)

4 vins du Jura	blancs		vins jaunes, côtes-du-jura, arbois
4 vins du Languedoc-Roussillon	2 rouges 2 vins doux naturels	languedoc, corbières, banyuls, maury	banyuls, rivesaltes
10 champagnes et autres vins effervescents			crémants et divers types de champagnes

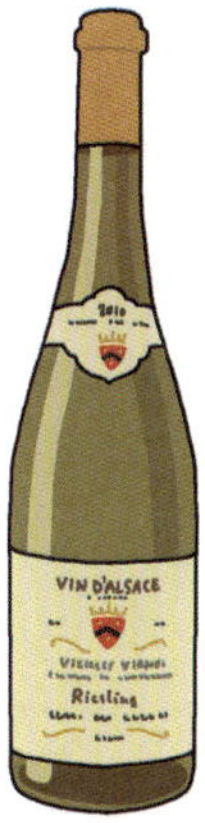

Cave de 300 bouteilles

La création d'une telle cave suppose un investissement d'environ 7 000 €. On doublera les chiffres de la cave de 150 bouteilles, en se souvenant que plus le nombre de flacons augmente, plus la longévité des vins doit être grande. Ce qui se traduit malheureusement (en général) par l'obligation d'acquérir des vins de prix élevé…

Propositions de caves par thèmes

Mini-cave pour s'initier aux styles de vins

Si vous êtes néophyte et que vous souhaitez parvenir à une connaissance basique des styles de vins, vous vous constituerez une cave de 23 bouteilles (pour 150 à 200 €). Par exemple :

Types de vins	*Appellations*
2 blancs secs légers	muscadet, alsace sylvaner
2 blancs secs corsés	alsace riesling, entre-deux-mers, sancerre
2 blancs secs onctueux	chablis ou autre bourgogne, pessac-léognan ou graves
1 blanc moelleux	vouvray, jurançon, pacherenc-du-vic-bilh
1 blanc liquoreux	sauternes, bonnezeaux, sélection de grains nobles d'Alsace
2 rouges légers	beaujolais, vins de gamay de Loire ou du Centre
2 rouges légèrement tanniques	AOC bordeaux et bourgogne
1 rouge tannique suave	saint-émilion grand cru

Mini-cave pour s'initier aux styles de vins (suite)

Types de vins	Appellations
1 rouge tannique suave	saint-émilion grand cru
3 rouges tanniques puissants	appellations communales de la Côte de Nuits, de la vallée du Rhône (côte-rôtie, châteauneuf-du-pape…), cahors, madiran
2 rosés	provence, loire (légers) ; tavel (corsé)
2 effervescents	champagne, crémant

Une cave classique

Région	Nb de bouteilles
Alsace	6 alsace riesling, 6 alsace pinot gris, 3 alsace sélection de grains nobles
Bordelais	6 crus classés du Médoc, 6 crus bourgeois du Médoc, 4 saint-émilion grand cru classé, 2 saint-émilion grand cru, 6 pomerol, 6 sauternes ou barsac
Bourgogne et Beaujolais	6 vins rouges premiers crus de la Côte de Nuits, 6 vins blancs de la Côte de Beaune, 12 chablis premier cru et grand cru, 6 beaujolais-villages, 6 crus du Beaujolais
Champagne	24 champagnes
Languedoc et Roussillon	6 languedoc rouges, 3 faugères, 3 saint-chinian, 6 côtes-du-roussillon-villages rouges, 6 côtes-du-roussillon blancs
Loire	6 chinon, 3 bourgueil, 3 saint-nicolas-de-bourgueil, 6 sancerre, 12 muscadet-sèvre-et-maine, 6 saumur-champigny, 6 coteaux-du-layon ou bonnezeaux
Rhône	12 côtes-du-rhône ou côtes-du-rhône-villages, 6 côte-rôtie, 6 hermitage, 6 condrieu, 6 châteauneuf-du-pape
Provence et Corse	6 rosés de Provence, 3 bandol, 3 cassis blancs, 3 ajaccio, 3 patrimonio

Sud-Ouest	3 côtes-de-bergerac, 3 pécharmant, 6 cahors, 6 madiran, 6 jurançon, 6 gaillac rouge
Vins doux naturels	6 muscat-de-saint-jean-de-minervois, 6 maury, 6 banyuls

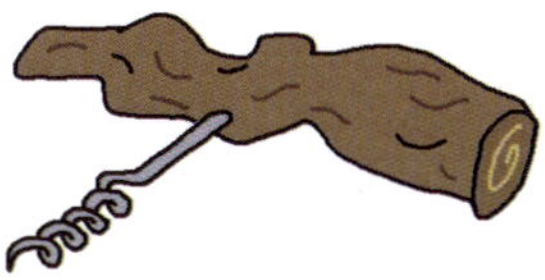

Une cave originale, de bon rapport qualité-prix
Choisissez, dans chaque appellation, un vigneron vedette, en vous référant aux guides ou à la presse spécialisée.

Région	*Nb de bouteilles*
Alsace	6 alsace grand cru gewurztraminer vendanges tardives
Bordelais	6 fronsac, 6 premières-côtes-de-bordeaux blancs secs, 12 bordeaux clairets, 6 graves rouges, 6 médocs, 6 bordeaux supérieurs, 3 barsac
Bourgogne et Beaujolais	6 saint-aubin, 6 marsannay, 6 chassagne-montrachet, 6 chambolle-musigny, 6 pouilly-fuissé, 6 crémant-de-bourgogne, 6 morgon (cru du Beaujolais)
Champagne	10 champagnes de vigneron
Languedoc et Roussillon	6 faugères rouges, 6 fitou ou minervois rouges, 6 limoux de chardonnay, 12 vins de pays d'Oc rouges
Loire	6 bourgueil, 6 quarts-de-chaume
Provence	6 baux-de-provence rouges, 6 côteaux-d'aix-en-provence blancs, 6 bandol rouges, 6 bellet blancs
Rhône	6 saint-joseph rouges, 6 saint-péray, 6 crozes-hermitage rouges, 12 côtes-du-rhône-villages Cairanne rouges, 6 lirac blancs
Savoie	12 vin-de-savoie chignin-bergeron
Sud-Ouest	6 fronton rosés, 6 irouléguy, 12 madiran, 12 pécharmant, 12 saint-mont rouges
Vins doux naturels	6 rivesaltes, 6 muscat-de-beaumes-de-venise, 6 muscat-du-cap-corse

LES MILLÉSIMES

Chaque année, en septembre, les médias du monde entier se posent la même question : le vin sera-t-il bon ? De fait, si la qualité d'un vin et son aptitude à la garde dépendent de son origine géographique, elles sont aussi conditionnées par les données météorologiques de l'année de production, au moins pour les vignobles soumis à un climat tempéré. C'est l'effet millésime, un phénomène complexe dans lequel interfèrent de nombreux paramètres.

Le privilège des grands vignobles

Savoir choisir le bon millésime est bien souvent l'un des signes qui permet de reconnaître le vrai connaisseur, l'une des indications qui révèlent une réelle culture, sinon œnologique, du moins œnophilique. La variation de la qualité d'un vin selon l'année, soit le mécanisme des millésimes, est entourée d'un halo de mystère, qui fait partie des charmes du vin. Ce phénomène ne concerne pas tous les vignobles. Il ignore les régions chaudes, où toutes les années se ressemblent plus ou moins, et est caractéristique des climats tempérés, ceux qui donnent justement les plus grands vins.

Une clef : la date des vendanges

D'une année à l'autre, les variations du cycle d'évolution de la vigne, et par conséquent la date des vendanges, peuvent être essentielles. Ainsi, entre une année très précoce et une année très tardive, il peut exister une différence allant jusqu'à un mois pour le début des vendanges. La date d'arrivée à maturation des raisins est souvent un bon indicateur de la qualité du millésime. Dans toutes les régions viticoles, les observateurs ont pu remarquer que les meilleures années se caractérisent souvent par deux traits majeurs :

→ Une maturité précoce des raisins, car, en règle générale, il est rare qu'une année tardive soit d'une qualité exceptionnelle. Mais précocité ne veut pas dire obligatoirement grand millésime, comme l'a prouvé l'an 2000 en Bourgogne. De même, si en 2003, année de la canicule, les sécateurs, ou plutôt les machines à vendanger, sont entrés en action assez tôt, le millésime n'a pas laissé un grand souvenir. Inversement, 2010 a été une belle année, bien que tardive.
→ Des mois d'août et de septembre chauds et secs (dans l'hémisphère nord) ; la chaleur facilite l'élaboration des sucres, à condition toutefois de ne pas être excessive, ce qui aurait pour effet d'alourdir le vin, en desséchant la pulpe.
Mais ces deux observations sont insuffisantes pour déterminer à elles seules la qualité d'un millésime. Il faut prendre en compte d'autres paramètres, tels que la corrélation entre les températures et la pluviométrie.
Plus que la précocité elle-même, c'est l'état de maturation des raisins qui détermine la qualité du millésime, sachant qu'au moment des vendanges, l'équilibre entre les différents types de maturité (alcoolique, phénolique et aromatique) doit être optimal.

À chaque région ses millésimes

Si l'on peut appliquer les mêmes règles de base dans tous les vignobles, il ne faudrait pas en conclure que la qualité des millésimes suit les mêmes évolutions dans toutes les régions. Ainsi, pour nous en tenir à des exemples français, on peut constater que 2002, qui fut un petit millésime à Bordeaux (avec un été détestable), s'est très bien présenté en Bourgogne, notamment pour les rouges de la côte de Nuits. À l'inverse, 2000, excellent en Gironde, fut une année souvent médiocre en Bourgogne pour les rouges. Au sein d'une même région, la qualité des vins d'un même millésime peut également varier selon les cépages. Si l'on observe le millésime 2005 dans les vignobles méditerranéens, on constate que les cépages autochtones, comme le carignan, ont beaucoup mieux résisté au vent et à la sécheresse que les variétés importées, ce qui leur a valu de donner naissance à de très beaux vins. De même, en remontant à 1992 en Languedoc, on remarque que le grenache noir a souvent donné des vins légers et que le mourvèdre a souffert, alors que les espèces précoces (syrah, chardonnay, muscat à petits grains) se sont fort bien comportées.
La notion de millésime concerne plus particulièrement les vins rouges et les vins blancs liquoreux. De nombreuses recherches ont été entreprises pour mieux comprendre ce phénomène, qui relève toutefois largement du domaine de l'imprévu, sur lequel l'intervention humaine a peu de pouvoir.

Millésime et garde du vin

Le millésime est un indicateur important de l'aptitude du vin à la garde. Certains millésimes se bonifient au fil des années, tandis que d'autres évoluent plus rapidement, car les conditions climatiques ont une influence directe lors de la constitution du vin, avec trois cas de figure possibles. Le premier est celui des grands millésimes, assez rares, avec des raisins vendangés à parfaite maturité grâce au climat de l'année et à des rendements sans excès. Les vins possèdent une structure riche et complexe qui leur permet de vieillir pendant des décennies. Le second est celui des bons millésimes, comme 2005, avec des vins qui se ferment pendant quelques mois avant de s'épanouir à nouveau, mais sans durer aussi longtemps que les grands millésimes. Le troisième est celui des millésimes modestes, qui sont plaisants jeunes, mais qui ne durent pas plus longtemps que leur caractère fruité.

Les millésimes de mémoire

1900 : le millésime mystère

Magie du chiffre à deux zéros ou de l'Exposition universelle de Paris, le millésime 1900 est entouré d'une réelle aura. Pourtant, celle-ci n'est pas pleinement justifiée, les vins ayant été loin d'être tous réussis, malgré quelques superbes succès. De plus, il a laissé dans l'ombre des années pourtant beaucoup plus réussies, qu'elles soient antérieures comme 1899 ou postérieures comme 1904 et surtout 1911.

1928-1929 : les frères rivaux

Chaudes et sèches avec des étés caniculaires, ces deux années sont restées célèbres. Pendant assez longtemps, il a semblé impossible de les départager, puis beaucoup de spécialistes ont cru que c'était le cadet, 1929, qui allait l'emporter. Aujourd'hui, c'est le 1928 qui est généralement considéré comme le vainqueur de ce derby. En fait, dans les deux cas, les bouteilles de nombreux crus se sont bonifiées pendant une bonne cinquantaine d'années et sont restées encore étonnantes 80 ans après leur récolte.

1945 : l'année de toutes les victoires

L'année de la victoire des Alliés sur les Allemands et les Japonais fut aussi celle d'un grand millésime, réussi partout en France. Il fut suivi de millésimes remarquables, comme le 1947, fabuleux, mais moins mythique, car ne faisant pas référence à un événement historique, et le 1949.

1961 : l'année du siècle ?

Si la décennie 1950-1959 a connu de belles réussites en 1953, 1955 et surtout 1959, aucune année n'a mérité de concourir pour le titre de millésime du siècle. En revanche, 1961 apparaît comme une année exceptionnelle, à la fois par la qualité des vins, tant à Bordeaux qu'en Bourgogne, en Champagne ou dans la vallée du Rhône, que par sa place dans l'histoire du vignoble français. Ce fut le millésime qui marqua le retour à la normale après les gels de 1956. De plus, il annonçait le futur : ce fut le premier à bénéficier réellement des nouvelles méthodes de vinification, même si celles-ci étaient alors l'apanage de quelques grands domaines. L'année 1962 fut un millésime très honorable, mais qui eut le malheur de succéder à un mythe. En revanche, le reste des années 1960 fut très médiocre, exception faite de 1966.

1982 : un don de la nature

La médiocrité des années 1960 fit surcoter le millésime 1970, qui fut à la fois bon et abondant, mais sans être exceptionnel. Il en fut de même pour 1975, qui est resté dans les mémoires parce que ce millésime confirmait qu'un millésime tardif pouvait être excellent. Il a été suivi, en 1976, par un autre très bon millésime qui a été, quant à lui, particulièrement précoce. Il faut attendre cependant 1982 pour être confronté à un millésime de légende. C'est l'exemple de l'année idéale, où il suffisait de laisser faire la nature pour obtenir un vin réussi. Véritable don de la nature, le 1982 a été suivi d'une série de belles années : 1983, 1985 et 1986, qui déclenchèrent un peu partout dans le monde un véritable engouement pour le vin.

1988-1989-1990 : les trois glorieuses

Couronnement d'une décennie d'exception, les millésimes 1988 et 1989 ont été associés à celui de 1990 pour former une trilogie de légende. Fait rare, les trois années furent précoces, avec de bonnes conditions climatologiques, et ont donné naissance à des vins bien armés pour passer le cap du changement de millénaire.

Les millésimes récents

2000 : derrière la magie des chiffres

Mathématiquement et officiellement dernière année du second millénaire, mais, dans l'esprit des gens, premier millésime du troisième, 2000 a bénéficié du triple zéro. Celui-ci n'explique pourtant pas tout. À condition de ne pas s'être laissé piéger par la maturité apparente des raisins, il a été possible d'obtenir de beaux vins de garde dans de nombreuses régions, notamment en Bordelais, en Anjou, dans le Jura et en Savoie, comme dans la vallée du Rhône ou le Chablisien. Mais l'année a été aussi celle des contrastes. En dépit de l'enthousiasme de certains médias, la magie des chiffres n'a pas suffi. Le succès tenait aussi au terroir, comme en Bourgogne, ou à de bonnes pratiques culturales, en particulier pour limiter les rendements.

2001 : le malheur de ne pas être un triple zéro

Si 2000 a bénéficié d'un préjugé favorable, ce ne fut pas le cas du millésime suivant. Année tardive, à de rares exceptions près, avec un été désastreux, 2001 a été présenté comme une *annus horriblis* que l'on allait bien vite pouvoir oublier, sans faire un gros sacrifice puisque les rendements avaient été médiocres. Mais septembre ayant été beau et octobre ayant connu un véritable été indien, le résultat final a été intéressant, notamment dans le Rhône et les régions méditerranéennes. En Bourgogne, comme à Bordeaux, les résultats ont été moins homogènes, mais avec de réels succès, de nombreux vins s'avérant d'assez bonne garde et souvent très supérieurs aux millésimes suivants.

2002 : un millésime terne réservant quelques surprises

Comme 2001, le millésime 2002 a été mal accueilli à sa naissance. Mais, à la différence de son prédécesseur, le temps n'a pas infirmé les premiers pronostics. Orages, pluies… Les conditions ne lui ont pas été favorables, laissant une image terne dans presque toutes les régions : Bordelais, Languedoc, Champagne. Toutefois, quelques vignobles ont su tirer leur épingle du jeu, notamment en Alsace (pour les rieslings) et en Bourgogne, avec de beaux résultats dans la Côte de Nuits, dont les rouges sont à boire d'ici 2030.

2003 : l'année de la canicule

Durant l'été, un anticyclone s'installa sur l'Europe occidentale, entraînant une canicule dont les effets furent dramatiques pour de nombreuses personnes âgées ou fragiles et... pour la vigne, victime du stress hydrique. Au final, un millésime atypique qui a plutôt déçu.

La fin des petits millésimes ?

Si les années 1980 sont devenues célèbres pour leur série de grands millésimes, elles ont aussi connu une révolution plus discrète, mais bien réelle : celle de la disparition des mauvais millésimes, grâce aux progrès de l'œnologie. Les petits millésimes, dont la production était quasiment invendable, ont cessé d'être œnologiés. Un petit millésime est devenu synonyme de vin agréable à boire jeune.

2004 : retour à la normale

À l'inverse de 2003, le millésime 2004 a été classique, mais tardif. Le rôle des vignerons et vinificateurs se révéla essentiel pour limiter les rendements, atteindre le bon niveau de maturité et éviter les surextractions. Quand ils furent réussis, les vins à boire assez jeunes se sont révélés fort intéressants par leur équilibre et leur expression aromatique.

2005 : la botte secrète

Chaud et ensoleillé, avec en été une alternance de journées chaudes et de nuits fraîches, le millésime 2005 a bénéficié d'une climatologie particulièrement homogène pendant tout le cycle végétatif. Certes, la sécheresse aurait pu être inquiétante, mais elle fut précoce et obligea la plante à s'adapter. Si les vignobles méditerranéens eurent un peu à souffrir du manque d'eau, la réussite fut générale. Fait rare, l'année fut aussi faste pour les Bourguignons que pour les Bordelais, avec dans les deux régions de jolis vins de garde, même s'ils se sont montrés un peu fermés au début. Les vins ont aussi été d'une belle tenue dans les vallées du Rhône et de la Loire. En Alsace et en Champagne, le millésime a été plus hétérogène, mais avec de beaux succès.

2006 : une météo capricieuse

Après avoir démarré lentement, le cycle de la vigne sembla décidé à rattraper le retard grâce à une météo plus clémente. Mais août ramena le mauvais temps et septembre se fit chaotique, même s'il fut plus favorable dans certaines régions comme la Bourgogne ou le Midi. Le résultat : une certaine hétérogénéité de la production avec quelques jolies réussites, dans le nord de la vallée du Rhône notamment.

2007 : le chiffre maudit ?

Si 1937 fut excellent et 1947 remarquable, les autres millésimes en « 7 » n'ont pas laissé un grand souvenir. En 2007, le cycle commença bien avec un hiver clément et un printemps presque estival. Mais en juin, la pluie s'installa et l'été prit des airs d'automne. Septembre sauva la récolte, mais celle-ci fut bonne et agréable à boire jeune, sans rien d'exceptionnel.

2008 : une année sauvée par l'arrière-saison

Gel en avril de la Loire au Sud-Ouest, un mois d'août catastrophique dans toute la France, l'année a été tardive. Une fois encore, l'arrière-saison a sauvé la situation in extremis. Les rouges furent agréables par leur côté aimable, fruité et gourmand. Les blancs tirèrent leur épingle du jeu dans de nombreuses régions, notamment à Chablis.

2009 : les pièges du millésime solaire

La pluie et le vent n'empêchèrent pas la floraison de se dérouler dans de bonnes conditions. Juillet et août furent chauds, mais pas caniculaires ; septembre et octobre estivaux et ensoleillés, avec en prime des nuits fraîches.

Les millésimes récents vieillissent-ils moins longtemps ?

Une opinion assez répandue veut que les millésimes récents vieillissent moins longtemps que les anciens. Certes, les méthodes de vinification tendent aujourd'hui à élaborer des vins qui puissent être prêts plus jeunes. Mais aucun élément scientifique ne vient étayer cette opinion. Beaucoup de vins sont souvent consommés trop jeunes, essentiellement pour des raisons économiques, sans attendre qu'ils aient atteint leur pleine harmonie.

Tout était là pour donner un millésime où le soleil faisait le travail des vignerons. Toutefois, la facilité ne fut qu'apparente. Il fallut savoir vendanger sans trop attendre, sous peine de voir s'estomper le bouquet. Bordeaux, Bourgogne, Loire, Jura, Savoie, Rhône… Un peu partout, 2009 a donné de grands vins. Rouges, blancs secs ou liquoreux, les cuvées sont de belle facture et ont de longues années devant elles, certaines n'étant pas encore entrées dans leur période d'apogée. Mais il faut rester vigilant, l'amateur peut aussi tomber sur quelques vins déséquilibrés.

2010 : belle année, malgré une météo chaotique

Suivant un millésime annoncé exceptionnel, 2010 n'a pas eu la tâche facile pour se tailler une réputation. D'autant plus que, de mai à août, la météo a joué au yoyo. Mais fin août, parfois dans la dernière décade, voire début décembre, le beau temps revint avec la formule magique des bons millésimes : chaleur diurne et fraîcheur nocturne. Les raisins ont donc pu être vendangés parfaitement mûrs. Un peu partout, les vins sont de belle facture et pourront être attendus jusque vers 2018-2020 pour les grands bordeaux et bourgognes rouges, de même que pour les liquoreux. Toutefois, on a fait grise mine en Alsace et en Champagne, où il n'y a pratiquement pas de cuvées millésimées.

2011 : un millésime normal, mais compliqué

Après un printemps doux qui a permis à la vigne de prendre de l'avance, l'été, très frais, a ralenti la maturation des raisins. Cette météo contrastée a eu pour effet de créer une certaine hétérogénéité dans le vignoble. 2011 faisant suite à deux années hors-norme, il n'en fallait pas plus pour que les critiques ne se déchaînent et fassent un véritable procès d'intention à ce millésime, dont les vins sont certes moins puissants que les 2009 et 2010, mais intéressants par leur équilibre, qui met en valeur leur bouquet.

2012 : atypique ou capricieux ?

Suivant un printemps désastreux à cause des pluies, le début d'été fut tout aussi morose, si bien qu'à la mi-juillet, certains viticulteurs se demandaient s'il y aurait une récolte. Oïdium et mildiou, tout était de la partie pour compromettre les vendanges. Heureusement, la météo s'est rétablie, septembre fut chaud et ensoleillé. Le résultat de cette climatologie capricieuse a été une année atypique, avec de faibles rendements et de forts contrastes selon les appellations et les crus. De jolis blancs secs, des rouges variant d'assez bons à très réussis et des liquoreux très rares et de qualité très variable. Certains domaines, Yquem et Rieussec, ont même renoncé à produire du 2012. Ce qui ne veut pas dire qu'il n'y aura pas de découvertes à faire.

LIRE UNE ÉTIQUETTE

Les rayons des cavistes et des grandes surfaces offrent une large palette de vins français, voire étrangers. Cette variété, qui fait le charme du vin pour l'amateur averti, rend aussi le choix difficile et déroute le néophyte : la France produit à elle seule plusieurs dizaines de milliers de vins, qui ont tous des caractères propres. Leur carte d'identité ? L'étiquette. Les pouvoirs publics, français et désormais européens, et les instances professionnelles se sont attachés à la réglementer. Capsules et bouchons complètent l'identification.

Les catégories de vin

L'étiquette indique l'appartenance du vin à l'une des catégories réglementées en France : vin de France (ex-vin de table), indication géographique protégée IGP (ex-vin de pays), appellation d'origine contrôlée (AOC, AOP pour l'UE).

L'appellation d'origine contrôlée

La classe reine, celle de tous les grands vins. L'étiquette porte obligatoirement la mention « Appellation X protégée », parfois « X appellation protégée ». Si l'appellation porte le nom d'une entité géographique (région, ensemble de communes, commune, parfois lieu-dit), cette seule provenance ne suffit pas à la définir. Pour bénéficier de l'AOC, un vin doit provenir d'une aire délimitée, caractérisée par ses sols et son climat, plantée de cépages spécifiques cultivés et vinifiés selon les traditions régionales. C'est ce que l'on appelle les « usages locaux, loyaux et constants ».

L'appellation d'origine vin délimité de qualité supérieure

Une catégorie supprimée en 2011, naguère antichambre de l'appellation d'origine contrôlée, et soumise sensiblement aux mêmes règles. Nombreux il y a trente ans, les VDQS ont souvent accédé à l'AOC.

Les IGP/vins de pays

Ils portent le nom de leur lieu de naissance, mais ne sont pas des AOC. La différence ? Les vins de pays ne font pas l'objet d'une délimitation parcellaire, en fonction des types de sol ; ils sont issus de cépages dont la liste est définie réglementairement et cette liste est plus large que pour les AOC. En un mot, leur rapport au terroir est moins fort. L'étiquette précise la provenance géographique du vin. On lira donc « Indication géographique protégée » (IGP), suivie du nom d'une région (ex. : Val de Loire), d'un département (ex. : Ardèche) ou d'une zone plus restreinte (ex. : cité de Carcassonne).

Les vins de France

Sans provenance géographique affichée, ils peuvent être issus de coupages, c'est-à-dire de mélanges de vins de plusieurs régions. Cela en fait en général des vins assez standard – sans surprise, mais sans personnalité. Si les vins de France sont souvent des produits d'entrée de gamme commercialisés en gros volumes, il existe aussi des vins de table de propriété – souvent des « vins d'auteurs » (il faut cependant noter que certains domaines prestigieux pratiquent une viticulture bio sans le signaler). En 2012, un règlement européen a été publié. En conséquence, à partir de ce millésime, les mentions du type

« vin issu de raisins de l'agriculture biologique » ne seront plus autorisées. Elles seront remplacées par le terme de « vin biologique » – à condition évidemment que les producteurs respectent la nouvelle réglementation pour l'élaboration de leurs vins –, accompagné du logo européen et du numéro de code de l'organisme certificateur. Le logo français AB reste facultatif.

Style de vins

D'autres mentions renseignent sur le style de vins, sur son élaboration. Certaines sont traditionnelles et ont un caractère officiel : « vendanges tardives » (vin blanc moelleux d'Alsace), « sélection de grains nobles » (liquoreux d'Alsace ou d'Anjou), « vin jaune », « vin de paille » (vins originaires du Jura), « méthode traditionnelle » (effervescent résultant d'une seconde fermentation en bouteille). Autres précisions réglementées : le dosage d'un champagne (extra-brut, brut, demi-sec, etc.), qui indique son caractère plus ou moins sec ; en blanc, la mention « sec » ou « doux », utile lorsque l'appellation produit les deux types de vins ; le terme « sur lie », appliqué au muscadet ; l'adjectif « ambré », pour un rivesaltes blanc, tandis que le « tuilé » est rouge. Non réglementées, mais utiles : les mentions de l'élevage en fût de chêne, de l'absence de filtration, de soufre, etc.

Nom de cuvée

On peut trouver sur l'étiquette des noms de lieux-dits, de communes ou de régions qui précisent la provenance : ce sont là des mentions réglementées. Cuvée Prestige, Vieilles Vignes, cuvée au nom des enfants du vigneron : ces mentions identifient un vin, mais elles ne garantissent pas une qualité supérieure. Si vous voulez acquérir une cuvée distinguée par le *Guide Hachette des Vins*, notez non seulement le nom du vin, mais aussi, s'il y a lieu, le nom de la cuvée et toutes les mentions qui figurent à côté du nom principal.

La réforme de la classification des vins

Mise en place en 2009, cette réforme a entraîné trois changements importants, concernant chaque étage de la pyramide qualitative. Les vins de table sont devenus vins de France, mais ils ont surtout gagné, au-delà du droit de porter comme étendard le nom de notre pays, ce qui n'est pas rien, la possibilité d'afficher cépage(s) et millésime. Deux mentions en général perçues comme qualitatives, ici autorisées pour les vins du bas de l'échelle : on peut légitimement s'interroger sur la pertinence de cette modification réglementaire. Les vins de pays (VDP) sont devenus des IGP, indications géographiques protégées. Un bouleversement majeur puisque, auparavant, les VDP faisaient partie de la même catégorie que les vins de table ; ils entrent dorénavant dans la famille des vins avec indication géographique, qui comprend également les AOC/AOP. Un changement qui leur donne des droits (protection juridique du nom comme les AOP, appellation d'origine protégée), mais aussi des devoirs : démonstration à faire de leur lien à l'origine et mise en place de procédures de contrôle renforcées. En 2011, les 150 VDP alors existants ont vu leur nombre se réduire à 75. Enfin, les AOP sont, depuis cette réforme, soumises à de nouveaux modes de contrôle, la tant décriée dégustation systématique d'agrément étant supprimée au profit de contrôles moins fréquents, mais plus proches du produit commercialisé. On attendra pour voir l'efficacité de ces nouvelles mesures sur la qualité des vins.

Étiquette, contre-étiquette et collerette

Si de nombreuses bouteilles comportent une étiquette unique, où figurent toutes les mentions obligatoires et facultatives, l'usage de la contre-étiquette se répand. Soit elle ne porte que des mentions facultatives (description du vin, conseils pour la température de service et les accords gourmands), soit elle affiche tout ou partie des mentions légales et obligatoires. Dans ce dernier cas, l'étiquette la plus visible a une fonction avant tout esthétique et porte des mentions succinctes (marque, nom de cuvée ou de commune). L'étiquette légale, placée « au dos » de la bouteille, ressemble à une contre-étiquette. Elle n'en comprend pas moins des précisions essentielles et mérite une lecture attentive. Certaines bouteilles portent une collerette, qui indique en général le millésime si celui-ci ne figure pas sur l'étiquette.

Les mentions obligatoires

Obligatoires pour toutes les catégories de vins, ces mentions suffisent à ce que le vin soit légalement mis en vente :

① **Le volume.**

② **Le degré alcoolique.** Cette mention contribue à apprécier le style du vin ; à 11 % vol. ou moins, c'est un vin léger ; à 13 % vol. ou plus, c'est un vin corsé et chaleureux.

③ **La catégorie de vin.** Elle indique la place du vin dans une hiérarchie réglementaire : vin de France, indication géographique protégée, vin d'appellation (AOC). Pour ces deux dernières catégories, elle informe aussi sur la provenance géographique du vin.

④ **L'embouteilleur.** Le nom et l'adresse du responsable légal du vin permettent d'éventuelles réclamations.

⑤ **Les mentions sanitaires.** La réglementation européenne a fait ajouter la mention « Contient des sulfites » lorsque le vin contient plus de 10 mg/l de SO_2 (cas fréquent, le soufre étant un antiseptique et un antibactérien utile pour la bonne conservation du vin, et le seuil autorisé bien supérieur) ; depuis 2007, les pouvoirs publics français imposent par ailleurs une mise en garde à l'adresse des femmes enceintes.

Les mentions facultatives

⑥ **La marque et le domaine.** Pour personnaliser le vin, nombre de producteurs lui donnent une marque : marque commerciale ou, notamment chez les récoltants, nom familial. Les termes de « château » ou « domaine » sont assimilés à des marques.

⑦ **Le millésime.** Souvent indiqué, il n'est pas pour autant obligatoire. Cette mention est fort utile, car elle permet d'évaluer les perspectives de garde en fonction de la cotation régionale des millésimes.

⑧ **Le cépage.** La mention du cépage est autorisée pour les vins de pays et certains vins d'appellation. Comme pour le millésime, l'Union européenne a adopté la règle des « 85/15 » : elle permet désormais d'indiquer le nom du cépage, même si 15 % du vin provient d'une autre variété.

⑨ **Mise en bouteilles à la propriété.** Un gage d'authenticité. Les caves coopératives, considérées comme le prolongement de la propriété, ont le droit d'utiliser cette mention. En Champagne, plusieurs sigles indiquent le statut du metteur en bouteilles, par exemple RM pour récoltant-manipulant (un vigneron), NM pour négociant-manipulant ou CM pour coopérative de manipulation.

⑩ **Les classements.** Dans certaines régions, il existe des classements officiels. En Bordelais (Médoc, Graves, Saint-Émilion, Sauternes), ce sont les propriétés et les châteaux qui sont classés. En Bourgogne, ce sont les terroirs : premiers ou grands crus, qui sont des lieux-dits (appelés localement « climats »). L'Alsace a également ses grands crus (terroirs classés), et la Champagne, ses premiers et grands crus (communes classées).

⑪ **Le bio.** Jusqu'en 2012, faute d'accord à l'échelle européenne sur un cahier des charges en matière de vinification biologique, il n'y avait pas de « vin bio », seulement des « vins issus de raisins de l'agriculture biologique » (ou « de raisins biologiques » ou « cultivés en agriculture biologique »). Une telle mention, ainsi que le nom ou le numéro d'agrément de l'organisme certificateur qui vérifie le respect du cahier des charges, éventuellement accompagnés du logo AB, garantissaient une agriculture biologique.

LES STYLES DE VINS

Qu'il s'agisse d'imaginer des accords gourmands ou d'organiser et de gérer sa cave, l'une des premières questions auxquelles se trouve confronté tout amateur de vin est celle de la typicité du vin. Il n'existe pas de typologie absolue et définitive des vins, tant leurs styles peuvent être nombreux. Pour la garde, on peut les classer en fonction de leur structure et de leur potentiel ; pour les accords gourmands, on prend souvent en considération leur expression aromatique. Toutefois, on peut distinguer quelques types principaux.

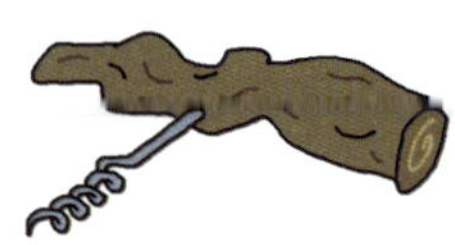

Distinguer les bons et les mauvais tanins

La grande question que se pose l'amateur est de savoir si les tanins d'un vin lui assureront un bon vieillissement. Distinguer les bons et les mauvais tanins n'est pas un exercice facile. L'astringence n'est pas suffisante pour garantir le potentiel de garde du vin. Les tanins, ni trop rugueux ni trop épicés, ne doivent pas provenir uniquement de l'élevage : le fruit doit percer sous le bois et le grain doit être fin.

Les vins rouges

Les rouges légers et souples

Le représentant le plus caractéristique de ce type de vins est le beaujolais nouveau. Rond, tendre, frais, fruité et gouleyant, c'est un sympathique vin de comptoir, à boire entre amis. Il charme par sa palette aromatique, qui évoque la framboise, la groseille et la banane. Loin de se limiter au beaujolais nouveau, ce type de vins, léger et fruité, se trouve dans de nombreuses autres régions. On appréciera, dans la vallée de la Loire, les vins issus du gamay comme en Beaujolais, mais aussi les cuvées de petits vignobles peu connus, comme les coteaux-du-lyonnais, les bugey ou les côtes-de-millau. De nombreux IGP rentrent également dans cette catégorie. Hors de l'Hexagone, il sera aussi possible de faire de jolies trouvailles, en Italie avec un *lambrusco* ou un *valpolicella* au bouquet expressif, ou en Espagne avec un *rioja joven*. Qu'ils soient primeurs ou non, ces vins de plaisir immédiat, peu tanniques, n'auront pas à séjourner longtemps dans la cave.

Les rouges légèrement tanniques

Plus structurés et charpentés que les précédents, mais en conservant un caractère souple et fruité, les vins rouges aux tanins légers sont ceux que l'on va boire entre amis ou le dimanche en famille. Jeunes, ils présentent un peu d'astringence liée aux tanins. Mais cette rugosité reste suffisamment discrète pour ne pas empêcher d'apprécier leur côté fruité, en les servant autour de 16 °C. Si elles peuvent être servies jeunes, ces cuvées charnues peuvent aussi se bonifier avec une petite ou moyenne garde. On trouvera de nombreux exemples de ce type de vins en France : bordeaux d'appellation régionale ou dans les côtes (côtes-de-bourg, côtes-de-francs, premières-côtes-de-blaye, premières-côtes-de-bordeaux) ; vins issus du pinot noir en Bourgogne (appellation régionale : bourgogne-hautes-côtes-de-nuit, bourgogne-hautes-côtes-de-beaune, chorey-lès-beaune) et dans le Centre (sancerre rouge, reuilly) ou du cabernet franc (appelé localement breton) dans les appellations saumur-champigny ou anjou-villages ; crus du Beaujolais (brouilly, chiroubles, fleury, régnié). Les amateurs de vins italiens connaissent bien l'un des représentants les plus illustres de ce type de vins : le *chianti*. Assez charpenté, tannique et aromatique, celui-ci est à boire dans les deux ou trois ans suivant la récolte. Tous ces vins peuvent être appréciés jeunes, tout en possédant un réel potentiel de développement qui permet de les attendre en général pendant une période de trois à cinq ans (voire huit ans pour les grands millésimes et certaines appellations).

Les rouges tanniques

Pour pouvoir dépasser les sept ou huit ans de garde, les vins rouges doivent posséder une solide structure tannique. Ces vins, au caractère plus affirmé, généralement élevés en fût, affichent une robe intense et profonde, souvent rubis à reflets noirs, qui annonce la puissance de leur structure. Celle-ci s'appuie sur des tanins plus ou moins rustiques, car plus ou moins extraits par le vinificateur. Après une dizaine d'années, la robe peut annoncer un début d'évolution, sans que la bouteille ait atteint son apogée. Le fruité du bouquet s'est enrichi d'arômes de sous-bois et de truffe, tandis que les notes boisées du fût ont commencé à s'estomper. De leur côté, les tanins se sont arrondis. Ce type de vins se trouve dans pratiquement toutes les régions, à commencer par Bordeaux avec les vins du Libournais (fronsac, lalande-de-pomerol, pomerol, saint-émilion), du Médoc (margaux, pauillac, pessac-léognan, saint-estèphe, saint-julien) et des Graves. La Bourgogne n'a rien à lui envier avec les vins de la Côte de Nuits (chambolle-musigny, clos-de-vougeot, échezeaux, gevrey-chambertin, musigny) et de la Côte de Beaune (aloxe-corton, corton, pommard, vosne-romanée). La Loire compte elle aussi de beaux représentants de vins tanniques, comme le chinon. Dans le Beaujolais, le gamay donne des vins de ce type (côte-de-brouilly, juliénas, morgon, moulin-à-vent, saint-amour), lorsqu'il est planté sur les sols granitiques ou schisteux des crus. Châteauneuf-du-pape, côte-rôtie, cornas, gigondas, hermitage... La vallée du Rhône est riche en cuvées possédant du corps. Sans rivaliser avec cette région, la Provence possède le palette, le Languedoc le pic-saint-loup et le terrasses-du-larzac, le Roussillon le maury et le collioure. Le Sud-Ouest n'est pas en reste, comme le prouvent le cahors et le madiran à la robe presque noire. En Italie, les vins issus du *nebbiolo* toscan, des

Les plus grands vins de garde

Si les vins rouges complexes et tanniques se bonifient pendant une dizaine ou une douzaine d'années, certains vont atteindre des records de longévité, tant en raison de leurs terroirs (graves, tuf), que de leur cépage (cabernet-sauvignon, syrah) et de leur mode de vinification. Souvent, ces vins de grande garde se distinguent pendant leur jeunesse par le caractère ferme de leurs tanins. Mais il ne s'agit pas là d'une règle absolue. C'est ainsi que les margaux, qui possèdent des tanins suaves et soyeux, vont vieillir aussi longtemps que les pauillac, aux tanins pourtant beaucoup plus fermes.

barbaresco et *barolo* piémontais et du *taurasi* campanien se distinguent pour leur potentiel. En Espagne, on trouve les vins de la *rioja*, leurs voisins navarrais et le *ribera-del-duero*. Tous développent de beaux tanins comme les *shiraz* australiens (Barossa, Hunter Valley) ou les *zinfandel* californiens. Contrairement aux vins de moyenne garde, charnus et fruités, il est assez rare que ce type de bouteilles puisse être bu très rapidement. Un temps de repos de quelques années est indispensable pour révéler la complexité aromatique et le velouté racé de ces cuvées.

Les vins blancs

Une grande diversité de styles

Plus encore, sans doute, que les rouges, les vins blancs présentent une grande diversité. Montesquieu, qui en produisait beaucoup dans ses domaines bordelais, n'en comptait pas moins d'une dizaine de variétés : rudes, moelleux, blancs dorés, doux, secs, clairs, verts... Sans chercher à être aussi précis que le philosophe, il est possible aujourd'hui de ne pas se limiter à la seule distinction entre secs et doux.

Les vins secs légers et fruités

La première famille de vins blancs est représentée par les blancs secs vifs et légers, à boire sur le fruit. On les sert jeunes, dans leur première ou seconde année, pour bien apprécier leur fraîcheur et leur expression aromatique. En effet, ils déploient un bouquet plaisant (fleurs, agrumes et fruits exotiques avec des notes minérales), où l'on devine la marque du cépage. En France, on songe immédiatement au muscadet, au gros-plant-du-pays-nantais et au sylvaner alsacien. Mais ceux-ci ne doivent pas faire négliger l'anjou sec, le vouvray sec aux arômes de pomme et de pêche, le bourgogne-aligoté, les bordeaux secs et entre-deux-mers, les pinot blanc et muscat alsaciens ni les vins de Savoie ou du Bugey. Autre modèle emblématique de vin sec léger : le *vinho verde* portugais, acidulé, frais, fruité et perlant, qui demande à être servi jeune. Mais le Portugal n'a pas un monopole dans ce domaine. L'Italie peut mettre en avant le *soave*, frais et onctueux, comme le pinot *grigio* (ou *Collio Pinot Grigio*) de la région Frioul-Vénétie julienne ; l'Allemagne, le *Weißburgunder*, nom local du pinot blanc ; les États-Unis, le pinot gris ou les *zinfandel* et chenin blancs.

Les perlants

Les perlants (également appelé « perlés ») laissent voir de très fines bulles, fugaces et presque immobiles. Il s'agit de gaz carbonique résultant de la fermentation, souvent sur lies. Elles se signalent au palais par un très léger picotement. En France, le gaillac perlé et le muscadet sont de bons représentants des perlants, à la plaisante fraîcheur, soutenue par une pointe d'amertume. Le Pays basque sud (espagnol) possède lui aussi un perlant connu avec le txakol, *de même que le Portugal avec le* vinho verde.

Les vins secs moyennement corsés

Pour découvrir le vin sec moyennement corsé le plus typique, il faut se tourner vers l'Alsace et l'Allemagne et leur célèbre riesling. Frais, fruité et perlant comme les vins légers, il peut aussi être attendu quelques années, pendant lesquelles il gagne en complexité aromatique. Toutefois, pour être épanoui et accepter la garde, le riesling doit provenir de terroirs de choix, comme ceux des grands crus d'Alsace. Cette région offre d'autres vins bien structurés, à base de pinot gris ou de gewurztraminer. Dans la vallée de la Loire, le sauvignon blanc trouve des terroirs (sancerre) qui lui conviennent, de même qu'à Bordeaux (graves, graves-supérieures), où il est associé au sémillon. Il en est de même pour le viognier dans la vallée du Rhône (condrieu) et, évidemment, pour le chardonnay en Bourgogne, où la liste des vins blancs secs ayant du corps est longue : chablis, mâcon-villages, mercurey, pouilly-fuissé, rully... Ces mêmes cépages sont à l'origine de vins corsés dans des pays comme les États-Unis, l'Australie ou la Nouvelle-Zélande.

Les vins secs corsés et onctueux

Quelques vins secs se distinguent par la puissance de leur corps, ainsi que par la complexité de leur palette aromatique. Ces vins secs corsés et onctueux forment une élite assez peu répandue dans le monde. Dans ce style de vins, les grands bourgognes blancs se taillent la part du lion : corton-charlemagne, montrachet, meursault, grâce au chardonnay qui donne des cuvées complexes et puissantes de longue garde. En Bordelais, la prime revient au couple sémillon-sauvignon, puis au pessac-léognan et certains crus en Médoc. Le viognier (château-grillet, condrieu) et la marsanne assemblée à la roussanne (hermitage) donnent de remarquables résultats dans la vallée du Rhône. Hors de France, le chardonnay, en Californie, offre d'excellents vins dans la Russian River Valley (comté de Sonoma) et l'Edna Valley.

Les blancs doux : moelleux et liquoreux

Les vins doux se distinguent des secs par leur richesse en sucre, apportée par la surmaturation des raisins ayant servi à les élaborer. Leur robe, plus dorée que celle des secs, laisse des larmes sur les bords du verre. On distingue les moelleux des liquoreux, deux styles qui tiennent parfois à des nuances, voire au millésime. Ainsi, un jurançon peut être moelleux ou liquoreux. Les moelleux sont légèrement moins sucrés. Issus de raisins très mûrs, mais non botrytisés ou passerillés, ils présentent un bel équilibre entre la douceur et l'acidité, qui leur confère un caractère à la fois dense et aérien. Leur bouquet riche évoque les fruits mûrs (pomme, poire ou fruits exotiques), agrémentés de notes de miel (cire d'abeille ou pain d'épice). Ces cuvées possèdent un solide potentiel de garde, qui permet aux arômes de s'épanouir avec l'âge, faisant la part belle à la confiture d'abricots et de coings. Issus de raisins botrytisés comme le sauternes ou passerillés sous le soleil comme les vins de jurançon, ou sous la glace comme les *Eiswein* allemands, les liquoreux affichent un caractère sucré plus marqué que les moelleux. Riches et denses, ils développent une liqueur douce, suave et crémeuse, qui leur a valu leur nom. Leur puissance se lit dans l'intensité de leur couleur, plus dorée que celle des moelleux. Outre la teinte de la robe et la proportion plus importante de sucre, les liquoreux diffèrent des moelleux par leur expression aromatique très

Un quatrième type de blanc sec ?

Certains vins, qui se distinguent particulièrement par la force et la personnalité de leur bouquet, pourraient former un groupe à part. C'est le cas notamment des vins à base de traminer (ou gewurztraminer) d'Alsace, d'Allemagne ou de Nouvelle-Zélande, comme du sauvignon blanc de Marlborough en Nouvelle-Zélande, dont les arômes vont des épices aux fruits tropicaux.

caractéristique de notes confites et rôties. Au fil du temps, ces arômes s'accentuent, pendant que la robe prend des teintes vieil or et que le vin devient de plus en plus concentré. Les liquoreux sont des vins de longue garde. Les plus grands, comme certains sauternes, dont Château d'Yquem, peuvent séjourner en cave pendant des décennies, voire un siècle.
Mais ce privilège se paie cher, car, pour les obtenir, il faut accepter des rendements très faibles, jusqu'à un verre par pied. De plus, certaines conditions météorologiques sont nécessaires pour que l'on puisse obtenir une récolte normale. Les années avec des volumes très faibles ne sont pas rares, notamment pour les vins botrytisés, car il faut que le botrytis puisse se développer, ce qui n'est pas le cas tous les ans.

Des vins doux rouges

Les vins moelleux et liquoreux sont très majoritairement blancs. Toutefois, il existe quelques exemples de rouges, notamment en Italie avec le remarquable *Recioto-della-Valpolicella*, issu de raisins passerillés hors souche. Riche et aromatique, il n'est pas sans rappeler un Porto léger.

« Botrytisé » : un abus de langage ?

On emploie généralement le terme de « botrytisé » pour désigner les arômes de confit et de rôti des liquoreux, comme s'ils étaient apportés par le microscopique champignon. En réalité, les arômes que pourrait apporter le botrytis ne sont justement que ceux d'un champignon, c'est-à-dire de moisi. Comme l'ont montré les travaux du professeur Denis Dubourdieu, les parfums caractéristiques des liquoreux sont en fait issus d'une réaction biologique du raisin face à l'attaque du parasite.

Les rosés

S'ils ne résultent jamais d'un mélange de vins blancs et rouges, les rosés peuvent apparaître comme intermédiaires entre les uns et les autres. Ils rappellent les premiers par leur fraîcheur et les seconds par leur couleur. Parfois traités avec mépris par quelques « puristes », ils sont néanmoins très agréables l'été et suggèrent des accords gourmands originaux, notamment avec certaines cuisines dites « exotiques ». Les cuvées sont généralement légères, comme dans le rosé-de-loire, le côtes-de-toul et le *mateus* portugais. Fraîches, fruitées, rafraîchissantes et élégantes, elles sont destinées à être bues dans leur année de production. Certaines peuvent être plus corsées, avec à la fois de la fraîcheur, de la souplesse, du fruité et du corps, comme le tavel. Bouqueté et charpenté, ce vin peut vieillir pendant quelques années. Quant aux côtes-de-provence, ils peuvent sembler aériens, mais ils sont aussi assez corsés.

Les vins mutés

Ces cuvées sont obtenues par ajout d'alcool vinique dans du moût de raisin partiellement fermenté pour arrêter la fermentation. Forts en alcool, subtils et raffinés, ces vins peuvent être blancs ou rouges, secs ou doux.
En France, on distingue les vins doux naturels (VDN), obtenus par un mutage pendant la fermentation avec un alcool neutre, d'origine vinique, des mistelles, appelées parfois « vins de liqueur » (bien que le terme serve au niveau européen à qualifier l'ensemble des vins mutés), qui résultent de l'adjonction d'eau-de-vie sur le moût à peine fermenté.
Les vins doux naturels, spécialités des vignobles méditerranéen (Roussillon et Languedoc) et rhodanien, peuvent être blancs (secs, demi-secs, demi-doux ou doux) ou rouges. Dans ce cas, les muscats privilégient les arômes de jeunesse, tandis que les autres sont plus marqués par l'élevage oxydatif pour donner au vin un caractère de rancio (teinte cuivrée et arômes de fruits secs).
L'une des mistelles (de l'italien *misto*, « mélangé ») les plus connues en France est le pineau-des-charentes, mais on en trouve aussi en Gascogne avec le floc et dans le Jura avec le macvin. Toutes sont mutées avec des eaux-de-vie de même origine que le raisin (cognac pour le pineau, armagnac pour le floc, marc de Franche-Comté).
Hors de France, il existe de nombreux vins mutés. Le plus célèbre d'entre eux, le Porto, est principalement, mais pas obligatoirement, rouge. D'autres également sont très réputés, notamment sur le pourtour de la Méditerranée : le *Marsala* de Sicile, le *Malaga* et le *Moscatel* d'Andalousie et le *Santorin* de Grèce, sans oublier le *Madère*, qui provient de l'île portugaise homonyme dans l'Atlantique.

Rouge ou rosé, le clairet ?

Rouge léger issu d'une macération courte, le clairet apparaît comme un intermédiaire entre le rouge proprement dit et le rosé, dont il se rapproche par son côté frais et fruité. Il est produit dans le Bordelais, en Alsace, en Bourgogne, dans le Jura, ainsi qu'en Espagne, où il se nomme clarete *et, en Italie, avec le* chiarretto.

Les effervescents

Si tous les vins contiennent du gaz carbonique en très petites quantités, certains en possèdent plus que d'autres. Sa présence se traduit alors par un dégagement dans le verre de fines bulles bouillonnantes, d'où le nom d'effervescents (du latin *effervescere* : bouillonner) qui leur a été donné. Outre la couleur (blanc, rosé ou rouge) et la composition (blanc de blancs, blanc de noirs, blanc issu d'assemblage), le dosage (apport en sucre) différencie ces vins, de brut nature (aucune addition) à doux (plus de 50 %). Vives, fraîches et élégantes, ces cuvées demandent à être découvertes sans attendre, même si certains champagnes millésimés supportent bien la garde. L'effervescent le plus célèbre est le champagne, mais de nombreuses régions possèdent d'autres mousseux séduisants comme les crémants, la clairette-de-die, le limoux, la blanquette-de-limoux et la blanquette méthode ancestrale. En Espagne, le *cava* et, en Allemagne, le *Sekt* appartiennent au même groupe.

LES CIRCUITS D'ACHAT

En grande surface, chez le caviste, le producteur... Les circuits de distribution du vin sont multiples, chacun présentant ses avantages. À chaque consommateur de trouver la formule qui lui convient.

Chez le négociant

Le négociant, par définition, achète des vins pour les revendre, mais il est souvent lui-même propriétaire de vignobles : il peut donc agir en producteur et commercialiser sa production, ou bien vendre le vin de producteurs indépendants sans autre intervention que le transfert (cas des négociants bordelais, qui ont à leur catalogue des vins mis en bouteilles au château), ou encore signer un contrat de monopole de vente avec une unité de production. Le négociant-éleveur assemble des vins de même appellation, fournis par divers producteurs, et les élève dans ses chais. Il est ainsi le créateur du produit à double titre : par le choix de ses achats et par l'assemblage qu'il exécute. Le propre d'un négociant est de diffuser, donc d'alimenter les réseaux de vente, qu'il ne doit pas concurrencer en vendant chez lui ses vins à des prix très inférieurs.

Chez le producteur

La vente directe permet-elle de faire des économies ? Pas nécessairement, car les producteurs veillent à ne pas concurrencer leurs diffuseurs. Nombre de châteaux bordelais, quand ils vendent aux particuliers, proposent ainsi leurs crus à des prix supérieurs à ceux pratiqués par les détaillants. D'autant que les revendeurs obtiennent, grâce à des commandes massives, des prix plus intéressants que le particulier. En résumé, on achètera sur place les vins de producteurs dont la diffusion est limitée, et non les vins de grands châteaux, sauf millésimes rares ou cuvées spéciales. La visite au producteur apporte bien d'autres satisfactions que celle d'une simple bonne affaire : on découvre un paysage, un terroir, des méthodes de travail ; on comprend les relations étroites qui existent entre un homme et son vin. Sur les routes des vins, on se souviendra du slogan : « Celui qui conduit est celui qui ne boit pas. » Les producteurs prévoient des crachoirs pour permettre aux conducteurs de goûter comme le font les professionnels.

En cave coopérative

Les coopératives regroupent des producteurs d'une aire géographique donnée : une commune ou une zone plus large. Les adhérents apportent leur raisin et les responsables techniques se chargent du pressurage, de la vinification, de l'élevage et de la commercialisation. L'instauration de chartes de qualité avec les vignerons et la possibilité d'élaborer des cuvées selon la qualité spécifique de chaque livraison de raisin ou selon une sélection de terroirs ouvrent aux meilleures coopératives le secteur des vins de qualité, voire de garde.

En grande surface

Aujourd'hui, nombre de grandes surfaces possèdent un rayon spécialisé bien équipé, où les bouteilles sont couchées et souvent classées par région. L'amateur y trouve – notamment en hypermarché – une large gamme, des vins de table aux crus prestigieux. Seuls les appellations confidentielles et les vins de petites propriétés sont moins représentés. Les foires aux vins des grandes surfaces proposent une offre élargie. Si celles de printemps misent plutôt sur les vins d'été à boire jeunes, celles d'automne présentent une importante sélection de crus renommés et de garde à des prix intéressants, même si les grands millésimes des domaines les plus prestigieux ne sont pas toujours disponibles. On consultera au préalable les catalogues, le *Guide Hachette des Vins* en main, pour repérer cuvées et millésimes, et l'on viendra dès l'ouverture – voire en avant-première.

Dans les clubs

Quantité de bouteilles, livrées en cartons ou en caisses, arrivent directement chez l'amateur grâce aux clubs qui offrent à leurs adhérents un certain nombre d'avantages. Le choix est assez vaste et comporte parfois des vins peu courants. Il faut toutefois noter que beaucoup de clubs sont des négociants.

Dans les foires et salons

Organisés périodiquement dans les villes, foires et salons permettent aux amateurs de rencontrer un grand nombre de vignerons et de goûter certaines de leurs cuvées sans aller sur le lieu de production.
L'offre est abondante, et l'atmosphère souvent conviviale – à condition d'éviter les heures d'affluence... Mieux vaut préparer sa visite, aidé du *Guide Hachette des Vins*.

Les ventes aux enchères

Ces ventes sont organisées par des commissaires-priseurs, assistés d'un expert. Il importe de connaître l'origine des bouteilles. Si elles proviennent d'un grand restaurant ou de la riche cave d'un amateur, leur conservation est probablement parfaite, ce qui n'est pas toujours le cas si elles constituent un regroupement de petits lots divers.
Les bouteilles dont le niveau n'atteint plus que le bas de l'épaule ou d'une teinte « usée » (bronze pour les blancs, brune pour les rouges) ont sûrement dépassé leur apogée.
On réalise rarement de bonnes affaires dans les grandes appellations, qui intéressent des restaurateurs. En revanche, les appellations moins connues, moins recherchées par les professionnels, sont parfois très abordables.

Sur Internet

Les cavistes en ligne donnent souvent quelques informations sur les bouteilles qu'ils vendent, voire sur les vignobles ou sur la dégustation, sans aller jusqu'au conseil personnalisé dont on peut bénéficier chez les meilleurs détaillants. Comme les clubs, ils font des offres commerciales (dégustations, visites).
On privilégiera les sites connus, qui proposent des dispositifs de paiement sécurisé. On s'assurera des délais de livraison et l'on vérifiera si les prix sont intéressants en prenant en compte le coût du transport.

Acheter en primeur

Le principe est simple : acquérir un vin avant qu'il ne soit élevé et mis en bouteilles, à un prix supposé inférieur à celui qu'il atteindra à sa sortie de la propriété.
Les souscriptions sont ouvertes pour un volume contingenté et pour un temps limité, généralement au printemps et au début de l'été qui suivent les vendanges. Elles sont organisées par les propriétaires, par des sociétés de négoce et des clubs de vente de vins.
L'acheteur s'acquitte de la moitié du prix convenu à la commande et s'engage à verser le solde à la livraison des bouteilles, c'est-à-dire de douze à quinze mois plus tard. Ainsi, le producteur s'assure des rentrées d'argent rapides, et l'acheteur réalise une bonne opération... lorsque le cours des vins augmente !

Chez le caviste

Pour le citadin, c'est le mode d'achat le plus facile et le plus rapide, le plus sûr également lorsque le caviste est qualifié. Il existe nombre de boutiques spécialisées dans la vente de vins de qualité, indépendantes ou franchisées. Qu'est-ce qu'un bon caviste ? C'est celui qui est équipé pour entreposer les vins dans de bonnes conditions et qui sait choisir des vins originaux de producteurs amoureux de leur métier. En outre, le bon détaillant saura conseiller l'acheteur, lui faire découvrir des vins que celui-ci ignore et lui suggérer des accords gastronomiques.

LA DÉGUSTATION

Pour l'amateur, savoir déguster, c'est découvrir toutes les facettes du vin en trois étapes : l'œil, le nez, la bouche. Simple exercice de frime, manifestation de snobisme ? Parfois, mais surtout on comprend et on apprécie mieux tout ce que l'on parvient à traduire en mots, ses sensations par exemple. Cela demande un petit effort, mais le plaisir que l'on peut en retirer en vaut la peine. En tout état de cause, déguster doit rester un jeu, un moment de partage.

Les conditions idéales

Le cadre

Pour une bonne dégustation, mieux vaut être dans une pièce bien éclairée (lumière naturelle ou éclairage ne modifiant pas les couleurs, dit « lumière du jour »), sans odeurs parasites telles que parfum, fumée (tabac ou cheminée), plat cuisiné ou fleurs. La température ne doit pas dépasser 18-20 °C. Si l'on déguste le vin pour lui-même, le meilleur moment est avant les repas (le matin vers 11 h, l'après-midi vers 18 h). À table, autour d'un plat, le vin révélera une facette de sa personnalité différente, mais tout aussi, voire plus, intéressante.

Le verre

Le verre est comme un outil pour le dégustateur. Il est primordial qu'il soit le mieux adapté possible. Un vin ne s'exprimera pas aussi bien – voire pas du tout – dans un verre à moutarde que dans un verre à pied. Un verre incolore, afin que la robe du vin soit bien visible, et si possible fin. Sa forme sera celle d'une tulipe légèrement refermée pour mieux retenir les arômes. Son corps sera séparé du pied par une tige : ainsi, le vin ne se réchauffera pas lorsque l'on tiendra le verre par son pied et il pourra être facilement agité pour s'oxygéner et révéler son bouquet. La forme du verre a une telle influence sur l'appréciation olfactive et gustative du vin que l'Association française de normalisation (Afnor) et les instances internationales de normalisation (Iso) ont adopté, après étude, un type de verre qui offre de bonnes garanties d'efficacité, appelé verre INAO. L'Union des œnologues de France a également mis au point des verres à dégustation.

Les étapes de la dégustation

La dégustation fait successivement appel à la vue, à l'odorat et au goût – et même au sens tactile – par l'entremise de la bouche, sensible à la température, à la consistance et à la présence de gaz.

L'œil

L'examen de la robe (ensemble des caractères visuels), marquée par le cépage d'origine et le mode d'élaboration, est riche d'enseignements. Il porte sur :

→ **La limpidité.** Aujourd'hui, les vins mis sur le marché sont limpides. Tout au plus peut-on trouver de petits cristaux de bitartrate (insolubles), précipitation que connaissent les vins victimes d'un coup de froid ; leur qualité n'en est pas altérée. On détermine la transparence (vin rouge) en inclinant son verre sur un fond blanc, nappe ou feuille de papier.

→ **La nuance de la robe.** Le mode d'élaboration a parfois une influence sur la teinte : les vins blancs élevés en fût ont souvent une teinte plus foncée. La couleur de la robe informe surtout sur l'âge du vin et sur son état de conservation. La teinte des vins blancs jeunes, jaune pâle, présente parfois des reflets verts.

Avec l'âge, elle fonce, devient jaune d'or, puis cuivrée, voire bronzée. Ces teintes ambrées, normales pour un vin liquoreux, doivent alerter pour un vin sec : il a sans doute dépassé son apogée. Quant aux vins rouges, leur robe affiche des nuances violettes lorsqu'ils sont jeunes. Des reflets orangés ou brique annoncent un vin évolué, qu'il ne faut pas tarder à boire.

→ **L'intensité de la couleur.** On ne confondra pas intensité et nuance (le ton) de la robe. Une couleur claire reflète parfois un vin dilué. Mais l'intensité de la couleur est aussi fonction du cépage : en rouge, par exemple, le cabernet-sauvignon, la syrah et le tannat donnent des robes plus profondes que le pinot noir.

Elle peut aussi varier en fonction de la vinification : une macération courte donne des robes légères et une cuvaison longue des robes foncées, signe d'une plus forte extraction. La robe légère n'est pas forcément un défaut pour un vin gouleyant à boire jeune : pour juger, on tiendra compte du type du vin.

→ **Les larmes ou jambes.** Il s'agit des écoulements que le vin forme sur la paroi du verre quand on l'anime d'un mouvement rotatif pour humer les arômes. Les larmes traduisent la présence de glycérol, un composé visqueux au goût sucré qui se forme pendant la fermentation et qui donne au vin son onctuosité (le « gras » du vin).

Le nez

Deuxième étape de la dégustation, l'examen olfactif permet aux dégustateurs professionnels de détecter certains défauts rédhibitoires, telles la piqûre acétique ou l'odeur du liège moisi (goût de bouchon). Pour les amateurs, heureusement, il ne s'agit la plupart du temps que de démêler des impressions plus agréables.
Le nez du vin rassemble un faisceau de parfums en mouvance permanente, qui se présentent successivement selon la température et l'aération. On commencera par humer ce qui se dégage du verre immobile, puis on imprimera au vin un mouvement de rotation : l'air fait alors son effet et d'autres parfums apparaissent.
Les composants aromatiques du vin s'expriment selon leur volatilité. Il s'agit en quelque sorte d'une évaporation du vin, ce qui explique que la température de service soit si importante : trop froide, les arômes ne s'expriment pas ; trop chaude, ils s'évaporent trop rapidement, s'oxydent, et les parfums très volatils disparaissent, tandis que ressortent des éléments aromatiques lourds.
La qualité d'un vin est fonction de l'intensité et de la complexité du bouquet. Le vocabulaire relatif aux arômes est riche, car il procède par analogie. Divers systèmes de classification des arômes ont été proposés. Pour simplifier, retenons les familles florale, fruitée, végétale (ou herbacée), épicée, balsamique, animale, empyreumatique (en référence au feu), minérale, lactée et la pâtisserie.

La bouche

Une faible quantité de vin est mise en bouche. Un filet d'air est aspiré afin de permettre sa diffusion dans l'ensemble de la cavité buccale. À défaut, le vin est simplement mâché. Dans la bouche, il s'échauffe, diffuse de nouveaux éléments aromatiques recueillis par voie rétronasale, étant entendu que les papilles de la langue ne sont sensibles qu'aux quatre saveurs élémentaires : l'amer, l'acide, le sucré et le salé.
La bouche est également sensible à la température du vin, à sa viscosité, à la présence de gaz carbonique et à l'astringence. C'est en bouche que se révèlent l'équilibre, l'harmonie ou, au contraire, le caractère de vins mal bâtis qui ne doivent pas être achetés. L'harmonie des vins blancs, gris et rosés se mesure à l'équilibre entre acidité et moelleux. Pour les vins rouges, elle tient à l'équilibre entre l'acidité, le moelleux et les tanins.
Après cette analyse en bouche, le vin est avalé. On mesure alors sa persistance aromatique, appelée aussi « longueur en bouche ». Plus un vin est long, plus il est estimable. Cette mesure de la persistance en secondes (encore appelées « caudalies ») est à la fois simple et compliquée ; elle ne porte que sur la longueur aromatique, à l'exclusion des éléments de structure du vin (acidité, amertume, sucre et alcool).

Les défauts aromatiques

Il est de plus en plus rare que l'amateur boive un vin défectueux, les producteurs veillant à la qualité des bouteilles offertes à la vente. Cependant, de multiples pièges attendent le vinificateur et peuvent déprécier le vin. Odeurs de bouchon, de vinaigre, de soufre, de croupi... Ces défauts olfactifs doivent être détectés dès l'ouverture de la bouteille. Voici les principales odeurs indésirables dans le vin.

→ **Le goût de bouchon**. Cet arôme désagréable, notamment en bouche, évoque le liège ou le moisi. Il ne se trouve guère que dans des vins gâtés par des bouchons de liège contaminés par le trichloroanisole, molécule qui résulte de la dégradation de la matière ligneuse du liège. Ce mauvais goût peut s'estomper après une bonne aération, si son intensité est faible.

→ **Le soufre**. Ce gaz a des vertus dans le vin, puisqu'il permet d'éviter l'oxydation et de préserver les arômes durant un long séjour en fût ou lors du vieillissement du vin. Trop dosé, le soufre fait apparaître des odeurs nauséabondes (œuf pourri, chou, oignon, ail) et a tendance à déclencher des migraines. Une bonne aération permet de faire disparaître les relents soufrés, s'ils ne sont pas trop puissants.

→ **Le vinaigre**. L'arôme de vinaigre est l'expression aromatique de la piqûre acétique. Ce défaut est dû à l'action d'une bactérie, qui transforme l'éthanol en acide acétique et en acétate d'éthyle. Il en résulte une aigreur caractéristique qui altère définitivement le vin. Lorsque l'aigreur apparaît, le vin est définitivement altéré. Une mauvaise conservation du vin, exposé à l'air dans des fûts mal ouillés ou mal fermés, est souvent la cause de ce défaut.

→ **Le moisi**. Proche du goût de bouchon ou de l'odeur terreuse que l'on peut percevoir en mangeant de mauvaises betteraves, cette odeur (serpillière humide, savon croupi, carton mouillé), souvent proche et rebutante, a plusieurs causes : traitement de poutres de bois ou de palette à l'aide de produits fongicides ou insecticides et autres odeurs exogènes ; mauvaises conditions de filtration ; nettoyage insuffisant des cuves ou des fûts. Une autre odeur nauséabonde, évoquant la sueur de cheval ou l'écurie, tient aussi à un mauvais nettoyage des cuves ou des fûts.

Déguster pour acheter

Lorsque l'on déguste un vin dans une perspective d'achat, il faut s'assurer qu'on l'apprécie dans de bonnes conditions. On évitera de le goûter au sortir d'un repas, après l'absorption d'eau-de-vie, de café, de chocolat ou de bonbons à la menthe, ou encore après avoir fumé. Attention aux aliments qui modifient la sensibilité du palais, comme le fromage ou les noix (ces dernières améliorent les vins). Si l'on souhaite acquérir un vin pour le conserver, on se rappellera que ce sont l'alcool, l'acidité et, pour les rouges, la présence des tanins et la bonne qualité qui assurent la garde.

LES CÉPAGES À CONNAÎTRE

Chaque région viticole se distingue par l'usage de cépages spécifiques, historiquement présents pour leur bonne adaptation au terroir et au climat, apportant aux vins une grande part de leur caractère. Certains vignobles, comme ceux du Sud-Ouest ou du Languedoc, assemblent différents cépages, chacun conférant au vin un aspect de sa personnalité. D'autres n'en utilisent qu'un seul et jouent sur les nuances de terroir, à l'image de la Bourgogne avec ses 1247 climats.

La pellicule de leurs baies translucides est vert clair, jaune, dorée, voire d'une teinte rosée, mais toujours dépourvue des pigments anthocyanes qui colorent les vins rouges lors des macérations. Ils donnent des vins très divers, aux arômes discrets ou exubérants, vifs ou marqués par la rondeur. Ils prospèrent dans le nord-est de l'Europe, de l'Allemagne à la Bourgogne, mais nombre d'entre eux se sont répandus dans le monde entier, chardonnay en tête.

Les cépages blancs à connaître

Le chardonnay

Ce Bourguignon voyageur est le plus emblématique des cépages blancs, au point d'être le plus planté dans le monde entier, de la Côte de Beaune à l'Australie.

Dans les vins

→ L'œil : une teinte jaune d'or qui brille de reflets verts lorsque les vins sont jeunes.

→ Le nez : d'une grande complexité, il mêle des arômes de pêche blanche, de beurre frais, de noisette et de pain brioché.

→ La bouche : ronde, grasse et fruitée, avec une petite note d'acidité qui lui apporte une juste fraîcheur.

Bonnes pistes…

Dans les vins blancs de Bourgogne, il joue le grand jeu. Il entre en assemblage dans les champagnes et crémants (notamment de Bourgogne), où il peut aussi jouer en solo pour composer des blancs de blancs. Il signe l'étiquette de nombreux vins californiens et chiliens.

Le chenin

Connu en Anjou depuis le IXe s., ce cépage s'est lancé dans une course autour du monde en talonnant le chardonnay. Structuré et vif, il se prête aussi bien à l'élaboration de vins secs que de vins liquoreux ou effervescents.

Dans les vins

→ L'œil : une teinte jaune pâle si le vin est sec ; or profond s'il est liquoreux.

→ Le nez : des accents de tilleul, d'acacia, de miel et une pointe citronnée.

→ La bouche : très florale, miellée mais fraîche en finale.

Bonnes pistes…

Dans les vins d'Anjou-Saumur, comme le savennières, le saumur, le coteaux-du-layon ou le bonnezeaux ; en Touraine, dans les vouvray et montlouis-sur-loire, secs, moelleux, liquoreux ou effervescents.

Le gewurztraminer

Il existe dans le Tyrol italien une famille de cépages nommée traminer. Le gewurztraminer en fait partie, mais ce cépage aux baies roses se distingue entre tous par son caractère aromatique, épicé (*Gewürz* signifie « épice » en allemand).

Dans les vins

→ L'œil : une couleur vieil or aux légers reflets roses.

→ Le nez : des arômes reconnaissables entre tous, où se mêlent la rose, le pain d'épice, l'écorce d'orange, le citron et le litchi.

→ La bouche : encore plus aromatique que le nez ; d'une agréable douceur, équilibrée par une pointe fraîche en finale.

Bonnes pistes…

En Alsace, ce cépage s'est forgé une solide réputation et son nom apparaît sur nombre d'étiquettes. Sec, moelleux (vendanges tardives) ou liquoreux (sélections de grains nobles), le gewurztraminer répond à tous les goûts. Outre-Rhin, cherchez-le dans les vins du pays de Bade ou du Palatinat.

La marsanne

Ce cépage vigoureux, assez facile à cultiver, mais au débourrement assez tardif, est l'une des principales variétés blanches de la vallée du Rhône. Également présent en Provence, il se développe en Languedoc.

Dans les vins

→ L'œil : une robe pâle, or pâle ou paille.

→ Le nez : des parfums légers de fleurs blanches (acacia), de miel, d'épices, de fruits blancs et de fruits secs.

→ La bouche : d'une acidité assez faible et dominée par des impressions de rondeur. On y retrouve les arômes du nez, assortis de notes boisées dans les cuvées élevées en barrique.

Bonnes pistes…

La marsanne est souvent complice de la roussanne dans les vins de la vallée du Rhône septentrionale. Elle domine généralement les assemblages des hermitage, crozes-hermitage et saint-joseph produits dans cette région. En hermitage, elle donne aussi un rare vin de paille. À Saint-Péray (Ardèche), elle produit un effervescent marqué par la vinosité.

Les muscats

Ils forment une famille originaire du Bassin méditerranéen, avec tous les croisements imaginables au cours des siècles. Le plus fin est le muscat à petits grains.

Dans les vins

→ L'œil : une couleur jaune pâle pour un muscat sec, dorée pour un muscat liquoreux.

→ Le nez : marqué par des fragrances de rose, puis par des notes d'agrume, des accents de cannelle et de noix muscade.

→ La bouche : ronde, elle laisse le souvenir d'arômes de fruits exotiques et de figue sèche. Une petite pointe d'amertume apporte de la fraîcheur.

Bonnes pistes…

L'étiquette indique clairement la présence du muscat, sans préciser de quelle variété il s'agit. L'alsace muscat peut être sec, moelleux ou liquoreux. Ce cépage excelle aussi dans les vins doux naturels : muscat-de-rivesaltes, muscat-de-frontignan, muscat-de-mireval, muscat-de-saint-jean-de-minervois, muscat-de-beaumes-de-venise, muscat-du-cap-corse, sans oublier le muscat de Samos, en Grèce. Retrouvez ce cépage dans un vin effervescent de la vallée du Rhône, la clairette-de-die, ainsi que dans l'*asti* du Piémont.

Le pinot gris

On le nomme aussi en Bourgogne « pinot beurot », en référence à la couleur grise de la robe de bure des moines. Selon la légende, ce cépage, originaire de Tokaj en Hongrie, aurait été rapporté en Alsace au XVIe s. par un certain général, Lazare de Schwendi, ce qui explique le nom de tokay qu'il a longtemps porté en Alsace.

Dans les vins

→ L'œil : une couleur jaune d'or à reflets rosés.

→ Le nez : des notes de miel, de sous-bois et de fumée (ce n'est pas un défaut !), avec des notes épicées dans la version moelleuse (vendanges tardives).

→ La bouche : opulente, elle laisse une sensation finement épicée.

Bonnes pistes…

Dans les alsace pinot gris (tokay pinot gris jusqu'en 2007), des vins secs, moelleux ou liquoreux. En Italie, cherchez-le dans certains *colli-orientali-del-friuli*.

Le riesling

Allemand de naissance, il est cultivé sur les rives du Rhin et de la Moselle. L'Alsace lui réserve une place d'honneur. Ses vins peuvent vieillir une dizaine d'années.

Dans les vins

→ L'œil : une teinte or pâle brillant de reflets verts dans les vins jeunes.

→ Le nez : une palette aromatique mêlant le tilleul, l'aubépine, le citron, la pêche blanche et la pierre à fusil. Il peut prendre avec le temps des arômes de pétrole qui ne doivent pas rebuter.

→ La bouche : franche et droite, elle développe une ligne vive et minérale, accompagnée d'un fruité délicat.

Bonnes pistes…

Sous son nom en Alsace, sec, moelleux ou liquoreux. En Allemagne, les rieslings du Rheingau.

La roussanne

Cette variété plutôt tardive trouve ses terres d'élection dans la vallée du Rhône et en Savoie. De culture délicate, elle souffre d'une production assez faible et irrégulière, mais elle est prisée pour l'intensité et l'élégance de ses arômes.

Dans les vins

→ L'œil : une teinte or plus ou moins soutenue.

→ Le nez : intense et très fin, fait de nuances d'aubépine, de fruits jaunes (abricot, pêche) et de miel.

→ La bouche : grasse et ample, tout en ayant assez d'acidité pour affronter la garde.

Bonnes pistes…

Dans les appellations du Rhône, où la roussanne est généralement assemblée à la marsanne : hermitage, crozes-hermitage, saint-joseph, saint-péray ; en châteauneuf-du-pape, où elle est associée au grenache blanc et à la clairette ; en Savoie, où elle est appelée « bergeron ».

Le sauvignon

Parti de la Gironde, il a migré vers la Loire, puis a conquis le monde, de la Californie à la Nouvelle-Zélande, où il est devenu synonyme de vin blanc au même titre que le chardonnay.

Dans les vins

→ L'œil : une teinte très pâle, presque incolore, qui prend des tons plus dorés dans les terroirs plus chauds.

→ Le nez : des senteurs de fruits blancs, de pêche, d'agrumes, de fleurs, avec des nuances végétales de buis, voire de pipi de chat dans les vins manquant de maturité.

→ La bouche : fraîche, marquée par les fruits blancs et une touche légèrement citronnée en finale.

Bonnes pistes…

Son nom est bien en vue sur l'étiquette des touraine blancs. Dans le Centre-Loire, cherchez-le sous les appellations sancerre, quincy ou pouilly-fumé. Vous le surprendrez dans l'appellation bourguignonne étiquetée saint-bris. Dans le Bordelais et le Sud-Ouest, il s'associe au sémillon pour composer des vins secs ou liquoreux. L'Italie en tire d'excellents *colli* dans le Frioul et, aux antipodes, la Nouvelle-Zélande est renommée pour ses vins de sauvignon.

Le savagnin

Ce cépage jurassien, proche du traminer originaire d'Autriche, est le type même du cépage profondément enraciné dans une région, comme on en trouve dans les petits vignobles un peu excentrés. Ses petites grappes aux baies à la peau épaisse sont à l'origine du plus typique des vins blancs de Franche-Comté, le vin jaune, réputé pour sa personnalité et pour son aptitude exceptionnelle à la garde.

Dans les vins

→ L'œil : une robe dorée, vieil or dans le vin jaune.

→ Le nez : original avec ses notes de noix verte fraîche ou sèche, de grillé et d'épices.

→ La bouche : des arômes en harmonie avec le nez, un corps puissant et chaleureux, mais sec.

Bonnes pistes…

Le Jura, où il est vinifié seul ou en assemblage avec le chardonnay dans les vins blancs secs ou liquoreux (vins de paille) ; c'est le cépage exclusif des vins jaunes des appellations château-chalon, arbois, côtes-du-jura et l'étoile, vins issus d'un long élevage oxydatif.

Le sémillon

Allié du sauvignon sur les rives de la Garonne qui l'ont vu naître, il fait florès dans le Nouveau Monde viticole (Afrique du Sud, Chili, Californie).

Dans les vins

→ L'œil : une teinte jaune paille dans les vins jeunes, qui prend des tonalités ambrées avec l'âge.

→ Le nez : du miel et des fruits secs au nez, auxquels s'ajoute du citron confit dans les vins liquoreux.

→ La bouche : chaleureuse, elle mise sur la rondeur.

Bonnes pistes...

Dans les vins liquoreux de la Gironde (sauternes, barsac, etc.) ainsi que dans ceux du Sud-Ouest (monbazillac). Dans les vins secs du Bordelais : entre-deux-mers, graves et pessac-léognan.

Le viognier

Il contribue, avec la syrah, à l'incroyable paysage dessiné par les coteaux vertigineux de la vallée du Rhône septentrionale et à la réputation de ses vins.

Dans les vins

→ L'œil : une couleur jaune pâle.

→ Le nez : floral et fruité à la fois, mariant l'aubépine, l'acacia et l'abricot.

→ La bouche : ample et ronde, avec des arômes de compote de fruits jaunes (pêche et abricot), avant une finale épicée et fraîche.

Bonnes pistes...

En solo dans le condrieu et le château-grillet de la vallée du Rhône septentrionale. Souvent assemblé à d'autres cépages dans les blancs du Languedoc. Dans le côte-rôtie, vin rouge rhodanien, il peut équilibrer la puissance de la syrah à hauteur de 20 % maximum.

Les cépages rouges à connaître

Les pigments colorés de leurs pellicules, qui donnent aux baies une teinte d'un bleu ou violet sombre, permettent d'élaborer des vins rouges, grâce à la macération. Leur maturation exige un bon ensoleillement. Aussi sont-ils souvent méridionaux. Ce qui n'empêche pas un cépage « nordiste » comme le pinot noir d'avoir gagné une notoriété mondiale.

Le cabernet franc

Sans doute originaire du sud-ouest de la France, il prospère dans le Val de Loire depuis que le cardinal de Richelieu le fit planter à Saint-Nicolas-de-Bourgueil.

Dans les vins

→ L'œil : grenat foncé, la robe évolue avec le temps vers des nuances rubis.

→ Le nez : fruité, avec des nuances de réglisse dans le Bordelais, de framboise et de cerise dans le Val de Loire.

→ La bouche : ronde, fruitée, équilibrée par une légère fraîcheur.

Bonnes pistes…

Dans le Bordelais, en assemblage avec le merlot dans la plupart des vins de la rive droite de la Dordogne (Saint-Émilion, Pomerol...). Parfois présent avec le cabernet-sauvignon et le merlot dans le Médoc et les Graves.

Dans le Val de Loire, le plus souvent vinifié seul, notamment dans le bourgueil et le chinon.

Le cabernet-sauvignon

C'est le cépage par excellence de la rive gauche de la Gironde et de la Garonne (Médoc et Graves), adopté dans le monde entier, des États-Unis au Chili, de l'Afrique du Sud à la Chine.

Dans les vins

→ L'œil : une robe noir violacé dans sa jeunesse, puis tirant vers le grenat.

→ Le nez : des arômes de cèdre et de cassis (la note de poivron vert traduit une vendange qui est insuffisamment mûre). Avec l'âge, la palette aromatique devient plus complexe encore, avec des nuances de tabac blond et d'amande.

→ La bouche : austère dans les vins jeunes, elle révèle avec le temps une grande finesse et de riches arômes de fruits noirs.

Bonnes pistes…
En assemblage avec le merlot et le petit verdot dans les vins du Médoc et des Graves. En moindre proportion dans le bergerac ou le buzet (Sud-Ouest). À la base d'un des plus prestigieux vins italiens, le *sassicaia*. En monocépage dans les vins de pays d'Oc, dans les vins californiens de la Napa Valley et d'autres vignobles du Nouveau Monde.

Le carignan
Né en Espagne, il a conquis le Languedoc-Roussillon et le sud de la vallée du Rhône après les ravages provoqués par le phylloxéra à la fin du XIXe s. Productif à outrance, il a contribué à la mauvaise réputation des vins languedociens et a été arraché. Il reste présent dans l'encépagement des appellations méridionales et quelques vignerons s'attachent à redorer son image en le plantant sur des terroirs de qualité et en maîtrisant ses rendements.
Dans les vins
→ L'œil : une couleur grenat foncé, tirant sur le noir violacé.
→ Le nez : dans les vins vinifiés à la beaujolaise, des arômes de fruits rouges et noirs très mûrs avec une note de fraîcheur. Dans ceux vinifiés traditionnellement, un caractère épicé et des notes franches de mûre, de myrtille et de cerise noire.
→ La bouche : la structure permet une bonne garde.
Bonnes pistes…
En assemblage avec le grenache, le mourvèdre ou la syrah dans les appellations du Languedoc : fitou, corbières, minervois, coteaux-du-languedoc… Il existe aussi des cuvées de pur carignan.

Le cinsault
Né dans la vallée du Rhône, il y produit des vins rosés et entre dans l'assemblage d'un prestigieux vin rouge : le châteauneuf-du-pape.
Dans les vins
→ L'œil : une robe allant du rouge tendre au grenat foncé, selon le mode de vinification choisi.
→ Le nez : des parfums de fraise et de framboise, qui se nuancent ensuite de senteurs de rose et de fruits secs.
→ La bouche : discrète, tout en fruits rouges suaves, presque confiturés. Les tanins ne se manifestent guère, même lorsque le vin est jeune.
Bonnes pistes…
Dans la plupart des vins méridionaux, tels que les côtes-du-rhône, coteaux-d'aix-en-provence, languedoc. Et principalement dans les rosés (tavel).

Le côt ou malbec
On peut très bien naître du côté de Cahors dans le Sud-Ouest, s'y appeler auxerrois et essaimer dans le reste du vignoble français en se rebaptisant malbec dans le Bordelais ou côt dans le Languedoc et dans le Val de Loire. Ce cépage s'est largement implanté en Argentine.
Dans les vins
→ L'œil : une couleur grenat foncé à reflets bleutés dans sa jeunesse.
→ Le nez : de la mûre, de la myrtille et de la cerise noire, auxquelles peut s'ajouter une note d'amande amère.

→ La bouche : enveloppante, avec des tanins très présents dans les vins jeunes, qui s'arrondissent avec l'âge pour révéler des arômes de cerise noire.
Bonnes pistes…
Largement majoritaire dans le cahors, minoritaire dans le pomerol ou le saint-émilion, ainsi que dans le cabardès (Languedoc), présent en Touraine. Des vins argentins de pur malbec sont produits dans la région de Mendoza (par exemple, autour de Luján de Cuyo, la première appellation d'origine du pays).

Le gamay

Banni de la Bourgogne au XIVe s. par Philippe le Hardi, il a trouvé refuge dans le Beaujolais, dont il est devenu le cépage emblématique. La Loire, le Centre (côte-roannaise) et l'Auvergne (côtes-du-forez) lui ont fait bon accueil.
Dans les vins
→ L'œil : une robe rubis à reflets violacés, qui prend, après deux ou trois ans, des nuances grenat.
→ Le nez : de la fraise, de la framboise, voire du bonbon anglais, avec parfois des nuances minérales.
→ La bouche : fruitée en diable, elle laisse une sensation exceptionnelle de fraîcheur.
Bonnes pistes…
Vinifié seul en Beaujolais et souvent en Touraine, parfois associé au cabernet franc. L'Anjou, la Savoie, l'Auvergne ont aussi leurs vins de gamay. Dans le bourgogne-passetoutgrain, certains vins du Centre et dans la dôle du Valais, le cépage s'allie au pinot noir.

Le grenache

Il est parti d'Aragon pour conquérir la Rioja, et de l'Espagne a gagné le Roussillon et le sud de la vallée du Rhône.
Dans les vins
→ L'œil : une belle couleur grenat chez les vins jeunes, qui évolue vers une tonalité acajou.
→ Le nez : il délivre des parfums de cerise avec quelques touches poivrées, avant d'offrir en vieillissant des senteurs de figue sèche et de cacao.
→ La bouche : tout en rondeur, elle laisse de bons arômes de cerise à l'alcool.
Bonnes pistes…
Il domine les assemblages des châteauneuf-du-pape, s'associe au *tempranillo* dans le *rioja* et au carignan dans le *priorat* catalan. Il joue souvent en solo dans de délicieux vins doux naturels : rasteau, banyuls et maury.

Le merlot

Il arrive bon premier au classement des cépages les plus cultivés en France. Sa réputation lui vient de son expression dans les vins de Pomerol et de Saint-Émilion, sur la rive droite de la Dordogne.
Dans les vins
→ L'œil : une teinte violacée très dense, presque noire, qui évolue vers le grenat avec le temps.
→ Le nez : relativement complexe, fait de confiture de mûres, de cerise noire et de pruneau, avec quelques épices douces.
→ La bouche : elle laisse une impression de rondeur et de gras. Les vins de merlot emplissent bien la bouche et sont aisés à déguster dans leur jeunesse.

Bonnes pistes…
Dans les saint-émilion et pomerol, associé au cabernet franc, ainsi que dans les médocs dont il arrondit les angles du cabernet-sauvignon. En assemblage dans les vins du Bergeracois. En pur cépage dans les vins de pays d'Oc (Languedoc) et dans le Tessin suisse (*merlot-del-ticino*), et dans les *colli-orientali-del-friuli*.

Le mourvèdre
Un cépage espagnol qui a passé les Pyrénées et s'est installé dans tout le sud-est de la France, du Roussillon à la Provence.
Dans les vins
→ L'œil : une teinte grenat foncé, aux reflets violacés.
→ Le nez : des arômes délicats de mûre, de myrtille et de framboise alliés à des touches animales qui s'accordent avec le gibier.
→ La bouche : ample avec des accents de fruits noirs. Relativement tanniques dans leur jeunesse, les vins issus de mourvèdre sont aptes à une longue garde.
Bonnes pistes…
En assemblage dans le bandol et le palette en Provence, ainsi que dans le châteauneuf-du-pape (Rhône) et les vins d'appellation du Languedoc-Roussillon, comme les corbières ou les minervois.

Le pinot noir
Ce cépage doit tout aux moines bourguignons, qui ont sélectionné ses meilleures souches dès le Moyen Âge. Il a migré vers la Champagne et, plus timidement, vers la Loire (sancerre), le Jura et l'Alsace. L'Allemagne en fait sa vedette sous le nom de *Spätburgunder*.
Dans les vins
→ L'œil : une robe presque claire, d'un rubis brillant.
→ Le nez : un panier de fruits rouges (fraise, framboise et cerise griotte) ; des arômes de cuir s'y ajoutent avec les années.
→ La bouche : enjôleuse et soyeuse, elle laisse un goût de cerise à l'alcool.
Bonnes pistes…
Dans les bourgognes rouges, bien sûr, quelle que soit leur appellation. Dans les alsaces et certains rouges du Jura. En Allemagne, au pays de Bade ; aux États-Unis, en Californie et dans l'Oregon. En Champagne, le pinot noir s'associe au chardonnay et au pinot meunier dans le plus célèbre vin effervescent du monde.

La syrah
Selon la légende, elle serait originaire de Chiraz en Perse. Plus vraisemblablement, cette cousine de la mondeuse savoyarde aurait été plantée par les Romains sur les collines abruptes du nord de la vallée du Rhône.
Dans les vins
→ L'œil : une robe noir violacé, qui prend une nuance orangée avec le temps.
→ Le nez : de puissants parfums de violette, de cassis et de réglisse.
→ La bouche : des arômes de fruits noirs finement épicés. Les tanins nécessitent quelques années pour s'affiner.
Bonnes pistes…
Dans les prestigieux vins du nord de la vallée du Rhône : côte-rôtie, hermitage, cornas… En assemblage avec le grenache et le carignan dans les rouges du Languedoc ; en Australie, sous le nom de *shiraz*.

LES RÉGIONS VITICOLES

La France est riche d'une grande diversité de vignobles, chacun produisant des vins bien particuliers et de différents types, des rouges aux vins effervescents, en passant par les blancs, les rosés ou les vins doux, et même de véritables « spécialités » locales comme le vin jaune du Jura. Ils expriment autant les caractères de leurs terroirs et des cépages traditionnellement utilisés que la marque des usages locaux en matière de viticulture, de vinification et d'élevage.

L'Alsace

Le vignoble alsacien est un long ruban de 170 km de long, situé au pied du massif vosgien, qui s'étire de Marlenheim au nord à Thann au sud, complété par un îlot viticole à la limite de l'Allemagne, autour de Wissembourg et de Cleebourg.

Les nombreuses sinuosités du relief et la variété des sols permettent à l'Alsace de proposer une vaste gamme de vins, secs et doux, tranquilles et effervescents. Mais, grâce à son climat tempéré et frais, le principal atout du vignoble réside dans la maturation optimale des raisins blancs, le pinot noir étant l'exception. L'identification des vins par leur cépage – riesling, gewurztraminer, sylvaner... – est l'une des autres spécificités alsaciennes, ainsi que la présence de grands crus.

Histoire

L'histoire du vignoble alsacien remonte probablement à l'époque romaine. Si l'invasion des Germains au Ve s. entraîna un déclin passager de la viticulture, celle-ci s'est rapidement développée sous l'influence des évêchés, des abbayes et des couvents. Au IXe s., on recense plus de 160 localités où la vigne est cultivée. Cette expansion se poursuit sans interruption jusqu'au XVIe s. Les nombreuses maisons de style Renaissance aux larges porches et pignons témoignent de cet âge d'or. Si la funeste guerre de Trente Ans (1618-1648) a des conséquences néfastes sur la viticulture alsacienne, celle-ci reprend son essor au siècle suivant, fondée sur des cépages communs. En 1828, le vignoble s'étend ainsi sur 30 000 ha. Mais la concurrence des vins du Midi et le phylloxéra, dans la seconde moitié du XIXe s., puis les guerres mondiales du XXe s. entraînent un long processus de déclin : en 1948, le vignoble ne compte plus que 9 500 ha. Il s'étend aujourd'hui sur plus de 15 000 ha et produit environ 1,2 million d'hectolitres par an, un quart des ventes se faisant à l'export.

Sols et climats

La plus grande partie du vignoble se situe sur les collines qui bordent le massif des Vosges et qui prennent pied dans la plaine rhénane. Les Vosges, dressées entre l'Alsace et le reste du pays, donnent à la région son climat spécifique, c'est-à-dire une pluviométrie parmi les plus faibles de France (500 à 600 mm d'eau par an) et des températures élevées l'été. Mais ce sont surtout les différents microclimats, nés des multiples sinuosités du relief, qui jouent un rôle prépondérant dans la répartition et la qualité des vignobles. On trouve aussi ici une grande variété de sols : marno-calcaires, arènes granitiques, marnes schisteuses, marnes caillouteuses…

Cépages et styles de vins

La majorité des vins alsaciens sont des blancs secs (environ 80 %), aromatiques, fruités et floraux, bien typés par leur cépage. Des caractéristiques renforcées par le fait que l'élevage ne se fait pas en fût, mais généralement en foudre, gros tonneau ovale qui ne confère pas d'arômes boisés du fait de sa dimension imposante et de son grand âge. La plupart des vins sont issus d'un seul cépage, à l'exception de quelques grands crus (Kaefferkopf ou Altenberg par exemple), du crémant et de l'edelzwicker. Fréquente sur l'étiquette, la mention du cépage n'est toutefois pas obligatoire.

Reconnus en 1984, les alsaces « vendanges tardives » et « sélections de grains nobles » sont des vins doux issus de vendanges surmûries et soumises à des conditions de production très strictes, notamment en ce qui concerne le taux de sucre des raisins. On distingue également 51 grands crus en Alsace, correspondant à des terroirs délimités selon des critères géologiques et climatiques et répondant à des critères stricts de production et d'élaboration (rendements limités, vendanges manuelles, utilisation de cépages limités). Enfin, l'Alsace se situe en tête de la production de crémants en France.

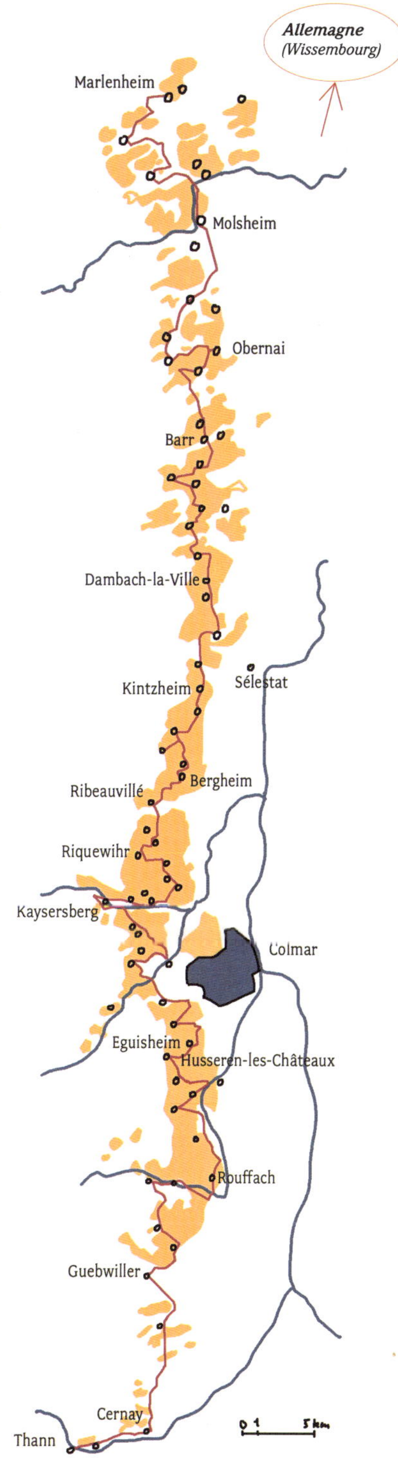

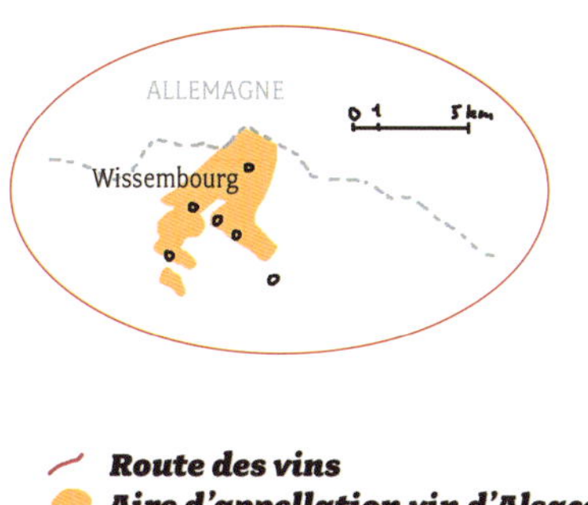

Beaujolais & Lyonnais

Le Beaujolais étend son vignoble sur 50 km de long et 15 km de large à l'est de la Saône, entre Mâcon au nord et Lyon au sud.

Si le cépage du Beaujolais et du Lyonnais est légalement rattaché à la Bourgogne viticole, il s'en distingue à plus d'un titre : par son paysage, jeu varié de douces collines et de vallons, par ses terroirs de sable et de roches anciennes, par son encépagement et la domination quasi sans partage des vins rouges issus de gamay, enfin par ses méthodes de culture et de vinification.

Histoire

Si la viticulture existe à l'époque romaine, c'est au XVIIe s. qu'elle s'est véritablement développée, en particulier autour des villes de Beaujeu, Morgon, Bonnay et Montagny. Les sires de Beaujeu ont assuré l'expansion et la prospérité de leurs domaines, stimulés en cela par la puissance de leurs voisins, les comtes de Mâcon et du Forez, les abbés de Cluny et les archevêques de Lyon. Après la Seconde Guerre mondiale, le succès du beaujolais nouveau renforce encore celui des vins de la région. Aujourd'hui, le vignoble s'étend sur 23 000 ha et produit environ un million d'hectolitres.
Quant au vignoble du Lyonnais, il connaît une période faste à la fin du XVIe s., religieux et riches bourgeois favorisant la culture de la vigne. Mais la crise phylloxérique et l'expansion de l'agglomération lyonnaise ont réduit la zone de production à quelques îlots répartis sur 49 communes.

Sols et climats

La vigne prospère en hauteur, les meilleurs terroirs étant situés entre 190 et 350 m. De part et d'autre d'une ligne imaginaire passant par Villefranche-sur-Saône, on distingue traditionnellement le Beaujolais Nord du Beaujolais Sud. Le premier offre un relief plutôt doux aux formes arrondies, aux sols de sables et de roches anciennes (granite, porphyre, schiste, diorite), terroirs privilégiés des crus et des beaujolais-villages. Le sud est marqué par un relief un peu plus vallonné et offre des sols plus riches en calcaire et en grès. C'est aussi la zone de l'AOC beaujolais. Quant au climat, il est tempéré, résultat de trois tendances différentes (continentale, océanique et méditerranéenne), qui peuvent dominer chacune le temps d'une saison. Dans l'ensemble, le vignoble profite d'un bon ensoleillement propice à une bonne maturation. L'AOC coteaux-du-lyonnais se caractérise par une succession de vallées de 250 m d'altitude et de collines atteignant 500 m, par des sols variés (granite, roches métamorphiques, limons, alluvions…) et par un climat aux influences méditerranéennes plus prononcées que dans le Beaujolais.

Cépages et styles de vins

L'encépagement est composé à 99 % de gamay noir à jus blanc, remarquablement adapté aux terroirs du Beaujolais. Il est à l'origine de vins rouges élaborés selon le principe de la vinification beaujolaise, dite « macération semi-carbonique ». Cette technique, qui consiste à laisser les grappes de raisin entières pour une macération courte (de trois à sept jours en fonction du type de vins souhaité), confère aux vins une constitution et des arômes caractéristiques, exaltés en fonction du terroir. Les crus du Beaujolais sont en effet de parfaits exemples de l'influence des terroirs sur le goût et la structure des vins.

Si, schématiquement, les vins du Beaujolais sont secs, peu tanniques, souples, frais et très aromatiques, certains d'entre eux, contrairement aux idées reçues, peuvent avantageusement vieillir quelques années. On trouve aussi en AOC beaujolais et beaujolais-villages quelques rosés et de rares (mais de moins en moins) vins blancs issus de chardonnay, appelés aussi « perles du Beaujolais ».

Quant aux coteaux-du-lyonnais, ce sont des vins rouges et rosés fruités et gouleyants, majoritaires, issus de gamay vinifié selon la méthode beaujolaise, et de rares vins blancs, nés du chardonnay et de l'aligoté.

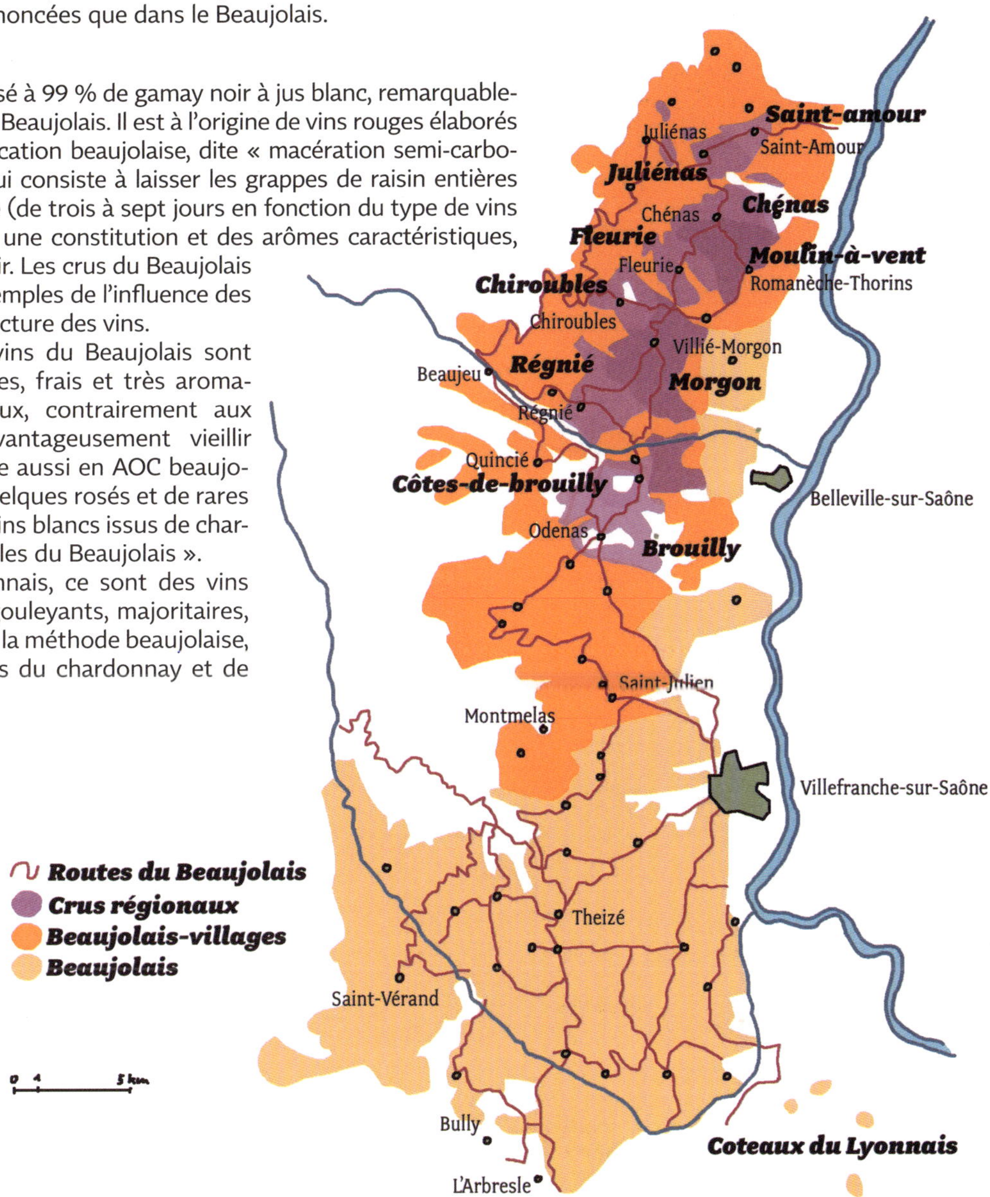

Le Bordelais

Jouissant d'une renommée internationale, le Bordelais constitue le plus vaste vignoble d'appellation de France et l'un des plus prestigieux grâce à ses célèbres crus classés.

Le Bordelais, vignoble contrasté aux sols variés, s'organise autour de trois axes fluviaux – la Garonne, la Dordogne et leur estuaire commun, la Gironde. Il offre tous les styles de vins, issus de l'assemblage de plusieurs cépages. En rouge dominent le merlot et les cabernets franc et sauvignon ; en blanc, le sémillon et le sauvignon. Outre les appellations régionales, on distingue la rive gauche (Médoc et Graves) et la rive droite de la Garonne (Libournais, Blayais-Bourgeais, Entre-deux-Mers), auxquelles il faut ajouter les vignobles des vins doux aux environs du Ciron, affluent de la Garonne.

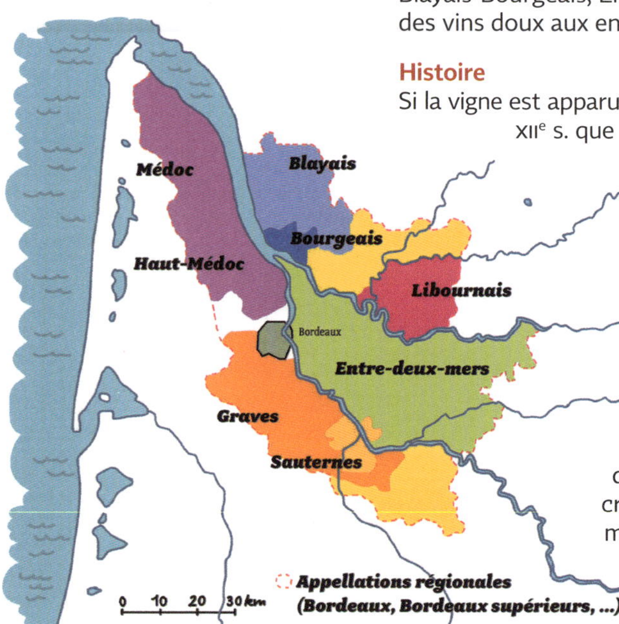

Histoire

Si la vigne est apparue en Gironde au Iᵉʳ s. de notre ère, c'est véritablement au XIIᵉ s. que les vins bordelais prennent leur essor : le mariage d'Aliénor d'Aquitaine avec Henri Plantagenêt, futur roi d'Angleterre, favorisa l'exportation des clarets vers le marché britannique. Au XVIIᵉ s., la clientèle s'élargit aux Hollandais, qui encouragent la production de vins blancs liquoreux ; et apparaissent à cette époque la mise en bouteilles et le vieillissement du vin.

Au XVIIIᵉ s., le goût des Anglais évolue vers des vins plus fins (les *New French Clarets*), les viticulteurs perfectionnent leurs méthodes de production et la relation terroir-château-grand vin se met en place. Le prestige des grands vins de Bordeaux ne cesse de croître et débouche en 1855 sur le classement des crus du Médoc et du Sauternais. Parallèlement, le commerce s'étend grâce aux lignes de chemin de fer Paris-Bordeaux et Bordeaux-Marseille et à l'instauration du libre-échange. Après cette période faste, le vignoble

est profondément affecté par le mildiou et le phylloxéra, ainsi que par les crises économiques et les guerres mondiales.
De 1960 à la fin des années 1980, le vin de Bordeaux connaît un regain de prospérité, notamment grâce aux progrès de l'œnologie et à une remarquable amélioration de la qualité, renforcée par des millésimes d'exception (1961, 1962, 1989, 1990…).
De grands groupes français et étrangers investissent dans le vignoble. Si, à la fin des années 1990, le marché connaît conjoncturellement des difficultés liées à la concurrence mondiale, le Bordelais demeure l'un des principaux vignobles du monde, et les nouveaux marchés en Asie ouvrent d'intéressantes perspectives.

Sols et climats

Le vignoble bordelais s'organise autour de la Garonne, de la Dordogne et de l'estuaire de la Gironde. Ces axes fluviaux créent des conditions idoines pour le développement de la vigne : coteaux bien exposés et régulation des températures. Le climat océanique est relativement tempéré et le vignoble protégé de l'océan par la forêt de pins. En outre, la région connaît des automnes réputés pour leur ensoleillement, qui ont plus d'une fois sauvé in extremis de nombreux millésimes. Les sols sont de nature très diverse (graves favorables au cabernet-sauvignon, argiles propices au merlot, calcaires à astéries, limons, sables…) et donnent naissance à une vaste gamme de vins.

Cépages et styles de vins

L'une des particularités des vins rouges, blancs et rosés du Bordelais, c'est qu'ils sont très souvent issus de l'assemblage de deux à cinq cépages aux qualités complémentaires.
En rouge, les cabernets – franc et sauvignon – et le merlot sont les principales variétés, le petit verdot ou encore le malbec parfois en complément. Pour les blancs, le cépage essentiel est le sémillon, complété surtout par le sauvignon, parfois par la muscadelle ou le colombard.
Dans la très large palette des vins bordelais, on distingue les appellations régionales (bordeaux, bordeaux supérieur, crémant), dont les vins peuvent être issus de la quasi-totalité des communes viticoles. Celles-ci expriment une grande variété de terroirs et proposent un bel éventail de styles de vins rouges, blancs (secs et doux), rosés, clairets et même effervescents. Base de la pyramide des appellations, elles n'en constituent pas moins un réel gisement pour l'amateur en quête de nouveautés. Les autres appellations sont généralement classées en fonction de l'organisation géographique et climatique du terroir, scindé en deux ensembles principaux. Sur la rive gauche de la Gironde et de la Garonne, on trouve les vins rouges du Médoc, puis en descendant, les rouges et les blancs des Graves et, tout à fait au sud, les vins du Sauternais. Sur la rive droite de la Gironde et de la Dordogne s'étendent le Blayais et le Bourgeais, ainsi que le Libournais, tandis que l'Entre-deux-Mers se situe entre les deux fleuves Dordogne et Garonne.

Le Blayais et le Bourgeais

Aux confins des Charentes, un vignoble de côtes offrant une large palette de vins, en rouge comme en blanc.

Le Libournais : *au nord de la Dordogne, les grands vins rouges de la « rive droite ». Saint-Émilion, Pomerol… Une personnalité à part dans la région..*

L'Entre-deux-Mers : *la pittoresque région entre Garonne et Dordogne, célèbre pour ses vins blancs secs, livre aujourd'hui davantage de vins rouges d'appellation régionale.*

Les Graves : *au sud de la capitale régionale, sur la rive gauche de la Garonne, le vignoble historique de Bordeaux a pour noyau d'élite Pessac-Léognan, où naissent non seulement de grands rouges, mais les plus nobles vins blancs secs de la région.*

Le Médoc : *bordant la rive gauche de l'estuaire, c'est un grand vignoble de vins rouges, abritant des appellations communales de prestige et nombre de crus classés (margaux, saint-julien…).*

La région des liquoreux : *au sud des Graves, autour de Sauternes et de Barsac et, en face, sur la rive droite de la Garonne, un micro-climat favorise la pourriture noble. Le berceau des plus grands liquoreux du monde.*

La Bourgogne

Le cépage de Bourgogne est l'un des plus anciens vignobles de France, modelé par les moines, puis les ducs de Bourgogne.

Le cépage de Bourgogne est celui qui propose le plus grand nombre d'appellations d'origine : une centaine, du Chablisien au Mâconnais, en passant par la Côte de Nuits, la Côte de Beaune et la Côte chalonnaise. C'est également l'un des plus prestigieux, synonyme de vins fins. La patrie du pinot noir et du chardonnay. La quintessence de la notion de terroirs, appelés ici « climats », à l'origine de l'immense variété des vins bourguignons.

Histoire

Forgée au rythme des travaux de la vigne, la Bourgogne viticole plonge ses racines historiques dans l'Antiquité : la vigne aurait été introduite en Gaule au VIe s. av. J.-C. pour être bientôt cultivée sur les pentes des vallées de la Saône et du Rhône. Mais la viticulture bourguignonne est indissociable des moines, dans les mouvances de Cluny et de Cîteaux, qui y ont joué un rôle capital. Au Moyen Âge, à Autun, Beaune, Pontigny et Saulieu, ceux-ci ont façonné le vignoble, dessinant peu à peu la large palette des crus et des *climats*, comme en témoigne encore aujourd'hui le Clos de Vougeot. C'est sous le règne des quatre ducs de Bourgogne (1342-1477) que sont ensuite édictées les règles destinées à garantir un niveau qualitatif élevé. Une réputation qui perdure grâce à des crus mondialement connus comme romanée-conti, montrachet, corton ou encore chablis.

Sols et climats

Si le *climat* bourguignon, globalement semi-continental avec des nuances dues aux reliefs et la présence de cours d'eau, a son importance, ce sont les sols qui donnent leur caractère propre aux très nombreux vins de Bourgogne. L'extrême morcellement des parcelles est la règle partout, fondé sur une juxtaposition d'affleurements géologiques variés : la structure géologique des sols bourguignons est ainsi comparable à un millefeuille, résultat de nombreux soulèvements et effondrements naturels survenus depuis l'ère primaire. Ces innombrables cassures ont donné naissance à une très grande diversité des terroirs (ou *climats*) et donc des crus de Bourgogne. On peut alors constater qu'il y a parfois moins de différences entre deux vignes séparées de plusieurs centaines de mètres, mais à l'intérieur du même *climat*, qu'entre deux vignes voisines, mais plantées dans deux *climats* différents.

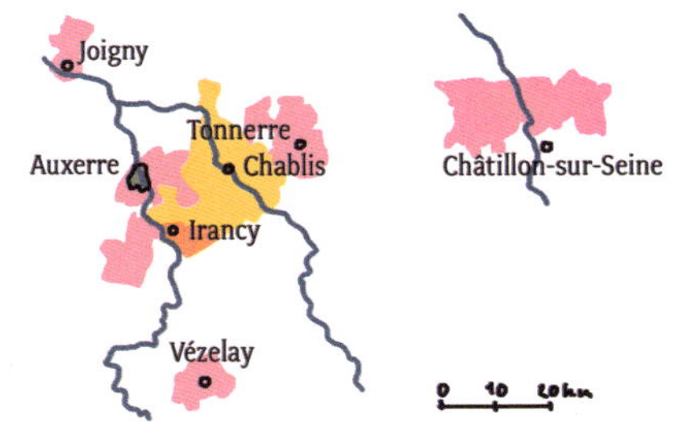

Cépages et styles de vins

Les vins de Bourgogne sont, pour la quasi-totalité, issus de deux cépages : le chardonnay (vins blancs) et le pinot noir (vins rouges). On rencontre aussi l'aligoté, cépage blanc produisant le bourgogne-aligoté, qui atteint son sommet qualitatif dans le petit pays de Bouzeron ; le césar, assemblé au pinot noir dans l'irancy ; le gamay qui, associé au pinot, donne du bourgogne-passetoutgrain ; le sauvignon, cultivé dans la région de Saint-Bris-le-Vineux, dans l'Yonne, où il donne l'AOC saint-bris. On distingue quatre secteurs géographiques. Le Chablisien est réputé surtout pour ses vins blancs secs élégants et leur minéralité si reconnaissable.

La Côte de Nuits, de Marsannay à Corgoloin, majoritairement plantée de pinot noir, compte une trentaine d'appellations avec des villages aux noms prestigieux (Gevrey-Chambertin, Vosne-Romanée, Nuits-Saint-Georges, Chambolle-Musigny, Vougeot) et des crus illustres (romanée-conti, chambertin, musigny…).

La Côte de Beaune, de Ladoix-Serrigny au nord à Chagny au sud, est le paradis des « grands blancs », avec des crus de grande renommée comme corton-charlemagne, meursault, montrachet…, mais elle propose aussi de beaux vins rouges, en premier lieu les grands crus corton, pommard ou encore volnay.

La Côte chalonnaise, entre Chagny et Saint-Gengoux-le-National, propose des blancs et des rouges de belle qualité (rully, mercurey, givry, montagny).

Le Mâconnais, entre Tournus et Mâcon, est réputé surtout pour ses blancs de chardonnay, notamment ses pouilly fuissé.

Enfin, la Bourgogne classe ses vins selon une hiérarchie à quatre niveaux. À la base se trouvent les appellations régionales, dont les vins peuvent être issus de vignes établies sur l'ensemble du territoire de la Bourgogne : bourgogne-aligoté, crémant-de-bourgogne, bourgogne-passetoutgrain…

Puis viennent les appellations communales ou villages : le vin porte le nom de la commune (un ou plusieurs *villages*) où sont plantées les vignes d'où il est issu (Volnay, Nuits-Saint-Georges…). Au troisième étage, on trouve les premiers crus provenant de *climats* délimités au sein d'un village. Enfin, tout en haut de la pyramide, on trouve les grands crus, sélectionnés parmi les meilleurs *climats*.

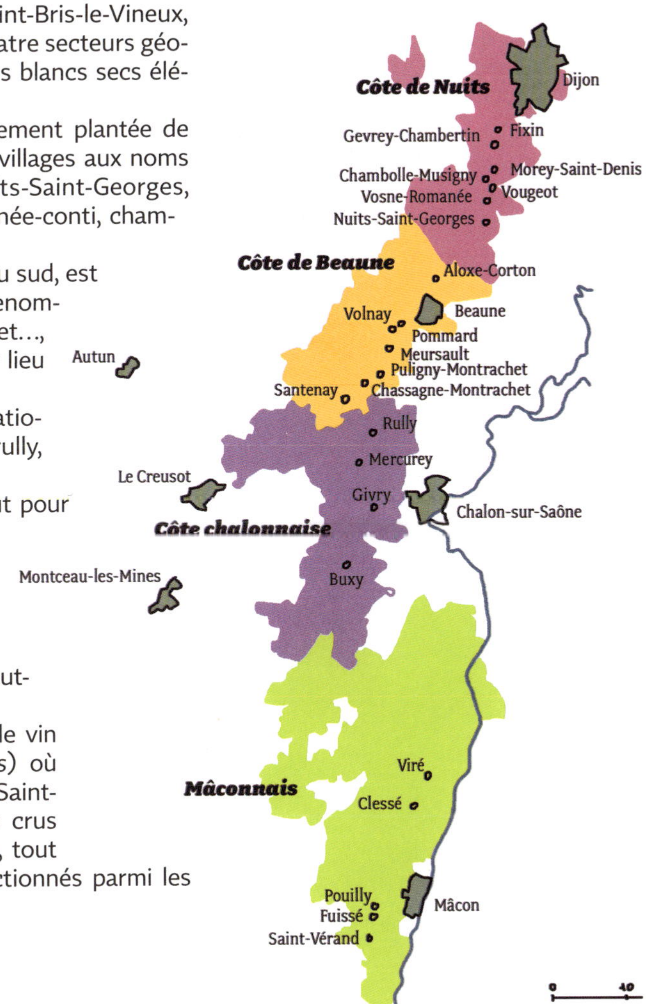

La Champagne

Synonyme de fête, le champagne symbolise dans le monde entier l'élégance à la française. Il est aussi le modèle de la plupart des effervescents de qualité, dont l'élaboration repose également sur la double fermentation en bouteilles.

Si l'on parle généralement du champagne, au singulier, son visage est pluriel et il offre une grande variété de styles : blanc de blancs, blanc de noirs, millésimé ou non, dosé ou non… Autre particularité : la plupart des viticulteurs cèdent tout ou partie de leurs raisins aux grandes maisons, qui se chargent d'élaborer le vin et de le vendre sous leur marque. On n'oubliera pas enfin les deux autres appellations de Champagne, en vins tranquilles : coteaux-champenois et rosé-des-riceys.

Histoire

Si l'on fait du vin en Champagne au moins depuis l'invasion romaine, le champagne tel que nous le connaissons aujourd'hui a été créé au XVIIe s., de façon empirique. En effet, le vin avait alors la fâcheuse tendance à mousser dans les tonneaux. C'est sans doute en Angleterre que l'on inventa la mise en bouteilles systématique de ces vins instables qui, jusqu'en 1700 environ, étaient livrés en fût. Cela eut pour effet de permettre au gaz carbonique de se dissoudre dans le vin : l'effervescent était né.

Moine chargé de la cave de l'abbaye de Hautvillers, Dom Pérignon est considéré comme « le père du champagne ». Il produit en effet les meilleurs vins de l'époque, grâce à sa fine connaissance des terroirs, son souci de qualité de la vendange, son pressurage rapide après la récolte et sa maîtrise de l'assemblage. C'est aussi lui qui les vend les plus chers. En 1728, le conseil du roi autorise le transport du champagne et la première maison de négoce est fondée (Ruinart). Mais c'est au XIXe s. que la plupart des grandes maisons se créent ou s'affirment. Ce sont trois siècles de perfectionnement qui ont permis de mettre au point la méthode champenoise, ou la double fermentation en bouteille. Si le phylloxéra, puis les guerres mondiales ont ravagé le vignoble, la Champagne s'affirme comme l'une des principales régions viticoles de France, produisant quelque 300 millions de bouteilles par an, dont une grande partie est exportée partout dans le monde.

Sols et climats

Si un même paysage vallonné se révèle dans tout le vignoble, on distingue généralement quatre régions principales : la montagne de Reims, où le pinot noir se plaît particulièrement ; la vallée de la Marne, qui descend jusqu'à la région de Château-Thierry (Aisne) et privilégie le pinot meunier ; la Côte des Blancs, d'Épernay à Vertus, domaine d'élection du chardonnay ; la Côte des Bar, dans l'Aube, principalement plantée en pinot noir. Le terroir bénéficie d'un socle crayeux dont la perméabilité et la richesse en principes minéraux apportent de la finesse aux vins, un sous-sol qui a permis, en outre, le creusement de caves souterraines favorables au bon vieillissement des champagnes.
Par ailleurs, si le gel rend difficile la régularité de la production – la Champagne est située à la limite septentrionale de la culture de la vigne –, les écarts climatiques sont tempérés par la présence de massifs forestiers qui équilibrent la douceur atlantique et la rigueur continentale. Et l'absence d'excès de chaleur est un autre atout pour la finesse des vins.

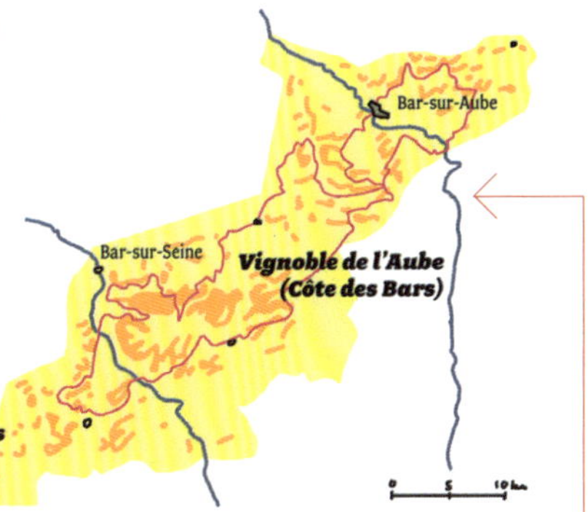

Cépages et styles de vins

Trois principaux cépages sont cultivés ici : pinot noir, pinot meunier et chardonnay. Ils donnent naissance à de multiples champagnes, qui associent plusieurs vins de base (l'art de l'assemblage). On trouve ainsi des blancs et des rosés, des blancs de blancs (issus du chardonnay seul), des blancs de noirs (de pinot meunier, de pinot noir ou des deux variétés) ou des blancs d'assemblage.
Par ailleurs, le dosage différencie les bruts zéro (extra-secs), les bruts, les demi-secs, voire les doux. Il existe aussi des vins non millésimés (majorité) et des millésimés, ainsi que des cuvées de prestige – ou cuvées spéciales – au prix de vente très élevé dans les grandes marques. Quel que soit son type, on s'accorde à penser que le meilleur champagne est celui qui a mûri le plus longtemps sur ses lies (cinq à dix ans) ; il doit être consommé dans les six mois suivant son dégorgement.

Outre les champagnes, on trouvera dans la région deux autres appellations, en vins tranquilles : le rosé-des-riceys et son fameux « goût des Riceys » (amande et fruits rouges), ainsi que le coteaux-champenois, essentiellement produit en rouge à partir des pinots noir et meunier.

La Corse

Montagne dans la mer, l'île de Beauté et sa topographie tourmentée offrent une multiplication de pentes et de coteaux, de microclimats favorisés par la proximité des montagnes et des vallées et une pauvreté des sols bénéfiques à la vigne.

Le vignoble de la Corse court tout autour de l'île, à proximité des côtes. On y cultive, aux côtés de variétés importées, des cépages introuvables sur le continent, comme le sciaccarello et le niellucciu, à l'origine de vins rouges et rosés typés, très majoritaires, ou comme le vermentino en blanc.

Histoire

Ce sont les Phocéens qui ont introduit la vigne en Corse, il y a 2 600 ans. La commune d'Aléria, sur la côte est, en porte encore le témoignage, cette ville où ces mêmes Phocéens avaient fondé le comptoir d'Alalia. Plus largement, la Corse, suite aux nombreuses et successives occupations par les Romains, les Barbares, les Toscans, puis les Génois, a bénéficié de riches influences commerciales.

Sols et climats

Le relief et les modulations climatiques qu'il entraîne s'associent à trois types de sols principaux : les sols granitiques, les plus répandus, au sud et à l'ouest de l'île ; les sols de schistes au nord-est ; les sols calcaires entre ces deux zones. Le climat très ensoleillé est tempéré par une relative humidité due à l'influence maritime.
L'ensemble de ces facteurs explique la présence de la vigne un peu partout dans l'île, seule l'altitude en limitant l'implantation.

Cépages et styles de vins

La Corse, largement dominée par les rouges et les rosés, se distingue par sa trentaine de cépages autochtones très diversifiés, qui côtoient des cépages importés. Pour les rouges et les rosés, les cépages phares sont le nielluccio (connu en Italie sous le nom de *sangiovese*) et le sciaccarello, parfois associés aux « locaux » barbarossa et aleatico, au carignan, au cinsault, au grenache, au mourvèdre ou à la syrah ; pour les blancs, le vermentino (malvoisie de Corse) domine, accompagné parfois de l'ugni blanc (ou rossola), du bianco gentile, du codivarta... Le muscat à petits grains engendre le muscat-du-cap-corse.

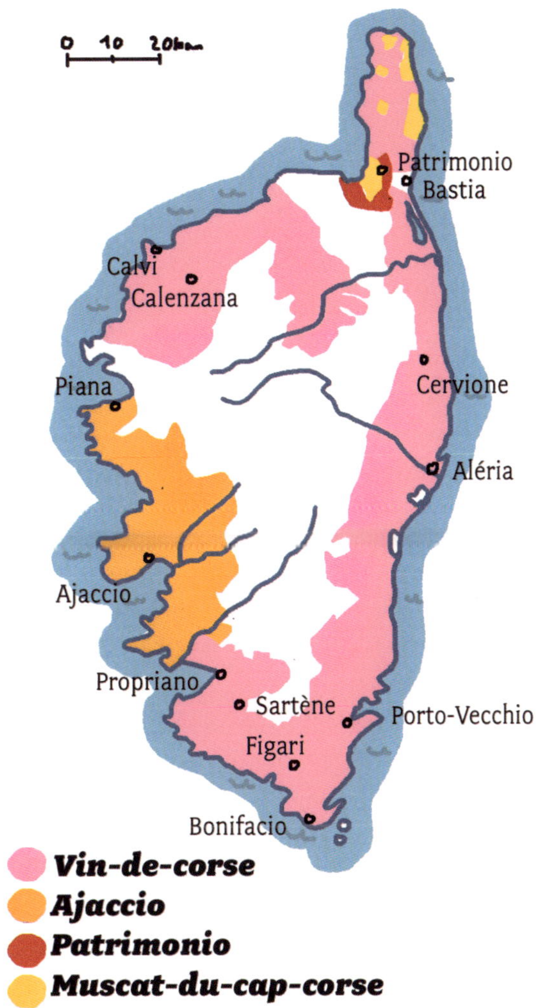

Le Jura

Ce vignoble à la géologie tourmentée, pendant de celui de la haute Bourgogne, de l'autre côté de la vallée de la Saône, occupe les pentes qui descendent du premier plateau des monts du Jura vers la plaine.

Le vignoble du Jura est composé d'une bande de 80 km de long, traversant tout le département du Jura, de Salins-les-Bains, au nord, à Saint-Amour, au sud. Les terroirs les plus favorables se situent en coteaux entre 250 et 400 m d'altitude. Plantés de cépages locaux et d'autres issus de Bourgogne, ces terroirs voient naître des vins atypiques, à l'image du célèbre vin jaune, du vin de paille ou encore du macvin.

Histoire

La vigne prospère ici depuis l'Antiquité : Pline le Jeune cite les vins jurassiens vers l'an 80. Au Moyen Âge, les sites escarpés et protégés des vents froids abritent des vignobles à Arbois, Château-Chalon et L'Étoile. Le vin du Jura est alors fort apprécié, à l'image d'Henri IV, célèbre amateur des vins locaux. Autre élément propice à l'expansion viticole : la présence de salines qui favorise les échanges commerciaux et donc les expéditions de vins.

Le vignoble poursuit son développement jusqu'au XIXe s., porté par l'intérêt que lui vouent la noblesse locale et les ecclésiastiques. C'est aussi ici qu'est créée l'une des premières coopératives viticoles en 1906 à Arbois. Aujourd'hui, le vignoble s'étend sur environ 1 800 ha et produit 82 000 hectolitres par an.

Sols et climats

Le vignoble, établi sur des pentes accidentées, est constitué de sols de marnes, d'argiles et d'éboulis calcaires. Le climat, de type continental, connaît des variations parfois brutales : hivers rudes et étés irréguliers, avec souvent beaucoup de journées chaudes. La vendange s'effectue pendant une période assez longue, se prolongeant parfois jusqu'en novembre en raison des différences de précocité entre les cépages.

Cépages et styles de vins

Les cépages locaux sont parfaitement adaptés aux terrains argileux du Jura. On trouve ainsi le poulsard, cépage rouge peu tannique à l'origine de rosés et de rouges légers. Le trousseau, autre cépage local, donne des vins rouges plus colorés et riches en tanins. On rencontre aussi le pinot noir, souvent associé au trousseau, dans les rouges, ainsi que dans les mousseux blancs de noirs. Autre cépage bourguignon, le chardonnay apporte son riche bouquet aux vins blancs secs et mousseux. Le savagnin, cépage blanc local, donne naissance au célèbre vin jaune, spécialité jurassienne avec le vin de paille.

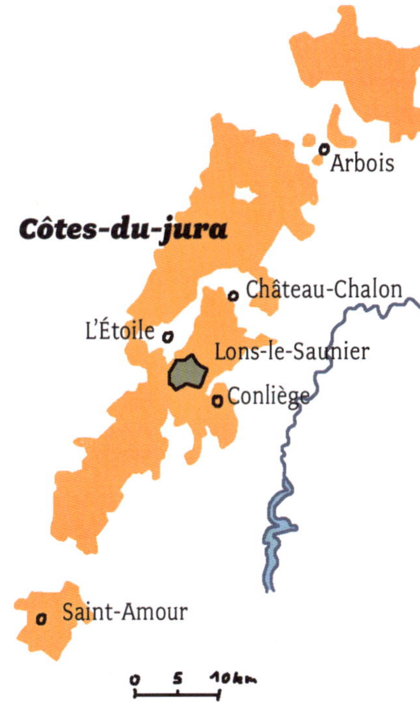

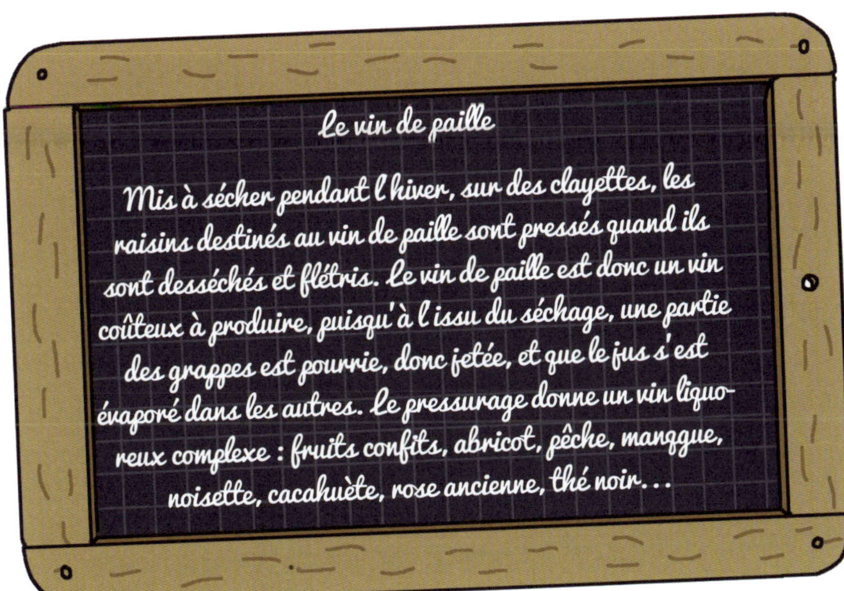

Le Languedoc

Ce vignoble immense s'étale le long du littoral méditerranéen, de Leucate, à l'ouest, jusqu'à Nîmes et la Camargue, à l'est, puis couvre les contreforts des Cévennes aux portes de Carcassonne.

Le vignoble du Languedoc parcourt trois départements : l'Aude, le Gard et l'Hérault. Il offre une diversité de paysages et une mosaïque de terroirs entre mer et montagne (Corbières), sous influence climatique méditerranéenne, à l'origine d'une vaste palette de vins rouges, blancs et rosés, de vins doux naturels et d'effervescents. Des vins, qui, après avoir été longtemps assimilés à la viticulture de masse, font l'objet d'un renouveau constant depuis près de trente ans.

Histoire

C'est aux Grecs que l'on doit l'implantation de la vigne, dès le VIIe s. av. J.-C., autour de Narbonne. Avec les Romains, le vignoble du Languedoc se développe rapidement, allant même jusqu'à concurrencer le vignoble romain : l'empereur Domitien ordonne alors, en l'an 92, l'arrachage de la moitié des surfaces. Probus annule ce décret en 270 ; le vignoble languedocien renaît. Au Moyen Âge, il connaît une période de grande prospérité sous l'influence des monastères et des abbayes. Le commerce du vin continue de s'étendre avec, notamment aux XVIIIe et XIXe s., l'amélioration des infrastructures portuaires (création du port de Sète, ouverture du canal du Midi). La création du chemin de fer entre 1850 et 1880 assure le développement de nouveaux marchés dont les besoins sont satisfaits par l'abondante production de vignobles reconstitués après la crise phylloxérique.
C'est alors l'époque de la viticulture de masse, intensive et de mauvaise qualité, qui ne déclinera qu'à partir du milieu du XXe s., une période marquée par de nombreuses crises, comme la révolte vigneronne de 1907.
La reconnaissance des vignobles languedociens en VDQS (1949), puis en AOC, par étapes, a permis un renouveau. Grâce à ses bons terroirs en coteaux et au retour des cépages traditionnels, le Languedoc viticole produit aujourd'hui des vins de grande qualité.

Sols et climats

Les aires de production offrent des situations très variées selon l'altitude, la proximité de la mer, l'établissement en terrasses ou en coteaux, les sols et terroirs. On distingue ainsi une zone montagneuse, une plaine côtière, une zone de garrigue et une autre de piémont. Une diversité qui fait aussi l'originalité du vignoble : abruptes falaises blanches de la Clape, paysage de montagne au pic Saint-Loup, douces pentes de Picpoul-de-Pinet, terrasses du Larzac… C'est le climat méditerranéen qui assure l'unité du Languedoc, un climat chaud et sec, à pluviométrie faible et très irrégulière, renforcé par des vents soufflant de la terre (mistral, tramontane), ceux venant de la mer apportant une humidité salutaire.

Cépages et styles de vins

Engagé depuis trente ans dans un vaste chantier visant à identifier les terroirs et à y adapter de nouveaux cépages, le Languedoc produit aujourd'hui un panel très complet de vins blancs, rouges et rosés, de vins doux naturels et d'effervescents.

Les cépages rouges sont principalement le carignan, le grenache, la syrah, le mourvèdre et le cinsault. Les blancs sont issus du grenache, du picpoul, du bourboulenc, du macabeu, de la clairette et, depuis peu, de la marsanne, de la roussanne et du vermentino.

Pour les effervescents, on fait appel au mauzac, au chardonnay et au chenin.

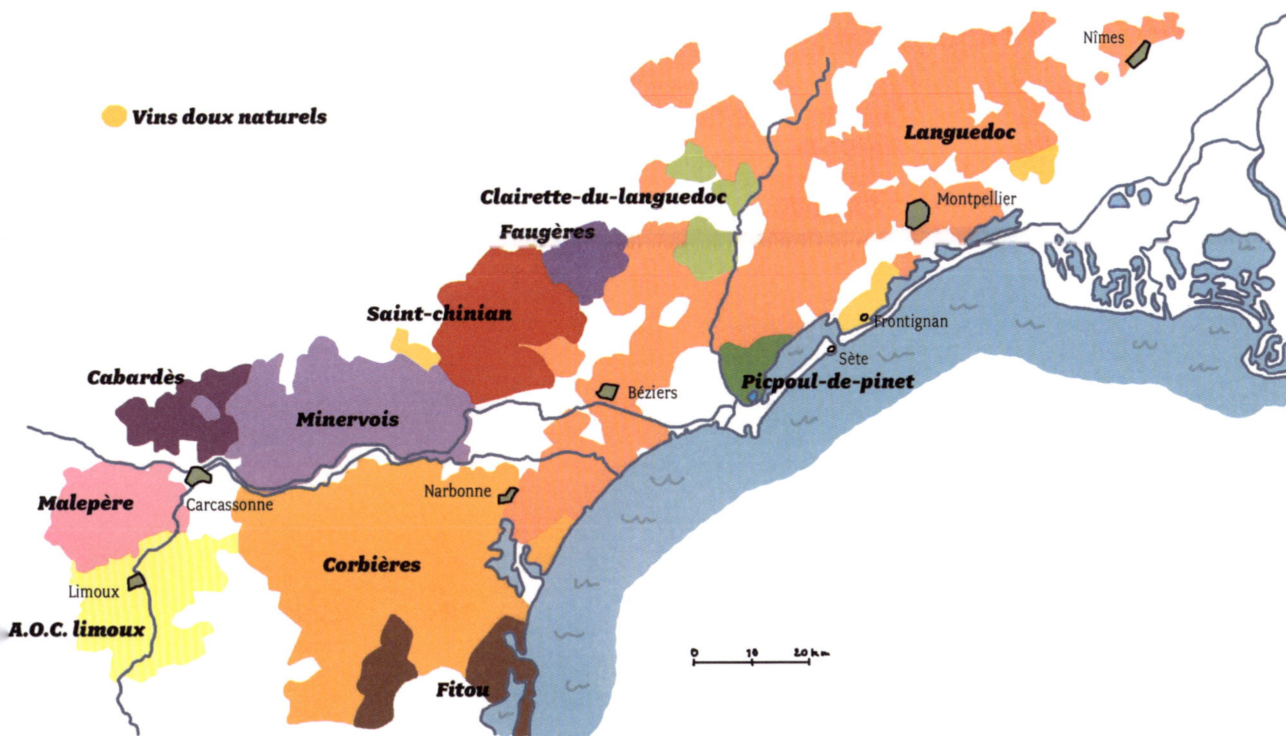

La Lorraine

Autrefois florissant, le vignoble lorrain est aujourd'hui l'un des plus petits de France.

Produits sur les départements de la Meuse, de la Moselle et de la Meurthe-et-Moselle, les vins lorrains sont déclinés dans les trois couleurs, mais ce sont surtout les vins gris, des rosés de couleur… grise ou pelure d'oignon, issus de pinot et de gamay, qui font leur réputation.

Histoire

Installés en Lorraine dès le Ier s. av. J.-C., les Romains vont développer la culture de la vigne, notamment en Moselle. Durant tout le Moyen Âge, le vignoble poursuit son extension, portée par les ecclésiastiques (les évêchés de Metz, de Toul et de Verdun notamment) et les nobles ; un développement qui se poursuit jusqu'au XIXe s.

Ainsi, dans les années 1830, le vignoble lorrain compte quelque 35 000 ha, l'équivalent de l'actuelle Champagne. Mais en 1866, le phylloxéra, l'industrialisation, la crise viticole de 1907, puis les guerres mondiales anéantissent une grande partie des vignes.

Et si celles-ci sont partiellement replantées, elles ne retrouveront plus jamais leur superficie du XIXe s. Ce n'est qu'en 1951 que les pouvoirs publics reconnaissent l'AOC moselle. Aujourd'hui, les deux appellations de la région – côtes-de-toul et moselle – recouvrent une superficie d'environ 100 ha.

Sols et climats

Très morcelé, le vignoble de Moselle couvre les coteaux qui bordent la vallée de la rivière éponyme, implantés sur des sols essentiellement argilo-calcaires.

Il se concentre autour des trois pôles : au sud et à l'ouest de Metz, dans la région de Sierck-les-Bains et dans la vallée de la Seille, autour de Vic-sur-Seille. À l'ouest de Toul, le vignoble des côtes-de-toul est implanté sur huit communes situées sur la Côte de Meuse, sur des sols d'argiles et d'éboulis calcaires. Le climat lorrain est semi-continental, avec des saisons bien marquées, de bonnes températures estivales et des pluies bien réparties.

Cépages et styles de vins

Influencée par la viticulture luxembourgeoise, la Moselle favorise d'abord les vins blancs secs et fruités, issus de müller-thurgau, de riesling, d'auxerrois et de pinots blanc et gris. Le pinot noir donne quelques rouges fruités et, associé au gamay, des rosés frais. Les côtes-de-toul ont pour spécialité le vin gris, rosé de bonne complexité issu de gamay et de pinot noir. On y trouve aussi des rouges, nés du seul pinot, et quelques blancs, nés de l'auxerrois.

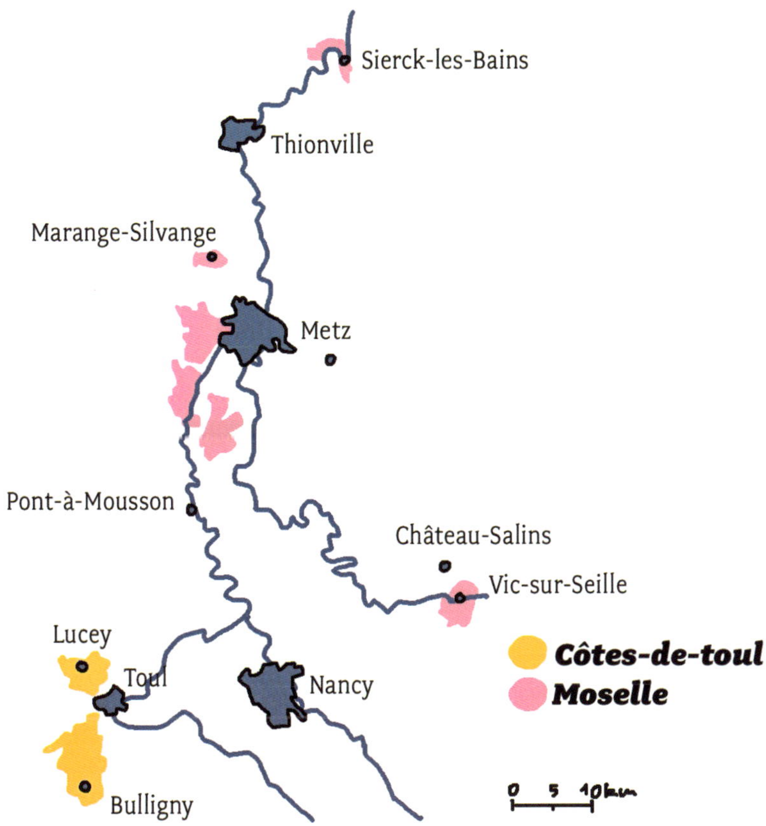

Autrefois très étendu, le vignoble du Haut-Poitou ne représente plus aujourd'hui qu'environ 500 ha, sa plus grande partie correspondant à l'aire d'appellation du cognac.

Le Poitou-Charentes

Histoire

C'est au Moyen Âge que s'épanouissent les vignobles du Poitou, de l'Aunis, de la Saintonge et de l'Angoumois, favorisés par l'essor des villes de l'Europe du Nord et par le renouveau de la navigation maritime. La Hollande devient au XIVe s. le principal débouché, et ce sont les négociants de ce pays qui introduisent la distillation, à l'origine du cognac. La notoriété de l'eau-de-vie s'affirme aux XVIIIe et XIXe s., si bien que le cognac est reconnu en appellation en 1909.

Sols et climats

La région est marquée par des paysages de plaines en Poitou, plus ondulés en Charente, où les sols prennent çà et là la couleur blanchâtre du calcaire. Le climat océanique très doux, ensoleillé l'été et à l'arrière-saison, avec de faibles écarts de températures, permet une lente maturation des raisins, qui rapproche en cela le Poitou-Charentes de l'Aquitaine.

Cépages et styles de vins
Les vins blancs du Haut-Poitou naissent du sauvignon, les rouges principalement du cabernet franc. Ugni blanc, colombard, folle blanche, montils et sémillon sont les principaux cépages du cognac qui, mélangé avec des moûts de raisins frais ou partiellement fermentés, donne le pineau-des-charentes.

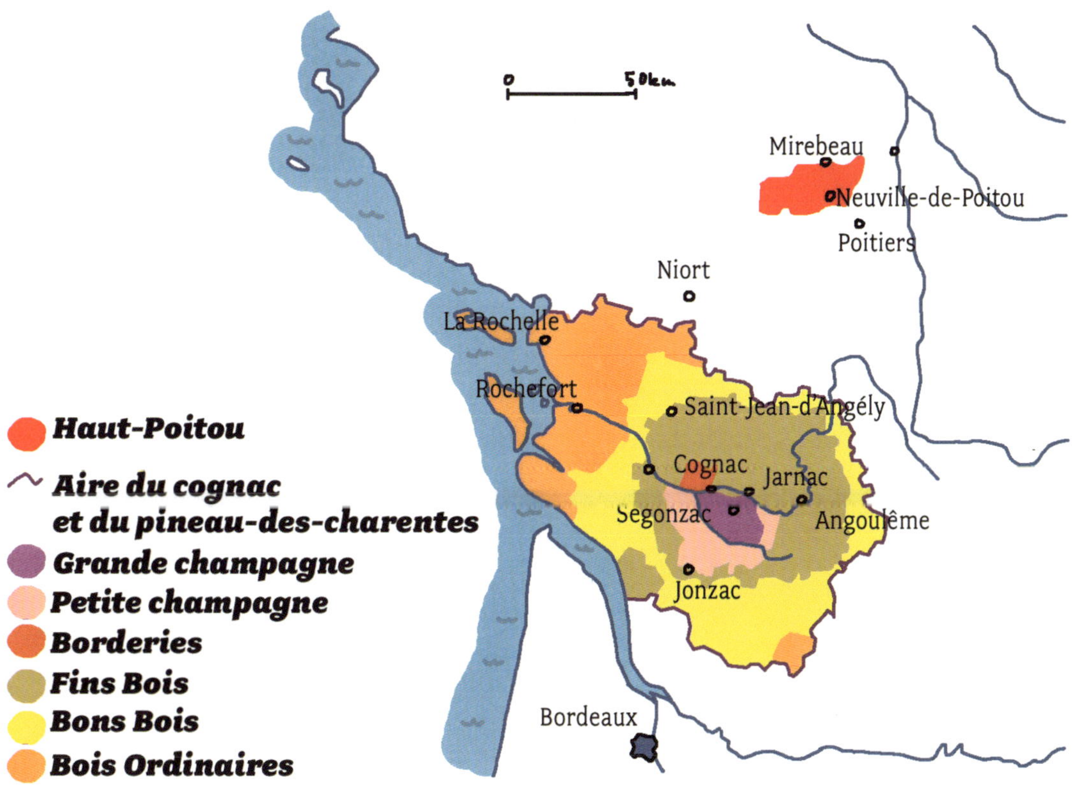

La Provence

Le vaste vignoble provençal s'étend sur près de 200 km de long, d'est en ouest, de Nice au sud d'Avignon, et sur 60 km de large entre les Alpilles et la Méditerranée.

Aux côtés des pins et des oliviers, la vigne de Provence occupe des îlots très diversifiés, et si l'on trouve les trois couleurs de vins dans ce pays de soleil et de vents, c'est le rosé qui règne en maître.

Histoire

Si, 600 ans av. J.-C., les Phocéens débarquant à Marseille ont déjà multiplié les plants de lambrusques, ce sont les Romains, au IIe siècle, qui vont développer la culture de la vigne dans la *Provincia romana*. Du ve au xiie s., les moines (abbayes de Saint-Victor à Marseille, Saint-Honorat sur les îles de Lérins…) vont poursuivre et améliorer l'œuvre romaine, relayés par les nobles, à partir du xive s., à l'image du roi-vigneron René d'Anjou, comte de Provence au xve s., qui acquièrent de nombreux domaines et posent les fondations de la Provence viticole moderne. Éléonore de Provence, épouse d'Henri III, roi d'Angleterre, donne aux vins de Provence un grand renom.
Mais les siècles suivants voient souffrir le vignoble : éloignement des grands axes de communication, crise du phylloxéra en 1880, surproduction privilégiant la quantité à la qualité au début du xxe s. Mais la filière s'organise (mouvement coopératif) et les premières AOC apparaissent dans les années 1930 (cassis en 1936). Ces efforts et le développement du tourisme remettent les vins provençaux à l'honneur, les rosés en tête (38 % de la production nationale et 8 % de la production mondiale).

Sols et climats

Le vignoble provençal est très morcelé, la géopédologie très diversifiée et le relief offre des zones fort contrastées, tant au niveau des sols que des micro-

climats. L'on distingue néanmoins deux grandes zones. À l'ouest et au nord, on trouve collines et barres calcaires sculptées par l'érosion, dans un environnement de garrigue (montagne Sainte-Victoire, massif de la Sainte-Baume). À l'est, face à la Méditerranée, les massifs cristallins des Maures et du Tanneron accueillent un relief plus doux de collines aux courbes rondes où règne le maquis. Plus à l'est encore, la Côte d'Azur prolonge cette zone cristalline avec des trouées volcaniques aux roches surprenantes comme les porphyres colorés du massif de l'Estérel. Les sols sont en général pauvres, bien drainés et peu profonds, sans excès d'humidité : des terroirs propices à l'épanouissement de la vigne.
Quant au climat, le mistral apporte un air rafraîchissant à l'une des régions les plus chaudes de France, avec de rares, mais très violentes précipitations.

Cépages et styles de vins

À l'image des autres vignobles méridionaux, la Provence offre une large palette de cépages : grenache, cinsault, carignan, mourvèdre, syrah, tibouren, cabernet-sauvignon… en rouge et rosé, ugni blanc, rolle, grenache blanc, clairette, marsanne, sémillon, bourboulenc… en blanc. On y produit ainsi toute la gamme des couleurs, mais ce sont les rosés qui dominent largement. La Provence s'impose comme la première région en France : près de 90 % de sa production viticole sont dédiés à cette couleur, avec une production annuelle en moyenne de 150 millions de bouteilles.

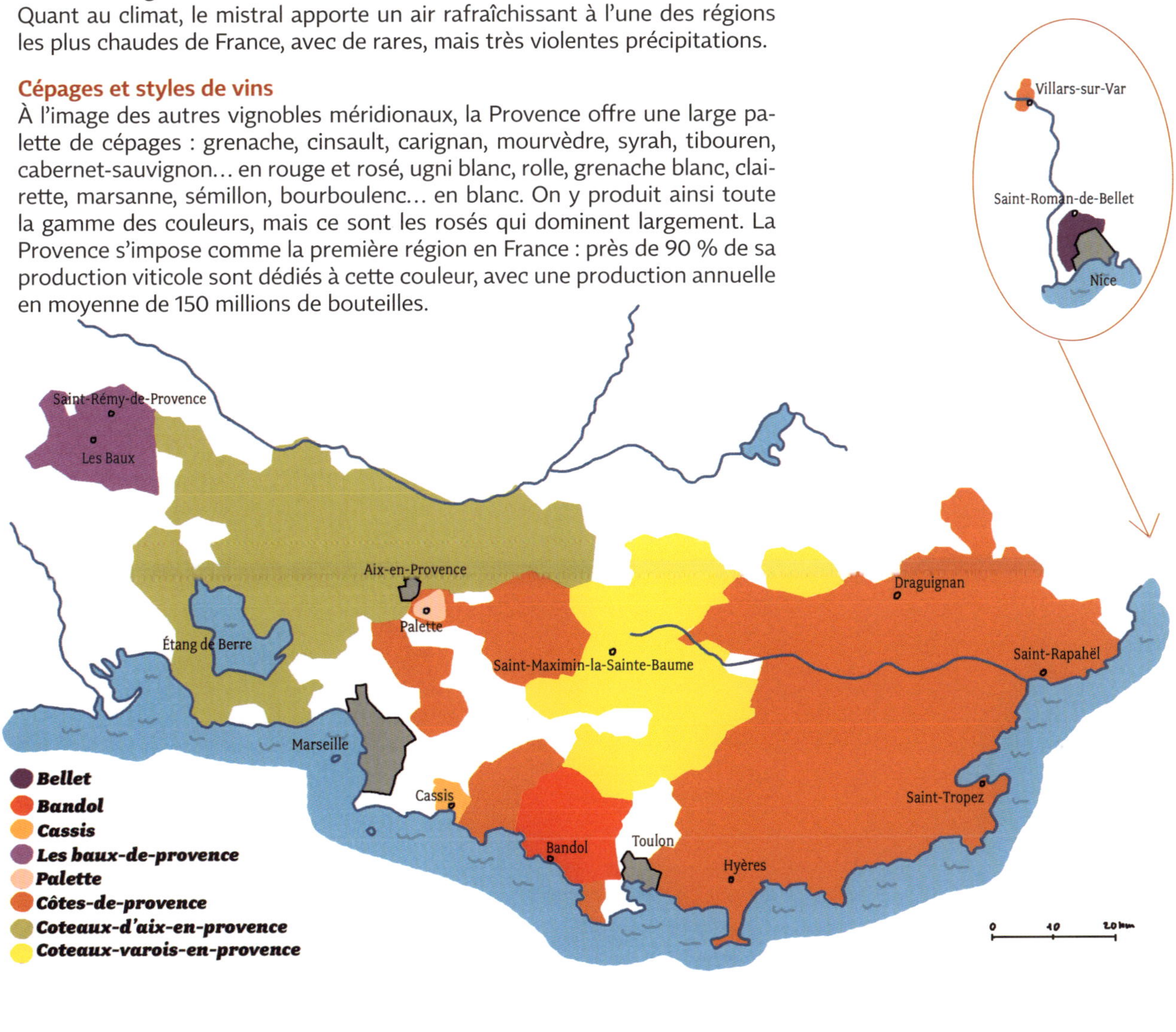

Le Roussillon

Le plus méridional des vignobles français, implanté dans la Catalogne (département des Pyrénées-Orientales) est un vaste amphithéâtre cerné de massifs montagneux.

Le vignoble du Roussillon est une sorte d'île terrestre, bordé au nord par les Corbières, par le massif du Canigou à l'ouest, par les Albères au sud et, à l'est, par la Côte Vermeille et ses vignobles plongeant dans la Méditerranée. Il est réputé pour ses vins doux naturels.

Histoire

Implantée dès le VIIe s. av. J.-C., la vigne se développe au Moyen Âge, vins doux naturels et rouges corpulents offrant alors au Roussillon une solide réputation. Au XIXe s., le vignoble s'étend fortement avant de connaître la crise phylloxérique qui le détruit en partie. Replanté progressivement, il quitte les plaines pour rejoindre les coteaux. Dans la première moitié du XXe s. se développe une production de masse de vins peu qualitatifs, destinés surtout au coupage avec les vins d'Afrique du Nord. Avec l'apparition des AOC dans les années 1930, pour les vins doux naturels débute une politique de qualité, qui aboutit à la reconnaissance des appellations côtes-du-roussillon et côtes-du-roussillon-villages dans les années 1970.

Sols et climats

Le vignoble du Roussillon est bordé par trois massifs (Corbières, Canigou et Albères) et traversé par trois fleuves (la Têt, le Tech et l'Agly), qui ont modelé un relief de terrasses et de coteaux aux sols variés : schistes noirs et bruns, arènes granitiques, argilo-calcaires… Le climat est particulièrement ensoleillé, avec des températures clémentes en hiver et chaudes en été. La pluviométrie est mal répartie et les pluies d'orage ne profitent guère à la vigne. Il s'ensuit une période estivale sèche, dont les effets sont souvent accentués par la tramontane, qui favorise la maturation des raisins.

Cépages et styles de vins

Le Roussillon se distingue avant tout par ses vins doux naturels réputés : nés du grenache noir, blanc et gris, les banyuls, maury et rivesaltes ambrés, grenats et tuilés, ou encore le muscat-de-rivesaltes en blanc.
En vins secs, on trouve des rouges, des rosés et des blancs au caractère affirmé dû à la multitude des terroirs et des cépages : grenache, carignan, mourvèdre, syrah, cinsault ou le local lledoner pelut en cépages rouges ; grenache blanc, macabeu, malvoisie, marsanne, roussanne et vermentino en blancs.

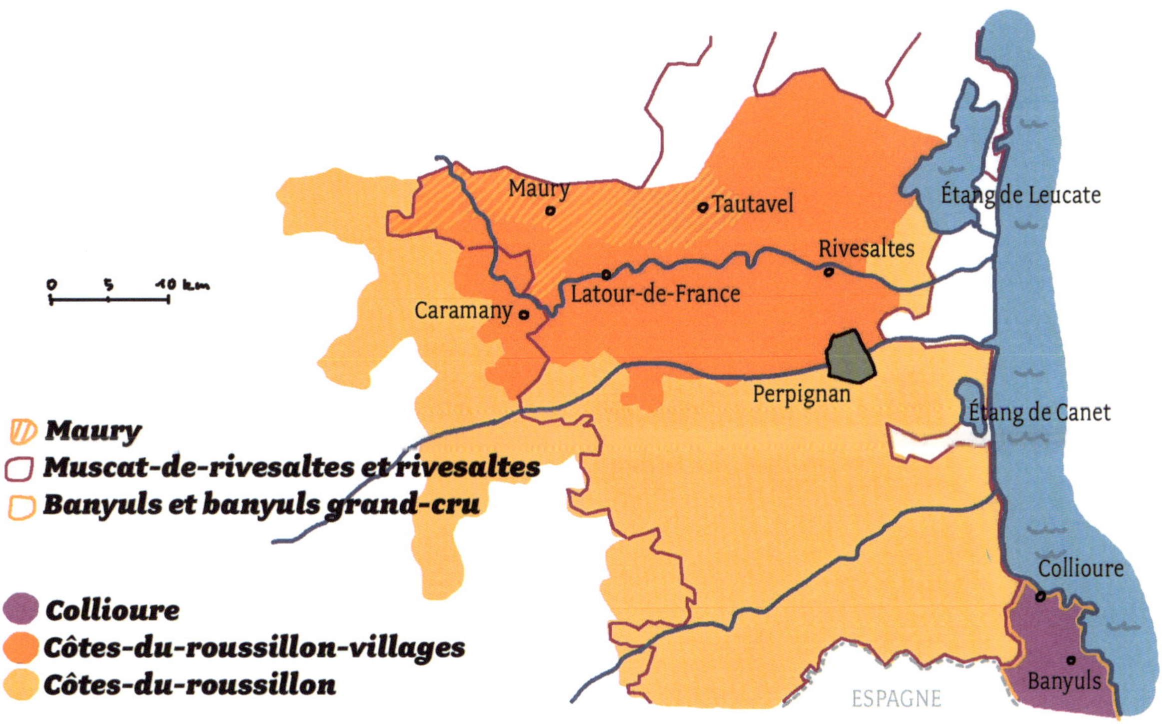

La Savoie et le Bugey

Du lac Léman au sud de Chambéry, le vignoble savoyard occupe les premières pentes alpines, entre 300 et 600 m.

Entre lacs, alpages, chalets et vergers, les vignes de la Savoie et du Bugey forment une mosaïque complexe de microclimats et de terroirs aux caractères montagnards plus ou moins accentués, où s'épanouissent une multitude de cépages, majoritairement blancs. Le vignoble du Bugey, quant à lui, s'étend sur les éboulis calcaires abrupts du département de l'Ain. On y produit de manière générale des vins rouges, rosés et blancs, ainsi que le fameux rouge effervescent de Cerdon.

Histoire

La culture de la vigne remonterait aux Allobroges, selon les écrits de Pline et Columelle. Au Moyen Âge, les moines étendent le vignoble aux versants pentus des Alpes et aux plaines fertiles, et ce jusqu'au XIXe s. Comme les autres vignobles français, ceux de Savoie et du Bugey souffrent du phylloxéra à la fin du XIXe s. Bien que replantés dans les années 1890, sur une surface plus modeste, ils ne sont véritablement reconnus qu'après la Seconde Guerre mondiale.
La modernisation des méthodes de culture et de vinification et la maîtrise des rendements provoquent un saut qualitatif, un essor accentué par le développement du tourisme hivernal. Mais si la production viticole progresse depuis les années 1980, le nombre de viticulteurs et de petites exploitations a tendance à décroître.

Sols et climats

Du lac Léman à la vallée de l'Isère, dans les départements de la Savoie et de la Haute-Savoie, de l'Isère et de l'Ain, le vignoble occupe les basses pentes favorables des Alpes le long des vallées. Il est constitué d'une mosaïque complexe de terroirs diversifiés, établie en îlots plus ou moins étendus. Une diversité géographique à laquelle font écho les variantes climatiques, les caractères montagnards étant accentués par le relief ou tempérés par le voisinage du lac Léman et de celui du Bourget.

Cépages et styles de vins

Les cépages sont assez nombreux, mais plusieurs d'entre eux n'existent qu'en très faible quantité, le pinot noir et le chardonnay notamment. Nous évoquerons ici les principaux. Le gamay, importé du Beaujolais voisin, donne des vins frais et légers. La mondeuse, cépage local, est à l'origine de vins rouges de caractère, typés et charpentés, notamment à Arbin, dont elle est la variété exclusive. C'était, avant la crise phylloxérique, le cépage le plus planté de la Savoie. La jacquère, cépage blanc le plus répandu, engendre des vins blancs frais et légers, à consommer jeunes.
L'altesse (ou roussette), cépage très fin et typiquement savoyard, est celui des vins blancs en roussette-de-savoie. Le bergeron, nom local de la roussanne, donne, quant à lui, des vins blancs de grande qualité, spécialement à Chignin, avec le chignin-bergeron. Le chasselas est présent sur les rives du lac Léman. Dans le Bugey, le poulsard jurassien entre, avec le gamay, dans l'assemblage des effervescents du Cerdon. Il y voisine avec la mondeuse, le pinot noir et le gamay. En blanc, on y trouve la jacquère, l'altesse, le chardonnay (majoritaire ici) et l'aligoté, sans oublier la molette, cépage local employé dans l'élaboration des vins effervescents.

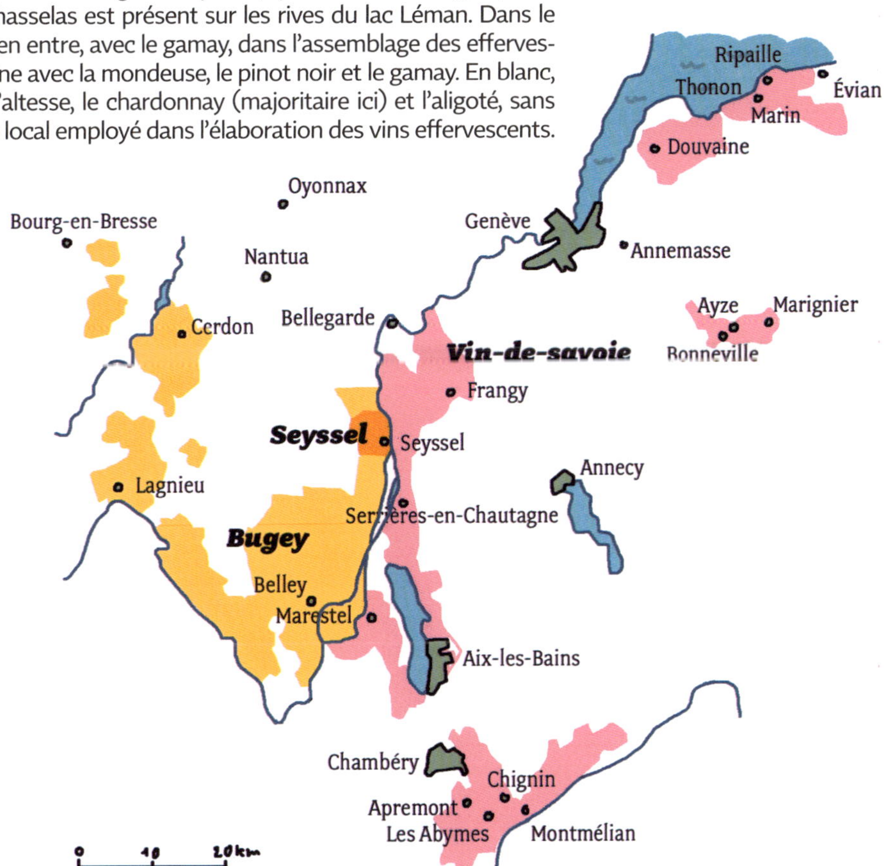

Le Sud-Ouest

Vaste et varié, le vignoble du Sud-Ouest couvre quatre zones principales : le piémont du Massif central, la moyenne Garonne, le Bergeracois et le Duras, ainsi que le piémont pyrénéen.

Les vignobles du Sud-Ouest, devrait-on dire : on en recense plus d'une vingtaine, avec des terroirs, des cépages et des histoires distinctes. Le point commun entre les appellations, aussi éloignées qu'irouléguy, gaillac ou marcillac, réside dans des vins de caractère et dans une incomparable palette de cépages locaux (manseng, tannat, négrette, loin de l'œil...).

Histoire

Jusqu'à l'apparition du rail, les vignobles de la Garonne et de la Dordogne ont vécu sous l'autorité bordelaise. Fort de sa position géographique et des privilèges royaux, le Port de la Lune dicte sa loi aux vins de Duras, de Buzet, de Fronton, de Gaillac et de Bergerac. Tous doivent alors attendre que la récolte bordelaise soit entièrement vendue aux amateurs d'outre-Manche et aux négociants hollandais avant d'être embarqués, quand ils ne sont pas utilisés comme vins « médecins » pour remonter certains clarets. De leur côté, les vins du piémont pyrénéen ne dépendent pas de Bordeaux, mais sont soumis à une navigation hasardeuse sur l'Adour avant d'atteindre Bayonne. Leur renommée n'a dès lors que peu dépassé le voisinage immédiat.
Nombre de ces vignobles ont été créés par des monastères aux Xe et XIe s., en liaison avec le pèlerinage de Saint-Jacques-de-Compostelle, et se sont développés aux XVIIe et XVIIIe s. grâce aux négociants hollandais, qui favorisent l'exportation de vins doux et d'eaux-de-vie.

Sols et climats

À l'est, le vignoble du piémont du Massif central, dont les principales appellations sont gaillac et cahors, est planté sur les terres sédimentaires du Bassin aquitain, de même que les vignobles de l'Aveyron, petits et pentus. La moyenne Garonne, entre Fronton et Marmande, comprend une douzaine de vignobles implantés sur les terrasses de la rive gauche du Tarn et de la Garonne, sous un climat océanique tempéré. Le Bergeracois, concentré autour de la ville de Bergerac, prolonge naturellement le Libournais et son climat océanique, tempéré par quelques influences continentales, le vignoble de Duras étant, quant à lui, dans le prolongement de l'Entre-deux-Mers. Le Piémont pyrénéen (madiran, jurançon...), la chaîne de montagnes en arrière-plan, est irrigué par l'Adour et ses affluents et soumis à la double influence climatique de l'Atlantique et des Pyrénées.

Cépages et styles de vins

Le Sud-Ouest est un véritable musée ampélographique des cépages d'autrefois et, nulle part ailleurs, on ne trouve une telle diversité de variétés, dont certaines sont sorties de la nuit des temps viticoles : manseng, tannat, négrette, duras, len de l'el (loin de l'œil), mauzac, fer-servadou, arrufiac et baroque, ou encore raffiat de Moncade et camaralet de Lasseube. Ces cépages donnent aux vins des accents d'authenticité et de typicité inimitable ; des vins de tous types et de toutes les couleurs, à même de combler tous les amateurs : blancs secs ou liquoreux, effervescents, rosés tendres ou vineux, rouges légers ou de garde. Des vins qui côtoient les produits fermiers avec lesquels ils se marient tout naturellement, pour faire du Sud-Ouest une région privilégiée de gastronomie de tradition.

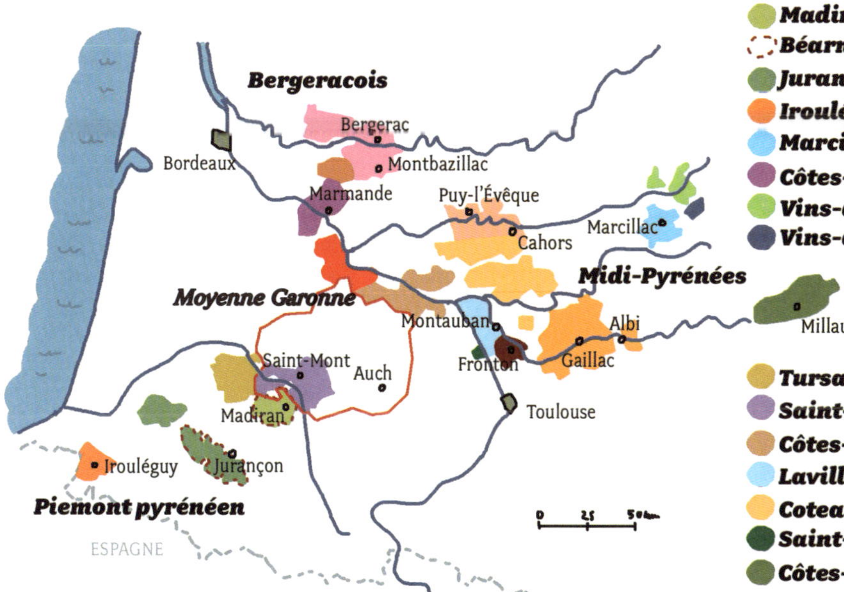

La vallée de la Loire et le Centre

La très étendue région viticole de la vallée de la Loire est unie par le fleuve que l'on dit « royal » et ses affluents, la vigne n'étant jamais bien éloignée de l'eau et des châteaux Renaissance.

Les vignobles du pays nantais, de l'Anjou et du Saumurois, de la Touraine et du Centre forment un vaste ensemble aux terroirs et aux climats variés, où la plupart des types de vins sont déclinés.

Histoire

Comme dans nombre d'autres régions viticoles françaises, la vigne a été introduite ici par les Romains. Là aussi, les moines – augustins et bénédictins – ont développé le vignoble au Moyen Âge, le long des voies romaines, de la Loire et de ses affluents : des voies de communication essentielles pour la commercialisation des vins ligériens. Et c'est ainsi, à l'époque médiévale, que bien des crus de la Loire et du Centre ont vu leur réputation accroître, à l'image des vins de Saint-Pourçain, de l'Anjou, de l'Orléanais ou de la Touraine.

Sols et climats

Planté sur le Massif armoricain, le vignoble du pays nantais, aire du muscadet et d'une partie de l'Anjou, est vallonné et bénéficie d'un climat océanique. La zone de l'Anjou et du Saumurois propose un climat atlantique, avec de grandes variations d'ensoleillement et de pluies selon les années. On distingue l'Anjou blanc (Saumurois), avec ses sols crayeux (tuffeau), et l'Anjou noir, avec ses sols de schistes et autres roches primaires du Massif armoricain.

Plus à l'est, on trouve le vignoble de Touraine, succession de vallées et de coteaux sous influence océanique et continentale, bénéficiant d'une saine humidité. Dans les sols se mêlent argile, calcaire, sable et parfois même silex ou graviers.

Enfin, les vignobles du Centre se distinguent par leurs sols jurassiques, voisins de ceux du Chablisien pour Sancerre et Pouilly-sur-Loire, et leur climat semi-continental, aux hivers froids et aux étés chauds. On rattache également les vignobles de Saint-Pourçain, de la Côte roannaise et du Forez à cet ensemble.

Cépages et styles de vins

Dans le pays nantais, le melon donne naissance au muscadet, vin blanc sec, la folle blanche au gros-plant, autre vin blanc sec, tandis que la région d'Ancenis est colonisée par le gamay noir. En Anjou et en Saumurois, la palette des vins est complète : blancs secs, demi-secs, liquoreux et mousseux, issus de chenin (ou pineau de la Loire), très majoritaire, récemment associé au sauvignon et au chardonnay ; des rosés demi-secs nés de grolleau noir ; des rouges fins et corsés issus de cabernet franc et de cabernet-sauvignon.
En Touraine ouest, on trouve des vins rouges de caractère nés de cabernet franc. En blanc, le chenin donne des vins remarquables, comme à Vouvray ou à Montlouis. À l'est, le sauvignon (en blanc) et le gamay (en rouge et rosé) produisent des vins légers et fruités.
On trouvera aussi dans les coteaux-du-loir des rouges épicés nés du pineau d'Aunis, ou encore des rouges originaux issus de pinot meunier dans l'Orléanais. Dans les vignobles du Centre, le sauvignon règne à Sancerre, Reuilly, Quincy, Menetou-Salon, Pouilly. En rouge et en rosé, on trouve essentiellement des vins nés de gamay et de pinot noir.

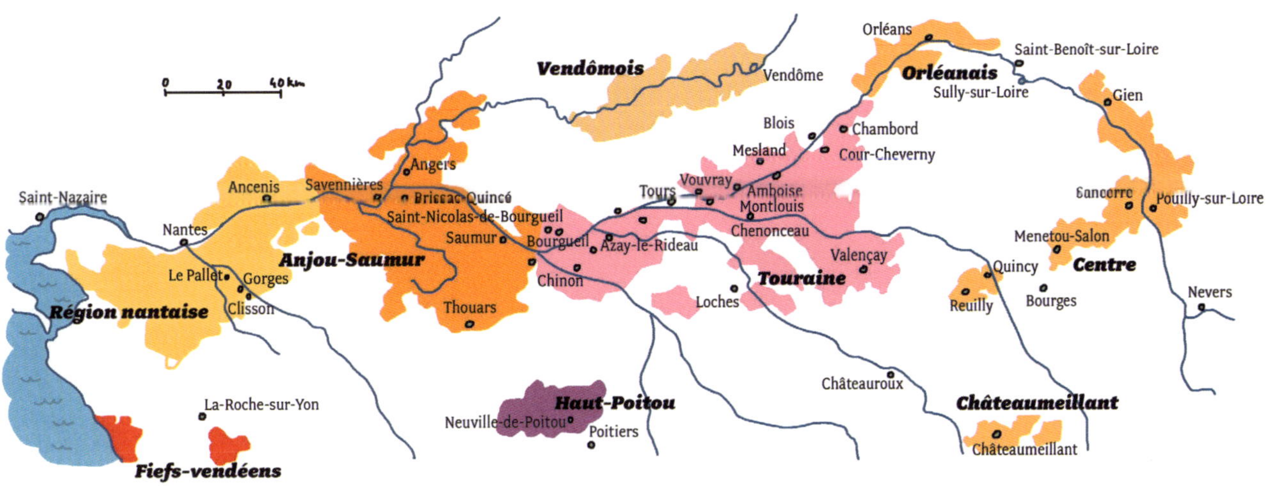

La vallée du Rhône

C'est l'un des plus anciens vignobles de France et la seconde région viticole de l'Hexagone après le Bordelais, traversée par le Rhône, fleuve fougueux qui file vers le Midi et voit fleurir la vigne sur chaque rive.

Dans la vallée du Rhône, on distingue deux grands secteurs très différenciés : la vallée du Rhône septentrionale et la vallée du Rhône méridionale.
Sur les deux rives du fleuve naissent des vins secs dans les trois couleurs, des vins doux naturels et des effervescents. Longtemps assimilés à la « p'tite côte », ce gentil vin de comptoir qu'une brève cuvaison rendait léger et peu tannique, les vins rhodaniens figurent parmi les plus remarquables de France (côte-rôtie, hermitage, châteauneuf-du-pape…).

Histoire

C'est aux abords de Vienne que se trouve l'un des plus anciens vignobles de France, développé par les Romains, après avoir été sans doute créé par les Phocéens de Marseille.
Vers le IVe s. av. J.-C., la culture de la vigne est attestée dans les secteurs des actuels hermitage et côte-rôtie. Elle apparaît dans le Diois au début de l'ère chrétienne.
Au XIIe s., les Templiers plantent les premières vignes à Châteauneuf-du-Pape, vignoble développé deux siècles plus tard sous le pape Jean XXII, puis sous ses successeurs.
Quant aux vins gardois, ils sont fort réputés aux XVIIe et XVIIIe s. ; les cités de Tavel et des environs édictent des règles de production et apposent les initiales CDR (« côtes-du-rhône ») sur leurs tonneaux, une anticipation de l'AOC.
Après une nette diminution des superficies au XIXe s. et au début du XXe s., avec des vins souvent assimilés à des vins de comptoirs, le vignoble rhodanien est

consacré en 1937, avec la création de l'AOC côtes-du-rhône. Aujourd'hui, son image s'est nettement redressée et son visage s'est diversifié (des vins légers aux grands vins de garde), et la vallée du Rhône constitue le second vignoble français d'AOC en superficie et en production.

Sols et climats

On distingue traditionnellement deux zones : la vallée du Rhône septentrionale, au nord de Valence, et la vallée méridionale, au sud de Montélimar, deux secteurs séparés l'un de l'autre par une cinquantaine de kilomètres vierges de vigne. Dans la partie septentrionale, la vallée s'encaisse entre Alpes et Massif central, offrant un climat tempéré, sous influence continentale, avec des coteaux souvent très pentus et des sols granitiques ou schisteux. Dans la partie méridionale, la vallée s'élargit et l'on arrive en Provence. Le climat y est méditerranéen et les sols variés : terrasses de galets roulés, sols argilo-graveleux, molasses et sables. Enfin, le Diois se distingue par son climat montagneux et ses sols calcaires.

Cépages et styles de vins

On trouve ici toute la palette des vins : des vins secs dans les trois couleurs, des vins doux naturels et des effervescents. Dans la partie méridionale règne le grenache, mais les excès climatiques obligent les viticulteurs à utiliser plusieurs cépages pour obtenir des vins équilibrés, notamment la syrah, le mourvèdre, le cinsault, la clairette, le bourboulenc et la roussanne. Dans la partie septentrionale, la syrah s'impose dans les vins rouges (et rosés). Les vins blancs sont, quant à eux, majoritairement issus des cépages roussanne, marsanne et viognier. Dans le Diois, on trouve les cépages clairette et muscat.

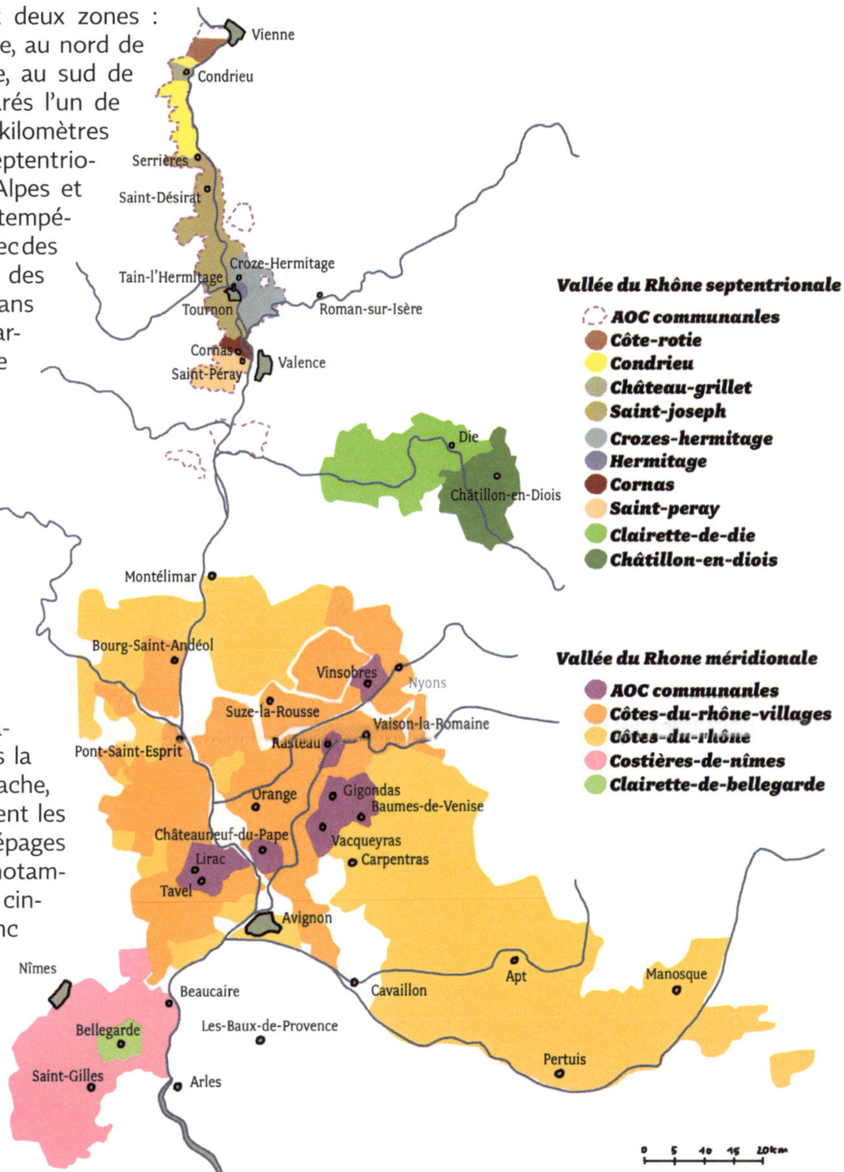

Représentant la plus grande proportion des vins consommés en France, les vins rouges sont produits dans l'ensemble des vignobles. S'il paraît difficile de les classer, tant les styles peuvent être nombreux, on peut cependant distinguer trois types principaux : les rouges légers et souples, les rouges de moyenne garde et les rouges de longue garde.

Les rouges légers et souples

Provenant le plus souvent des vignobles septentrionaux, ils se caractérisent par une structure souple et peu tannique, de la fraîcheur et des arômes fruités. Les vins issus du gamay dans le Beaujolais ou la vallée de la Loire en sont de parfaits représentants. Ces vins, dits de « plaisir » ou de « soif », ne séjourneront que peu de temps en cave.

Les rouges de moyenne garde

Ils sont charnus et charpentés, et parfois élevés partiellement ou en totalité en fût. Ils pourront s'apprécier dans leur jeunesse, mais gagneront à être attendus trois à cinq ans. On les trouve à peu près dans tous les vignobles et ils représentent l'essentiel des vins prisés des amateurs.

Les rouges de longue garde

Dotés d'une solide structure tannique et la plupart du temps élevés en fût, ces vins présentent un excellent potentiel de vieillissement. Présents dans beaucoup de régions viticoles, ils sont symbolisés par les crus classés du vignoble bordelais, ou les grands crus bourguignons. La vallée du Rhône et le Languedoc proposent également de belles cuvées riches et opulentes, sans oublier la vallée de la Loire, le Sud-Ouest et la Provence. L'élevage en cave leur permettra de se fondre et de gagner en profondeur et en structure.

Les vins rouges

ALSACE & LORRAINE

Si le vignoble alsacien est planté à 90 % de cépages blancs, il réserve les 10 % restants au pinot noir, unique variété rouge de la région. Venu très tôt de Bourgogne, ce cépage a failli disparaître, mais on assiste aujourd'hui à une progression de sa surface dans ses terroirs de prédilections. Il génère des vins traditionnellement soyeux et frais aux arômes de petits fruits rouges fort agréables dans leur jeunesse.

Les vins rouges à boire jeunes (dans les 2 ou 3 ans)

PAUL SCHERER

Didier Scherer exploite avec beaucoup de savoir-faire ce domaine familial situé à Husseren-les-Châteaux, village perché qui domine la plaine d'Alsace. Très agréable au nez, sa cuvée Réserve personnelle révèle de jolies senteurs fruitées (framboise, griotte) et offre une bouche souple et fraîche tout aussi fruitée. Voilà un rouge « bien typé », un vin sans chichi à boire jeune et sur le fruit.

Réserve personnelle (alsace pinot noir) – 5 à 8 €

EARL Paul Scherer et Fils,
40, rue Principale,
68420 Husseren-les-Châteaux,
03 89 49 30 34
paul.didier.scherer@orange.fr

DOMAINE BROBECKER

Établi à Eguisheim, ancienne cité fortifiée, Pascal Joblot a repris en 1998 ce petit domaine de 4 ha converti à l'agriculture biologique depuis 2009. Sa cuvée issue du pinot noir dévoile un bouquet agréablement épicé et fruité. On retrouve les arômes de framboise, cerise et cannelle dans une bouche à la fois ronde et fraîche présentant des tanins bien fondus. Souple et harmonieux, ce vin est à boire dans sa jeunesse pour son côté fruité.

(alsace pinot noir) – 5 à 8 €

Dom. Brobecker, 3, pl. de l'Église,
68420 Eguisheim, 06 87 52 80 72,
pascal.joblot@free.fr

VORBURGER

Ce domaine est implanté depuis les années 1950 à Vœgtlinshoffen, village à flanc de coteau dominant la plaine d'Alsace. Il est aujourd'hui conduit par Jean-Pierre et Philippe Vorburger en agriculture biologique. Les deux vignerons élaborent un alsace pinot noir bien typé au nez fin de petits fruits rouges. La bouche souple et soyeuse présente des tanins bien fondus et une bonne longueur. Cette cuvée s'appréciera jeune ou dans les deux ans.

(alsace pinot noir) – 5 à 8 €

EARL Jean-Pierre Vorburger et Fils,
3, rue de la Source,
58420 Vœgtlinshoffen
03 89 49 35 52
jean.pierre.vorburger68@gmail.com

Les vins rouges de moyenne garde (de 3 à 5 ou 7 ans)

Si, en Alsace, le pinot noir livrait autrefois essentiellement des rosés ou des rouges juste agréables et légers, la tendance est désormais à l'élaboration de vins rouges de meilleure garde. De plus en plus pratiqué dans la région, l'élevage en foudre ou en fût de chêne permet d'engendrer des vins plus complexes et plus structurés. Ils déploient des arômes de fruits mûrs et d'épices et prennent, avec l'âge, des notes de cuir et de sous-bois. De son côté, le petit vignoble de Lorraine fournit quelques rouges fruités et assez charpentés, issus le plus souvent du pinot noir.

PAUL FAHRER

Installé à Orschwiller, l'une des communes situées au pied du Haut-Kœnigsbourg, Jean-Yves Fahrer est à la tête d'un vignoble de 6 ha transmis de père en fils depuis quatre générations. Sa cuvée Vinifiée en barrique évoque au nez des notes de cassis auxquelles se mêlent à l'aération des arômes de vanille légués par le fût. En bouche, le fruit et la matière sont bien présents. Trois ou quatre années de garde seront nécessaires pour permettre aux tanins du bois de se fondre.

Vinifié en barrique (alsace pinot noir) – 5 à 8 €

Paul Fahrer, 3, pl. de la Mairie, 67600 Orschwiller, 03 88 92 86 57, vins@paulfahrer.fr

HUMBRECHT

Cette famille de vignerons est établie à Gueberschwihr depuis 1619. Aujourd'hui, Claude Humbrecht et son épouse Sylvie, bientôt rejoints par leur fils Maxime, conduisent 7,5 ha de vignes en conversion bio. Leur Vieille Vigne Vieillie en fût de chêne mêle au nez fruits rouges très mûrs et notes boisées. Le palais se montre puissant, charpenté, gras, soutenu par un boisé intense qui n'écrase pas le vin. Cette belle cuvée est appelée à bien vieillir trois ou quatre ans.

Vieilles Vignes Vieilli en fût de chêne (alsace pinot noir) – 8 à 11 €

Claude et Georges Humbrecht, 33, rue de Pfaffenheim, 68420, Gueberschwihr, 03 89 49 31 51, claude.humbrecht@orange.fr

VINCENT LAROPPE

Installé à Bruley, important village viticole du Toulois, Vincent Laroppe conduit depuis 2003 l'exploitation familiale de 22 ha. Valeur sûre du domaine, sa cuvée La Chaponière, élevée un an en fût de chêne, s'exprime par un nez puissant. En bouche, on découvre une matière structurée par des tanins serrés lui permettant de séjourner plusieurs années en cave. On notera également sa cuvée classique de pinot noir élevée en cuve, remarquable pour sa concentration et sa structure tannique, qui s'affinera après trois ou quatre ans.

La Chaponière (côtes-de-toul) – 11 à 15 € ; cuvée Pinot noir (côtes-de-toul) – 5 à 8 €

Vincent Laroppe, 253, rue de la République, 54200 Bruley, 03 83 43 11 04, vignoble-laroppe@wanadoo.fr

BEAUJOLAIS & LYONNAIS

Le gamay, cépage de base du vignoble du Beaujolais, produit des vins au fruité éclatant, frais et très gourmands, à l'image du beaujolais nouveau. Un vin caricaturé à l'extrême, qui n'en demeure pas moins un vrai et délicieux vin de soif et de fête, dès lors qu'il sort de la cave d'un authentique vigneron. Cela dit, c'est dans l'appellation beaujolais que l'on trouve l'essentiel des vins à boire sans attendre. Les beaujolais-villages et certains crus, selon leur mode de vinification, donnent également des vins très agréables à déguster sur la fraîcheur du fruit. Un peu plus bas, en direction de Lyon, le petit vignoble des coteaux-du-lyonnais donne des vins charmeurs, également à base de gamay, et qui complètent bien la gamme.

Les vins rouges à boire jeunes (dans les 2 ou 3 ans)

COTEAUX DE LA ROCHE

Antoine Viland approche tranquillement de l'indépendance vigneronne, puisqu'il vend désormais les trois quarts de sa production en bouteilles, ne réservant au négoce que le quart des volumes. Un beau parcours pour ce jeune vigneron installé en 2007, qui ne manque pas non plus d'ambition en cuverie : il pratique une macération longue, suivie d'un élevage de six mois en fût. Il obtient ici un vin boisé, au nez de vanille, de marron et de moka, puissant et généreux en bouche. Un style particulier, loin du fruit pimpant des primeurs. À déguster dans les trois ans.

Cuvée de Machurat (beaujolais) – 5 à 8 €

Antoine Viland, La Roche, 69620 Létra, 04 74 71 54 46, vilandantoine@orange.fr

CLOS DE LA ROUE

Curiosité locale, ce vin est issu du Conservatoire national du gamay, qui préserve 503 plants de gamay différents sur sa parcelle de vigne, une première en France à l'échelle d'un seul cépage. Il a fallu de nombreuses années de prospection en Europe pour peupler cette vigne. Après une vendange manuelle, un égrappage et un long élevage en cuve, cette cuvée dévoile un nez discret de griotte, une bouche friande et franche, équilibrée par des tanins fermes en finale.

Conservatoire (coteaux-du-lyonnais) – 5 à 8 €

Famille Decrenisse, 911, Le Petit-Fromentin, 69380 Chasselay, 04 72 18 94 67, franck@vinsdecrenisse.com

DOMAINE DU GRANIT BLEU

Jocelyne et Jean Favre élaborent un beaujolais-villages né de gamay et planté sur un terroir sablonneux en forte pente, au sous-sol de porphyre et de granit. Ils séparent la vendange en deux lots : l'un va directement dans la cuve en macération semi-carbonique typique, l'autre est chauffé afin d'extraire ce fameux nez de cassis. On retrouve ces arômes fruités dans une bouche franche, concentrée et grasse, bien équilibrée par la structure tannique. Un joli vin que l'on peut déguster sans attendre.

Dom. du Granit Bleu (beaujolais-villages) – 5 à 8 €

Jean et Jocelyne Favre, Le Perrin, Dom. du Granit bleu, 69460 Le Perréon, 04 74 03 20 90, granit-bleu@wanadoo.fr

CHÂTEAU DE JULIÉNAS

Thierry Condemine se flatte d'exploiter le plus grand vignoble de l'appellation, avec 39 ha de vignes entourant un magnifique château, dont l'origine remonte au XIIIe s. Cette cuvée suit les codes du gamay friand : elle a fait l'objet d'une macération carbonique courte d'une dizaine de jours, permettant d'exalter le fruit. Le vin en ressort frais au nez et très aromatique, sur des arômes de pêche de vigne et de pivoine. Fruité, charnu, rond et souple en bouche, il est agréable à boire sans attendre.

Cuvée Tradition (juliénas) – 5 à 8 €

Thierry Condemine, Ch. de Juliénas,
69840 Juliénas, 04 74 04 49 98,
thierrycondemine@chateaudejulienas.com

DOMAINE PARDON

Éric Pardon est à la fois le gérant et le vinificateur de cette entité de négoce, qui commercialise ses propres vins (en beaujolais-villages, en régnié et en fleurie) et ceux qu'il sélectionne dans les propriétés. Il propose un régnié au nez intense de kirsch et de pivoine, offrant une bouche sans aspérités, qui dévoile une matière souple, ronde et fraîche à la fois, adossée à des tanins fins. Un joli vin, équilibré, que l'on pourra déguster sur la fraîcheur du fruit.

Tim (régnié) – 5 à 8 €

Dom. Pardon, Pardon et Fils,
La Chevalière, 69430 Beaujeu,
04 74 04 86 97,
pardon-fils.vins@wanadoo.fr

DOMAINE DES DARRÈZES

Madeleine et Jacques Janin conduisent le vignoble familial depuis 1974. Un domaine fondé par l'arrière-grand-père en 1923, qui s'étend aujourd'hui sur 9,5 ha, dont 3,5 ha consacrés à ce saint-amour. Au nez, les fruits rouges mûrs, comme la cerise et la framboise, se mêlent harmonieusement aux épices et à quelques notes de rose. La bouche charme par son équilibre entre des tanins soyeux, une chair ronde et un fruité frais et persistant, qui en font un vin à apprécier sur la fraîcheur du fruit.

(saint-amour) – 8 à 11 €

Madeleine et Jacques Janin,
Dom. des Darrèzes, Le Bourg,
71570 Saint-Amour-Bellevue,
03 85 37 12 96,
domainedarrezes@free.fr

BEAUJOLAIS & LYONNAIS

Au nord du vignoble, sur des sols granitiques qui confèrent aux vins une bonne capacité d'évolution, les beaujolais-villages et surtout les dix crus, sommet de la pyramide régionale, offrent une large palette de vins de bonne capacité d'évolution. On trouve, en partant du sud : brouilly, côte-de-brouilly, régnié, morgon, chiroubles, fleurie, moulin-à-vent, chénas, juliénas et saint-amour, qui marque la limite nord du vignoble, à la frontière du Mâconnais. Les plus robustes d'entre eux vieillissent admirablement et prennent des allures de vieux bourgognes. On dit alors qu'ils « pinotent », par référence au cépage bourguignon, le pinot noir.

Les vins rouges de moyenne et longue garde (de 3 à 7 ans, parfois plus)

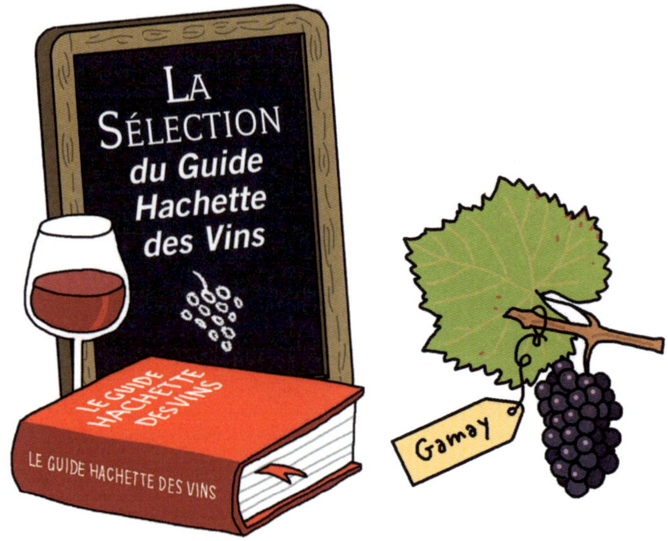

MICHÈLE ET FRANÇOIS DESCOMBES

C'est le pressoir, un Marmonier de 1920, qui a donné son nom à leur cuvée. Un joli appareil, équipé d'une cage en bois et d'un couvercle qui s'abaisse lentement, en une journée tout de même, sur les raisins. Ce pressurage très lent et doux permet de ne pas extraire de tanins herbacés. Le vin offre un bouquet de fruits rouges vanillés et un palais souple. Les amateurs de vins dotés d'une note boisée pourront ouvrir cette bouteille immédiatement, mais cette cuvée est promise à une belle évolution en cave.

Cuvée Marmonier (beaujolais-villages) – 5 à 8 €

Michèle et François Descombes, 428, chem. de Bel-Air, 69430 Lantignié, 04 74 69 20 33, descombesfrancois@orange.fr

LAURENT MARTRAY

Laurent Martray a commencé à proposer cette cuvée en 1993, à la naissance de son fils Corentin. Il lui a réservé les plus vieilles vignes du domaine, âgées d'une soixantaine d'années, qu'il a vinifiées en grappes entières avant de procéder à un élevage en fût. Son credo, ce sont les vins de garde qui ont du caractère. On retrouve ce côté sérieux dans ce vin qui s'ouvre après aération sur des arômes discrets de fruits noirs, avant de dévoiler en bouche des tanins encore un peu sévères. Un vin d'une rusticité de bon aloi, qui s'affine entre trois et cinq ans de garde.

Cuvée Corentin (brouilly) – 11 à 15 €

Laurent Martray, Combiaty, 69460 Odenas, 06 14 42 04 74, martray.laurent@akeonet.com

ANTHONY CHARVET

Anthony Charvet s'est installé en 2000 sur ce domaine de 3,6 ha. Une aussi petite taille d'exploitation lui permet d'aller au bout de ses envies et de ses ambitions et de bichonner chaque cep. Il se rapproche doucement du bio, enherbant ses parcelles, supprimant au maximum les pesticides et laissant les levures indigènes faire leur travail en cave. Et surtout, pas de thermovinification, car il veut préserver le goût du terroir dans ses vins. Objectif atteint avec ce vin expressif, plein et charnu, harmonieux et charmeur, que l'on dégustera après trois à cinq ans de cave.

Granit (chiroubles) – 5 à 8 €

Anthony Charvet, Bel-Air, 69115 Chiroubles, 06 50 07 25 01, anthony.charvet@live.fr

DOMAINE JEAN-PAUL CHAMPAGNON

Les Moriers sont l'un des climats emblématiques du fleurie, situés à la limite du moulin-à-vent. Sylvie Champagnon y exploite 3 ha de gamay. Elle fait macérer le plus longtemps possible sa vendange afin d'obtenir un vin structuré. Après quinze jours de cuve, cette cuvée a passé un an en foudre, le temps de se polir et de s'arrondir. Il en résulte un vin généreux, au nez de fruits rouges et d'épices, à la bouche sur la cerise, ronde, ample et puissante, qui demande trois à quatre ans pour s'ouvrir.

Les Moriers (fleurie) – 8 à 11 €

Sylvie Champagnon, La Treille, 69820 Fleurie, 04 74 04 15 62, contact@champagnon.fr

DOMAINE DE LA CROIX MULINS

Ce domaine s'étend au pied de la colline du Py. Les vignes sont plantées sur des « morgons », roches issues de la désagrégation de schistes pyriteux riches en oxydes de fer qui colorent à la fois le sol et les vins. Ce morgon exprime un nez intense et complexe de fruits rouges rappelant la cerise. La bouche se montre puissante, racée, fruitée et longue, adossée à des tanins charnus et soyeux. Ce vin a de la présence et réclame des égards : trois à cinq ans de cave minimum et un carafage au moment du service.

(morgon) – 5 à 8 €

Pierre Depardon, Les Raisses, 69910 Villié-Morgon, 04 74 69 10 15

DOMAINE DES BURDELINES

Terroirs et Talents est une structure commerciale ombrelle qui regroupe trois entités restées indépendantes en matière de vignoble et de vinification : le Château de la Terrière et deux négoces également propriétaires de vignes, Pierre Dupond et Paul Beaudet. Elle diffuse ce moulin-à-vent au bouquet de fruits rouges mûrs. Aussi délicat en bouche qu'au nez, le vin déploie une matière ronde, souple, soutenue par des tanins fondus. Ce vin équilibré et élégant se patinera en cave trois ans et plus.

(moulin-à-vent) – 8 à 11 €

Terroirs et Talent, La Terrière, 69220 Cercié, 04 74 66 77 80, christelle@terroirs-et-talents.fr

BORDELAIS

Les vins rouges à boire jeunes (dans les 2 ou 3 ans)

L'essentiel de la production bordelaise est constitué de milliers de « petits châteaux ». Ils produisent dans l'ensemble du vignoble, à commencer par les appellations régionales bordeaux et bordeaux supérieur, des vins au fruité séduisant, fins et gourmands, parfaits après deux ou trois ans de cave. D'un prix très abordable, ils représentent l'autre facette du vignoble bordelais, celle des petites structures familiales. Au sein des appellations sous-régionales (graves, médoc ou haut-médoc) ou dans les appellations communales, les vignerons revendiquent très peu l'appellation bordeaux. Le gros des volumes provient, de ce fait, de la vaste région de l'Entre-deux-Mers.

MAISON MALET-ROQUEFORT

En 1995, le comte Léo de Malet-Roquefort, propriétaire du Château La Gaffelière (1er grand cru classé de Saint-Émilion), et son fils Alexandre ont créé une maison de négoce, avec la cuvée Léo de La Gaffelière, déclinée en saint-émilion et en bordeaux dans les trois couleurs. Le bordeaux rouge se caractérise par un nez de petits fruits rouges, mêlés de notes d'épices douces, et par une bouche tendre sur des tanins fondus. À consommer sur la fraîcheur du fruit ou dans les deux ans.

Cuvée Léo de La Gaffelière (bordeaux) – 5 à 8 €

Maison Malet-Roquefort, Champs-du-Rivalon, BP 12, 33330 Saint-Émilion, 05 57 56 40 80, contact@malet-roquefort.com

SOCIÉTÉ FERMIÈRE DES GRANDS CRUS DE FRANCE

La Société fermière des grands crus de France compte quinze propriétés bordelaises, qui représentent pas moins de 390 ha de vignoble. L'ensemble des vins est élaboré par l'équipe de Vincent Cachau, œnologue de la maison, dont le Château Haut-Mouleyre, cru de 44 ha établi sur les coteaux d'Escoussans. Ce vin riche et ample offre des tanins fins et frais et un fruité éclatant qui le rendent agréable dès à présent, même s'il est possible de le laisser s'épanouir deux à trois ans.

Ch. Haut-Mouleyre (bordeaux) – 5 à 8 €

Sté Fermière des Grands Crus de France, 33460 Lamarque, 05 57 98 07 20

CHÂTEAU JACQUET

Transmis de père en fils depuis 1789 et sept générations, ce domaine familial est conduit depuis 1991 par Véronique Barthe, première femme à la tête d'un vignoble de 80 ha établi sur des croupes argilo-calcaires de l'Entre-deux-Mers. Le bordeaux, exclusivement élevé en cuve, dévoile, après un patient élevage de 18 mois, un nez de fruits noirs bien mûrs, que confirme une bouche dotée de tanins souples, tout en douceur. Ce vin séduisant est à boire sans attendre à la température de la cave.

(bordeaux) – moins de 5 €

Véronique Barthe, 9, Peyrefus 33420, Daignac, 05 57 84 55 90, veronique@vbarthe.com

CHÂTEAU LARY

La famille Forcato s'est installée en 1950 sur ces terres argilo-sableuses et calcaires du plateau de l'Entre-deux-Mers, à 10 km de La Réole, à la tête de 70 ha vinifiés sous les étiquettes Château Moulin du Terrier et Château Lary. Ce dernier, issu majoritairement du cépage merlot, dévoile une gamme aromatique plaisante, où se mêlent de gourmands parfums de cassis et de fraîches notes de sous-bois. La bouche se révèle très harmonieuse et d'un fruité éclatant. Un vin à boire dès à présent et jusqu'à deux ans.

(bordeaux) – moins de 5 €

GAEC Forcato et Fils,
Tabot Fosses-et-Baleyssac,
33190 La Réole,
05 56 61 77 91

CHÂTEAU AUX GRAVES DE LA LAURENCE

Bernard Hébrard, après avoir dirigé le laboratoire œnologique de Grézillac et le service vin de la chambre d'agriculture de la Gironde, s'est lancé dans l'aventure du métier de vigneron. Il a acquis, avec son épouse Marie-Odile, une petite parcelle de vigne d'un peu plus de 2 ha, sur un joli terroir de graves sur argile. Ils produisent une cuvée à dominante de merlot, qui séduit par son caractère souple et tout en rondeur, une grande élégance et un fruité éclatant. Un bordeaux qui peut patienter en cave deux à trois ans.

(bordeaux) – 5 à 8 €

Bernard et Marie-Odile Hébrard,
42, rte de Libourne, 33450 Saint-Loubès,
06 82 05 21 94,
h.auxgravesdelalaurence@yahoo.fr

CHÂTEAU LA ROSE DU PIN

Ce château appartient à la famille Ducourt, installée à Ladaux, petit village au sud-est de Bordeaux, depuis le milieu du XIXe s. Aujourd'hui, le vignoble totalise 440 ha répartis sur treize châteaux dans les vignobles de l'Entre-deux-Mers et de Saint-Émilion. Ici, nous sommes près de la commune de Romagne, sur le terroir argilo-calcaire des lieux-dits « À la Rose » et le « Pin de Cornet ». Ce vin offre un nez expressif et intense de fruits noirs et d'épices douces et se révèle dense et caressant en bouche après trois ans de cave.

(bordeaux) – moins de 5 €

Ch. la Rose du Pin, Vignobles Ducourt
18, rte de Montignac,
33760 Ladaux,
05 57 34 54 00,
ducourt@ducourt.com

BORDELAIS

Les vins rouges à boire jeunes (dans les 2 ou 3 ans)

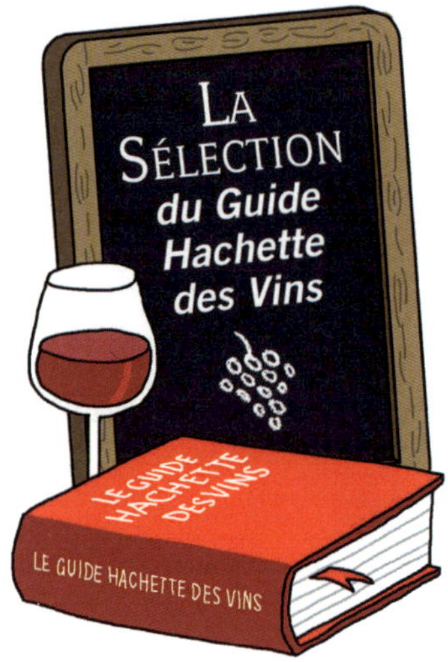

CHÂTEAU TOUR DE MIOT

Ce château appartient à la famille Mouty depuis 2011. Un beau domaine doté d'un vignoble de 21 ha planté sur des sols argilo-calcaires et voisin d'une autre de leurs propriétés, le château Rambaud, un habitué du *Guide Hachette des Vins*. Dès le premier millésime, le vin a fait forte impression lors des dégustations, offrant un nez séduisant et harmonieux et une bouche soyeuse et veloutée, douce et persistante, témoignant d'un élevage précis et soigné. Un vin prêt à boire entre deux et trois ans de garde.

(bordeaux) – 5 à 8 €

SCEA Vignobles Daniel Mouty,
Ch. du Barry, 19, rue de Merlande,
33350 Sainte-Terre, 05 57 84 55 88,
contact@vignobles-mouty.com

CHÂTEAU HAUT-LA-PÉREYRE

À la tête de 44 ha de vignoble implanté dans ce petit pays de l'Entre-deux-Mers appelé Haut-Benauge, Olivier Cailleux perpétue une exploitation qui existe depuis six générations. Partagé entre le merlot et le cabernet-sauvignon, il produit un bordeaux supérieur au nez expressif de fruits rouges, de violette et de sous-bois. Une attaque souple, des tanins soyeux et une finale aromatique, fraîche et longue composent une bouteille bien travaillée et élégante, très agréable sur la jeunesse et capable de vieillir deux à trois ans.

(bordeaux supérieur) – 5 à 8 €

EARL DCOC
La Péreyre, 33760 Escoussans,
05 56 23 63 23

CHÂTEAU DE BASSET

Daniel et Nicolas sont aux commandes de cette propriété située dans l'Entre-deux-Mers, plus précisément dans le Haut-Benauge, un petit pays où l'on produit également des blancs moelleux et secs et dont le nom fait référence à l'ancien vicomté de Benauge. La cuvée Prestige est à dominante de cabernet-sauvignon, chose peu courante en appellation régionale, et se révèle aromatique, entre fruits noirs, violette et épices douces, et ronde et généreuse en bouche. Un vin à apprécier dans sa jeunesse.

Cuvée Prestige (bordeaux supérieur) – 5 à 8 €

Vignobles D. et N. Roux,
1, Coulonge, 33410 Mourens, 05 56 61 98 73,
nicolasroux@chateaucoulonge.com

CHÂTEAU LA CROIX DE ROCHE

La famille Maurin-Delmas exploite plusieurs propriétés sur la rive droite de la Dordogne, dont ce château conduit en culture biologique. Élevé dix-huit mois en cuve et trois mois en fût, son vin est fort original par son assemblage, où le merlot est associé au carménère, au petit verdot et au malbec. Le bouquet mêle harmonieusement les fruits noirs, des notes animales et une touche de café. Dans le même registre, la bouche se montre ronde et souple à l'attaque, généreuse et étayée par des tanins bien enrobés.

(bordeaux supérieur) – 5 à 8 €

EARL La Croix de Roche,
17, rte de Marze, 33133 Galgon,
05 57 84 38 52,
chateau-la-croix-de-roche@wanadoo.fr

COURRÈGES WINES

Créée en 2005 par l'œnologue Stéphane Courrèges, cette marque de négoce revendique « une esthétique contemporaine et un goût moderne », c'est-à-dire un vin fruité et charnu, facile d'accès. D'où sans doute le choix d'une majorité de merlot, qui apporte rondeur et bouquet de fruits rouges se mêlant à un boisé élégant. Le palais est suave, rond et épicé, rappelant la cannelle et le poivre, long et bien charpenté. Ce médoc plein et harmonieux est le résultat d'une belle vendange et d'un solide savoir-faire.

Corazon by Stéphane Courrèges (médoc) – 8 à 11 €

Courrèges Wines,
108 bis, av. Jean-Jacques-Rousseau,
33160 Saint-Médard-en-Jalles,
05 56 91 21 96,
contact@courreges-wines.com

VIGNOBLES POITEVIN

Ce beau domaine familial est un cru de 43 ha, situé au nord de l'appellation et acquis dans les années 1950 par René Poitevin. Il est sorti de la cave coopérative en 1991, suite à l'arrivée sur la propriété du petit-fils Guillaume. Un bon ambassadeur des médoc avec, entre autres, le Château Poitevin, le grand vin, et Château Lamothe Pontac, issu de parcelles plus jeunes, donc plus rapidement prêt à boire. On l'appréciera peu évolué, pour son fruité tout en fraîcheur et son caractère souple et rond.

Ch. Lamothe Pontac (médoc) – 8 à 11 €

Vignobles Poitevin,
14, rue du 19-Mars-1962,
33590 Jau-Dignac-et-Loirac,
05 56 09 45 32,
contact@chateau-poitevin.com

BORDELAIS

Les vins rouges de moyenne garde (de 3 à 5 ou 7 ans)

De nombreuses appellations produisent des vins à la fois délicieux jeunes et capables de s'affirmer après quelques années de cave. Il est possible de trouver quelques pépites en bordeaux ou bordeaux supérieur et beaucoup de très bons vins de cette catégorie dans les appellations sous-régionales médoc et haut-médoc, en particulier parmi les crus bourgeois ou les crus artisans. Si la plupart des appellations produisent en fait ce type de vins, il ne faut pas hésiter à sortir des sentiers battus, en allant goûter, par exemple, dans les côtes-de-bordeaux (blaye, francs, castillon, cadillac) et les côtes-de-bourg, qui réservent de très agréables découvertes.

CHÂTEAU MARJOSSE

Pierre Lurton, directeur de Cheval Blanc et d'Yquem, a repris en 1991 ce cru de l'Entre-deux-Mers, séduit par son terroir apparenté à celui de Saint-Émilion. Il a restructuré le vignoble de 50 ha, créé un nouveau chai et produit depuis 2000 des vins très réguliers en qualité. Le bordeaux rouge du domaine en témoigne, avec un nez de fruits rouges très mûrs, nuancés de quelques notes de vanille, et une bouche nette et fraîche, soutenue par des tanins aimables et élégants, qui se patineront en cave durant au moins cinq ans.

(bordeaux) – 8 à 11 €

EARL Pierre Lurton, Ch. Marjosse,
33420 Tizac-de-Curton,
05 57 55 57 80,
pierre.lurton@orange.fr

CHÂTEAU THIEULEY

L'histoire viticole des Courselle débute en 1949 avec l'achat du château Thieuley, non loin de La Sauve-Majeure. Sous l'impulsion de Francis et, depuis 2004, de ses filles Sylvie et Marie, le vignoble s'étend aujourd'hui sur 80 ha et trois crus : château Saint-Genès, destiné à l'export, Clos Sainte-Anne, 5 ha de graves sur Capian, et château Thieuley, une référence en bordeaux. Ce dernier livre un bouquet élégant entre fruits mûrs et boisé soigné, et un palais souple que prolongent de bons tanins fondus. À déguster entre trois et cinq ans.

(bordeaux) – 5 à 8 €

Vignobles Courselle,
560, rte de Grimard,
33670 La Sauve,
05 56 23 00 01
contact@thieuley.com

CHÂTEAU BEAU RIVAGE

Le rivage dont il est question est celui de la Garonne, au moment de son parcours où elle se perd dans la Gironde. Christine Nadalié, œnologue issue d'une famille de tonneliers bien connus, s'implique avec passion dans la conduite des 7,5 ha de vignoble, converti au bio depuis 2011. Elle produit des vins très réguliers et à forte personnalité, à l'image de ce bordeaux supérieur, assemblage original de cinq cépages, dont le petit verdot et le malbec. À consommer après quatre et cinq ans de garde.

(bordeaux supérieur) – 11 à 15 €

EARL Vignobles Christine Nadalié,
7, chem. du Bord-de-l'Eau,
33460 Macau-en-Médoc,
05 57 10 03 70,
clos.la.boheme@nadalie.fr

CHÂTEAU DE BONHOSTE

Bernard et Colette Fournier travaillent avec leurs enfants Sylvaine et Yannick et ont un pied dans le Bergeracois et l'autre en Gironde. Leur domaine bordelais est situé sur la rive gauche de la Dordogne, face à Saint-Émilion. Avec la cuvée Prestige, ils proposent un vin riche et complexe, qui constitue et offre, après une aération en carafe, un bouquet intense de fruits rouges et noirs, ainsi qu'une bouche ronde et veloutée, d'une grande persistance. L'élevage est maîtrisé et soigné et permet une garde d'au moins cinq ans.

Cuvée Prestige (bordeaux supérieur) – 8 à 11 €

Fournier, Ch. de Bonhoste,
33420 Saint-Jean-de-Blaignac,
05 57 84 12 18,
contact@chateaudebonhoste.com

CHÂTEAU LE CALVAIRE

Implanté sur les coteaux dominant la Dordogne, entre Fronsadais et Bourgeais, ce château est la propriété de la famille Quancard, négociants bien connus, depuis la fin du XIXe s. Les 70 ha de vignoble se répartissent entre deux tiers de merlot et un tiers de cabernet-sauvignon, qui donnent un vin au profil classique, doté d'un fruité très pur et d'une bouche ronde et harmonieuse. La trame tannique, fraîche et toute en finesse, autorise une consommation rapide et une garde pouvant atteindre cinq ans sans problème.

(bordeaux supérieur) – moins de 5 €

Pierre Dumontet,
ZI La Mouline, 4, rue du Carbouney, BP 36,
33565 Carbon-Blanc Cedex,
05 57 77 88 88

DOMAINE DES COLLINES

Philippe et Véronique Mazières se sont installés au domaine des Collines au milieu des années 2000 et cultivent un petit vignoble de 7 ha sur la rive gauche de la Dordogne, face à Saint-Émilion. Ils ont privilégié la convivialité en insistant sur la qualité de l'accueil et en proposant des expositions, des concerts et des soirées à thème. Ce bordeaux supérieur, mi-merlot, mi-cabernet-sauvignon, séduit par son bouquet complet et délicat et une agréable rondeur en bouche. Il peut être dégusté dans les cinq ans.

(bordeaux supérieur) – 8 à 11 €

SCEA Les Collines de la Hage,
2, La Hage, 33420 Saint-Aubin-de-Branne,
06 76 81 53 36,
collinesdelahage@gmail.com

BORDELAIS

Les vins rouges de moyenne garde (de 3 à 5 ou 7 ans)

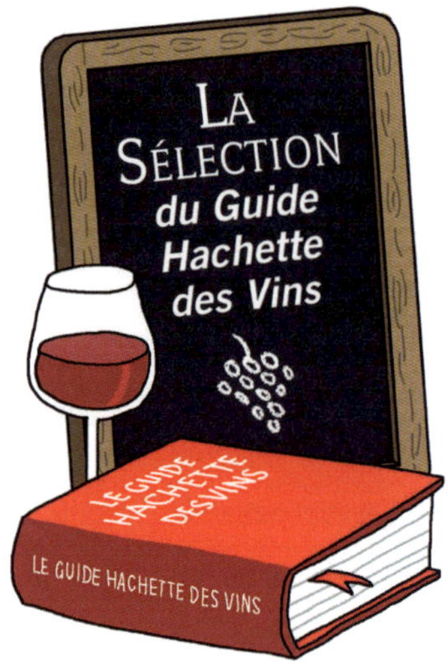

CHÂTEAU DE LA COUR D'ARGENT

Denis Barraud est aux commandes de cette propriété familiale depuis plus de 40 ans et cultive 36 ha de vignoble, sur les deux rives de la Dordogne. Il compte parmi les habitués du *Guide Hachette des Vins* et a reçu dix-sept coups de cœur. Situé entre les sols argilo-calcaires de Génissac et les sols sablo-graveleux de Saint-Sulpice-de-Faleyrens, le Château de la Cour d'Argent en fait partie. Associé à une touche de cabernet-sauvignon, le merlot donne ici un vin charmeur et profond, qui peut vieillir entre cinq et sept ans.

(bordeaux supérieur) – 5 à 8 €

SCEA Vignobles Denis Barraud,
Ch. les Gravières, 355, port de Branne,
33330 Saint-Sulpice-de-Faleyrens ,
05 57 84 54 73,
denis.barraud@wanadoo.fr

CHÂTEAU FOUGAS

Ce château est l'une des références de l'appellation, grâce, entre autres, à la cuvée Maldoror, créée en hommage au célèbre ouvrage d'Isidore Ducasse, dit comte de Lautréamont. Jean-Yves Béchet réserve une douzaine d'hectares de ses vignes, conduites en biodynamie, à l'élaboration de ce fleuron issu d'un assemblage majoritaire en merlot, que complète le cabernet-sauvignon. Le résultat est toujours très réjouissant : un vin au bouquet complexe de fruits noirs, ample et puissant en bouche, soyeux et très harmonieux. À garder au moins cinq ans.

Cuvée Maldoror (côtes-de-bourg) – 11 à 15 €

Jean-Yves Béchet,
Ch. Fougas, 33710 Lansac,
05 57 68 42 15,
jybechet@fougas.com

CLOS DE REYNAUD

Après avoir exercé le métier de journaliste en région parisienne, Bernard Capdevielle a décidé de changer de cap. Il s'est donc établi vigneron en 1999 sur ce petit cru très qualitatif, de 5,5 ha. Une reconversion réussie, à en juger par les nombreuses citations dans le *Guide Hachette des Vins* et par la qualité de la cuvée La Volière, à base de 80 % de merlot, que complète le cabernet-sauvignon. Très bel équilibre entre fraîcheur du fruit, texture dense et charnue et note boisée de l'élevage. Un vin à boire dans les cinq ans.

Cuvée La Volière (côtes-de-bourg) – 8 à 11 €

Bernard et Sandrine Capdevielle,
Ch. de Reynaud, 33710 Bourg-sur-Gironde,
05 57 68 44 13,
chateau.reynaud@wanadoo.fr

CHÂTEAU LOUSTEAUNEUF

Situé à la limite de Bégadan et de Valeyrac, sur des sols sablo-graveleux, ce cru a été créé par Danielle et Serge Segond à leur arrivée d'Algérie en 1962. Ils ont adhéré à la cave coopérative de Bégadan jusqu'à l'installation de leur fils Bruno et jusqu'à la construction d'un chai flambant neuf en 1993. Ce dernier élabore des vins dont le maître-mot est l'équilibre. En témoigne ce délicieux médoc entre puissance et finesse, flatteur au nez, et doté d'une bouche dense au boisé fondu, capable de vieillir au moins cinq ans.

(médoc) – 11 à 15 €

Ch. Lousteauneuf,
2, rte de Lousteauneuf, 33340 Valeyrac,
05 56 41 52 11,
chateau.lousteauneuf@wanadoo.fr

CHÂTEAU COMTESSE DU PARC

Dans la même famille depuis 1779, ce petit cru, d'à peine 9 ha, a été entièrement replanté en 1986 sous la houlette de Jean Anney et de son fils Christophe, qui possèdent également le Château Tour des Termes, en appellation saint-estèphe. Ce haut-médoc se présente toujours comme un vin de caractère, marqué par des notes boisées et mêlées à des arômes floraux et fruités. Structurée sur des tanins frais et un peu accrocheurs sur la jeunesse du vin, la bouche laisse présager une garde de cinq à sept ans.

(haut-médoc) – 8 à 11 €

Vignobles Jean Anney,
2, rue du Pigeonnier, Saint-Corbian,
33180 Saint-Estèphe,
05 56 59 32 89,
contact@chateautourdestermes.com

CHÂTEAU ARNAUTON

Ce cru de 25 ha, établi sur les pentes sud du tertre de Fronsac, a changé plusieurs fois de mains : détenu par des Belges depuis 1937, passé sous pavillon hollandais en 2007 et repris par des Français en 2010. Les propriétaires passent, les vins restent… Ce fronsac, à très forte dominante de merlot, offre un bouquet intense de fruits noirs bien mûrs et d'épices douces, ainsi qu'une bouche bâtie sur des tanins veloutés et un boisé très harmonieux. Un vin racé qui sera à son apogée entre cinq et sept ans de garde.

(fronsac) – 8 à 11 €

Ch. Arnauton,
rte de Saillans, 33126 Fronsac,
06 12 57 11 80,
info@chateau-arnauton.fr

BORDELAIS

Les vins rouges de moyenne garde (de 3 à 5 ou 7 ans)

UNION DE PRODUCTEURS DE SAINT-ÉMILION

Créée en 1931, la coopérative de Saint-Émilion est un acteur incontournable du Libournais, dont les cuvées, vins de marque ou domaines sont régulièrement au rendez-vous. Voilà une étiquette d'une simplicité biblique : Saint-Émilion par l'Union de producteurs… de Saint-Émilion. Mais rien de simpliste dans le verre : un nez de petits fruits des bois et quelques notes épicées et une bouche toute en fraîcheur sur de bons tanins au grain serré, du volume et de la longueur. Il sera parfait à l'issue de quatre à cinq ans de cave.

(saint-émilion) – 8 à 11 €

Union de Producteurs de Saint-Émilion, Haut-Gravet, BP 27, 33330 Saint-Émilion, 05 57 24 70 71, contact@udpse.com

CHÂTEAU BOURDIEU

Bâti au XVe s., ce château domine un beau vignoble de 40 ha, majoritairement planté en merlot, et porte un nom qui atteste de sa vocation viticole. En effet, au Moyen Âge, un « bourdieu » était une exploitation agricole essentiellement destinée à la culture de la vigne. La tradition se perpétue, comme en témoigne la cuvée Élevé en fût de chêne, dont le caractère boisé demande trois à cinq ans pour se fondre. À son apogée, ce vin est élégant, ample, soyeux et d'une agréable persistance.

Cuvée Élevé en fût de chêne (blaye-côtes-de-bordeaux) – 5 à 8 €

SCEA Vignobles Luc Schweitzer, Ch. Bourdieu, 33390 Berson, 05 57 42 68 71, chateau.bourdieu@wanadoo.fr

CHÂTEAU FRÉDIGNAC

L'histoire débute en 1919 lorsque Jean-Marie L'Amouller, Breton en escale à Blaye, tombe sous le charme de la région et décide de s'installer au lieu-dit Frédignac. Il y plante ses premiers ceps et fonde une lignée de vignerons dont Vincent représente aujourd'hui, avec son épouse Ludivine, la cinquième génération. La cuvée Prestige, assemblage de merlot et des deux cabernets, révèle au nez un élevage très élégant et un fruité très pur, ainsi qu'une trame soyeuse en bouche qui invite à le boire dans les cinq ans.

Cuvée Prestige (blaye-côtes-de-bordeaux) – 5 à 8 €

EARL Vignobles L'Amouller,
7, rue Émile-Frouard,
33390 Saint-Martin-Lacaussade,
05 57 42 24 93,
contact@chateau-fredignac.fr

CHÂTEAU LA NAUZE

Depuis sa reprise en 2007 par les Verfaillie, anciens commerçants dans l'Oise, ce domaine vit une seconde jeunesse et s'impose comme l'une des valeurs sûres de l'appellation. Jean-Marc Domme, œnologue placé à la tête de la propriété depuis 2008, y conduit un petit vignoble de 7,5 ha, et élabore, entre autres, cette cuvée au nez de fruits noirs et de sous-bois et à la bouche douce, ample et délicate, adossée à des tanins soyeux. Ce vin harmonieux gagnera encore en complexité après trois à quatre ans de garde.

Cuvée Identité (castillon-côtes-de-bordeaux) – 11 à 15 €

SCEA Viticœur,
rte de Monbadon, 33570 Puisseguin,
05 57 40 49 81,
chateau-lanauze@orange.fr

CHÂTEAU LE PRIOLAT

Originaires de Belgique, Viviane et André Vossen sont amateurs de bons vins et particulièrement de bordeaux. Ils aiment également les vieilles pierres et les bâtisses qui racontent une histoire. Ce très vénérable château, qui totalise plus de mille ans d'histoire, leur a donné l'occasion de conjuguer leurs deux passions. Ils élaborent, entre autres, ce délicieux francs-côtes-de-bordeaux au nez intense de fruits rouges mûrs, puissant et finement boisé, qui demande autour de cinq ans de garde.

(francs-côtes-de-bordeaux) – 15 à 20 €

SCEA Ad Francos,
Ch. Ad Francos, 33570 Francs,
04 75 76 36 82,
chateau@chateau-adfrancos.com

La décantation

En général, on décante plus facilement un vin tannique (un bordeaux par exemple) qu'un vin aromatique (un bourgogne). Ce n'est pas par hasard que l'on trouve des carafes en Gironde et des paniers à Dijon. Plus le temps passé entre la décantation et le service est long, plus le vin est modifié. Ajustez donc l'heure de la décantation à ce que vous en attendez. Deux heures à l'avance semble une bonne mesure pour un vin jeune, une heure pour un vin à maturité, quelques minutes pour un vin à risque.

BORDELAIS

Les vins rouges de grande garde (de 7 ans et plus)

Le vignoble bordelais est réputé pour ses crus classés capables de se bonifier, parfois durant des décennies, et dont le prestige fait la réputation des grands vins français. Si les plus connus sont devenus des objets de spéculation et atteignent des prix astronomiques qui les rendent inabordables, ils ne représentent qu'une toute petite partie des vins de la région. Il est donc possible de trouver, dans les appellations communales du Médoc, dans la région des Graves ou sur la rive droite du côté de Saint-Émilion ou Pomerol, de belles bouteilles de garde d'un excellent rapport prix-plaisir.

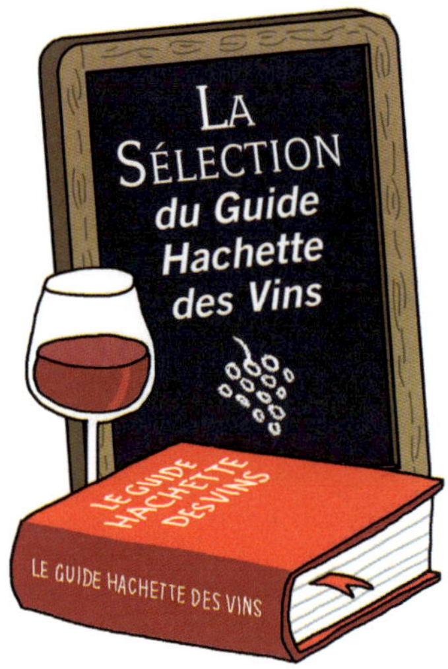

VIGNOBLES LÉON NONY

D'origine corrézienne, la famille Nony possède depuis 1939 le Château Garraud, valeur sûre en lalande-de-pomerol, auquel s'est ajouté en 1997 le vignoble de Treytins, à cheval sur les AOC lalande et montagne. Jean-Marc Nony, petit-fils du fondateur Léon, est aujourd'hui aux commandes. Il propose ici un vin au bouquet fin et complexe de fruits noirs, que prolonge un boisé très élégant. En bouche, la trame serrée et ferme laisse espérer une bonne capacité d'évolution, au-delà d'une dizaine d'années sans problème.

Ch. Garraud (lalande-de-pomerol) – 15 à 20 €

Vignoble Léon Nony,
Ch. Garraud, 33500 Néac,
05 57 55 58 58, info@vln.fr

EDMUNDSON REMUS WINES

Depuis sa création en 2007 par Philip Edmundson et Éric Remus, ce cru confirme d'année en année ses atouts prometteurs. Sur l'étiquette, un phénix renaissant de ses cendres et la devise « Renascetur Gloriosius » figurent l'ambition des deux hommes de relever cet ancien vignoble, issu d'une partie du château Lescours. Puissant et racé, ce saint-émilion grand cru témoigne du travail accompli et promet une très bonne évolution d'au moins dix ans, bien que déjà délicieux sur la fraîcheur du fruit.

Ch. Edmus (saint-émilion grand cru) – 20 à 30 €

SCEA Edmundson Remus Wines,
23, rue de Saint-Germain, 78230 Le Pecq,
06 07 26 98 83,
eremus@chateauedmus.com

DOMAINE DE L'AMANDIÈRE

Cette propriété, acquise en 2007 par deux industriels du nord de la France, Steve Filipov et Jean-Luc Parey, étend son petit vignoble d'un peu moins de 6 ha sur le haut de Saint-Laurent-des-Combes, à proximité de la petite église du village. Le Château Godeau, principalement à base de merlot que complète une touche de cabernet franc, est un habitué du *Guide Hachette des Vins*. Un vin au nez charmeur de fruits noirs et de bois précieux, où la bouche se révèle tant dense et soyeuse que fraîche. Il est promis à huit à dix ans de garde.

Ch. Godeau (saint-émilion grand cru) – 15 à 20 €

SAS Dom. de l'Amandière,
Ch. Godeau,
33330 Saint-Laurent-des-Combes,
05 57 24 72 64,
chateau.godeau@orange.fr

VIGNOBLES DE LUSSAC

La Croix de Peyrolie est un vin né de l'association entre Bernard Magrez (propriétaire de nombreux châteaux, dont Pape Clément), Michel Rolland, en sa qualité d'œnologue, et le très médiatique Gérard Depardieu. Résultat : ce vin monocépage, véritable « quintessence du merlot », au nez intense de fruits rouges et de notes toastées, qui se révèle épicé et très frais en bouche. Rapidement harmonieux, bien que légèrement marqué par l'élevage, il sera très agréable après une dizaine d'années de cave.

La Croix de Peyrolie (lussac-saint-émilion) – 15 à 20 €

Terroirs d'exception,
Ch. Pape Clément 216 av. Dr-Nancel-Pénard,
33600, Pessac,
05 57 26 90 80

NICOLE TAPON ET JEAN-CHRISTOPHE RENAUT

Nicole Tapon, fille de Raymond, et son compagnon, Jean-Christophe Renaut, exploitent 32 ha en conversion en bio, dont l'essentiel en montagne-saint-émilion. C'est le petit clos, d'à peine 0,62 ha, situé à proximité de l'église et du lavoir de Saint-Georges, au sommet du cru, que nous citons ici, en appellation saint-georges-saint-émilion. Un vin complexe au boisé élégant, qui exprime un fruité bien mûr, et une bouche dense et fraîche, garantie d'une bonne capacité d'évolution.

Clos Pavillon Saint-Georges (saint-georges-saint-émilion) – 30 à 50 €

Nicole Tapon et Jean-Christophe Renaut,
Clos du Pavillon Saint-Georges,
33570 Montagne, 05 57 74 61 20,
information@tapon.net

CHÂTEAU D'ARRICAUD

Commandé par des bâtiments imposants d'un sobre classicisme, cette propriété, fondée à la fin du XVIIIe s., offre une belle vue sur le Sauternais. Les Bouyx veillent sur le vignoble depuis trois générations. Valeur sûre, ce domaine propose des vins d'une grande régularité, à l'image de ce graves au nez expressif d'épices douces et de fruits rouges et noirs, concentré, ample et structuré en bouche, offrant un palais velouté et harmonieux. Il ouvre de belles perspectives de garde et une bonne évolution.

(graves) – 15 à 20 €

EARL Bouyx,
Ch. d'Arricaud, 33720 Landiras,
05 56 62 51 29,
chateaudarricaud@wanadoo.fr

BORDELAIS

Les vins rouges de grande garde (de 7 ans et plus)

CHÂTEAU HAUT-PLANTADE

Un ancêtre de l'actuel producteur était vigneron en Corrèze au XVIIIe s. La famille s'est consacrée au négoce des vins vers la Belgique, puis a constitué ce domaine dans les années 1970. Vincent Plantade exploite aujourd'hui 7 ha dans l'appellation et élabore des vins typés et fort bien construits. Ce pessac-léognan développe un bouquet puissant et mûr, fait de cassis et de cerise sur fond de vanille. Au palais se révèle une belle matière, étayée par des tanins solides qui devraient se fondre à l'élevage.

(pessac-léognan) – 15 à 20 €

SCEA Plantade Père et Fils,
Ch. Haut-Plantade, 33850 Léognan,
06 03 01 15 34,
hautplantade@wanadoo.fr

CHÂTEAU POTENSAC

Belle unité familiale transmise de génération en génération par les femmes, ce cru réputé, conduit aujourd'hui par Jean-Hubert Delon (Léoville Las Cases), étend l'essentiel de son vignoble de 84 ha sur des buttes à sous-sol calcaire, recouvert de croupes argilo-graveleuses. Tout est réuni pour donner un grand vin, comme en témoigne ce médoc puissant et complexe aux notes de fruits rouges mûrs, de fumée et de réglisse, riche et plein, épaulé par des tanins à la fois fermes et fins, qui annoncent de belles perspectives d'avenir.

(médoc) – 20 à 30 €

Ch. Potensac, 33340,
Ordonnac,
05 56 73 25 26,
contact@leoville-las-cases.com

CHÂTEAU LACOUR JACQUET

Créé en 1964, ce cru a été repris par la troisième génération en 1989 : Éric et Régis Lartigue avaient alors en charge une petite vigne de 4 ha, ils exploitent aujourd'hui un joli vignoble de 16 ha. Poursuivant sa progression qualitative, le domaine propose un haut-médoc au bouquet naissant de raisins bien mûrs, renforcé par un boisé judicieusement dosé. Le palais chaleureux, ample et puissant est soutenu par des tanins denses et mûrs et par un boisé luxueux. La longue finale confirme l'élégance de ce vin, au potentiel de garde certain.

(haut-médoc) – 11 à 15 €

GAEC Lartigue,
70, av. du Haut-Médoc,
33460 Cussac-Fort-Médoc,
05 56 58 91 55,
chateaulacourjacquet@orange.fr

CHÂTEAU CLARKE

Quand, il y a quarante ans (en 1973), le baron Edmond de Rothschild acquit le Château Clarke, il ne cachait pas ses ambitions pour ce cru fort ancien – les premières vignes y furent plantées par les Cisterciens de l'abbaye de Vertheuil au XIIe s. Rien de monacal en tout cas dans ce vin mais, au contraire, un bouquet profond et chaleureux, sur les fruits mûrs, la fraise écrasée et le café au lait, et un palais ample, généreux et velouté, soutenu par des tanins soyeux qui montrent un caractère plus vigoureux dans une finale longue et puissante.

(listrac-médoc) – 20 à 30 €

Cie vinicole Baron Edmond de Rothschild,
Ch. Clarke, 33480 Listrac-Médoc,
05 56 58 38 00, contact@cver.fr

CHÂTEAU DEYREM VALENTIN

Si beaucoup de petits crus ont disparu, rachetés par des classés, certains résistent, à l'image de Deyrem Valentin, établi sur 15 ha à Soussans. Son principal atout est la qualité constante de sa production qu'illustre ce vin issu d'un assemblage diversifié de cabernet-sauvignon, de merlot, de carménère et de petit verdot. Le bouquet évoque les fruits confiturés et les épices. Le palais se révèle équilibré entre la rondeur de la chair, des tanins bien en place, une juste vivacité et un boisé fondu.

(margaux) – 20 à 30 €

SCEA des Vignobles Jean Sorge,
1, rue Valentin-Deyrem,
33460 Soussans,
05 57 88 35 70,
contact@chateau-deyrem-valentin.com

CHÂTEAU SIRAN

Propriété de la famille Miailhe depuis 1859 – le cru fut acheté au comte de Toulouse-Lautrec, grand-père du célèbre peintre –, Siran, implanté sur le plateau de Labarde, est « cerné » de crus classés. De fait, les vins sont ici souvent au rendez-vous, marqués par un bouquet discret, mais élégant, de vanille, de grillé, de framboise et de cassis, et par un palais, ample, dense, épicé et fruité, soutenu par des tanins souples et fins. Un margaux équilibré, à attendre quelques années en cave pour un plein épanouissement.

(margaux) – 30 à 50 €

SC du Ch. Siran,
13, av. Comte-J.-B.-de-Lynch,
33460 Labarde,
05 57 88 34 04,
info@chateausiran.com

BORDELAIS

Les vins rouges de grande garde (de 7 ans et plus)

CHÂTEAU CHASSE-SPLEEN

En 1863, le peintre Odilon Redon, qui illustrait *Les Fleurs du Mal* de Baudelaire, suggéra le nom de Chasse-Spleen au propriétaire du cru. Depuis, la magie de ce nom n'a jamais cessé d'opérer. Mais la renommée du cru tient surtout à la qualité du vin. Un moulis-en-médoc de haut rang, dont le bouquet expressif et complexe sur le grillé, la torréfaction et les fruits mûrs, ouvre la voie à un palais épanoui, ample, riche et généreux. Des tanins soyeux et fondus et un boisé luxueux augurent une très belle évolution de huit ans au minimum.

Ch. Chasse-Spleen (moulis-en-médoc) – 20 à 30 €

*Ch. Chasse-Spleen,
32, chem. de la Raze,
33480 Moulis-en-Médoc,
05 56 58 02 37, info@chasse-spleen.com*

CHÂTEAU POUJEAUX

Situé sur le très beau terroir de graves de Grand-Poujeaux, ce cru figure parmi les plus réputés du Médoc. Le vignoble totalise 68 ha d'un seul tenant, plantés à parts quasi égales de cabernet-sauvignon et de merlot, et de moins de 10 % de petit verdot et de cabernet franc. Ce moulis-en-médoc offre un bouquet séduisant, avec ses parfums de fruits mûrs, de toasté et d'épices agrémentées de nuances florales. Bâtie sur un boisé racé et des tanins musclés, la bouche se montre puissante et robuste, et se révélera avec le temps.

(moulis-en-médoc) – 30 à 50 €

*Philippe Cuvelier,
SCEA Ch. Poujeaux,
33480 Moulis-en-Médoc,
05 56 58 02 96,
contact@chateau-poujeaux.com*

CHÂTEAU BELLEGRAVE

Bien connus dans la vallée du Rhône, les Meffre ont pris pied en Médoc dans les années 1950 et ont acheté en 1998 ce cru situé au sud de l'appellation, non loin des châteaux Latour, Pichon-Longueville Comtesse de Lalande et Baron Pichon-Longueville. Aux commandes, Ludovic et Julien Meffre élaborent un vin aux arômes intenses du bois, bien mariés aux parfums de fruits qui s'affirment en bouche. La structure est riche sans être rustique. La pointe de sévérité en finale s'estompera avec l'âge. Ce vin très bien constitué mérite quelques années de repos en cave.

(pauillac) – 20 à 30 €

Ch. Bellegrave,
22, rte des Châteaux,
33250 Pauillac,
05 56 59 05 53,
contact@chateau-bellegrave.com

CHÂTEAU GRAND-PUY DUCASSE

Constituée pour l'essentiel au xviiie s. par l'avocat Arnaud Ducasse, la propriété a pris son nom actuel en 1932. Le château regardant la Gironde date, lui, de 1820. Trois grandes parcelles situées sur les principaux types de terroirs de l'appellation forment ce cru de 40 ha. Rien d'étonnant à y voir naître un vin bien typé. Le bouquet complexe exprime un boisé vanillé et épicé très élégant et laisse percer des notes de cerise noire. La bouche est charnue et longue, étayée par des tanins fins. Un séjour en cave permettra à cette bouteille de gagner en expression.

(pauillac) – 20 à 30 €

SC Ch. Grand-Puy Ducasse,
4, quai Antoine-Ferchaud,
33250 Pauillac,
05 56 59 00 40, contact@cagrandscrus.fr

CHÂTEAU LA COMMANDERIE

Depuis son installation en 1996, Claude Meffre fait progresser ce domaine, une ancienne commanderie des Templiers, rassemblant plusieurs parcelles dispersées dans les différents terroirs de l'appellation. Ce saint-estèphe, à dominante de merlot, allie dans une belle harmonie un bouquet intense, fruité, toasté et torréfié, et un palais puissant, ample, rond et gras, étayé par de solides tanins et une fraîcheur qui allonge la finale. Un très beau classique, à attendre six à huit ans pour l'apprécier au plus haut de son expression.

(saint-estèphe) – 15 à 20 €

EARL Ch. la Commanderie,
Leyssac, 33180 Saint-Estèphe,
05 56 59 32 30

CHÂTEAU LE CROCK

Bien situé sur le haut de la croupe de Marbuzet, Le Crock, propriété de la famille Cuvelier (Léoville-Poyferré) depuis 1903, domine un splendide parc de 6 ha, commandé par un château du XVIIIe s. Le vin du château, dans un profil classique, est fidèle à la tradition du cru avec son encépagement varié et son profil très charpenté, et même sévère, étayé par une pointe d'acidité. On attendra quelques années qu'il s'assouplisse et permette à son expression aromatique, au fruité prometteur, de s'épanouir.

(saint-estèphe) – 20 à 30 €

Domaines Cuvelier,
1, rue Paul-Amilhat,
33180 Saint-Estèphe, 05 56 59 73 05,
chateaulecrock@orange.fr

CHÂTEAU TEYNAC

Si la cour d'entrée de ce domaine semble se donner des airs méditerranéens avec sa galerie, c'est bien un authentique vin médocain que nous propose ce cru, dans un profil classique, que caractérise d'abord une structure racée et bâtie sur de fins tanins. Souple, rond et suave en bouche, il permet aux arômes de fruits frais de bien s'exprimer, avec un bon soutien du boisé aux accents de moka. Déjà harmonieux, et témoignant d'un élevage élégant, ce vin fera une belle bouteille après un minimum de 8 ans de garde.

(saint-julien) – 20 à 30 €

EARL T. et C.,
Grand-Rue, 33250 Saint-Julien-Beychevelle,
05 56 59 93 04,
philetfab@wanadoo.fr

BORDELAIS

Bordelais mythiques

Le fameux classement de 1855 est dominé par cinq châteaux exceptionnels. Objets de spéculations, ils sont négociés à des prix déconnectés de toute réalité du marché, font couler tous les ans beaucoup d'encre au moment de la sortie des « primeurs », mais restent des vins d'exception, qui ne se livrent qu'à l'issue d'une bonne dizaine d'années de cave et sont capables de se bonifier durant des décennies. Sont bien sûr présents dans cette sélection Cheval Blanc et Pétrus, les seigneurs de la rive droite.

CHÂTEAU MARGAUX – MARGAUX

Margaux est aujourd'hui la propriété de la famille Mentzelopoulos. Les vins ont atteint, depuis la fin des années 1970, un niveau et une régularité remarquables, y compris sur les millésimes difficiles. Nos dégustateurs parlent de puissance, sans opulence ni ostentation, étayée par des tanins serrés et soyeux, énergiques et élégants, classiques au sens noble du terme.

SCA du Ch. Margaux,
BP 31, 33460 Margaux,
05 57 88 83 83,
chateau-margaux@chateau-margaux.com

CHÂTEAU LAFITE-ROTHSCHILD – PAUILLAC

Surnommé la « jeune fille de Pauillac », Lafite doit son surnom au terroir que caractérise la fameuse couche de calcaire qui interdit aux racines de s'enfoncer dans le sol aussi profondément que dans les vignobles voisins. S'en tenant aux graves de surface, la vigne donne un vin délicat, d'une grande fraîcheur, synthèse de la puissance et de l'élégance.

Dom. Barons de Rothschild,
Ch. Lafite Rothschild, 33250 Pauillac,
05 56 73 18 18,
visites@lafite.com

CHÂTEAU MOUTON ROTHSCHILD – PAUILLAC

Mouton Rotschild était classé premier dans le classement de 1855, mais premier des deuxièmes crus. C'est en 1973 qu'il a rejoint le peloton de tête. En 2013, le château s'est doté d'un nouveau cuvier, équipement jugé nécessaire pour vinifier les quelque 80 ha de ce cru. Le résultat est à la hauteur du mythe, avec un vin qui allie richesse, grande finesse, tanins savoureux et fins, soulignant une finale de grande persistance.

Baron Philippe de Rothschild,
10, rue de Grassi, 33250 Pauillac,
05 56 73 20 20,
webmaster@bpdr.com

CHÂTEAU HAUT-BRION – PESSAC-LÉOGNAN

Le plus ancien des crus mythiques de Bordeaux continue à nourrir sa légende avec des vins exceptionnels. Il est le seul château à figurer au classement de 1855 qui ne soit pas un médoc. Un vin de grande classe, qui offre une attaque puissante et vive, dévoilant une belle mâche et des tanins au grain serré, et se déploie, dense et solide, fougueux et dynamique, avant de s'étirer sur une longue finale poivrée.

Ch. Haut-Brion,
135, av. Jean-Jaurès, 33608 Pessac Cedex,
05 56 00 29 30,
info@haut-brion.com

CHÂTEAU CHEVAL BLANC – SAINT-ÉMILION GRAND CRU

À Cheval Blanc, l'originalité de l'encépagement fait la différence et dénote un peu pour la rive droite. Mais il y a une logique à cela, compte tenu de la nature du sol. Élevé exclusivement en barriques neuves, Cheval Blanc se caractérise par un nez riche et séduisant et une bouche qui se révèle souple et soyeuse en attaque. Puis il monte en puissance doucement, sans à-coups, porté par des tanins au grain fin et velouté.

SC du Cheval Blanc,
Ch. Cheval Blanc, 33330 Saint-Émilion,
05 57 55 55 55,
contact@chateau-chevalblanc.com

PETRUS – POMEROL

Olivier Berrouet, qui a pris la suite de son père Jean-Claude, assure une continuité qui fait souvent la réussite des grands domaines. Le résultat est un nez concentré, qui évoque un buisson de mûres et de cerises noires mâtiné de violette et de notes fumées. L'attaque, à la fois puissante et soyeuse, annonce un grand pomerol tout en force maîtrisée.

SC du Ch. Petrus,
3, rte de Lussac,
33500 Pomerol

CHÂTEAU LATOUR – PAUILLAC

Racheté en 1993 par François Pinault, le Château Latour a créé l'événement en avril 2012 en annonçant son retrait du système des primeurs à partir de 2014 (millésime 2013). Ce cru hors classe reste, de l'avis de nos experts, toujours aussi impressionnant. Il révèle tout son racé dans son bouquet aussi complexe que raffiné, tandis que le palais dévoile d'emblée une matière riche, étayée par des tanins au grain fin, dense et savoureux.

SCV du Ch. Latour,
Saint-Lambert, 33250 Pauillac,
05 56 73 19 80,
s.guerlou@chateau-latour.com

BOURGOGNE

Les vins rouges à boire jeunes (dans les 2 ou 3 ans)

Plus de la moitié de la production bourguignonne est consacrée aux appellations régionales. Vingt-trois, toutes couleurs confondues, parmi lesquelles il est possible de trouver quelques cuvées de bonne capacité de garde, mais qui sont avant tout des vins très agréables à consommer sur le croquant du fruit, à commencer par l'appellation bourgogne qui représente à elle seule le gros des troupes. Elle peut être complétée par le nom de la zone de production bourgogne-chitry, bourgogne-coulanges-la-vineuse, bourgogne-épineuil, bourgogne-côte-saint-jacques et bourgogne-côtes-d'auxerre et se décline également en bourgogne-hautes-côtes-de-nuits, bourgogne-hautes-côtes-de-beaune ou encore bourgogne-côte-chalonnaise.

LA CAVE DU CONNAISSEUR

Créée en 1989 par Laurent Camu, cette maison est, depuis 2008, la propriété du groupe Serge Cheveau, sis à Chablis. Pinot noir et gamay à parts égales sont à l'origine de cette plaisante cuvée au nez puissant de fruits mâtinés de notes vanillées. Franc en attaque, le palais s'appuie sur des tanins suaves et ronds. La longue finale laisse le dégustateur sur de plaisantes notes de pain grillé. Un vin de caractère, doté de savoureux tanins un peu accrocheurs, qui développe beaucoup de gourmandise.

(coteaux-bourguignons) – moins de 5 €

La Cave du Connaisseur, rue des Moulins, BP 78, 89800 Chablis, 03 86 42 87 15, connaisseur.france@wanadoo.fr

DOMAINE DU CLOS DU ROI

Un coulanges-la-vineuse qui adjoint un peu de cépage césar dans son pinot noir, un élevage en foudre de chêne pendant douze mois : Magali Bernard et son mari Arnaud sortent des sentiers battus. Cette cuvée Coline (du nom de leur fille) est en tout point remarquable, la délicatesse même. Le nez est bien typé, sur la cerise griotte. En bouche, c'est le paradis : une attaque douce, des tanins fins et racés, de la rondeur et de la finesse, une acidité parfaitement assimilée : « de la force dans l'équilibre », conclut un dégustateur.

Cuvée Coline (bourgogne-coulanges-la-vineuse) – 8 à 11 €

Dom. du Clos du Roi, 17, rue André-Vildieu, 89580 Coulanges-la-Vineuse, 03 86 42 25 72, magali@closduroi.com

DOMAINE FÉLIX

« Passion, patience et tradition », telle est la devise d'Hervé Félix, attaché à produire « des vins de vigneron ». Ce bourgogne-côtes-d'Auxerre, élevé douze mois en fût après une vinification en cuve, est bien ancré dans son terroir. Un vin qui a su trouver son équilibre entre un joli nez fruité et engageant, et une bouche puissante, structurée par d'élégants tanins, le tout sur fond de fraîcheur. Oubliez-le en cave un an ou deux afin que la texture s'affine et que les tanins se fondent.

(bourgogne-côtes-d'auxerre) – 8 à 11 €

Dom. Félix, 17, rue de Paris,
89530 Saint-Bris-le-Vineux,
03 86 53 33 87,
domaine.felix@wanadoo.fr

DOMAINE EDMOND CHALMEAU ET FILS

On ne s'en lasse pas de la Vieille Vigne d'Aimé, le trésor du domaine. Sous l'impulsion de Sébastien Chalmeau, cette petite parcelle de ceps cinquantenaires est vendangée à la main et le vin est vinifié en fût. Une excellente cuvée, avec de la rondeur, une fraîcheur admirable et un fin boisé toasté. La cuvée Les Trameurs rouge, dans la même appellation, n'a rien à lui envier, offrant un nez délicat de fruits noirs et une bouche croquante et ronde. Des vins qui s'affineront après deux à trois ans de vieillissement en cave.

Vieilles Vignes d'Aimé (bourgogne-chitry) – 5 à 8 € ; Cuvée les Tanneurs (bourgogne-chitry) – 8 à 11 €

Dom. Edmond Chalmeau et Fils,
20, rue du Ruisseau,
89530 Chitry-le-Fort,
03 86 41 42 09,
domaine.chalmeau@wanadoo.fr

DOMAINE FICHET

Deux frères, Pierre-Yves et Olivier Fichet, ont pris en main le domaine familial en 1999, qui couvre aujourd'hui 31 ha. Ils ne produisent pas moins de quinze cuvées différentes à partir des quatre cépages de la Bourgogne. Élevé en fût et d'une facture plutôt classique, ce pinot noir est très élégant avec son nez de fruits rouges. En bouche, les tanins souples sont en harmonie avec le fruit. Beaucoup de richesse et de fraîcheur dans cette cuvée bien équilibrée et séduisante, que l'on pourra apprécier dans les trois ans.

La Fraisière (bourgogne) – 11 à 15 €

EARL Pierre-Yves et Olivier Fichet,
651, rte d'Azé, Le Martoret,
71960 Igé, 03 85 33 30 46,
domaine-fichet@wanadoo.fr

DOMAINE DES MOIROTS

Bissey-sous-Cruchaud, un joli nom pour ce village de la Bourgogne du Sud, où Christophe Denizot exploite le domaine familial des Moirots, en compagnie de sa sœur Muriel et de son cousin Patrice Denizot. Il propose ici un joli bourgogne rouge élevé pour partie en cuve de béton et pour partie en fût de chêne. Un vin très élégant, avec son nez de fruits rouges et sa bouche généreuse et équilibrée, longuement portée par des tanins soyeux. À boire sur son fruit et de préférence à la température de la cave.

(bourgogne) – 5 à 8 €

Christophe Denizot,
14, rue des Moirots,
1390 Bissey-sous-Cruchaud,
03 85 92 16 93,
domainedesmoirots@orange.fr

BOURGOGNE

Les vins rouges à boire jeunes (dans les 2 ou 3 ans)

CAVE DES VIGNERONS DE BUXY

La Cave des Vignerons de Buxy est l'une des structures coopératives les plus remarquables du vignoble bourguignon. Elle est à la Côte chalonnaise ce que La Chablisienne est au vignoble chablisien : une cave qui a su rassembler et bien valoriser les producteurs d'un même terroir. Cette cuvée offre un nez de fruits mûrs mâtinés de notes boisées et épicées. La bouche est consistante, franche, très vineuse et équilibrée par une juste fraîcheur. Une agréable bouteille à ouvrir dans les deux à trois ans.

Clos de Chenôves (bourgogne) – 5 à 8 €

Cave des Vignerons de Buxy,
Les Vignes-de-la-Croix,
2, rte de la Croix, 71390 Buxy,
03 85 92 03 03,
accueil@vigneronsdebuxy.fr

DOMAINE FABRICE VIGOT

Quand on est à Vosne-Romanée, on pourrait ne s'intéresser qu'aux grands crus de la Côte de Nuits. Ce n'est pas le cas de Fabrice Vigot, qui traite ses bourgognes génériques avec le même soin que ses prestigieuses appellations. Cette cuvée Les Lutenières est très plaisante, avec son nez confituré, dominé par les fruits des bois. La bouche est riche en fruit, soutenue par des tanins fins qui contribuent à son équilibre. Un vin très agréable, jeune et capable de s'affiner un peu en cave, pour offrir une texture soyeuse et élégante.

Les Lutenières (bourgogne) – 11 à 15 €

Dom. Fabrice Vigot,
20, rue de la Fontaine, 21700 Vosne-Romanée,
03 80 61 13 01, fabrice.vigot@wanadoo.fr

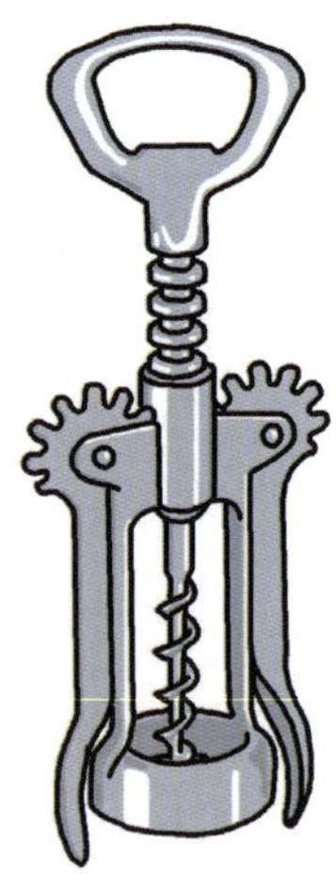

JEAN-PHILIPPE MARCHAND

L'histoire vigneronne des Marchand a débuté en 1813, lorsque Pierre Marchand épousa Marie Jacotier, qui apporta dans sa dot la propriété viticole paternelle. Sept générations plus tard, Jean-Philippe Marchand reprend en 1983 le domaine de Morey et l'agrandit par l'acquisition d'une ancienne maison de vigneron à Gevrey-Chambertin. Il signe ici un vin très plaisant, au nez intense de fruits rouges mûrs et d'épices douces. La bouche affiche un bel équilibre entre chair soyeuse, vivacité fruitée, boisé et tanins fondus.

(bourgogne-hautes-côtes-de-nuits) – 11 à 15 €

Maison Jean-Philippe Marchand,
4, rue Souvert, BP 41,
21220 Gevrey-Chambertin,
03 80 34 33 60,
contact@marchand-jph.fr

GUILLEMARD-POTHIER

Conduit depuis 1998 par Franck, Pascal et Chantal Guillemard, ce domaine revendique une « viticulture traditionnelle », avec récolte manuelle et vinification en fût de chêne. Ici, des pinots âgés de 60 ans et un séjour de douze mois en barrique pour engendrer un vin délicat, aux notes de violette, de pivoine, de framboise et de boisé très fin, qui livre en bouche une impression de légèreté par sa fraîcheur et ses tanins soyeux et veloutés. Un vin sans rusticité, que l'on servira dans les deux ans.

La Dalignière (bourgogne-hautes-côtes-de-beaune) – 5 à 8 €

EARL Guillemard-Pothier,
4, chem. de Mavilly, 21190 Meloisey,
03 80 26 01 11, guillemard.pothier@wanadoo.fr

DOMAINE MICHEL GOUBARD ET FILS

Vignerons de père en fils depuis 1600, les Goubard sont très bien implantés en Côte chalonnaise, avec pas moins de 38 ha de vignoble. Ce givry est très représentatif de la qualité de leur travail et témoigne d'un sérieux savoir-faire et d'une grande maîtrise des élevages. Il présente un nez encore discret, qui s'ouvre après aération sur des notes de griotte et de mûre. La bouche se révèle friande, souple et légère. Un vin à apprécier dès aujourd'hui et capable de vieillir quelques années.

(givry) – 8 à 11 €

EARL Michel Goubard,
6, rue de Bassevelle, 71390 Saint-Désert,
03 85 47 91 06,
earl.goubard@wanadoo.fr

CHÂTEAU DE LA GREFFIÈRE

La visite du musée du château de la Greffière et des caves vous fera découvrir le métier de vigneron, de la vigne à la bouteille, et par là même la passion d'Isabelle et de Vincent Greuzard pour la vie campagnarde au début du siècle dernier. À l'issue de la visite, prenez le temps de goûter cet excellent mâcon rouge qui décline des notes aimables de fruits rouges et de noisette. Le palais, tout en légèreté, marie harmonieusement les saveurs de cerise burlat et de framboise à une trame tannique en dentelle.

Serrières La Croix (mâcon) – 8 à 11 €

Ch. de la Greffière, rte de Verzé,
71960 La Roche-Vineuse,
03 85 37 79 11,
isabelle@chateaudelagreffiere.com

BOURGOGNE

Les vins rouges de moyenne garde (de 3 à 5 ou 7 ans)

En Bourgogne, le second niveau de classement regroupe l'ensemble des appellations dites communales. Représentant un gros tiers des volumes, ces appellations constituent encore le creuset des vins de bon rapport qualité-prix. Des vins capables de se bonifier après quelques années de cave, à l'image d'un irancy, petit cru du vignoble de l'Yonne, d'un côte-de-nuits ou d'un côte-de-beaune-villages, d'un marsannay, d'un beaune ou, plus au sud, d'un mercurey. Après cinq à sept ans de garde, ces vins exprimeront une grande complexité tout en conservant beaucoup de fraîcheur.

DOMAINE DES PERDRIX

Propriété de la famille Devillard, ce domaine doit son nom au premier cru « Aux Perdrix », considéré comme l'une des plus belles parcelles de l'appellation nuits-saint-georges. Ici, il s'agit bien d'un « simple » bourgogne rouge, simple, mais pas simpliste. Un vin puissant et généreux, avec son nez intense de fruits rouges et ses tanins bien en place, qui lui permettront d'être attendu quelques années en cave. Il gagnera en finesse et en complexité et se révélera d'une très grande délicatesse en bouche.

(bourgogne) – 15 à 20 €

Dom. des Perdrix,
rue des Écoles, 21700 Premeaux-Prissey,
03 85 45 21 61,
contact@domainedesperdrix.com

DOMAINE POULLEAU PÈRE ET FILS

Quel que soit le vin, chez les Poulleau, le plus grand soin est apporté à la récolte, y compris pour cette très agréable cuvée de bourgogne. Vendange à la main et tri rigoureux du raisin sur table à l'arrivée au chai, ce ne sont donc que des baies parfaitement saines qui entrent dans les cuves, avant un élevage en fût de douze mois. Il en résulte un vin très séduisant par sa souplesse et par sa fraîcheur, au nez fin de fruits rouges et à la bouche gourmande qui a bien assimilé la note toastée d'un élevage très soigné.

(bourgogne) – 8 à 11 €

Dom. Michel Poulleau,
7, rue du Pied-de-la-Vallée, 21190 Volnay,
03 80 21 26 52,
domaine.poulleau@wanadoo.fr

THIERRY RICHOUX

Thierry Richoux peut être rassuré, Gabin et Félix, ses deux enfants, sont prêts à prendre le relais à la tête du domaine familial. Ils continueront à mettre en valeur ce Veaupessiot, le plus ancien *climat* identifié du vignoble. Un vin toujours très remarqué, au nez expressif de fruits rouges, marqué par des tanins qui demandent en général un patient élevage en cave pour s'assouplir. Après cinq ans de garde, le résultat est à la hauteur de l'attente, avec un vin fondu et harmonieux, doté d'une texture particulièrement soyeuse.

Veaupessiot (irancy) – 11 à 15 €

Thierry Richoux,
73, rue Soufflot,
89290 Irancy, 03 86 42 21 60,
irancy.richoux@orange.fr

HERVÉ CHARLOPIN

Hervé Charlopin cultive près de 8 ha, notamment en appellations fixin et marsannay. Une petite parcelle d'un des *climats* les plus réputés de l'appellation, bénéficiant d'une bonne exposition et de sols de graviers bien drainants, nous vaut cette belle bouteille. Un vin qui libère des parfums frais de framboise, de cassis et de groseille, teintés de minéralité, de poivre et d'un léger boisé. Frais et fruité en attaque, il offre une belle mâche et une matière ample et élégante et se garde cinq ans au moins.

Clos du Roy (marsannay) – 8 à 11 €

Hervé Charlopin,
5, rue des Avoines,
21160 Marsannay-la-Côte,
09 50 64 12 69,
charlopin.herve@free.fr

ALAIN GUYARD

Installé à Marsannay, Alain Guyard cultive aussi dans le village voisin de Fixin une parcelle en Chenevières, *climat* situé à l'est du village, dont les vins ont été plus d'une fois distingués. Ce nom mêle au nez la cerise, le sous-bois et le boisé d'un élevage de dix-huit mois en fût. On retrouve le fruit en attaque au sein d'une matière souple et ronde, avant l'entrée en scène de tanins un peu boisés. Un vin très agréable sur ces notes un peu toastées et que l'on peut attendre au moins trois ans pour plus de fondu.

Les Chenevières (fixin) – 11 à 15 €

Alain Guyard,
10, rue du Puits-de-Têt,
21160 Marsannay-la-Côte,
03 80 52 14 46,
domaine.guyard@orange.fr

BOURGOGNE

Les vins rouges de moyenne garde (de 3 à 5 ou 7 ans)

CAMILLE GIROUD

Ce négociant beaunois est un spécialiste des grands crus, notamment de ceux de Gevrey-Chambertin. Le nez de cette cuvée est discret, mais subtil, mêlant les fruits rouges mûrs au grillé du fût. La bouche, ronde et souple en attaque, évolue avec élégance, soutenue par des tanins fins, soyeux et vanillés. La finale laisse le souvenir d'une réelle harmonie. Rond et gourmand, ce gevrey-chambertin ne manque pas pour autant de profondeur. On serait tenté de le goûter jeune, mais son fruit se révélera pleinement après une garde d'au moins trois ans.

(gevrey-chambertin) – 20 à 30 €

Camille Giroud,
3, rue Pierre-Joigneaux,
21200 Beaune,
03 80 22 12 65,
contact@camillegiroud.com

DOMAINE DES BEAUMONT

Thierry Beaumont laboure ses vignes, n'utilise plus de désherbant et n'exclut pas l'usage de pesticides quand cela semble indispensable : « une viticulture raisonnée et raisonnable ». Il signe ici un morey-saint-denis d'excellente facture. Au nez de framboise, de cerise noire et de cassis répond une bouche riche, suave et concentrée, avec la juste vivacité de jeunesse qui donne l'équilibre et le tonus. Les tanins séduisent sans granulosité asséchante. Un beau vin d'avenir, à déguster après trois à quatre ans de garde.

(morey-saint-denis) – 20 à 30 €

Thierry Beaumont,
9, rue Ribordot,
21220 Morey-Saint-Denis,
03 80 51 87 89,
domaine-des-beaumont@wanadoo.fr

RÉMI JEANNIARD

Les Ruchots sont l'un des premiers crus les plus intéressants de morey-saint-denis, très bien situés sous le Clos de Tart, sur un terrain assez plat, mais bien exposé. Leur petite taille (2,58 ha) les rend cependant peu visibles. Rémi Jeanniard donne ici une bonne occasion de les découvrir, avec ce vin au nez de cerise kirschée, agrémentée d'une touche de violette qui évoque le village tout proche de Chambolle. Avec du fruit, un joli grain de tanins et de la souplesse, la bouche signe un vin de plaisir, capable de vieillir quelques années.

Les Ruchots (morey-saint-denis) – 15 à 20 €

Rémi Jeanniard, 21, rue de Cîteaux, 21220 Morey-Saint-Denis, 03 80 58 52 42, remijeanniard@orange.fr

R. DUBOIS ET FILS

Béatrice Dubois travaille avec son frère Raphaël dans le domaine familial, qui ne couvre pas moins de 22 ha. Cas de figure plus fréquent que naguère, c'est madame l'œnologue, monsieur étant en charge du commercial ! Le tandem propose ce nuits-saint-georges au nez un peu réservé sur la jeunesse du vin, au fruité cependant très prometteur, nuancé de jolies notes florales et d'une touche de boisé et d'épices. Vive, étoffée, un peu massive et fermée, la bouche appelle trois à quatre ans de garde.

(nuits-saint-georges) – 20 à 30 €

Dom. R. Dubois et Fils, 7, rte de Nuits-Saint-Georges, 21700 Premeaux-Prissey, 03 80 62 30 61, contact@domaine-dubois.com

DOMAINE JEAN-MICHEL GUILLON ET FILS

Jean-Michel Guillon et son fils Alexis sont des habitués du *Guide Hachette des Vins*. Comptant 2,50 ha à son origine, le domaine s'étend aujourd'hui sur 13 ha et 18 appellations. Mazis-chambertin, gevrey-chambertin, morey-saint-denis ou encore clos-de-vougeot... Cette Queue de hareng, à l'étiquette mémorable, offre un nez ouvert et complexe de cassis, de myrtille, de fruits rouges et de sous-bois et une bouche concentrée, charnue et finement tannique : un vin des plus aboutis, prêt à boire après trois à cinq ans d'élevage en cave.

Queue de hareng (côte-de-nuits-villages) – 11 à 15 €

Jean-Michel Guillon, 33, rte de Beaune, 21220 Gevrey-Chambertin, 03 80 51 83 98, contact@domaineguillon.com

FRANÇOIS D'ALLAINES

Après une formation en école hôtelière, François d'Allaines crée son négoce en 1990 à Demigny, puis son domaine en 2009. Ce hautes-côtes-de-beaune fait belle impression et délivre des parfums discrets, mais délicats, de fruits rouges compotés, de bois et de sous-bois. Une attaque franche ouvre sur un palais encore un peu sous l'emprise de la barrique, mais la matière est ample et dense et les tanins du raisin, soyeux, sont suffisamment étoffés pour apprivoiser le merrain au cours de trois ou quatre années en cave.

(bourgogne-hautes-côtes-de-beaune) – 11 à 15 €

François d'Allaines, 2, imp. du Meix-du-Cray, 71150 Demigny, 03 85 49 90 16, francois@dallaines.com

Le pinot noir

Le pinot noir est le plus grand cépage des bourgognes rouges. Il donne des vins caractérisés par des arômes de fruits rouges rappelant la cerise, qui se mêlent, avec l'âge, à des notes délicates de sous-bois, de cuir, d'épices douces et parfois de truffe. En bouche, les bourgognes sont marqués par une touche acidulée, qui s'estompe avec le temps, et se caractérisent par une grande profondeur, ainsi que par des tanins fins, veloutés et soyeux. Les crus les plus prestigieux sont d'une longueur remarquable.

BOURGOGNE

Les vins rouges de moyenne garde (de 3 à 5 ou 7 ans)

DOMAINE CACHAT-OCQUIDANT

À la frontière de la Côte de Nuits, le duo père-fils des Cachat constitue une valeur sûre de l'appellation, et cette cuvée née de vieux ceps est ici une référence. Un vin complet et racé, dont le nez puissant de mûre sauvage et de cassis accompagnés d'un boisé de belle origine, aux accents toastés, annonce une bouche qui se révèle riche, ample et généreuse. Des tanins soyeux lui confèrent un caractère velouté et persistant remarquable. Il se bonifiera en cave et commencera à se livrer dès trois ans de garde.

Cuvée Vieilles Vignes (ladoix) – 15 à 20 €

Dom. Cachat-Ocquidant,
3, pl. du Souvenir, Cedex 1,
21550 Ladoix-Serrigny, 03 80 26 45 30,
domaine.cachat@wanadoo.fr

DOMAINE GEORGES ROY ET FILS

Le nom « Cras » désigne une hauteur pierreuse. C'est le nom d'un lieu-dit aux sols constitués d'éboulis ayant dévalé la pente de la colline de Corton et de matériaux calcaires accumulés à la suite des gels et dégels de la dernière période glaciaire. Vincent Roy est installé à Chorey-les-Beaune, dans la plaine, mais son vignoble s'étend dans les AOC voisines. Il exploite ainsi un demi-hectare dans ces Cras qui donnent ici un vin au nez de petits fruits noirs. L'attaque tonique annonce une bouche aux tanins souples, au fruité persistant et à la finale épicée.

Les Cras (pernand-vergelesses) – 15 à 20 €

Dom. Georges Roy et Fils,
20, rue des Moutots, 21200 Chorey-lès-Beaune, 03 80 22 16 28,
domaine.roy-fils@wanadoo.fr

DOMAINE DE LA MONETTE

Depuis sa reprise en 2008 par Roelof Ligtmans et Marlon Steine, un couple de Néerlandais sous le charme de la Bourgogne, ce vignoble de 5 ha est travaillé selon les principes de la culture biologique. Cette cuvée met en valeur à l'olfaction un ensemble aromatique complexe, où le fruit rouge côtoie harmonieusement un plaisant boisé. Au palais, le vin impressionne par sa densité, sa chair et son équilibre parfait, tout en montrant une élégance distinguée. « Un monument ! », conclut un dégustateur.

(bourgogne-côte-chalonnaise) – 5 à 8 €

*Dom. de la Monette,
15, rue du Château-Chamirey,
71640 Mercurey,
03 85 98 07 99,
vigneron@domainedelamonette.fr*

DOMAINE DE RULLY SAINT-MICHEL

Autrefois rattaché au château Saint-Michel – d'où son nom –, ce domaine créé par le Grand Argentier de Napoléon III, le comte Yvert de Saint-Aubin, est géré par ses lointains descendants, Solange des Déserts et Emmanuel de Bodard. Il a conservé de superbes caves creusées dans la roche, où peut reposer 1 million de cols. Le vignoble s'étend sur 13 ha, dont une parcelle de près de 3 ha est consacrée à ce vin au nez frais et fruité de framboise, de fraise et de cassis, et à la bouche finement structurée, tendre et souple.

Champs Cloux (rully 1er cru) – 15 à 20 €

*Dom. de Rully Saint-Michel,
42, rue du Château, 71150 Rully, 03 85 91 28 63,
domainerullysaintmichel@hotmail.fr*

DOMAINE CAPUANO-FERRERI

Associé au célèbre footballeur Jean-Marc Ferreri, John Capuano cultive un vignoble de 12 ha répartis entre la Côte de Beaune et la Côte chalonnaise. Régulièrement retenu dans le *Guide Hachette des Vins*, le domaine a atteint l'an dernier le cap des cent étoiles décernées à ses vins ! Ce Clos du Paradis offre un nez séduisant qui rappelle le café et la réglisse, mais aussi la framboise et la cerise. Puissant, le palais ne manque ni de finesse ni de rondeur, et son boisé bien dosé met en évidence le fruité et l'onctuosité de sa matière.

Clos du Paradis (mercurey 1er cru) – 15 à 20 €

*Dom. Capuano-Ferreri,
14, rue Chauchien, 21590 Santenay,
03 80 20 68 04, john.capuano@wanadoo.fr*

CAVE DU PÈRE TIENNE

Créé de toutes pièces en 1992, le domaine étend aujourd'hui ses vignes sur 5 ha, dont 4,7 ha de gamay noir à jus blanc. Ce cépage fait la réputation de la Cave du Père Tienne, conduite par Agnès et Éric Panay, une gageure dans une région surtout renommée pour ses vins blancs… Le nez mûr de petits fruits rouges et noirs, soulignés de touches minérales et fumées, séduit d'emblée, tandis que la bouche ronde et bien fondue offre un bel équilibre, portée par des tanins doux, et l'harmonie règne de l'attaque à la finale.

Milly-Lamartine Élevé en fût (mâcon) – 5 à 8 €

*Cave du Père Tienne,
Le Clos, 71960 Sologny,
03 85 37 78 05,
caveduperetienne@wanadoo.fr*

BOURGOGNE

Les vins rouges de grande garde (de 7 ans et plus)

Dans la région, grande garde rime avec grands crus, ou tout au moins premiers crus, le nec plus ultra des appellations communales qui peuvent arborer le nom d'une parcelle de vigne particulièrement remarquable, appelée « climat ». Les grands crus constituent, quant à eux, le sommet de la pyramide des appellations, à l'image de la mythique romanée-conti, de richebourg ou encore de corton. Ces vins sont capables de vieillir longtemps et procurent une émotion sans comparaison à la dégustation. Leur rareté et la part de rêve qu'ils véhiculent auprès des amateurs de vins justifient leurs prix très élevés. Il est cependant possible de trouver en appellation communale d'excellents vins dotés d'une bonne capacité d'évolution en cave.

DOMAINE GUYON

Jean-Pierre et Michel Guyon possèdent 9 ha de vignes réparties dans la Côte de Nuits et dans la partie nord de la Côte de Beaune. Ils travaillent le raisin en grappes entières : le but est de donner au vin une tension et une dimension supplémentaires, au risque d'obtenir des tanins plus revêches les premières années. Ici, le pari est réussi : le nez, intense, évoque les fruits noirs, et la bouche généreuse « pinote » elle aussi, rappelant la cerise noire et la framboise. Les tanins un peu sévères en finale se patineront après un élevage d'au moins sept ans en cave.

Les Platières (gevrey-chambertin) – 20 à 30 €

EARL Dom. Guyon, 11-16, RD 974, 21700 Vosne-Romanée, 03 80 61 02 46, domaine.guyon@wanadoo.fr

DOMAINE HERESZTYN

Les Millandes sont l'une des valeurs sûres de ce domaine, présentes avec régularité dans le *Guide Hachette des Vins*. C'est aussi l'un des premiers crus les plus connus de morey-saint-denis, car il figure, avec ses 4,2 ha, parmi les plus vastes, donc les plus souvent revendiqués. La famille Heresztyn en exploite 38 ares. Elle en propose ici une version des plus abouties : un vin complexe au nez de cassis, de fraise, de cannelle et agréablement boisé. La bouche est dense, puissante, mais sans dureté, adossée à des tanins fins et veloutés.

Les Millandes (morey-saint-denis 1er cru) – 30 à 50 €

Dom. Heresztyn, 27, rue Richebourg, 21220 Gevrey-Chambertin, 03 80 34 13 99, domaine.heresztyn@orange.fr

DOMAINE DIGIOIA-ROYER

Michel Digioia exploite un petit domaine de 4,5 ha sur Chambolle-Musigny, dont une bonne part est dédiée aux appellations régionales et communales. Il aime les élevages longs, mais ne goûte guère le fût neuf. Quand on lui demande quelles sont les nouveautés en cave ces dernières années, il répond : « Peut-être une futaille renouvelée, en dix ans… » De la tradition, donc, à l'image de ce chambolle-musigny bien dans le ton, au nez délicat de cerise et de pivoine sur un fond boisé léger, et à la bouche franche, consistante, aux tanins fins et serrés.

(chambolle-musigny) – 20 à 30 €

Dom. Digioia-Royer,
16, rue du Carré,
21220 Chambolle-Musigny,
03 80 61 49 58,
micheldigioia@wanadoo.fr

DOMAINE CASTAGNIER

Jérôme Castagnier exploite 35 ares du grand cru dans la partie centrale du clos-de-vougeot, réputée la meilleure. L'élégance est le maître mot du domaine. L'objectif est atteint avec cette très belle bouteille au nez ouvert et délicat de framboise et de fraise des bois, mâtiné de nuances de bois et de sous-bois. Fraîche et tonique en attaque, la bouche se révèle soyeuse, très complexe, entre fruité éclatant et notes épicées, étayée par des tanins au grain velouté. Un vin certes séduisant jeune, mais qui révélera son potentiel après huit à dix ans de cave.

(clos-de-vougeot grand-cru) – 30 à 50 €

EARL Dom. Castagnier,
20, rue des Jardins,
21220 Morey-Saint-Denis,
03 80 34 31 62,
jeromecastagnier@yahoo.fr

RAPHAËL DUBOIS

Le domaine Dubois est installé à Premeaux-Prissey, près de Nuits-Saint-Georges, et a développé une petite activité de négoce pour proposer un spectre plus large d'appellations. Ce vosne-romanée est issu d'une parcelle de vigne de 45 ans. Il offre un nez élégant et fin, sur la vanille et le moka. Ronde et dominée par les fruits rouges confiturés, la bouche se montre tout aussi élégante, ciselée par une fine fraîcheur et agrémentée d'une légère pointe d'alcool en finale. À ne sortir de cave que dans six à sept ans... au plus tôt.

(vosne-romanée) – 20 à 30 €

SARL Raphaël Dubois,
24, rue de la Courtavaux,
21700 Premeaux-Prissey,
03 80 62 19 40,
rdubois@wanadoo.fr

DOMAINE CHAUVENET-CHOPIN

Évelyne et Hubert Chauvenet exploitent 14,5 ha de vignes en Côte de Nuits et proposent tout un éventail de *climat* en nuits-saint-georges. Le *climats* Les Argillas est pentu et assez haut perché. Son vin, au nez complexe de cassis, de cerise noire et d'épices douces, séduit d'emblée. Étayée par une trame tannique serrée, la bouche n'en montre pas moins une réelle élégance, déployant une matière suave et veloutée. Le 1er cru Les Murgers est également remarquable, offrant équilibre et fraîcheur.

Aux Argillas (nuits-saint-georges) – 20 à 30 € ; Les Murgers (nuits-saint-georges) – 20 à 30 €

Chauvenet-Chopin,
97, rue Félix-Tisserand,
21700 Nuits-Saint-Georges,
03 80 61 28 11,
chauvenet-chopin@wanadoo.fr

BOURGOGNE

Les vins rouges de grande garde (de 7 ans et plus)

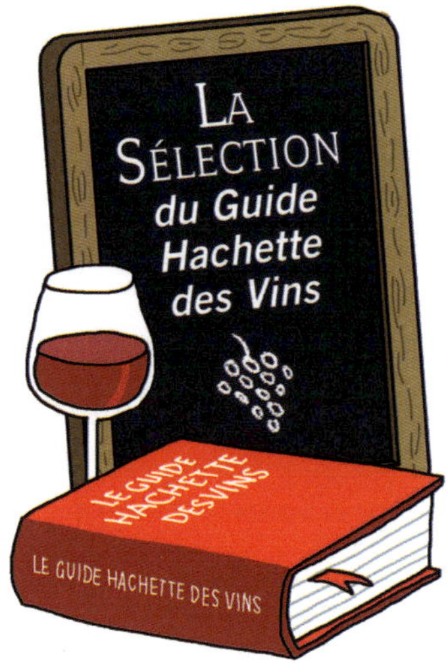

DUFOULEUR FRÈRES

Une propriété complétée d'une structure de négoce et gérée par deux jeunes cousins, Marc et François-Xavier Dufouleur. Ces derniers présentent ici le cru le plus célèbre de l'appellation, dont la ville de Nuits-Saint-Georges a accolé le nom au sien. Ici, un vin massif et dense, mais très typique d'un nuits-saint-georges dans sa jeunesse. Après vingt mois d'élevage en fût, le nez subtil et complexe s'exprime en notes de confiture de fruits rouges, de pruneau et de pain grillé. La bouche apparaît puissante, tannique, réglissée et boisée. Six à huit ans de garde s'imposent.

Les Saint-Georges (nuits-saint-georges) – 30 à 50 €

Dufouleur Frères, 1, rue de Dijon, BP 70005, 21700 Nuits-Saint-Georges, 03 80 61 00 26, contact@dufouleur-freres.com

DOMAINE PIERRE GUILLEMOT

Depuis son village de Savigny, Jean-Pierre Guillemot peut admirer toute la colline boisée de Corton, dont le sommet évoque une tonsure de moine. Il y exploite 30 ares du *climat*, Le Rognet et Corton, plantés de ceps âgés de cinquante ans. Le vin qui en est issu livre un bouquet intense, avec une note de fumée, d'épices douces, de poivre et de fruits noirs, comme la mûre et la cerise. La bouche se révèle puissante, tannique et boisée avec élégance. Un corton au caractère affirmé, à laisser vieillir au moins huit ans, et armé pour la décennie.

Le Rognet et Corton (corton grand cru) – 30 à 50 €

Dom. Pierre Guillemot,
11, pl. Fournier,
21420 Savigny-lès-Beaune,
03 80 21 50 40,
domaine.pierre.guillemot@orange.fr

PATRICK JAVILLIER

Marion Javillier et son père Patrick ont bichonné ce 1er cru né sur un *climat* exposé plein sud, où les couleuvres « serpentines » aiment à prendre le soleil. Leur cuvée Les Serpentières livre un nez marqué par les épices comme la cannelle ou le curry, auxquelles se mêlent des notes de petits fruits rouges pour composer un bouquet avenant et complexe. Adossé à des tanins soyeux, le palais se révèle concentré, riche et solide, toujours d'une grande finesse. Ce vin est à boire aussi bien jeune que patiné par six à huit ans de garde.

Les Serpentières (savigny-lès-beaune 1er cru) – 15 à 20 €

Dom. Patrick Javillier,
7, imp. des Acacias, 21190 Meursault,
03 80 21 27 87,
contact@patrickjavillier.com

DOMAINE POULLEAU PÈRE ET FILS

En 2013, la famille Poulleau célèbre les trente ans du domaine. Le grand-père de Thierry, l'actuel propriétaire, avait initié auparavant une petite activité de vigneron que son fils Michel a étendue au moment de son mariage, en reprenant des vignes sur Aloxe-Corton et Chorey-lès-Beaune. Il propose ici un vin au nez élégant de petits fruits rouges mâtinés d'un léger grillé. À l'unisson et étayé par des tanins fins, le palais se montre frais, ample et long. Ce vin a de la réserve et pourra être remisé encore quelques années.

Cuvée Vieilles Vignes (volnay) – 20 à 30 €

Dom. Michel Poulleau,
7, rue du Pied-de-la-Vallée,
21190 Volnay, 03 80 21 26 52,
domaine.poulleau@wanadoo.fr

ANDRÉ GOICHOT

Au-dessus du centre thermal de Santenay, ce *climat* exposé au sud tire son nom d'une ancienne maladrerie. Plus tard, les curistes aimaient y prendre le soleil. Aujourd'hui, ce sont les raisins qui profitent de ses rayons. Comme le pinot noir à l'origine de ce santenay rouge proposé par cette maison de négoce beaunoise, aujourd'hui dirigée par Arnauld Goichot. Un vin qui s'ouvre sur les fruits noirs frais nuancés d'épices. Étayé par des tanins francs et élégants, il sera parfait après sept à huit ans de cave.

La Maladière (santenay 1er cru) – 15 à 20 €

Maison André Goichot,
av. Charles-de-Gaulle, 21200 Beaune,
03 80 25 91 30,
infos@goichotsa.com

DOMAINE BRUNO COLIN

Ce viticulteur de Chassagne vient chercher dans les maranges quelques raisins rouges pour ses clients majoritairement étrangers (80 % de la production est exportée). La cuvée La Fussière exprime un nez de cassis et de mûre et une bouche ample et douce de prime abord, qui évolue vers plus de fermeté, mais sans dureté aucune, soutenue par des tanins souples et par une fine fraîcheur qui lui donne une belle allonge en finale. Un vin qualifié de « représentatif et de complet », que l'on pourra apprécier aussi bien jeune que patiné en cave.

La Fussière (maranges 1er cru) – 15 à 20 €

Dom. Bruno Colin, 3, imp. des Crêts,
21190 Chassagne-Montrachet, 03 80 24 75 61,
contact@domainebrunocolin.com

DOMAINE A. ET P. DE VILLAINE

Les Montots est un lieu-dit aux coteaux assez prononcés et exposés au sud, plantés d'un pinot noir en provenance de Nuits-Saint-Georges, choisi pour ses qualités aromatiques et son rendement modéré. Pierre de Benoist et son oncle Aubert de Villaine – cogérant, faut-il le rappeler, de la Romanée-Conti – signent ici un vin aux senteurs discrètes de fruits noirs, qui introduisent un palais gras et puissant, avec de la mâche et des tanins solides, mais nobles. Un excellent mercurey de garde, à boire après une garde de sept à huit ans.

Les Montots (mercurey) – 15 à 20 €

Dom. de Villaine,
2, rue de la Fontaine,
71150 Bouzeron, 03 85 91 20 50,
contact@de-villaine.com

LA ROMANÉE-CONTI

Le nom du plus prestigieux et du plus discret des crus français constitue à lui tout seul le mythe du vignoble bourguignon. En fait, la société civile du domaine de la Romanée-Conti regroupe plusieurs grands crus : échezeaux, grands-échezeaux, romanée-saint-vivant, richebourg, la-tâche et, bien sûr, la romanée-conti. Ce dernier, propriété des moines de Saint-Vivant jusqu'en 1584, fut acquis à prix d'or en 1760 par celui qui lui donna son prestige et son nom, Louis-François de Bourbon, prince de Conti.

Un vin mythique

ROMANÉE-CONTI

Malgré les bouleversements de l'histoire et les changements de propriétaires, ses limites n'ont jamais changé, soit 1 ha 80 ares et 50 centiares, l'équivalent de 42 ouvrées en unité de surface bourguignonne. Sa magie reste entière, et sa dégustation est un moment d'exception, comme le décrit ainsi le *Guide Hachette des Vins* : « Un vin superbe de délicatesse et d'élégance, sans excès de couleur, "nature". Dans le bouquet complexe, tout aussi subtil et frais, qui s'épanouit peu à peu, une note minérale, de la cerise bien mûre, juste cueillie, une touche fumée, de la rose, et même de la fleur blanche, de la fougère, du menthol et des épices douces. La bouche, à l'unisson, parle encore à mi-voix, mais son murmure aérien est doux, harmonieux, prégnant, continu et profond, sans vide ni à-coups, et finit sur une évocation de bois noble. Une voix à la fois terrienne et céleste, qui n'est pas près de s'éteindre. »

ÉCHEZEAUX

Réputé pour être le moins complexe des grands crus du domaine, l'échezeaux a pourtant peu à envier à ses glorieux voisins. Il livre un bouquet intense et expressif de notes florales, rappelant l'iris et la pivoine, et de fruits rouges, ainsi qu'une bouche dense, veloutée, sur des tanins d'une grande finesse qui évoque la légèreté du taffetas. Un vin d'une très grande persistance.

GRANDS-ÉCHEZEAUX

Ce grand cru est mitoyen du Clos de Vougeot et très proche par son terroir. On évoque souvent ses parfums de gibier et de sous-bois. D'une grande finesse, il exprime un nez un peu racinaire, avec quelques notes de truffe, de pétale de rose, de poivre et de fruits noirs. La bouche est bâtie sur des tanins fermes et serrés, vifs, qui confèrent au vin un caractère très savoureux et beaucoup de longueur.

ROMANÉE-SAINT-VIVANT

Ce vin délicat exprime toujours un équilibre subtil. Il abandonne son austérité un rien monacale à l'aération pour devenir aérien : girofle, menthe poivrée, rose séchée, fruits noirs ou encore note fumée. Le palais, porté par une élégante trame minérale et saline, marie la densité des tanins à une chair délicate et veloutée. Un vin tout en puissance maîtrisée, d'une élégance et d'une fraîcheur admirables.

RICHEBOURG

Un grand cru mitoyen de la Romanée-Conti. Le nez est profond, réglissé et très poivré. Il montre le caractère athlétique et sanguin qu'on lui prête : la matière apparaît dense, aussi puissante que le nez, la trame tannique racée, ferme et cependant déliée et soulignée par un boisé très fin, nerveux et très vibrant. Il évoque un cheval de race qui accepte la bride...

LA TÂCHE

Un vin intense et profond : on y respire le fruit noir, un boisé épicé, fumé et torréfié et ces nuances de goudron qui viendraient du terroir. Le palais dévoile une puissance peu commune, alliée à un grain de tanin très serré. Le toucher velouté et soyeux apporte de l'aménité, et la bouche est prolongée par une saveur de fruit rouge frais. Concentration, vivacité, élégance, pureté et persistance rare : l'esprit du cru est bien là.

SC du Dom. de la Romanée-Conti,
1, rue Derrière-le-Four,
21700 Vosne-Romanée,
03 80 62 48 80

JURA & SAVOIE

Les vins rouges à boire jeunes (dans les 2 ou 3 ans)

Les vins rouges à boire jeunes représentent la majorité des vins du vignoble savoyard. Ici, les cépages locaux cohabitent avec d'autres variétés venues de Bourgogne. Le gamay, par exemple, vinifié ou non à la beaujolaise, engendre des vins légers, sur le fruit et légèrement tanniques. Croquants et frais, ils sont à consommer dans leur jeunesse. D'autres issus du pinot noir, un peu plus tanniques, pourront être attendus deux ou trois ans, le temps que le boisé de l'élevage et les tannins se patinent.

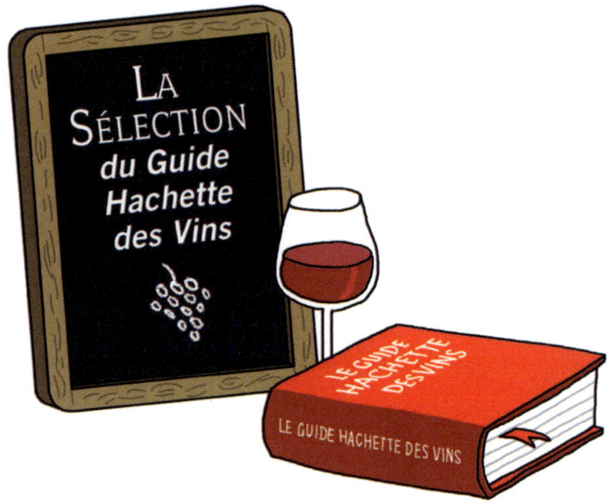

FRANÇOIS CARREL ET FILS

François Carrel et son fils Éric conduisent un domaine qui couvre 13 ha à Jongieux et dans les deux villages voisins. Dans leur gamme de rouges, nous citerons le Gamay vinifié à la beaujolaise, en grappes entières. Le fruit, grâce à la macération semi-carbonique, a développé de jolies notes de framboise, relayées par une bouche ronde, souple, équilibrée et longue. Très harmonieuse, cette cuvée vous séduira dans ses deux premières années. Le Jongieux Pinot noir est également un joli vin fruité aux tanins souples.

Jongieux Gamay (vin-de-savoie) – 5 à 8 € ; Jongieux Pinot noir (vin-de-savoie) – 5 à 8 €

François et Éric Carrel, lieu-dit Le Haut, 73170 Jongieux, 04 79 33 18 48, gaec-la-rosiere@wanadoo.fr

DOMAINE DE CHEVIGNEUX

Originaire d'Irlande, Lisa Gilmore habite en Savoie depuis 2003. Après avoir effectué plusieurs stages en viticulture et en œnologie, elle a acheté en 2007 un vignoble de 12 ha situé en Chautagne, au bord du lac du Bourget. Cuvée phare du domaine, son gamay est élevé en fût de chêne. Cela donne un vin au nez intense, au palais rond et long, adossé à des tannins soyeux et à un boisé fondu. Équilibré et bien structuré, il est à déguster après deux ou trois années de garde.

Chautagne Gamay (vin-de-savoie) – 8 à 11 €

EARL Les Terroirs de Chevigneux, 747, rue de Chevigneux, 73310 Chindrieux, 04 79 54 24 01, domainedechevigneux@orange.fr

Les vins rouges de moyenne garde (de 3 à 5 ou 7 ans)

Les vins rouges de moyennes garde sont souvent issus de cépages jurassiens comme le trousseau, un cépage riche en couleurs et en tanin qui donne naissance à des vins à la robe légère, au fruité intense et à la complexité étonnante d'arômes de baies rouges et d'épices, caractéristiques des appellations d'origine du vignoble du Jura. Il est souvent associé au poulsard, autre cépage local, ou au pinot noir, et engendre dans ce cas des rouges plus tanniques, colorés et structurés, qui gagneront en souplesse après quatre à cinq années de garde.

DOMAINE DES RONCES

Établi à Orbagna, dans la partie sud du vignoble jurassien, Michel Mazier exploite un domaine de 6 ha fondé en 1950 par son père Georges. L'exploitation est certifiée bio depuis 2013. Le vigneron élabore un trousseau au nez joliment fruité, élevé en fût de chêne pendant douze mois. Une matière légère en bouche et un bon équilibre rendent ce vin agréable. Après trois années de garde, il s'intensifiera et prendra des arômes de fruits noirs.

Trousseau (côtes-du-jura) – 5 à 8 €

Michel Mazier, 9, imp. du Rochet, 39190 Orbagna, 03 84 25 09 76, maziermichel@wanadoo.fr

MICHEL TISSOT ET FILS

La maison Michel Tissot a été fondée en 1896. Ses caves se trouvent dans un village situé au pied du vignoble de Château-Chalon. C'est l'entreprise Henri Maire qui, depuis 1995, gère l'intéressante gamme de vins. On citera notamment la cuvée Pupillin, assemblage de pinot noir, de trousseau et de poulsard, qui offre un style assez nature, légèrement tannique, mais avec une matière bien charnue. Une jolie bouteille qu'il conviendra d'attendre trois à quatre ans.

Pupillin (arbois) – 5 à 8 €

Michel Tissot et Fils, BP 40012, 39601 Arbois Cedex, 03 84 66 47 97, info@michel-tissot.fr

Les vins rouges de longue garde (5 ou 7 ans et plus)

Le vignoble jurassien livrait traditionnellement des vins rouges issus du poulsard et du trousseau, souples et fruités. Mais on assiste aujourd'hui à un changement de tendance et il n'est pas rare de voir de talentueux vignerons élaborer des cuvées plus complexes et plus structurées, le plus souvent élevées en fût. Celles-ci pourront alors affronter le temps et s'embelliront après quelques années de bouteille. Les vins nés de mondeuse, cépage noir de Savoie, offrent de séduisantes notes poivrées et florales et un profil corsé et charpenté. Assurément de garde, il conviendra de les oublier un certain temps pour leur permettre de s'affiner et de s'épanouir pleinement.

JACQUES PUFFENEY

Jacques Puffeney est installé aux portes d'Arbois, à Montigny-lès-Arsures, village qu'il affectionne particulièrement. Sa cuvée Poulsard M est un vin remarquable : nez fruité et épicé d'une rare complexité et bouche aux tanins soyeux, structurée et délicate. Ce vin procure un plaisir immédiat, mais saura se faire attendre cinq à dix ans. Autre référence à retenir : le trousseau cuvée Les Bérangères, qui dévoile en bouche des tanins charnus.

Poulsard M (arbois) – 8 à 11 € ; trousseau cuvée Les Bérangères (arbois) – 15 à 20 €

Jacques Puffeney, 11, quartier Saint-Laurent, 39600 Montigny-lès-Arsures, 03 84 66 10 89, jacques.puffeney@orange.fr

CHÂTEAU DE MÉRANDE

Les deux frères Genoux et leur associé Yann Pernuilt, « vigneron bio par nature », convertissent depuis 2009 les 12 ha du domaine à la biodynamie. Occupant plus de la moitié de l'encépagement, leur mondeuse pousse sur des coteaux pentus aux sols secs et caillouteux. Né sur un pareil terroir, le vin est nécessairement concentré. C'est le cas de la cuvée La Belle Romaine, au nez intense et chaleureux et au palais dense, plein et bien structuré, à déguster après cinq ou six ans de garde.

Arbin Mondeuse La Belle Romaine (vin-de-savoie) – 11 à 15 €

Ch. de Mérande, chem. de Mérande, 73800 Arbin, 04 79 65 24 32, domaine.genoux@wanadoo.fr

LANGUEDOC & ROUSSILLON

Le Languedoc et le Roussillon restent le domaine de prédilection des vins rouges, puisque ceux-ci représentent plus des deux tiers de la production totale. La diversité des terroirs de cette vaste région viticole et le travail considérable effectué au cours des vingt dernières années sur les vinifications et les élevages permettent aux vignerons de proposer une large gamme de vins aux profils très variés, allant du rouge souple, frais et aromatique au vin complexe et profond de bonne capacité de garde. Les plus légers présentent un profil charnu et rond, déployant des tanins fins, et seront dégustés jeunes pour leur caractère gourmand et fruité.

Les vins rouges à boire jeunes (dans les 2 ou 3 ans)

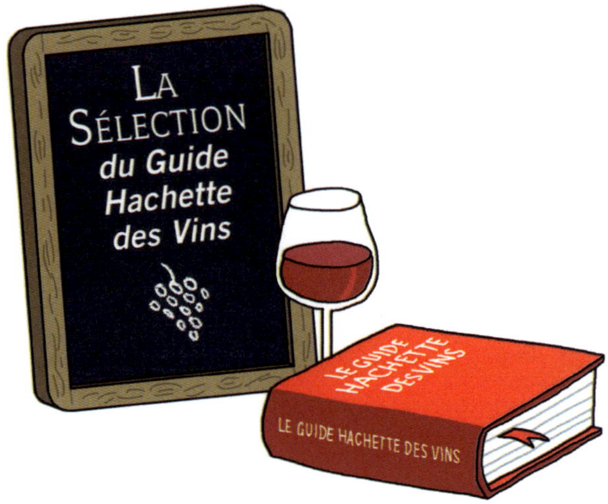

MAS DE LUNÈS

Lorsque Maurice et Paul Jeanjean ont acquis cette propriété en 1936, le vignoble s'étendait sur 20 ha ; mené en bio, il en compte aujourd'hui 75, cernés par la garrigue sauvage. À l'image de ce site exceptionnel, la cuvée Secret du Languedoc libère au nez des notes de confiture de fruits rouges, complétées de nuances de grillé. Doté de tanins soyeux et enrobés, ce vin friand et harmonieux est à boire dans les deux ou trois ans.

Secret du Languedoc (languedoc) – 5 à 8 €

Mas de Lunès,
L'Enclos, 34725 Saint-Félix-de-Lodez,
04 67 88 80 00,
elise.bellot@vignobles-jeanjean.com

DOMAINE DES GRECAUX

Arnaud et Sophie Sandras ont pris en 2009 les rênes de ce domaine situé à Saint-Jean-de-Fos, village célèbre pour ses tuiles vernissées. Issue de grenache, de carignan et de mourvèdre, leur cuvée Terra Solis s'impose au nez par des senteurs de fruits rouges mûrs, de romarin et de laurier bien caractéristiques du lieu, ponctués de nuances balsamiques. Révélant une belle subtilité, cette bouteille, à la bouche vive et aérienne, pourra séjourner un an ou deux en cave.

Terrasses du Larzac Terra Solis (languedoc) – 11 à 15 €

Dom. de Grecaux,, 4, av. du Monument, 34150 Saint-Jean-de-Fos, 04 67 57 38 83, contact@domainedesgrecaux.com

MAS GRANIER

Ancienne ferme du prieuré Saint-Pierre d'Aspères, datant, pour ses parties les plus anciennes, du IXe s., cette demeure a été acquise en 1945 par Marcel Granier. Elle est depuis 1992 la propriété de ses fils, Dominique et Jean-Philippe. Valeur sûre du domaine, la cuvée Les Grès offre un nez aux senteurs de fruits noirs et de garrigue et une bouche ample et séveuse. Élevé en fût, ce vin équilibré pourra résister à deux ou trois années de garde.

Les Grès (languedoc) – 8 à 11 €

Mas Granier,
2, chem. du Mas-Montel, 30250 Aspères,
04 66 80 01 21, montel@wanadoo.fr

VIRGILE JOLY

Installé au pied du plateau du Larzac, Virgile Joly, œnologue de formation, a fondé son propre domaine en 2000 après avoir été *flying winemaker* dans le sud de la France et au Chili. Sa cuvée, au nom facétieux « Le Joly rouge ! », charme par son nez de fruits rouges et noirs, son palais rond, structuré par des tanins soyeux, porté en finale par une agréable fraîcheur. On la dégustera sur son fruit dans ses trois premières années.

Le Joly rouge ! (languedoc) – 5 à 8 €

Dom. Virgile Joly, 22, rue du Portail,
34725 Saint-Saturnin-de-Lucian,
04 67 44 52 21,
virgilejoly@wanadoo.fr

CHÂTEAU DU CERBIER

Juriste de formation, Carol Bloch décide de changer de vie et s'installe à Fabrezan. Elle achète en 2002 quelques parcelles (une vingtaine d'hectares aujourd'hui) et rénove sa cave. Privilégiant les élevages en cuve, cette « néo-vigneronne » a élaboré un corbières issu d'un grenache majoritaire, complété avec de la syrah. Ce vin rond et charpenté dévoile une pointe tannique qui lui donne du relief et de la personnalité. On le servira dans les deux ans en le carafant pour une meilleure expression des arômes.

Cuvée Indiana (corbières) – 5 à 8 €

Carol Bloch,
5, portail de la Trinité, BP 02,
11200 Fabrezan,
04 68 43 55 31,
domaineducerbier@free.fr

LANGUEDOC & ROUSSILLON

La majorité des rouges élaborés dans ce vignoble expriment tout leur potentiel après trois à cinq années de vieillissement, le temps que le boisé de l'élevage et les tanins s'assagissent. Étant tout aussi gourmands et fruités que dans leur jeunesse, on les appréciera alors davantage pour leur rondeur et leur matière veloutée. On trouve dans cette catégorie les vins d'AOC régionale, ainsi que de nombreuses appellations sous-régionales (saint-chinian, corbières, faugères…). Présentant une bonne aptitude à la garde, ces vins épicés et généreux se bonifieront au fil des années.

Les vins rouges de moyenne garde (de 3 à 5 ou 7 ans)

CHÂTEAU ROUQUETTE-SUR-MER

Le vignoble de Jacques Boscary est implanté sur les falaises dominant la mer. Baigné de soleil et profitant de la brise marine pendant la chaleur estivale, celui-ci bénéficie de conditions idéales pour une belle maturité des raisins. Son La Clape Cuvée Henry Lapierre en est un bel exemple : arômes de fruits secs et chair moelleuse enrobant des tanins qui se fondront après quatre à cinq années de garde. Autre belle référence : La Clape Le Clos de La Tour, à la bouche charnue, épaulée par des tanins fins.

La Clape Cuvée Henry Lapierre (languedoc) – 15 à 20 € ; La Clape Le Clos de La Tour (languedoc) – 20 à 30 €

Jacques Boscary, rte Bleue, 11100 Narbonne-Plage, 04 68 65 68 65, bureau@chateaurouquette.com

CHÂTEAU DE L'ENGARRAN

Le château de l'Engarran est une « folie » montpelliéraine du XVIIIe s. classée à l'inventaire des Monuments historiques. Diane Losfelt et Constance Rérolle y produisent une large gamme de cuvées à forte personnalité, à l'image de ce languedoc rouge à la robe dense et profonde, au nez expressif de cassis, de garrigue et de réglisse. Ample et rond en bouche, ce vin équilibré, aux tanins structurés, nécessitera quelques années de garde pour atteindre son sommet.

Grès de Montpellier (languedoc) – 11 à 15 €

SCEA du Ch. de l'Engarran, Ch. de l'Engarran, 34880 Lavérune, 04 67 47 00 02, lengarran@wanadoo.fr

DOMAINE LES AURELLES

Pézenas est l'un des rares terroirs en France où les éboulis de basalte se mêlent à des cailloutis villafranchiens. Basile Saint-Germain a un don pour révéler le génie du lieu et élaborer des vins prêts à boire dès leur commercialisation et présentant en même temps un potentiel certain de garde (au minimum cinq ans). Pour preuve, sa cuvée Pézenas Solen, élevée plus de trois ans en cuve afin de conférer leur soyeux aux tanins, est un vin d'une belle ampleur en bouche, riche et puissant.

Pézenas Solen (languedoc) – 15 à 20 €

Basile Saint-Germain,
8, chem. des Champs-Blancs,
34320 Nizas, 04 67 25 08 34,
contact@les-aurelles.com

DOMAINE LE NOUVEAU MONDE

Propriété de la famille Borras-Gauch, ce vignoble est implanté au sud de Béziers sur une terrasse villafranchienne. Cultivées sur galets roulés, les vignes bénéficient la nuit de la chaleur emmagasinée dans la journée, ce qui permet une maturation optimale des raisins. En témoigne ce languedoc Tradition à la robe épaisse et à la bouche riche et soyeuse. La structure des tanins et le volume de la chair laissent présager un potentiel de garde de quatre à cinq ans.

Tradition (languedoc) – 5 à 8 €

Famille Borras-Gauch,
Dom. le Nouveau Monde,
34350 Vendres, 04 67 37 33 68,
domaine-lenouveaumonde@wanadoo.fr

DOMAINE OLLIER TAILLEFER

Représentant la cinquième génération à la tête du domaine, Luc Ollier et sa sœur Françoise conduisent de main de maître un vignoble qui s'étend aujourd'hui sur plus de 30 ha sur un sol de schistes. Caractéristique de ce terroir, leur Grande Réserve, aux notes de fruits mûrs, de réglisse et de pierre à fusil, révèle en bouche une belle texture, des tanins fins et serrés et une agréable fraîcheur en finale. Voici une jolie bouteille à attendre trois à cinq ans.

Grande Réserve (faugères) – 8 à 11 €

Dom. Ollier Taillefer,
rte de Gabian, 34320 Fos,
04 67 90 24 59,
ollier.taillefer@wanadoo.fr

LANGUEDOC & ROUSSILLON

Les vins rouges de moyenne garde (3 à 5 ou 7 ans)

DOMAINE DU SACRÉ-CŒUR

Installé dans le pittoresque petit village d'Assignan, Luc Cabaret a pris la succession de son père Marc, suite au départ à la retraite de ce dernier en 2007. Rendant hommage à son grand-père maternel, le vigneron a élaboré une cuvée née sur un sol argilo-calcaire, aux parfums de fruits rouges frais, fruits confits, épices et garrigue. Ample et dotée de tanins bien fondus, elle séduira aussi bien dans sa jeunesse que patinée après quatre ou cinq ans de garde.

Cuvée Jean Madoré (saint-chinian) – 15 à 20 €

Luc Cabaret,
Dom. du Sacré-Cœur, 34360 Assignan,
04 67 38 17 97,
gaecsacrecoeur@wanadoo.fr

DOMAINE TERRES GEORGES

Anne-Marie et Roland Coustal se sont installés en 2001 en reprenant une exploitation familiale dont la récolte était précédemment vinifiée en cave coopérative. Référence du domaine, la cuvée Quintessence décline une vaste palette aromatique allant des senteurs de garrigue, de mûre confiturée aux notes de chocolat noir. Un palais puissamment structuré et chaleureux laisse présager pour cette bouteille un avenir radieux (cinq à six ans de garde).

Quintessence (minervois) – 8 à 11 €

Anne-Marie et Roland Coustal,
2, rue des Jardins, 11700 Castelnau-d'Aude,
06 30 49 97 73,
info@domaineterresgeorges.com

CLOS DE L'ANHEL

Après avoir fait du vin pour les autres, Sophie Guiraudon, œnologue, s'est installée en 2000 sur 9 ha de vignes (conduits en bio) afin de faire le sien. Dans sa gamme de vins, on retiendra sa cuvée Les Terrassettes, un assemblage mettant en valeur le carignan, associé à la syrah et au grenache. Révélant un palais plutôt friand et charmeur, ce qui ne l'empêche pas d'être concentré et charpenté, ce vin, étayé par des tanins courtois, pourra affronter plusieurs années.

Les Terrassettes (corbières) – 8 à 11 €

Sophie Guiraudon,
2, rue Montlauriers, 11220 Montlaur,
04 68 43 18 12, anhel@wanadoo.fr

DOMAINE DES SCHISTES

Fleuron de la vallée de l'Agly, ce domaine est conduit par Jacques et Mickaël Sire, le père et le fils. Dans leur cave située au cœur du village d'Estagel, les deux hommes proposent des vins concentrés à forte personnalité, à l'image de la cuvée La Coumeille, dotée d'une solide structure tannique et d'arômes complexes bien typés (fruit, épices, notes grillées). À noter aussi le Tradition, qui se montre chaleureux et consistant. Voici deux vins charmeurs à attendre quatre ou cinq ans.

La Coumeille (côtes-du-roussillon-villages) – 20 à 30 € ; Tradition (côtes-du-roussillon-villages) – 8 à 11 €

Dom. des Schistes,
1, av. Jean-Lurçat, 66310 Estagel,
04 68 29 11 25, sire-schistes@wanadoo.fr

DOMAINE PIÉTRI-GÉRAUD

Établi au cœur du village de Collioure, ce domaine est dirigé depuis 2006 par Lætitia Piétri-Clara. Parmi les différents styles de vins rouges vinifiés dans sa minuscule cave, on citera Le Moulin de la Cortine, cuvée gourmande et puissante aux tanins fins et policés. Un ensemble élégant à attendre trois ou quatre ans. Le rouge Trousse Chemise, à dominante de mourvèdre, porte l'empreinte de son élevage de vingt-quatre mois en barrique et supportera un séjour plus long en cave.

Le Moulin de la Cortine (collioure) – 11 à 15 € ; Trousse Chemise (collioure) – 20 à 30 €

Lætitia Piétri-Clara,
22, rue Pasteur, 66190 Collioure,
04 68 82 07 42,
domaine.pietri-geraud@wanadoo.fr

MAS VENTENAC

Installé en 1979, Alain Maurel a constitué un beau patrimoine de 90 ha, qu'il a aujourd'hui transmis à ses enfants. Le Mas Ventenac est la cuvée d'élite de la propriété : assemblage de cabernet franc, syrah et merlot, longue cuvaison, élevage d'un an en demi-muid. Le nez est intense et épicé, la bouche puissante, d'une belle finesse et d'une agréable fraîcheur. Voilà une bouteille harmonieuse qui mérite d'être conservée quelques années.

(cabardès) – 20 à 30 €

Vignobles Alain Maurel,
4, rue des Jardins,
11610 Ventenac-Cabardès, 04 68 24 93 42,
accueil@vignoblesalainmaurel.fr

LANGUEDOC & ROUSSILLON

Avec une large palette de terroirs et cépages très diversifiés, le vignoble du Languedoc-Roussillon est capable d'élaborer des vins profonds, riches et complexes, souvent élevés en fût, d'une qualité remarquable et de très bonne garde. Ils se caractérisent par des arômes de fruits noirs rappelant le cassis et la mûre et par des notes épicées. On citera par exemple la puissance des cabardès et des corbières, le caractère généreux du fitou, l'originalité du malepère, qui privilégie les variétés bordelaises subtilement associées à celles du sud, ou l'intensité aromatique du minervois-la-livinière dont l'élevage aura duré entre treize et dix-huit mois. Dans les grands millésimes, ces vins pourront bien affronter dix ans.

Les vins rouges de longue garde (de 5 ou 7 ans et plus)

CHÂTEAU DE VALFLAUNÈS

Fabien Reboul est installé depuis 1998 au cœur du village de Valflaunès, sur cette ancienne propriété du baron Jean-Jacques Louis Durand, qui fut le premier maire élu de Montpellier au XVIIIe s. Trouvant l'inspiration en parcourant le monde, le vigneron crée des vins de caractère, à l'image de sa cuvée T'Em T'Em, marquée par le boisé délicat d'un élevage de seize mois en fût, une bouche puissante, dense et étayée par des tanins soyeux. Ce vin équilibré s'épanouira après cinq ou six ans de garde.

Pic Saint-Loup T'Em T'Em (languedoc) – 15 à 20 €

Ch. de Valflaunès,
179, rue de l'Ancien-Lavoir, 34270 Valflaunès,
06 83 48 37 85,
fabien.reboul@free.fr

CHÂTEAU DES ESTANILLES

Autodidacte passionné, Julien Seydoux a racheté en 2009 le domaine que Michel Louison avait marqué de son empreinte. Référence de l'appellation, sa cuvée Le Clos du Fou est un vin généreux et puissant, doté d'une solide trame tannique, qui soutient les arômes de fruits confits et lui assure une garde d'au moins cinq ans. Le château produit d'autres cuvées en faugères blanc, rosé et rouge tout aussi remarquables.

Le Clos du Fou (faugères) – 20 à 30 €

SCEA Ch. des Estanilles, Lentheric,
34480 Cabrerolles,
04 67 90 29 25,
contact@chateau-estanilles.com

DOMAINE LA LINQUIÈRE

Sorti de la cave coopérative en 2001, ce domaine s'est depuis affirmé comme l'une des valeurs sûres de l'appellation saint-chinian. Tirant son nom d'une parcelle de schistes située à 310 m d'altitude, la cuvée La Sentenelle dévoile un palais de velours, ample, soyeux et très long. Un très beau vin à la fois caressant et puissant, au potentiel de garde certain. Autre cuvée à retenir : Le Chant des Cigales pour ses arômes d'épices et de pierre à fusil et pour sa bouche charnue aux tanins serrés et de garde.

La Sentenelle (saint-chinian) – 15 à 20 € ; Le Chant des cigales (saint-chinian) – 8 à 11 €

Famille Salvestre, 12, av. de Béziers,
34360 Saint-Chinian, 04 67 38 25 87

DOMAINE L'OSTAL CAZES

Installé sur l'exceptionnel terroir de La Livinière, Fabrice Darmaillacq est à la tête de ce domaine depuis 2003. Ses vignes sont disposées autour d'une ancienne tuilerie transformée en cave et convenant à l'élaboration de grands vins, à l'image de cette cuvée aux lignes élégantes, soutenue par une solide charpente boisée et des tanins soyeux. Long au palais, ce « Grand Vin », ample et corsé, gagnera à séjourner cinq ou six années en cave.

Grand Vin (minervois-la-livinière) – 20 à 30 €

L'Ostal Cazes, Tuilerie Saint-Joseph,
34210 La Livinière,
04 68 91 47 79,
contact@lostalcazes.com

CHÂTEAU LA VOULTE-GASPARETS

Situé dans les Corbières, ce domaine de 60 ha est conduit de main de maître par Patrick Reverdy. Aujourd'hui épaulé par son fils Laurent, le vigneron poursuit depuis plus de trente ans sa quête de l'excellence. Son Romain Pauc en est un parfait exemple : bouche ample, longue et solide, qui s'adosse à des tanins robustes, enveloppés par un boisé fondu. Puissant et chaleureux, ce vin au caractère affirmé annonce une longue vie. Ayez la patience de l'attendre au moins cinq ans.

Cuvée Romain Pauc (corbières-boutenac) – 15 à 20 €

Ch. la Voulte-Gasparets,
13, rue des Corbières, 11200 Boutenac,
04 68 27 07 86,
chateaulavoulte@wanadoo.fr

DOMAINE MARIA FITA

Anciens restaurateurs du côté de Gordes, Marie et Jean-Michel Schmitt se sont installés en 2001 sur les terres des Corbières où ils élaborent des vins étonnants qui ne laissent pas indifférents. On citera notamment leur fitou issu majoritairement de grenache, auquel un long élevage en barrique confère une belle puissance et une charpente de tanins de garde. À noter aussi la cuvée MF, élevée vingt mois en fût. Ces deux vins au grand potentiel pourront se conserver huit ou neuf ans en cave.

Cuvée principale (fitou) – 11 à 15 € ; MF (fitou) – 20 à 30 €

Dom. Maria Fita,
10, av. du Pont-Neuf,
11360 Villeneuve-les-Corbières,
04 68 45 81 21, mariafita@wanadoo.fr

DOMAINE MOUNIÉ

Transmis de mère en fille depuis cinq générations, ce domaine de 20 ha est établi dans la vallée de Tautavel où l'argilo-calcaire flirte avec les schistes noirs. De cette superbe palette de terroirs est née la cuvée Tautavel Carpe diem, issue majoritairement de syrah et élevée douze mois en barrique. Il en résulte un vin au bouquet riche et à la bouche complexe. Les tanins bien présents, mais élégants, invitent à découvrir cette magnifique bouteille après cinq ou six ans de garde.

Tautavel Carpe diem (côtes-du-roussillon-villages) – 15 à 20 €

Dom. Mounié,
1, av. du Verdouble, 66720 Tautavel,
04 68 29 12 31,
domainemounie@free.fr

CHÂTEAU GUILHEM

Fondée en 1978, cette propriété est devenue incontournable dans l'appellation malepère depuis l'arrivée du fils, Bertrand Gourdou, qui, après le passage à l'agriculture raisonnée, a engagé la conversion bio du domaine et renouvelé l'équipement du chai. Mi-merlot, mi-cabernet, sa Grande Cuvée confirme la dynamique de l'exploitation. Élevé douze mois en fût, ce vin superbement équilibré, à la bouche puissante soutenue par des tanins enrobés, est à attendre cinq ou six ans.

Grande Cuvée (malepère) – 15 à 20 €

B. Gourdou,
1, bd du Château, 11300 Malviès,
04 68 31 14 41,
contact@chateauguilhem.com

PROVENCE & CORSE

Si les rosés règnent à 90 % sur la Provence viticole, celle-ci livre aussi des rouges d'une qualité exceptionnelle. Les AOC coteaux-d'aix-en-provence et côtes-de-provence fournissent les vins aux styles les plus variés, avec deux variantes de rouges : des cuvées souples à boire jeunes d'une part et des vins corsés de plus longue garde. Marqués par des arômes de petits fruits rouges et d'épices, les vins les plus tendres se dégusteront jeunes pour leur caractère frais et gourmand, mais ils pourront tout aussi bien être attendus deux ou trois ans. Le vignoble corse, quant à lui, livre des vins très typés mettant à l'honneur des cépages autochtones. Le sciaccarello, dont le nom signifie « croquant », règne en maître d'Ajaccio à Sartène et donne des vins poivrés, fins et élégants. Ils procureront au dégustateur un plaisir immédiat, mais pourront également supporter une petite garde de trois ans.

Les vins rouges à boire jeunes (dans les 2 ou 3 ans)

DOMAINE DE LA SORBA

D'abord adhérent à la cave coopérative d'Ajaccio, Louis Musso conduit aujourd'hui un domaine de 25 ha de vignes plantées sur des arènes granitiques, où le sciaccarello domine de façon impériale. Typique de l'appellation, sa cuvée traditionnelle, toute en puissance aromatique, propose une magnifique expression de ce cépage, associé au niellucio et au grenache. La bouche est longue et vigoureuse, étayée par des tanins fins et soyeux. Un vin de grande classe à déguster dans les trois ans.

(ajaccio) – 5 à 8 €

Louis Musso, rte du Finosello, 20090 Ajaccio, 04 95 23 38 26, domainedelasorba@wanadoo.fr

DOMAINE DES ASPRAS

Michaël Latz est à la tête d'un domaine de 16 ha situé à Correns, village ayant fait le choix de l'agriculture biologique et devenant ainsi historiquement le premier village bio de France. Faisant référence aux trois fils de la maison (Sébastien, Alexandre et Raphaël), la cuvée Les Trois Frères s'ouvre sur des parfums appétissants de fruits rouges et une bouche souple. Un peu marquée par le bois dans sa jeunesse, on pourra l'attendre deux à trois ans, le temps que le vin s'assagisse.

Les Trois Frères (côtes-de-provence) – 8 à 11 €

SARL Dom. des Aspras, 83570 Correns, 04 94 59 59 70, domaine@aspras.com

CHÂTEAU DE BEAUPRÉ

Ce vignoble de 43 ha, en conversion au bio, est conduit depuis 2004 par Phanette Double dont le défi est « d'allier la tradition à la modernité ». Pari réussi, comme en témoigne la cuvée Collection du château. Élevée douze mois en fût, elle s'exprime à travers d'intenses notes de fruits, se révélant soyeuse, veloutée et douce en bouche. À la fois classique par sa bonne structure et tendance par son côté flatteur, ce vin est à déguster après deux ou trois ans de garde.

Collection du château (coteaux-d'aix-en-provence) – 15 à 20 €

Ch. de Beaupré, 3525, RD 7N, 13760 Saint-Cannat, 04 42 57 33 59, contact@beaupre.fr

CHÂTEAU CALISSANNE

Valeur sûre de l'appellation, cette propriété, acquise en 2001 par Philippe Kessler, est aujourd'hui conduite par son épouse Sophie sur les conseils avisés de Jean Bonnet, directeur d'exploitation depuis plus de 20 ans. Fleuron du domaine, le Clos Victoire, issu de syrah et de cabernet-sauvignon, offre au nez beaucoup de fruit et des épices. Puissante, ample et tonique, cette cuvée au boisé très présent gagnera à être attendue deux ou trois ans. Pour patienter, on ouvrira la cuvée principale, un vin harmonieux, suave et aromatique.

Clos Victoire (coteaux-d'aix-en-provence) – 15 à 20 € ; cuvée principale (coteaux-d'aix-en-provence) – 5 à 8 €

Ch. Calissanne,
SAS La Jasso de Calissanne, RD 10,
13680 Lançon-de-Provence,
04 90 42 63 03,
commercial@chateau-calissanne.fr

CELLIER SAINT-AUGUSTIN

Établie aux portes des Alpilles, cette petite cave coopérative a été fondée en 1925. Elle élabore des vins intéressants, dont Les Caillas Élevé en fût de chêne, sa cuvée principale. Le bouquet de cassis, poivre et vanille est intense et avenant. La bouche, au boisé bien fondu, est ample et structurée par des tanins riches. Ce vin, qui procure beaucoup de plaisir dans sa jeunesse, se bonifiera après un séjour de deux ou trois ans en cave.

Les Caillas Élevé en fût de chêne (coteaux-d'aix-en-provence) – 5 à 8 €

Cellier Saint-Augustin,
quartier de la Gare,
13560 Sénas, 04 90 57 20 25,
staugustin3@wanadoo.fr

PROVENCE & CORSE

Le vignoble provençal produit également une majorité de vins rouges plus structurés, souvent élevés en barrique. Ces vins au caractère typé se montrent très bouquetés, charnus et charpentés et gagnent avec l'âge en complexité aromatique. On les trouve essentiellement dans les AOC côtes-de-provence, coteaux-varois-en-provence et baux-de-provence. Produite dans quasiment l'ensemble des vignobles de l'île, l'appellation vin-de-corse, de son côté, fournit à partir des cépages autochtones des vins rouges étoffés présentant une assez bonne aptitude à la garde. Elle peut être complétée de dénominations géographiques, telles que Calvi par exemple, où l'on trouve des vins racés, ou Figari, le vignoble le plus méridional, qui offre des vins d'une extrême finesse.

Les vins rouges de moyenne garde (de 3 à 5 ou 7 ans)

DOMAINE DE LA PUNTA

François Paoli et Alain Lugarini, viticulteurs coopérateurs, se sont associés en 2003 pour créer leur propre domaine, situé à quelques kilomètres au nord d'Aléria. Véritable ambassadrice de l'appellation vin-de-corse, leur cuvée issue du niellucio, complété du grenache et de la syrah, associe les arômes fruités aux notes d'épices. La bouche dévoile des tanins souples et caressants, enrobés par un fruité mûr. Un bel ambassadeur de l'appellation, à déguster dans les trois ou quatre ans.

(vin de corse) – 5 à 8 €

SCEA de la Punta, RN 198, 20270 Aléria, 04 95 30 60 68, domaine.de.la.punta@wanadoo.fr

COMMANDERIE DE PEYRASSOL

Face au massif des Maures, cette vaste propriété de 850 ha, dont 87 ha de vignes, abrite dans une ancienne commanderie templière du XIIe s. une cave moderne où naissent de jolies cuvées. On citera notamment le côtes-de-provence, issu d'un assemblage de syrah majoritaire et de cabernet-sauvignon. Ce vin s'ouvre sur des notes musquées et réglissées. Ample et équilibré, le palais est soutenu par des tanins bien présents, qui invitent à attendre trois ou quatre ans avant de servir cette bouteille.

(côtes-de-provence) – 11 à 15 €

La Commanderie de Peyrassol, RN 7, 83340 Flassans-sur-Issole, 04 94 69 71 02, contact@peyrassol.com

DOMAINE DE LA SANGLIÈRE

Située dans un environnement préservé à quelques kilomètres des îles d'Hyères, cette propriété d'environ 20 ha est conduite par Rémy et Olivier Devictor (deuxième génération de vignerons). Née sur un terroir de schistes, la cuvée principale du domaine exhale des senteurs de fruits noirs et d'épices. Elle se révèle puissante, généreuse et solidement charpentée, tout en restant soyeuse, veloutée et fruitée. Voici un rouge bien typé qui mérite d'être attendu quatre ou cinq ans.

Prestige (côtes-de-provence) – 8 à 11 €

Dom. de la Sanglière, 3886, rte de Léoube, 83230 Bormes-les-Mimosa, 04 94 00 48 58, remy@domaine-sangliere.com

CHÂTEAU DES ANNIBALS

Établie à Brignoles, Nathalie Coquelle a pris en 2001 la tête de ce vignoble créé en 1762, qui comprend aujourd'hui 27 ha conduits en bio. Dans son caveau voûté du XIIe s., la vigneronne élabore des cuvées d'une qualité régulière, à l'image de ce Fesse-Mathieux (expression pour désigner un grippe-sou). Le vin s'ouvre sur des notes de fruits secs, des nuances poivrées et cacaotées. Ample, fruitée et équilibrée, la bouche gagnera en complexité après trois ou quatre années de garde.

Fesse-Mathieux (coteaux-varois-en-provence) – 8 à 11 €

Ch. des Annibals, hameau des Gaëtans, rte de Bras, 83170 Brignoles, 04 94 69 30 36, dom.annibals@orange.fr

LA BASTIDE DES OLIVIERS

Converti à la culture biologique depuis son installation en 2000, Patrick Mourlan perpétue un savoir-faire hérité de plusieurs générations de viticulteurs et s'applique à élaborer ses vins avec le moins d'interventions possible. C'est ainsi qu'est née sa cuvée Le Naturel du vigneron. Généreuse, ample et longue, la bouche s'appuie sur une structure tannique assez anguleuse, qui s'assouplira après quatre ans de cave. Autre référence : la Cuvée classique, un vin harmonieux, à la bouche tendre, à boire dans les deux ans.

Le Naturel du vigneron (coteaux-varois-en-provence) – 11 à 15 € ; Cuvée classique (coteaux-varois-en-provence) – 5 à 8 €

Patrick Mourlan, 1011, chem. Louis-Blériot, 83136 Garéoult, patrick.mourlan@wanadoo.fr

DOMAINE DU DEFFENDS

Jacques de Lanversin a acquis en 1963 ce domaine, qui compte aujourd'hui 14 ha de vignes exposées en coteaux argilo-calcaires bien ensoleillés, à 420 m d'altitude. Bénéficiant de bonnes conditions de maturation, le domaine a élaboré une cuvée aux arômes complexes de cassis, de mûre, de framboise et de pruneau. Tout aussi fruitée, la bouche se montre dense et solidement bâtie. Ce rouge expressif et charmeur est à ouvrir après trois ou quatre années de garde pour qu'il puisse s'assagir.

Champ du bécassier (coteaux-varois-en-provence) – 8 à 11 €

Suzel de Lanversin, chem. du Deffends, 83470 Saint-Maximin-la-Sainte-Baume, 04 94 78 03 91, domaine@deffends.com

MAS DE LA DAME

Situé sur le versant sud des Alpilles, ce mas du XVIIIe s. fut acquis en 1903 par Auguste Faye, négociant en vin. Depuis 1995, Anne Poniatowski et Caroline Missoffe, ses arrière-petites-filles, perpétuent la tradition sur ce domaine connu pour ses baux-de-provence. On retiendra notamment le Vallon des amants, une cuvée généreuse qui dévoile une matière riche et suave, soutenue par des tanins bien présents. Autre joli vin charnu et tannique : le Coin caché. Tous deux sont à déguster après cinq ou six années de garde.

Vallon des amants (les baux-de-provence) – 15 à 20 € ; Coin caché (les baux-de-provence) – 20 à 30 €

Mas de la Dame, RD 5, 13520 Les Baux-de-Provence, 04 90 54 32 24, masdeladame@masdeladame.com

MAS SAINTE-BERTHE

Conduite par Christian Nief, cette propriété de 40 ha, située au pied du village des Baux-de-Provence, est une valeur sûre qui produit sous cette AOC du vin et de l'huile d'olive. Cuvée phare du domaine en rouge, le Louis David révèle une bouche ample, généreuse et charnue, étayée par des tanins soyeux. Cette bouteille pourra affronter cinq ou six années de garde. Bien en chair, ronde et épicée, la cuvée Tradition, quant à elle, s'appréciera jeune pour son fruité.

Louis David (les baux-de-provence) – 11 à 15 € ; Tradition (les baux-de-provence) – 5 à 8 €

Mas Sainte-Berthe, chem. de Sainte-Berthe, 13520 Les Baux-de-Provence, 04 90 54 39 01, info@mas-sainte-berthe.com

PROVENCE & CORSE

La Provence viticole offre des rouges d'excellente tenue. À partir du mourvèdre, cépage roi de l'appellation, le vignoble de bandol fournit des rouges puissants et poivrés, dotés d'un potentiel de vieillissement exceptionnel, les bellet offrent une bouche charnue, soutenue par une bonne trame tannique, les cassis, rares, se montrent généreux et tanniques, et enfin l'AOC palette livre des rouges à la fois robustes et élégants, de longue conservation. Marquées par des arômes de fruits noirs et d'épices, ces cuvées développent avec le temps de nobles senteurs de cuir, de sous-bois et de truffe. Côté Corse, l'appellation patrimonio, située dans la partie nord de l'île, est le berceau du niellucio, cépage originaire de Toscane, qui produit des rouges puissants et profonds, d'une grande capacité de garde.

Les vins rouges de longue garde (de 5 ou 7 ans et plus)

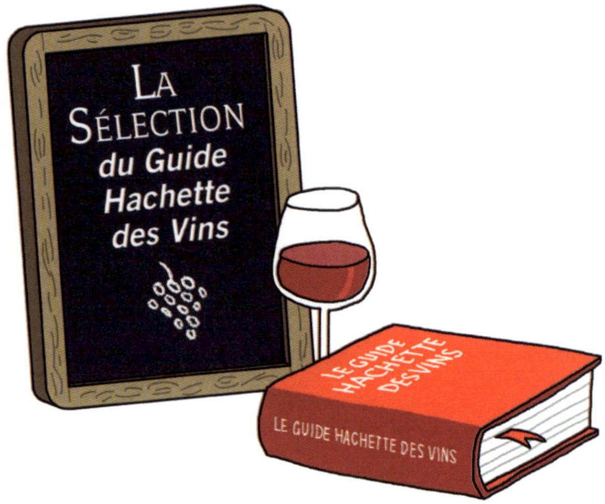

CLOS TEDDI

Valeur sûre de l'appellation, ce vignoble d'une trentaine d'hectares a été planté par Joseph Poli dans les années 1970. Marie-Brigitte, sa fille, l'a repris en main à la fin des années 2000 et a construit une cave. Aujourd'hui, elle élabore des vins dans les trois couleurs, parmi lesquels on citera son rouge Grande Cuvée. Dévoilant en bouche une riche palette aromatique, renforcée de notes boisées, portées par des tanins ronds, ce vin très harmonieux pourra séjourner plus de huit ans en cave.

Grande Cuvée (patrimonio) – 11 à 15 €

Marie-Brigitte Poli,
Casta, 20217 Saint-Florent,
09 66 82 24 07,
clos.teddi@orange.fr

CHÂTEAU LÉOUBE

Niché le long du littoral du cap Bénat, cet imposant domaine totalement réhabilité comprend un vignoble de 65 ha de vignes et 20 ha d'oliviers. C'est dans son chai à l'architecture moderne qu'a été élaborée la cuvée Rouge de Léoube, aux parfums de fruits noirs compotés rehaussés de réglisse. Franc et puissant, ce vin arbore en bouche une belle trame tannique au grain serré. Solide et d'une belle longueur, il trouvera sa plénitude après cinq ou six années de garde.

Rouge de Léoube (côtes-de-provence) – 11 à 15 €

Ch. Léoube,
2387, rte de Léoube,
83230 Bormes-les-Mimosas,
04 94 64 80 03,
info@chateauleoube.com

LA BASTIDE BLANCHE

Baptistin Bronzo a acquis en 1972 ce vignoble d'une trentaine d'hectares, dont les parcelles aménagées en terrasses au pied du village perché du Castellet sont cultivées en biodynamie. Référence en bandol, le domaine élabore des vins d'une qualité remarquable, à l'image de sa cuvée Fontanéou : puissante, parfaitement équilibrée entre une solide charpente tannique, un fruité soutenu et une chair riche et soyeuse. Voilà un grand Bandol de garde que l'on attendra au moins cinq ans et bâti pour la décennie.

Cuvée Fontanéou (bandol) – 20 à 30 €

SCEA Bronzo,
367, rte des Oratoires,
83330 Sainte-Anne-du-Castellet,
04 94 32 63 20,
contact@bastide-blanche.fr

DOMAINE DE TERREBRUNE

Acquise dans les années 1980 par Georges Delille, cette propriété située à l'est de l'AOC bandol est aujourd'hui conduite par son fils Reynald. S'enracinant dans des terres argileuses très brunes (donnant son nom au domaine), les vignes ont donné naissance à cette cuvée très réussie : robe profonde, richesse aromatique, palais joliment construit, mûr, suave et dense, qui persiste longuement. Un séjour de cinq ou six ans en cave permettra à ce vin d'atteindre sa pleine maturité.

Bandol rouge (bandol) – 20 à 30 €

Reynald Delille,
724, chem. de la Tourelle,
83190 Ollioules, 04 94 74 01 30,
domaine@terrebrune.fr

CHÂTEAU HENRI BONNAUD

En 1996, Henri Bonnaud a transmis à son petit-fils, Stéphane Spitzglous, un beau vignoble de 14 ha implanté sur les calcaires de Langesse, face à la montagne Sainte-Victoire. La cuvée Quintessence est l'une des valeurs sûres de l'appellation. Elle offre un bouquet complexe et expressif, qui mêle fruits noirs, épices et notes torréfiées. La bouche est ample, riche, soutenue par des tanins fins et soyeux, mais bien présents. Ce vin est promis à un bel avenir (au moins cinq ans).

Quintessence (palette) – 20 à 30 €

Ch. Henri Bonnaud,
585, chem. de la Poudrière,
13100 Le Tholonet,
04 42 66 86 28,
contact@chateau-henri-bonnaud.fr

SUD-OUEST

Les vins rouges à boire jeunes (dans les 2 ou 3 ans)

Le vignoble du Sud-Ouest est probablement le plus diversifié de tous les vignobles de France. On y trouve tous les types de vins, y compris des vins souples, ronds et fruités, qui peuvent être consommés rapidement, contrairement à l'image un peu caricaturale des vins de la région réputés puissants et tanniques. Pêle-mêle, de nombreuses cuvées des appellations saint-mont, gaillac, fronton ou bergerac conviennent à une consommation sur la fraîcheur du fruit. Il est cependant à noter que les appellations, historiquement dévolues aux vins puissants, produisent aujourd'hui des vins de début de gamme élaborés en vue d'une consommation rapide.

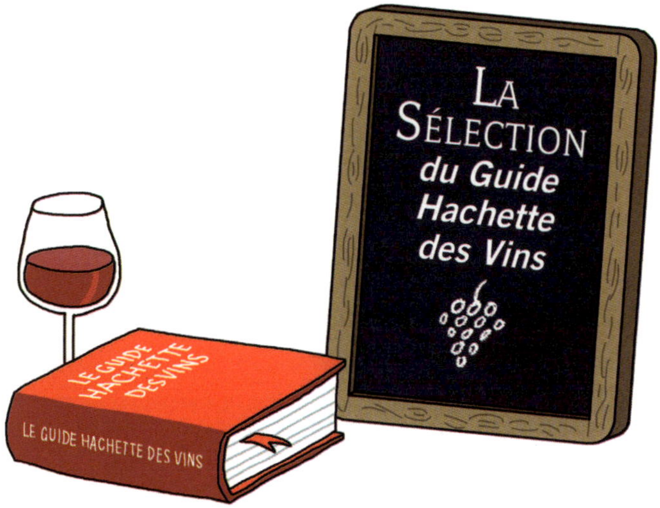

DOMAINE DE GUILLAU

Ce domaine familial est un fidèle du *Guide Hachette des Vins*. La cuvée Tradition est désormais un classique de la gamme, qui inspire d'emblée confiance tant le nez s'exprime, à l'aération, sur des parfums très présents de cassis, de myrtille et d'épices. La bouche est bien campée sur des tanins assez vifs et un peu accrocheurs, qui confèrent à ce vin un caractère très savoureux. Même s'il a la capacité d'évoluer agréablement un peu au-delà, il sera parfait entre deux et trois ans de garde, encore sur l'éclat du fruit.

Cuvée Tradition (coteaux-du-quercy) – moins de 5 €

Jean-Claude Lartigue,
181, rte de Borredon, 82270 Montalzat,
06 11 86 22 04, jean-claude.lartigue@orange.fr

GEORGES VIGOUROUX

Issu de l'activité de négoce de Georges Vigouroux, par ailleurs très connu pour ses cahors, le Gouleyant se devait de figurer parmi les vins de la région à boire jeunes. En effet, élevé un an en cuve, il porte parfaitement son nom : nez élégant et frais de petits fruits rouges, bouche équilibrée, souple et d'une belle rondeur, il offre une surprenante persistance sur une pointe de réglisse, qui lui apporte de la fraîcheur. Ce vin léger et aromatique s'appréciera sans attendre à une température légèrement fraîche.

Gouleyant (coteaux-du-quercy) – 5 à 8 €

SAS Georges Vigouroux,
rte de Toulouse, BP 159, 46003 Cahors Cedex 9,
05 65 20 80 80, vigouroux@g-vigouroux.fr

DOMAINE DE CANTO PERLIC

Süne et Ursula Sloge, deux Suédois séduits par le terroir gaillacois, ont restauré le vignoble et les chais de ce domaine de 7,5 ha en 2010. Leur cuvée Sélection est un rouge très fruité qui exprime à l'aération des senteurs délicates de fruits rouges et de fleurs, tandis que la bouche dévoile une matière ronde, bien équilibrée entre suavité et fraîcheur, sur des arômes de fraise et groseille et des tanins souples. Un vin friand et plein de gourmandise, idéal pour un repas en plein air.

Cuvée Sélection (gaillac) – 5 à 8 €

Dom. de Canto Perlic,
rte de la Ramaye, 81600 Gaillac,
05 63 57 25 56, cantoperlic@telia.com

CHÂTEAU DE LACROUX

Ce domaine familial, exploité par les trois fils de Pierre Derrieux, offre un joli panorama sur le Gaillacois et sur la montagne Noire. Exploitées sur des coteaux argilo-calcaires, des vignes de braucol, de duras, de syrah et de merlot composent un vin au nez marqué par une légère note giboyeuse, qui laisse place à des parfums de fruits rouges épicés, accompagnés d'une touche de violette. Après une attaque franche, le fruité s'épanouit sur des notes de framboise et de cassis au sein d'une matière souple, fraîche et persistante, légèrement poivrée en finale. Un joli gaillac, à déguster dès à présent sur le croquant du fruit.

Vigne du Castellan (gaillac) – 5 à 8 €

GAEC Pierre Derrieux et Fils,
Lincarque, 81150 Cestayrols,
05 63 56 88 88,
lacroux@chateaudelacroux.com

DOMAINE DU VIEUX NOYER

Habituée du *Guide Hachette des Vins*, la Cuvée de la 12 France devient, d'année en année, l'un des vins emblématiques de Bernard Portalier. Établi au pied des Grands Causses, site classé au patrimoine mondial de l'Unesco, il signe ici un vin au nez flatteur de fruits rouges confiturés et de liqueur de cassis, rehaussé de notes épicées. La bouche, ample et souple, renoue avec le cassis, dynamisée en finale par une jolie fraîcheur mentholée. Un vin très gourmand, à boire dans les trois ans.

Cuvée de la 12 France (côtes-de-millau) – 5 à 8 €

Dom. du Vieux Noyer,
rte des Gorges, Boyne,
12640 Rivière-sur-Tarn,
05 65 62 64 57,
bernard.portalier@sfr.fr

SUD-OUEST

Les vins rouges à boire jeunes (dans les 2 ou 3 ans)

CAVE DU MARMANDAIS

Ce vin est élaboré et commercialisé par la Cave du Marmandais, structure coopérative reconnue pour sa production exigeante et qualitative. Composé à parts égales de merlot et de cabernet franc, il séduit par son bouquet élégant de fruits noirs rappelant la mûre et le cassis, auxquels se mêlent quelques notes d'épices et de vanille, et par sa bouche explosive dans la lignée du nez, ronde et structurée par des tanins enrobés. Un vin harmonieux et long, à déguster sur son fruit comme dans deux ou trois ans.

Ch. Sarrazière (côtes-du-marmandais) – moins de 5 €

SCA Cave du Marmandais,
La Cure, 47250 Cocumont,
05 53 94 50 21,
chais@cavedumarmandais.fr

CHÂTEAU DE MALLEVIEILLE

« C'est à la vigne que l'on fait le vin », telle est la devise de ce domaine. Le travail à la vigne a dû être particulièrement maîtrisé pour aboutir à cette cuvée, dont les qualités ne s'arrêtent pas au nez séduisant qui s'épanouit à l'aération sur des notes de fruits noirs et de réglisse. En effet, l'attaque plaisante dévoile une matière construite sur des tanins au toucher soyeux. Équilibré et persistant, ce vin est agréable très rapidement et peut se garder sans problème entre deux et trois ans.

(bergerac) – 5 à 8 €

EARL, Vignobles Biau,
La Mallevieille, 24130 Monfaucon,
05 53 24 64 66,
chateaudelamallevieille@wanadoo.fr

CHÂTEAU LES ROQUES

Cette propriété familiale étend son vignoble sur l'un des points hauts du Lot-et-Garonne, un plateau argilo-calcaire exposé au sud-est. Le merlot, associé au cabernet-sauvignon et au cabernet franc, y a donné naissance à ce vin au nez délicat de fruits frais, d'épices et de pain grillé. Après une attaque souple et fruitée, la bouche se montre douce et soyeuse, soutenue par des tanins fondus et une agréable fraîcheur en finale. Un vin très gourmand à boire dans sa jeunesse à la température de la cave.

(côtes-de-duras) – moins de 5 €

SCEA Ch. Guillaume,
Guillaume Blanc,
BP 43, 33220 Saint-Philippe-du-Seignal,
05 57 41 91 50, ecastano@grm-vins.fr

Les vins rouges de moyenne garde (3 à 5 ou 7 ans)

La diversité de l'encépagement dans le Sud-Ouest, qui fait de la région un véritable conservatoire des cépages, est impressionnante, ce qui permet d'élaborer une large palette de rouges tous différents, à la fois riches et complexes, de bonne fraîcheur, et dotés parfois de tanins un peu accrocheurs. Toutes les appellations produisent donc des vins de milieu de gamme, qui demandent quelques années pour s'exprimer pleinement et s'assouplir. Buzet, côtes-de-duras, tursan ou irouléguy ne sont que quelques exemples de ces rouges capables de vieillir entre cinq et sept ans.

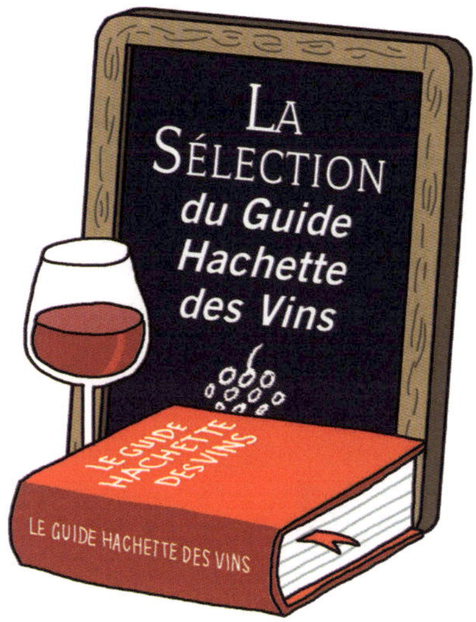

CHÂTEAU LA CAMINADE

On ne présente plus le Château la Caminade, habitué du *Guide Hachette des Vins*. Élevée vingt-quatre mois strictement en cuve, cette cuvée est issue d'un assemblage de malbec et de merlot, que complète une pointe de tannat. Résultat : un vin au fruité expressif rappelant la mûre, le sureau et le bigarreau, relevé de notes d'épices, tandis que la bouche, ample et ronde, se montre bien équilibrée, soutenue par des tanins encore un peu serrés, qui invitent à attendre ce vin au moins trois ans.

(cahors) – 5 à 8 €

Ch. la Caminade, 46140 Parnac, 05 65 30 73 05, resses@wanadoo.fr

LES VIGNERONS D'OLT

Cette coopérative a joué un rôle décisif dans le maintien de ce petit vignoble aveyronnais. Elle propose en rouge sa cuvée Prestige, un vin expressif au nez ouvert et typé, reflet des cépages qui le composent : le fer servadou, le cabernet-sauvignon et le cabernet franc. On y respire les fruits rouges, avec une touche végétale de poivron et une note de poivre. Le cassis s'invite en bouche, dans une matière équilibrée, fraîche et souple à la fois. Un vin de terroir et de notre temps, gourmand et aromatique, à ouvrir à partir de trois ans.

Cuvée Prestige (vins-d'estaing) – 5 à 8 €

SCA Les Vignerons d'Olt, L'Escaillou, 12190 Coubisou, 05 65 44 04 42, cave.vigneronsdolt@wanadoo.fr

LIONEL OSMIN & Cie

Lionel Osmin, négociant, spécialisé dans les vins du Sud-Ouest, propose une large gamme représentative de l'ensemble des appellations de ce vaste vignoble. Des vins bien sélectionnés, à l'image de ce marcillac qui s'annonce assez complexe. La palette aromatique mêle les fruits noirs confiturés, les épices, la réglisse et une touche mentholée. Souple à l'attaque, le palais montre une belle mâche et des tanins présents en finale. Un ensemble typé et de caractère, que l'on peut attendre au moins trois ans.

Mansois (marcillac) – 8 à 11 €

Lionel Osmin & Cie, 14, rue des Bruyères, 64160 Morlaàs, 05 59 05 14 66, vin@osmin.fr

SUD-OUEST

Les vins rouges de moyenne garde (de 3 à 5 ou 7 ans)

CHÂTEAU BOUISSEL

Nicolas Selle exploite ce beau domaine de 18 ha, converti à l'agriculture biologique depuis le millésime 2012. La cuvée Classic, assemblage de quatre cépages, est un vin qui révèle beaucoup de complexité, avec un nez que caractérisent finesse et typicité, sur des notes de petits fruits noirs bien mûrs relevés d'épices. En bouche, rondeur et ampleur le caractérisent, ainsi qu'une agréable fraîcheur. Gras et texture tannique dense lui confèrent une bonne capacité d'évolution, et ce vin peut se consommer agréablement après trois à quatre ans de cave.

Cuvée Classic (fronton) – 5 à 8 €

Pierre, Anne-Marie et Nicolas Selle, 200, chem. du Vert, 82370 Campsas, 05 63 30 10 49, chateaubouissel@orange.fr

DOMAINE SALISQUET

Les deux filles de la famille Chassenard, Carine et Audrey (d'où Caraud), ont repris en 2010 le domaine familial et sont sorties de la cave coopérative pour vinifier leurs propres vins. Elles affirment leur savoir-faire avec cette cuvée équitablement répartie entre le merlot et les deux cabernets. Au nez, ce buzet évoque les fruits mûrs accompagnés de notes fumées. Il suit la même ligne boisée et fruitée en bouche, soutenu par des tanins fondus. Une pointe d'austérité en finale s'estompera après une petite garde de quatre à cinq ans.

Caraud (buzet) – 15 à 20 €

SCEA de Caraud, lieu-dit Calezun, 47230 Vianne, 05 53 97 53 22, scea.caraud@gmail.com

CHÂTEAU RICHARD

Richard Doughty, propriétaire de ce domaine depuis 1988, a adopté dès 1991 l'agriculture biologique. Il a même travaillé à l'élaboration du cahier des charges du « vin bio » européen. Conformément à ce protocole, il fait fermenter ses vins avec des levures indigènes et, plus radical, n'ajoute aucun sulfite après la fermentation. Est-ce l'explication du nom de la cuvée ? À l'aération, il se dégage d'agréables notes de cassis, de cuir et de boisé vanillé, que complète en bouche une agréable touche de pain grillé. Assez bien structuré, équilibré et avec des tanins plutôt fondus, ce vin est parfait à partir de trois ans de cave.

Cuvée osée (bergerac) – 5 à 8 €

Richard Doughty,
La Croix-Blanche, 24240 Monestier,
05 53 58 49 13,
richard@chateaurichard.com

PLAIMONT PRODUCTEURS

Dans le giron de Plaimont Producteurs, le Château du Bascou met le saint-mont à l'honneur. Assemblage de tannat, de fer servadou et de cabernet-sauvignon, ce vin offre des parfums puissants et complexes rappelant les fruits confiturés, les épices, le café torréfié et le cuir. En bouche, il se montre rond et charnu, adossé à de beaux tanins veloutés. La finale, fraîche et épicée, apporte un surcroît de tonus. L'ensemble, à la fois solide et gourmand, est remarquablement construit et pourra s'apprécier dans quatre ou cinq ans.

Ch. du Bascou (saint-mont) – 11 à 15 €

Ch. Saint-Go, 32400 Saint-Mont,
05 62 69 62 87,
d.caillard@plaimont.fr

DOMAINE LABRANCHE LAFFONT

Depuis son installation en 1992 à la tête du domaine familial, l'œnologue Christine Dupuy s'est imposée comme l'une des valeurs sûres de l'appellation. Elle emporte l'adhésion avec cette cuvée née de vieux ceps de tannat de 70 ans. Après douze mois de barriques, puis douze mois de cuve, ce vin dévoile un bouquet intense et subtil de fruits noirs mûrs, de moka, de cacao et de réglisse. Souple et ronde en attaque, la bouche affiche volume et fraîcheur, renforcée par un boisé élégant. Tanins denses et soyeux permettent une garde de cinq ans sans problème.

Cuvée Vieilles Vignes (madiran) – 11 à 15 €

Christine Dupuy,
32400 Maumusson-Laguian,
05 62 69 74 90,
christine.dupuy@labranchelaffont.fr

SUD-OUEST

Les vins rouges de grande garde (de 7 ans et plus)

Quelques appellations de la région sont particulièrement réputées pour produire des vins de très bonne capacité de garde. Qui n'a jamais entendu parler de cahors, de madiran, ou encore des vins du Bergeracois, le terroir le plus septentrional du Sud-Ouest, situé dans le prolongement du plateau de Saint-Émilion ? Dix à quinze ans de cave ne les effrayent pas, et ils se révèlent, avec le temps, aussi fins et veloutés qu'ils peuvent être parfois puissants et austères dans leur prime jeunesse. Des vins qui semblent taillés pour la généreuse gastronomie régionale.

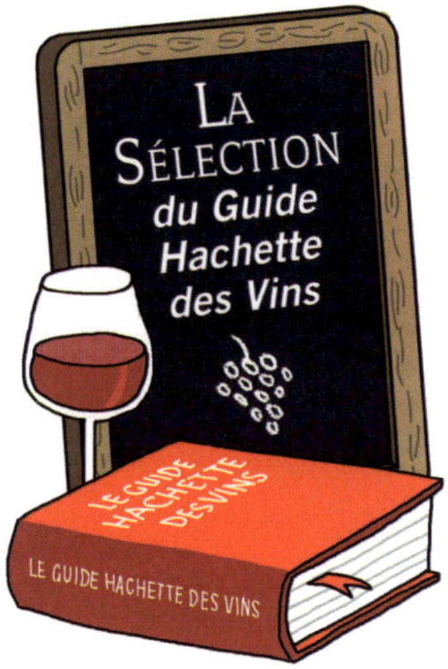

CHÂTEAU LACAPELLE CABANAC

Thierry Simon et Philippe Vérax, qui ont repris en 2001 ce domaine situé au cœur du Causse, ont une démarche exigeante : certification biologique, vieilles vignes, terroir argilo-calcaire, longs élevages en fût. Ce Malbec XL, fort de vingt-six mois d'élevage en fût, offre un nez marqué par des arômes vanillés, réglissés et torréfiés, qui se marient aux parfums de fruits rouges et de cassis bien mûrs. En bouche, les tanins denses soutiennent une matière ronde et équilibrée. Un cahors généreux, qui sera à son apogée autour de huit ans.

Malbec XL (cahors) – 11 à 15 €

Ch. Lacapelle Cabanac,
46700 Lacapelle-Cabanac,
05 65 36 51 92,
contact@lacapelle-cabanac.com

CHÂTEAU NOZIÈRES

À une dizaine de kilomètres du Lot-et-Garonne, sur un terroir argilo-siliceux, ce cru familial fait preuve d'une bonne régularité, ce que confirme généralement cette cuvée, issue de vignes âgées de 50 ans et élevée dix-huit mois en fût. Elle ne manque pas de présence tant au niveau du bouquet, qui associe les fruits noirs à des notes boisées et épicées, que de la bouche qui apparaît équilibrée et bien structurée, étayée par des tanins consistants, mais de qualité, qui garantissent une belle évolution.

Cuvée L'Élégance (cahors) – 11 à 15 €

EARL de Nozières ,
Maradenne-Guitard, Bru,
46700 Vire-sur-Lot,
05 65 36 52 73,
chateaunozieres@wanadoo.fr

CHÂTEAU BRIAND

Ce vignoble a été repris en 2008 par Cédric et Amélie Bougues, qui le restructurent, privilégiant les densités élevées. Leur bergerac rouge témoigne de la volonté d'élaborer des vins profonds et harmonieux et exprime un bouquet puissant, encore dominé par les nuances vanillées et grillées de l'élevage. Des notes de fruits rouges mûrs pointent cependant à l'aération. Concentrée et persistante, la bouche confirme le nez : les tanins serrés et austères de la finale appellent au moins trois ou quatre ans de garde, et le potentiel va bien au-delà des dix ans de cave.

(bergerac) – 8 à 11 €

EARL Montfort Bougues,
Le Nicot, 24240 Ribagnac,
06 83 33 48 83,
chtbriand@yahoo.fr

L'ANCIENNE CURE

Christian Roche vendange les étoiles du *Guide Hachette des Vins* avec une régularité étonnante. Sa cuvée L'Extase le justifie à elle seule. Issue de cabernet-sauvignon, de malbec et de merlot, elle exprime un nez intense et complexe, bien partagé entre senteurs florales, rappelant la pivoine, et fruitées sur des tonalités de bigarreau bien mûr. La bouche dévoile en attaque un caractère souple et velouté, puis monte en puissance, portée par des tanins puissants et soyeux à la fois. Un vin noble et savoureux, taillé pour la garde.

L'Extase (côtes-de-bergerac) – 15 à 20 €

SARL L'Ancienne Cure,
24560 Colombier, 05 53 58 27 90,
ancienne-cure@orange.fr

CHÂTEAU MOULIN CARESSE

Il se dit « autodidacte en œnologie », mais depuis qu'il a quitté la coopérative en 1990, Jean-François Deffarge a très vite appris sur le tas, à en juger par le palmarès du domaine, qui s'est affirmé comme une valeur sûre du *Guide Hachette des Vins*, notamment grâce à cette cuvée, son fleuron. Le vigneron dit rechercher des vins précis, avec de la fraîcheur et du fruit, sans pour autant abandonner l'élevage en fût, garant d'une bonne garde. Ce vin au nez vif et épicé présente une matière suffisamment dense pour attendre patiemment en cave six à huit ans au moins.

Grande Cuvée 100 pour 100 (montravel) – 11 à 15 €

EARL Deffarge-Danger,
1235, rte de Couin,
24230 Saint-Antoine-de-Breuilh,
05 53 27 55 58,
moulin.caresse@cegetel.net

CHÂTEAU HUGON

Sébastien Cousy bichonne son petit domaine de 4 ha, qu'il exploite en lutte raisonnée. Il propose ici un pécharmant qui, de l'avis des dégustateurs, « a ce qu'il faut de fraîcheur pour la garde, de rondeur pour la dégustation et de puissance pour la gastronomie ». Le nez, intense et fin, est élégamment boisé, avec ses notes de café, de torréfaction et de réglisse douce, qui soulignent le fruit noir. Des arômes que l'on retrouve en bouche dans une attaque souple et ronde. Les tanins se montrent denses et francs, pas encore tout à fait fondus. Une remarquable bouteille qui sera pleinement épanouie entre six et huit ans.

(pécharmant) – 8 à 11 €

Sébastien Cousy,
chem. du Hameau-de-Pécharmant,
24100 Bergerac, 05 53 73 23 80,
chateau.hugon@neuf.fr

CAVE DE CROUSEILLES

La cave coopérative de Crouseilles est l'une des structures coopératives les plus performantes de la région. Issu du tannat et des deux cabernets, ce madiran livre un bouquet d'abord sous l'emprise d'un boisé luxueux, puis de fruits noirs confits et de réglisse. La bouche fait la synthèse entre la force et la douceur. Caressante en attaque, elle monte en puissance, soutenue par des tanins fondus et soyeux et par un boisé épicé parfaitement intégré, avant de retrouver en finale les accents réglissés et fruités de l'olfaction. Un madiran de garde, à attendre au moins huit ans et armé pour la décennie.

Ch. de Crouseilles (madiran) – 8 à 11 €

Cave de Crouseilles, rte du Château,
64350 Crouseilles, 05 62 69 66 77,
m.darricau@crouseilles.fr

LES VIGNERONS LANDAIS

Toujours régulière en qualité, la cave coopérative de Geaune propose avec ce tursan un vin au bouquet intense et complexe de fruits mûrs, de vanille, de toasté, de réglisse et d'épices. Souple et ample, l'attaque ouvre sur un palais puissant et bien charpenté, qui marie harmonieusement des notes boisées, épicées et fruitées. Un vin solide et généreux, que l'on dégustera à son apogée entre six et huit ans, mais qui peut être apprécié un peu avant sur une cuisine de terroir, qui amortira un peu les tanins.

Secret de Tursan (tursan) – 11 à 15 €

Les Vignerons landais,
30, rue Saint-Jean, 40320 Geaune,
05 58 44 51 25,
info@tursan.fr

VALLÉE DE LA LOIRE

Le Val de Loire propose une très large palette de vins répondant à la diversité de ses terroirs et de son encépagement. On y trouve ainsi des cuvées au fruité explosif et à la structure légère, à des prix très doux, que l'on prendra plaisir à déguster dans leur prime jeunesse. On pense notamment aux vignobles du Massif central (côtes-d'auvergne, côte-roannaise…), à l'Anjou ou la Touraine orientale, dont les vins issus majoritairement de gamay se montrent gouleyants et friands à souhait. Les appellations d'Anjou-Saumur ou de Touraine occidentale produisent elles aussi des rouges aimables et souples issus principalement du cabernet franc.

Les vins rouges à boire jeunes (dans les 2 ou 3 ans)

DOMAINE DU PETIT CLOCHER

La famille Denis est depuis 1920 à la tête de ce domaine situé dans le Haut-Layon. Représentant la quatrième génération de viticulteurs, Vincent conduit son vaste vignoble (80 ha) avec le plus grand respect de l'environnement. Ses efforts fournis à la vigne comme au chai lui ont permis d'élaborer une cuvée joliment fruitée, à la fois ronde, vive, légère et gourmande. Cet ensemble remarquablement équilibré pourra être apprécié dans les deux ans.

Anjou rouge (anjou) – moins de 5 €

Dom. du Petit Clocher, 1, rue du Layon, 49560 Cléré-sur-Layon, 02 41 59 54 51, petit.clocher@wanadoo.fr

DOMAINE DES CHENAIES

Catherine et Olivier de Cenival ont quitté Paris pour reprendre en 1998 ce domaine de 19 ha situé dans la vallée du Layon. Ils ont fait de ce manoir un petit pôle œnotouristique, doté de chambres d'hôtes et d'une belle salle de dégustation, dans laquelle on pourra goûter la cuvée La Musse. Ce joli vin au bouquet intense de fruits rouges acidulés et de fruits noirs offre une bouche souple, ronde et harmonieuse. On l'appréciera au cours des deux ou trois premières années.

La Musse (anjou-villages) – 5 à 8 €

Olivier de Cenival, La Noue, 49190 Denée, 02 41 78 79 80, odecenival@wanadoo.fr

LA CHAPINIÈRE

Après une première vie professionnelle, Florence Veilex est retournée sur les bancs de l'école afin de décrocher un BTS de viticulture-œnologie. Puis elle a acquis en 2003 ce domaine situé sur les coteaux sud du Cher. Ses vignes de gamay, plantées sur un sol argilo-siliceux, ont donné naissance à une cuvée aux arômes friands de framboise, ample et équilibrée à boire dans sa jeunesse. On retiendra également sa cuvée Cot Garnon, au corps souple et concentré, enrobé de tanins épicés qu'une garde de trois ans assagira.

Gamay (touraine) – moins de 5 € ; Cot Garnon (touraine) – 5 à 8 €

La Chapinière de Châteauvieux, 4, chem. de la Chapinière, 41110 Châteauvieux, 02 54 75 43 00, contact@lachapiniere.com

DOMAINE DU COLOMBIER

Créé en 1974, ce domaine familial conduit un vignoble de 42 ha situé non loin de Doué-la-Fontaine, la « cité des roses ». Aux commandes depuis 2003, Sylvain Bazantay et sa sœur Florence proposent une vaste gamme de vins d'Anjou. On citera notamment l'anjou rouge, qui révèle au nez de fins arômes de fruits rouges et introduit un palais fruité, souple et rond, étayé par une fraîcheur appréciable et des tanins croquants. Ce vin friand est à déguster dans ces trois premières années.

(anjou) – moins de 5 €

EARL Sylain et Florence Bazantay,
10, rue du Colombier, Linières,
49700 Brigné-sur-Layon,
02 41 59 31 82,
earlbazantay@orange.fr

DOMAINE GEOFFRENET-MORVAL

Vigneron de conviction, Fabien Geoffrenet fait partie de ceux qui ont redonné de l'élan à l'appellation châteaumeillant. Installé en 2000, il a agrandi son vignoble de 50 ares à 7 ha. Valeur sûre du domaine, sa cuvée Version originale, issue exclusivement du gamay, déploie un bouquet de fruits mûrs presque confits et une bouche souple et gourmande, adossée à des tanins fins. Très agréable dans sa jeunesse, ce vin pourra attendre aussi trois ans.

Version Originale (châteaumeillant) – 8 à 11 €

EARL Geoffrenet-Morval,
Les Combes,
1, av. Antoine-Meillet,
18370 Châteaumeillant,
06 07 24 44 94

MARC PRADIER

Après avoir travaillé durant quinze ans avec son frère, Marc Pradier a repris en 2005 l'exploitation créée en 1945 par son père Jean. Aujourd'hui, il conduit seul un petit domaine de 4,5 ha, de la vigne à la cave. Sa cuvée Tradition est un assemblage de gamay pour majorité et de pinot noir. Ronde, bien équilibrée grâce à des tanins fins et soyeux, elle est portée par des arômes de cerise. Voilà un vin gouleyant et fort plaisant, à déguster dans les trois ans.

Tradition (côtes-d'auvergne) – moins de 5 €

Marc Pradier,
9, rue Saint-Jean-Baptiste,
63730 Les Martres-de-Veyre,
04 73 39 86 41,
pradiermarc@orange.fr

JACQUES PLASSE

Installé en 1998, Jacques Plasse représente la troisième génération à la tête de ce domaine. Il exploite un vignoble de 6,2 ha, dont une parcelle de 1,4 ha de vignes centenaires, replantées sur porte-greffes américains après le phylloxéra. Sa cuvée Vieilles Vignes est un vin harmonieux, à la bouche complexe et volumineuse, appuyée par des tanins qui équilibrent parfaitement la matière gourmande. On pourra le servir dans les trois années à venir.

Vieilles Vignes (côte-roannaise) – moins de 5 €

Jacques Plasse,
788, rte de Saint-Alban,
42370 Saint-André-d'Apchon,
04 77 65 84 31,
jacques.plasse@yahoo.fr

VALLÉE DE LA LOIRE

On trouve dans cette catégorie des vins au profil plutôt souple, ronds et fruités, qui atteindront leur apogée après une garde de trois ans à cinq ans. On pense ici notamment aux nombreuses appellations de Touraine et d'Anjou-Saumur qui fournissent des rouges complexes et corsés, qui demanderont à vieillir quelques années, le temps que le boisé de l'élevage se fonde, et que les tanins s'assagissent. Ils gagneront en rondeur et velouté. De son côté, le vignoble du Centre-Loire (sancerre, menetou-salon, reuilly) fournit, à partir du pinot noir, des cuvées tendres et parfumées aux nuances délicates de petits fruits rouges, qui s'épanouiront dans les trois à cinq ans.

Les vins rouges de moyenne garde (de 3 à 5 ou 7 ans)

CHÂTEAU DE BRÉZÉ

Propriété du comte de Colbert, ce château constitue une forteresse souterraine dont les galeries ont été creusées dans le tuffeau. C'est cette roche qui alimente les vignes situées sur la parcelle du clos du Tue-Loup. Celle-ci a donné naissance à une cuvée dont la matière riche et gourmande se déploie longuement, lui assurant une garde de cinq à six ans. La cuvée principale, rouge au palais fruité bien structuré, pourra être appréciée dans ses trois premières années.

Clos du Tue-Loup (saumur) – 11 à 15 € ; cuvée principale (saumur) – 8 à 11 €

Dom. de Saint-Just,
12, rue de la Prée-Mollay, Mollay,
49260 Saint-Just-sur-Dive,
02 41 51 62 01,
infos@st-just.net

DOMAINE DE LA FUYE

Le terme fuye désigne un colombier monté sur piliers, comme on en rencontre en Anjou. Fondé en 1960, ce domaine familial compte 17 ha de vignes, aujourd'hui exploitées en agriculture biologique sous la houlette de Philippe Elliau. Vinifiée sans levurage, sa cuvée Puy-Notre-Dame Les 30 Boisselées s'exprime à travers une bouche fruitée, portée jusqu'à la finale légèrement réglissée par des tanins bien présents qui demanderont quatre ou cinq années de garde pour s'assagir.

Puy-Notre-Dame Les 30 Boisselées (saumur) – 11 à 15 €

Philippe Elliau,
527, rue du Château, Sanziers,
49260 Vaudelnay,
06 08 86 30 32,
contact@domainedelafuye.com

DOMAINE DE MONTFORT

Installée depuis la fin du XIVe s. dans la région de Montfort, la famille Huet pratiquait la polyculture. La viticulture s'est renforcée depuis l'arrivée en 2011 d'Anthony Huet, œnologue, et de sa compagne Stéphanie, ingénieur agronome. Tirant son nom de l'âge des vignes qui ont servi à son élaboration, la cuvée Saveurs d'antan est issue d'une parcelle centenaire. Sous ses notes fraîches, elle s'impose par sa rondeur et sa structure élégante. On pourra l'apprécier après trois ou quatre années de vieillissement.

Saveurs d'antan (saumur) – 11 à 15 €

Famille Huet,
4, rte de Brossay, 49700 Montfort,
02 44 27 63 07,
domainedemontfort@gmail.com

DOMAINE DE LA GRANDE FOUCAUDIÈRE

Après avoir passé quinze ans en région parisienne, Lionel Truet est revenu sur les terres familiales en 1992. Installé dans la région d'Amboise, il conduit aujourd'hui un petit vignoble niché au cœur d'un parc forestier de 40 ha. Le vigneron a élaboré un pur cot à la robe violet sombre caractéristique. C'est un vin épicé, bien charpenté et bâti sur des tanins serrés, qui invitent à patienter cinq à sept ans. À noter aussi sa cuvée Clos du Vau, un vin ample et rond, à boire dans les quatre ans.

Lionel et Cot (touraine) – 5 à 8 € ; Clos du Vau (touraine-amboise) – 5 à 8 €

Lionel Truet,
La Grande-Foucaudière,
37530 Saint-Ouen-les-Vignes,
02 47 30 04 82,
lioneltruet@orange.fr

DOMAINE DESROCHES

Représentant la quatrième génération à la tête du domaine familial, Jean-Michel Desroches est installé depuis 1980 à Saint-Georges-sur-Cher, l'une des plus importantes communes de Touraine en surface de vignes. Le vigneron a consacré 35 ares de vieux plants de cot, cépage emblématique de la vallée du Cher, associé au cabernet franc, pour élaborer une superbe cuvée. Élevée dix-huit mois en cuve, elle se révèle très aromatique, soyeuse, équilibrée et dotée d'un potentiel de garde certain.

(touraine-chenonceaux) – 5 à 8 €

Jean-Michel Desroches,
8, imp. du Vieux-Porche,
41400 Saint-Georges-sur-Cher,
02 54 32 33 13,
desroches.jm@wanadoo.fr

YANNICK AMIRAULT

Présent en saint-nicolas et en bourgueil, Yannick Amirault, rejoint depuis 2003 par son fils Benoît, fait partie des valeurs sûres de ces deux appellations. Plantées sur un sol de sables et de graviers, terroir de prédilection du cabernet franc, ses vignes trentenaires ont donné vie à sa cuvée La Coudraye. Élevée en cuve de bois durant dix mois, elle offre une chair ronde et fruitée, s'appuyant sur une trame tannique fine et soyeuse. Voilà un vin « très typé bourgueil » qui pourra sagement attendre cinq ans en cave.

La Coudraye (bourgueil) – 5 à 8 €

Yannick Amirault,
1, rte du Moulin-Bleu, 37140 Bourgueil,
02 47 97 78 07,
info@yannickamirault.fr

VALLÉE DE LA LOIRE

Les vins rouges de moyenne garde (de 3 à 5 ou 7 ans)

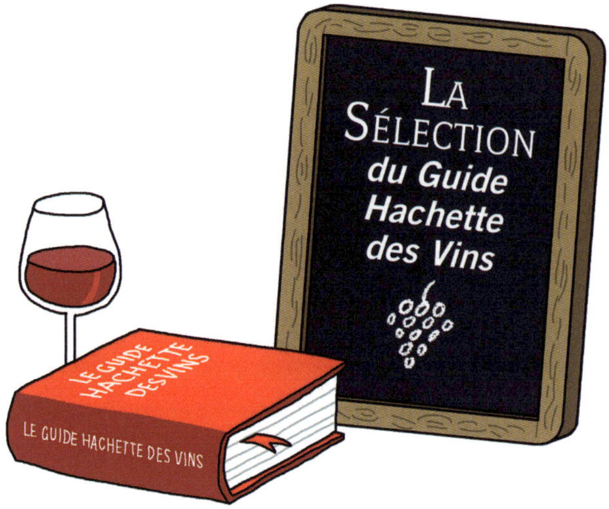

DOMAINE DES OUCHES

Établis à Ingrandes, village qui marque la limite entre les anciens duchés d'Anjou et de Touraine, les Gambier cultivent la vigne depuis 1980 : les parents, Odile et Paul, tout d'abord, leurs enfants, Thomas et Denis, aujourd'hui. Leur cuvée Igoranda est issue du cabernet franc, planté sur un terroir de graviers et vendangé à la main. Richement fruité, charnu et structuré, ce vin s'appuie sur une bonne présence tannique qui autorise une garde de quatre ou cinq ans.

Igoranda (bourgueil) – 5 à 8 €

Dom. des Ouches, 3, rue des Ouches, 37140 Ingrandes-de-Touraine, 02 47 96 98 77, contact@domainedesouches.com

DOMAINE DES VALLETTES

Ce domaine de Saint-Nicolas-de-Bourgueil a vu se succéder huit générations de vignerons sur ses terres. Aujourd'hui, ce sont les deux frères, Antoine et François, qui conduisent le vignoble de 25 ha. Leur cuvée Vieilles Vignes provient de vieux ceps d'une soixantaine d'années, judicieusement entretenus. Ceux-ci ont donné naissance à un vin goûteux, ennobli par un élevage d'un an en fût. Cette cuvée est droite, équilibrée, équipée de tanins fermes qui se fondront après quatre ou cinq années de garde.

Vieilles Vignes (bourgueil) – 5 à 8 €

Antoine et François Jamet, Dom. des Vallettes, 37140 Saint-Nicolas-de-Bourgueil, 02 47 97 44 44, contact@vallettes.com

FRANÇOIS CAZIN

Transmise de père en fils depuis quatre générations, cette propriété de 20 ha, conduite par François Cazin, est située à la lisière de la forêt de Cheverny, aux portes de la Sologne. Le vigneron a élaboré, à partir du gamay majoritaire associé au pinot noir, un cheverny ample et rond qui s'impose par ses tanins soyeux et par une longue finale. Ce vin au très beau potentiel arrivera à maturité dans les cinq ou six années à venir. Sa cuvée Le Petit Chambord est un vin harmonieux et fruité.

Cheverny (cheverny) – 5 à 8 € ; Le Petit Chambord (cheverny) – 5 à 8 €

François Cazin,
Le Petit Chambord, 41700 Cheverny,
02 54 79 93 75,
f.cazin@lepetitchambord.com

DOMAINE RICHOU

Damien et Didier Richou sont depuis 1978 aux commandes de cette exploitation de 31 ha en cours de conversion au bio. Valeur sûre du vignoble angevin, le domaine se distingue tant pour ses blancs que pour ses fines bulles ou pour ses rouges. On citera notamment l'anjou-villages-brissac rouge, assemblage de cabernet franc et de cabernet-sauvignon, qui déploie une matière souple et fruitée à souhait. Ce vin harmonieux et d'une grande finesse est à boire après une petite garde de trois ans.

(anjou-villages-brissac) – 8 à 11 €

Dom. Richou,
Chauvigné, 49610 Mozé-sur-Louet,
02 41 78 72 13,
domaine.richou@wanadoo.fr

DOMAINE DE COQUIN

Rattaché au Moyen Âge au château médiéval éponyme aujourd'hui disparu, le domaine Coquin (14 ha) a été fondé au début des années 1920 par un aïeul de Francis Audiot. Aujourd'hui, le vigneron accueille les visiteurs dans un ancien chai datant du XIXe s. Née de ses plus vieilles vignes de pinot noir, sa cuvée Mathilde, élevée douze mois en barrique, se révèle volumineuse, concentrée et charpentée. Ce vin harmonieux, au caractère suave, rond et flatteur, pourra s'apprécier aussi bien jeune qu'âgé de quatre ou cinq ans.

Mathilde (menetou-salon) – 11 à 15 €

Francis Audiot,
Dom. de Coquin, 18510 Menetou-Salon,
02 48 64 80 46,
domainedecoquin@orange.fr

DOMINIQUE ROGER

Chez les Roger, on est vigneron de père en fils depuis le XVIIe s. Dominique pratique la viticulture raisonnée sur son vignoble de près de 10 ha depuis 1996. Sa cave est installée au cœur du village de Bué dans une ancienne « vigneronnerie » du XIXe s. Sa cuvée La Jouline est une valeur sûre : élevage d'un an en fût, bouche riche et concentrée, tanins serrés et soyeux. Ce vin au caractère généreux est à la fois puissant et fin. Il peut s'apprécier aussi bien jeune qu'après cinq ou six années de vieillissement.

Cuvée La Jouline (sancerre) – 15 à 20 €

Dominique Roger,
7, pl. du Carrou, 18300 Bué,
02 48 54 10 65,
contact@dominique-roger.fr

VALLÉE DE LA LOIRE

Si le Val de Loire produit majoritairement des rouges légers à consommer sans attendre ou de semi-garde, cette région propose toutefois de belles cuvées, puissantes et complexes, dotées d'un excellent potentiel de vieillissement. On citera ainsi l'appellation saumur-champigny, réservée à des vins rouges issus du cabernet franc et parfois complétés de carbernet-sauvignon, qui fournit des rouges denses et charnus présentant des tanins solides, garants d'une importante longévité. Côté Touraine, les vignobles de chinon et de saint-nicolas-de-bourgueil, dominés eux aussi par le cabernet franc, livrent, lorsque ce dernier est cultivé sur des sols argilo-calcaires, des vins très structurés, riches et corsés.

Les vins rouges de longue garde (5 ou 7 ans et plus)

DOMAINE DES HAUTES TROGLODYTES

Ce domaine de 15 ha a été repris en 2003 par Laurent et Clarisse Machet. Leurs vins sont élevés dans la fraîcheur des caves creusées dans le calcaire de la Côte saumuroise, en bordure de la Loire. On citera notamment leur cuvée élaborée à partir de 10 ha de cabernet franc. Intensément fruitée, elle révèle en bouche richesse et puissance et impressionne par son très bel équilibre. Déjà gourmand dans ses premières années, ce vin est aussi armé pour vieillir cinq ou six ans.

(saumur-champigny) – 5 à 8 €

SCEV Dom. des Hautes Troglodytes,
4, rue du Moulin,
49400 Souzay-Champigny, 02 41 51 26 46,
domainehautestroglodytes@numeo.fr

DOMAINE SAINT-JEAN

Établie au centre de Turquant, la famille Anger se consacre à la vigne depuis le milieu du XIXe s. Installé en 1989, Jean-Claude Anger exploite aujourd'hui 25 ha de vignes. Caractéristiques de la région, ses caves troglodytes abritent de jolis flacons, parmi lesquels on citera la cuvée Les Vignobles. D'une belle finesse aromatique, ce vin offre en bouche une matière onctueuse, ronde et fruitée. S'il peut être apprécié jeune, cet ensemble magnifique mérite d'être attendu quelques années.

Les Vignobles (saumur-champigny) – 5 à 8 €

Jean-Claude Anger,
3, rue des Fossés, 49730 Turquant,
06 16 54 02 45,
anger.domainestjean@laposte.net

DOMAINE SAINT-VINCENT

Le domaine Saint-Vincent fait partie du vignoble de la côte de Saumur qui borde la Loire. Installé en 1984 sur l'exploitation familiale, Patrick Vadé conduit désormais 30 ha. Intensément fruitée, sa cuvée Les Trézellières déploie en bouche une matière puissante et riche. Ce vin d'une belle longueur est porté par des tanins vigoureux et élégants qui se poliront avec le temps. Autre référence : son Clos des Varennes Vieilles Vignes, souple, gras et équilibré au palais.

Les Trézellières (saumur-champigny) – 5 à 8 € ; Clos des Varennes Vieilles Vignes (saumur-champigny) – 8 à 11 €

Dom. Saint-Vincent, 49400 Saumur,
02 41 67 43 19,
pvade@st-vincent.com

DOMAINE DU VIEUX BOURG

Jean-Marie et son frère Noël Girard ont créé en 1987 ce domaine établi à Varrains, qui a pour emblème un pressoir à long fût datant du XVIIIe s. Sur les 18 ha du vignoble, 2 ha de cabernet franc, exploités sur sol argilo-calcaire, sont consacrés à la cuvée Vieilles Vignes. Élevée en cuve et en fût, celle-ci offre un bouquet intense de fruits confiturés. Le palais dense, ample et rond s'appuie sur des tanins soyeux. Ce vin équilibré pourra aussi bien être dégusté après deux ans ou gardé sept ans.

Vieilles Vignes (saumur-champigny) – 8 à 11 €

EARL Girard Frères,
30, Grande-Rue, 49400 Varrains,
02 41 52 91 89,
nl-girard@vieux-bourg.com

DOMAINE AUBERT-MONORY

Cette affaire familiale a été créée en 1930 par Georges Morançais. À sa tête depuis 1990, Cédric Monory conduit désormais un beau domaine de plus de 15 ha. À partir d'1 ha de vignes cultivées sur sol argilo-calcaire, le vigneron a élaboré sa cuvée Réserve familiale. Elle se montre ample et puissante à travers des arômes généreux de fruits compotés associés à une touche de boisé. C'est un beau vin de garde de haute densité.

Réserve Familiale (chinon) – 5 à 8 €

SCEA Dom. Aubert-Monory,
4, rte de Malvault,
37500 Cravant-les-Coteaux,
02 47 93 33 73,
aubert.monory@yahoo.fr

VALLÉE DE LA LOIRE

Les vins rouges de longue garde (de 5 ou 7 ans et plus)

PATRICK LAMBERT

Patrick Lambert exploite un petit domaine de 6,5 ha (en cours de conversion à l'agriculture biologique) adossé à un coteau calcaire, dans lequel de très belles caves ont été creusées. Celles-ci accueillent fûts et foudres servant à l'élevage des vins, comme la cuvée Vieilles Vignes qui y a séjourné douze mois. Puissante, la bouche s'équilibre entre une chair ronde et des tanins de qualité bien présents, qui s'assagiront après quelques années de garde.

Vieilles Vignes (chinon) – 5 à 8 €

EARL Patrick Lambert,
6, coteau de Sonnay,
37500 Cravant-les-Coteaux,
02 47 93 92 39, vins.lambert.patrick@orange.fr

DOMAINE DES BÉGUINERIES

Ayant effectué ses premières armes dans le domaine familial, puis en tant que responsable de cave au Château de Saint-Louans, Jean-Christophe Pelletier s'est installé en 1995. Il a engagé la conversion bio de ses 12 ha de vignes en 2009. Élevée en fût, sa cuvée Réserve d'Élise est parfaitement équilibrée. Ce vin fruité, agrémenté de notes vanillées, souvenir de son élevage, offre une belle harmonie et s'appuie sur des tanins boisés, gages d'un vieillissement certain.

Réserve d'Élise (chinon) – 8 à 11 €

J.-C. Pelletier,
52, rue de l'Ancien-Port, Saint-Louans,
37500 Chinon, 02 47 93 37 16,
domainedesbeguineries@wanadoo.fr

DOMAINE DE LA CLOSERIE

Établi à Restigné, à l'est de Bourgueil, Jean-François Mabileau incarne la quatrième génération sur le domaine. Ses vieilles vignes sont enracinées sur 3 ha de terres silico-graveleuses, là où le cabernet franc dispense des jus pleins de fraîcheur. Elles ont donné vie à une cuvée riche et suave, qui s'appuie sur des tanins présents, mais élégants. Elle est bâtie pour la garde. À noter aussi son bourgueil élevé six mois en fût, au charme fruité et aux tanins soyeux, qui s'appréciera dans les deux ou trois ans.

Vieilles Vignes (saint-nicolas-de-bourgueil) – 5 à 8 € ; Vieilles Vignes (bourgueil) – 5 à 8 €

Jean-François Mabileau,
28, rte de Bourgueil, 37140 Restigné,
02 47 97 36 29, j-f-mabileau@orange.fr

LYDIE ET MAX COGNARD

Située à Chevrette, un petit hameau de Bourgueil, à la limite de Saint-Nicolas, cette exploitation familiale, créée par les parents en 1974 produit, des vins dans les deux appellations. On citera notamment la cuvée Les Malgagnes : élevée partiellement en barrique, charnue, ronde et portée par des tanins mûrs, elle est à déguster après cinq ou six années de garde. Autre référence : la cuvée Caudalie qui, après un passage en fût de quinze mois, se montre riche et volumineuse. On l'attendra quelques années.

Les Malgagnes (saint-nicolas-de-bourgueil) – 8 à 11 € ; cuvée Caudalie (bourgueil) – 11 à 15 €

Estelle et Rodolphe Cognard,
lieu-dit Chevrette,
37140 Saint-Nicolas-de-Bourgueil,
02 47 97 76 88, vins.cognard@orange.fr

JÉRÔME GODEFROY

Après le départ à la retraite de son père Gérard en 2005, Jérôme Godefroy a pris les rênes de cette exploitation de 11,2 ha, où se sont succédé cinq générations de vignerons. Née de ceps septuagénaires, sa cuvée Vieilles Vignes s'ouvre sur une bouche à la fois fine, fraîche et concentrée. Voilà un vin harmonieux d'une élégance toute ligérienne, à ouvrir dans les cinq ou six années à venir. On retiendra également la cuvée Prestige, un rien plus tannique et vive, armée de tanins bien fondus.

Vieilles Vignes (saint-nicolas-de-bourgueil) – 5 à 8 € ; cuvée Prestige (saint-nicolas-de-bourgueil) – 5 à 8 €

Dom. Jérôme Godefroy,
19, Le Plessis, 37140 Chouzé-sur-Loire,
02 47 95 16 56,
domaine.godefroy@orange.fr

FRÉDÉRIC MABILEAU

Installé en 1991, en marge de l'exploitation paternelle, Frédéric Mabileau a fait depuis 2007 le choix du bio. Signant de belles cuvées dans les deux AOC, le vigneron est l'une des figures de proue de Bourgueil et de Saint-Nicolas. On citera notamment la cuvée Les Rouillères, un vin ample, porté par des tanins soyeux enrobés par un fruité friand et intense. Fort gourmand dans sa jeunesse, on pourra l'attendre cinq à six ans sans crainte. La cuvée Coutures, au fruité généreux et au boisé fin, est à boire dans les cinq ans.

Les Rouillères (saint-nicolas-de-bourgueil) – 8 à 11 € ; Coutures (saint-nicolas-de-bourgueil) – 11 à 15 €

Frédéric Mabileau,
6, rue du Pressoir,
37140 Saint-Nicolas-de-Bourgueil,
02 47 97 79 58,
contact@fredericmabileau.com

VALLÉE DU RHÔNE

La vallée du Rhône dispose d'une grande diversité de terroirs et d'un nombre important de cépages lui permettant de produire une large gamme de vins fruités et légers. L'appellation régionale côtes-du-rhône s'étend sur 171 communes, presque toutes situées au sud, suivie des côtes-du-rhône-villages, également présents dans la partie méridionale et provenant de 95 communes plus réputées. Toutes deux proposent des vins ronds et chaleureux au fruité expressif, destinés à être consommés rapidement, ou des vins de semi-garde, plus généreux et plus riches, qui seront bus dans les trois ans.

Les vins rouges à boire jeunes (dans les 2 ou 3 ans)

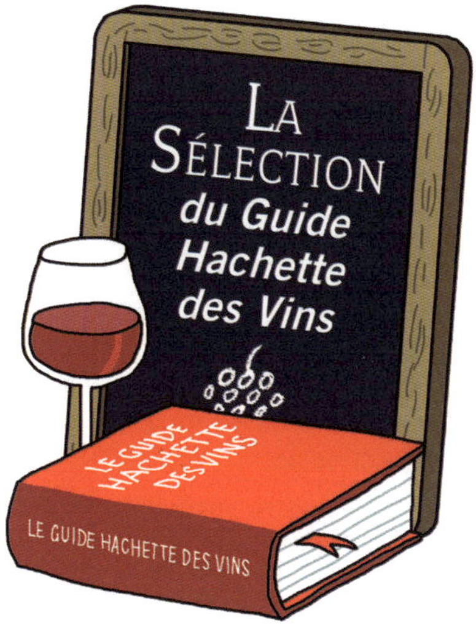

ART MAS

Xavier Combe a créé ce domaine de 7 ha en 2009 à partir des vignes familiales. Le nom de la propriété est issu du terme provençal *harmas*, désignant un jardin sauvage où la nature reprend ses droits. La conversion bio est donc ici bien en cours. Apportant le même soin à la vigne qu'au chai, le vigneron élabore des vins d'une grande qualité, à l'image de sa cuvée Il était une fois… Bâti sur une bouche ronde, ample et soyeuse, aux tanins fins et serrés, ce vin peut se boire jeune ou être gardé en cave pendant deux ou trois ans.

Il était une fois… (côtes-du-rhône) – 5 à 8 €

Xavier Combe,
1099, chem. du Rastelet, 84820 Visan,
06 71 02 42 86,
artmas.lieudevie@gmail.com

LA BASTIDE SAINT-DOMINIQUE

Acquis en 1976 par Gérard et Marie-Claude Bonnet, ce domaine de 36 ha se déploie sur les collines de Courthézon. Il est aujourd'hui géré par Éric Bonnet, qui a engagé la conversion bio du vignoble. Sa cuvée Jules Rochebonne est une valeur sûre. Dominée par la syrah, elle développe un très joli fruit et offre une bouche ample et ronde, portée par des tanins fins et fondus. Ce vin harmonieux pourra se boire jeune, mais aussi patienter trois ans en cave.

Jules Rochebonne (côtes-du-rhône) – 11 à 15 €

Éric Bonnet,
1358, chem. Saint-Dominique,
84350 Courthézon, 04 90 70 85 32,
contact@bastidesaintdominique.com

DOMAINE CLAVEL

Fort réputé en côtes-du-rhône, ce domaine est établi à Saint-Gervais et conduit par les Clavel depuis plusieurs générations. Aujourd'hui, c'est Claire qui gère cette vaste exploitation de 80 ha qui leur permet de proposer une large gamme de vins. On citera notamment la cuvée Régulus, assemblage judicieux de cinq cépages qui donne un vin d'une aimable rondeur. Frais, souple et friand à souhait, on l'appréciera dans sa jeunesse pour son caractère fruité et gourmand.

Régulus (côtes-du-rhône) – 5 à 8 €

Dom. Clavel,
rue du Pigeonnier, 30200 Saint-Gervais,
04 66 82 78 90,
clavel@domaineclavel.com

DOMAINE DES GRAVENNES

Bernadette et Jean Bayon de Noyer ont repris en 1996 une partie de l'exploitation familiale, donnant ainsi naissance au domaine des Gravennes. En 2011, leur fils Luc les a rejoints et la conversion bio des 20 ha de vignes a été engagée. Leur cuvée Marie-Louise fait la part belle au mourvèdre, assemblé au grenache et à la syrah. Ronde, persistante et équilibrée, on l'appréciera dans les deux ou trois ans à venir. Très expressif et franc en bouche, leur côtes-du-rhône-villages se boira dans les deux ans.

Marie-Louise (côtes-du-rhône) – 8 à 11 € ; (côtes-du-rhône-villages) – 5 à 8 €

Dom. des Gravennes,
2933, rte de Baume, 26790 Suze-la-Rousse,
04 75 04 84 41,
domaine.des.gravennes@wanadoo.fr

CHÂTEAU DE MONTFAUCON

Campé sur un promontoire dominant le Rhône, ce château fort, à l'originale de forme triangulaire a été construit au XIe s. Il commande un vignoble, conduit depuis 1995 par Rodolphe de Pins, dont l'une des forces est la grande variété des cépages. Cette cuvée en est une belle illustration : pas moins de cinq variétés ont été sélectionnées pour donner, après dix-huit mois de cuve, un vin intensément fruité, nuancé d'épices douces, fondu et persistant en bouche.

(côtes-du-rhône) – 8 à 11 €

Ch. de Montfaucon,
22, rue du Château, 30150 Montfaucon,
04 66 50 37 19,
contact@chateaumontfaucon.com

DOMAINE PIERRE USSEGLIO ET FILS

Dans les années 1930, Francis Usseglio, salarié viticole d'origine italienne, devient métayer et vinifie sa première récolte en 1949. Son fils, Pierre, agrandit l'exploitation et transmet 25 ha de vignes à ses enfants, Jean-Pierre et Thierry. Réputé pour ses châteauneuf-du-pape, le domaine élabore de jolis côtes-du-rhône, à l'image de cette cuvée, chaleureuse, ronde et douce, portée par des tanins fondus. Un vin bien dans le ton de l'appellation, que l'on servira dans les deux ou trois ans.

(côtes-du-rhône) – 8 à 11 €

Dom. Pierre Usseglio et Fils,
10, rte d'Orange,
84230 Châteauneuf-du-Pape,
04 90 83 72 98,
domaine-usseglio@wanadoo.fr

DOMAINE DU JONCIER

Après un parcours en graphisme et en illustration, Marine Roussel reprend en 1996 le vignoble créé par son père, qu'elle conduit aujourd'hui en bio et en biodynamie. La viticultrice privilégie les petits rendements et la vinification douce et naturelle, à l'origine de sa cuvée L'O de Joncier. Issue de pur grenache, celle-ci révèle des senteurs de fruits cuits et de groseille et s'ouvre sur une bouche souple et légère. « Un vin de copain et de casse-croûte », selon la vigneronne.

L'O de Joncier (côtes-du-rhône) – 5 à 8 €

Marine Roussel, 5, rue de la Combe,
30126 Tavel, 04 66 50 27 70,
contact@domainedujoncier.com

DOMAINE CROS DE LA MÛRE

Installé à Mondragon, ancienne forteresse médiévale, dont on peut admirer les vestiges des remparts et d'un château du XIIe s., Éric Michel exploite 15 ha de vignes en agriculture biologique. Une large part du vignoble est réservée à son côtes-du-rhône, élaboré à partir du grenache majoritaire, de la syrah et du mourvèdre. Dense, onctueux et généreux, ce vin, porté par des tanins soyeux et bien fondus, est une véritable gourmandise à savourer sans attendre.

(côtes-du-rhône) – 8 à 11 €

EARL Michel et Fils,
Derboux, 84430 Mondragon,
04 90 30 12 40,
crosdelamure@wanadoo.fr

VALLÉE DU RHÔNE

Les vins rouges de moyenne garde (de 3 à 5 ou 7 ans)

À l'intérieur de l'aire d'appellation côtes-du-rhône, certaines communes disposant de terroirs plus qualitatifs ont acquis une notoriété certaine et produisent des vins remarquables de moyenne garde à des tarifs très abordables. Ainsi, les côtes-du-rhône-villages avec ou sans nom de commune, issus du grenache majoritaire complété de syrah, mourvèdre ou cinsault, livrent des vins riches et généreux, aux arômes de fruits noirs bien mûrs, d'épices et de garrigue. Plus éloignées du fleuve, les appellations satellites, rattachées à la vallée du Rhône par leur encépagement, fournissent des vins de même profil. Côté nord, le crozes-hermitage, à base de la seule syrah, s'affirme par son fruité, sa finesse et par une souplesse nettement plus accentuée que dans les autres crus de la vallée du Rhône septentrionale, lui permettant d'être consommé plus rapidement.

MAS DES BRESSADES

Ce domaine de 42 ha appartient à la famille Marès depuis plusieurs générations. Cyril, l'actuel propriétaire, a vinifié dans les vignobles du Nouveau Monde avant de revenir sur les terres de Manduel en 1996. Née de syrah majoritaire, sa cuvée Excellence est un modèle d'équilibre, entre vigueur tannique, concentration, finesse aromatique, boisé fondu et fraîcheur. Ce vin a beaucoup de présence et de tenue, et on le servira dans les quatre à cinq années à venir.

Cuvée Excellence Élevé en fût de chêne (costière-de-nîmes) – 8 à 11 €

*Cyril Marès,
Le Grand Plagnol,
RD 3 de Bellegarde,
30129 Manduel,
04 66 01 66 00,
masdesbressades@aol.com*

CHÂTEAU LA CANORGUE

Pionnier de l'agriculture biologique dans la région dès 1980, Jean-Pierre Margan transmet progressivement le flambeau à sa fille Nathalie. Sa cuvée principale est une valeur sûre dans l'appellation : ronde, ample et dense, bâtie sur une structure élégante de tanins souples. Très harmonieuse dès sa jeunesse, elle pourra être attendue quatre à six ans. Sa cuvée Coin perdu affiche un bon équilibre entre tanins soyeux et boisé ajusté. Elle pourra également séjourner quelques années en cave.

(luberon) – 8 à 11 € ; Coin Perdu (luberon) – 11 à 15 €

*EARL J.-P. et N. Margan,
Ch. la Canorgue, 84480 Bonnieux,
04 90 75 81 01,
chateaucanorgue.margan@wanadoo.fr*

VINDEMIO

Installé au pied du mont Ventoux, ce domaine, créé en 2006, cultive une vingtaine d'hectares en biodynamie et a parallèlement développé une structure de négoce. Issue de ses plus vieux ceps de grenache et de syrah, assemblés à parts égales, sa cuvée Imagine offre une bouche concentrée, douce et épicée, s'appuyant sur une trame de tanins fins qui lui confèrent de l'élégance et une puissance mesurée. On pourra l'apprécier dans les quatre ou cinq ans.

Imagine (ventoux) – 11 à 15 €

*Vindemio, 34, av. Jean-Jaurès,
84570 Villes-sur-Auzon,
04 90 70 20 45,vindemio@hotmail.fr*

DOMAINE DES ESCARAVAILLES

Installé sur les hauts de Rasteau, ce domaine de 65 ha fut acheté en 1953 par Jean-Louis Ferran. Il fut ensuite défriché et planté par ses fils Jean-Pierre et Daniel, aujourd'hui rejoints par Gilles, le fils de ce dernier. Leur cuvée Le Ventabren est une valeur sûre de l'appellation. Née de grenache, de syrah et de carignan, elle séduit par sa bouche ample, généreuse et fruitée, aux tanins doux et soyeux. Elle est à déguster dans les quatre ans à venir.

Cairanne Le Ventabren (côtes-du-rhône-villages) – 8 à 11 €

SCEA du Dom. des Escaravailles,
111, combe de l'Eoune, 84110 Rasteau,
04 90 46 14 20,
domaine.escaravailles@rasteau.fr

DOMAINE DU JAS

Autrefois propriété des seigneurs du château de Suze-la-Rousse, ce domaine est dans la même famille depuis 1874. À la tête de l'exploitation, Hubert Pradelle conduit aujourd'hui 33 ha en agriculture biologique. Son Visan est un assemblage classique de grenache majoritaire et de syrah, élevé quinze mois en fût. Joliment bouquetée autour des fruits rouges et noirs, cette cuvée est agrémentée de notes cacaotées léguées par la barrique. Équilibrée, ronde et soyeuse, on la dégustera dans les quatre ans.

Visan (côtes-du-rhône-villages) – 11 à 15 €

Hubert et Pierre Pradelle,
2935, rte de Baume, 26790 Suze-la-Rousse,
04 75 98 23 20,
domainedujas@club-internet.fr

DOMAINE DE MOURCHON

L'Écossais Walter McKinlay et son épouse Ronnie se sont installés en 1998 sur ce vignoble de 17 ha planté en contrebas des pentes du mont Ventoux. Combinant avec talent les techniques de vinification moderne et traditionnelle, ils élaborent des vins d'une qualité remarquable, à l'image de leur Séguret Grande Réserve. Assemblant grenache et syrah, cette cuvée est bâtie sur un boisé intense et sur des tanins sans dureté. On pourra l'attendre quatre ou cinq ans pour un meilleur fondu.

Séguret Grande Réserve (côtes-du-rhône-villages) – 15 à 20 €

Dom. de Mourchon,
La Grande-Montagne, 84110 Séguret,
04 90 46 70 30,
info@domainedemourchon.com

VALLÉE DU RHÔNE

Les vins rouges de moyenne garde (de 3 à 5 ou 7 ans)

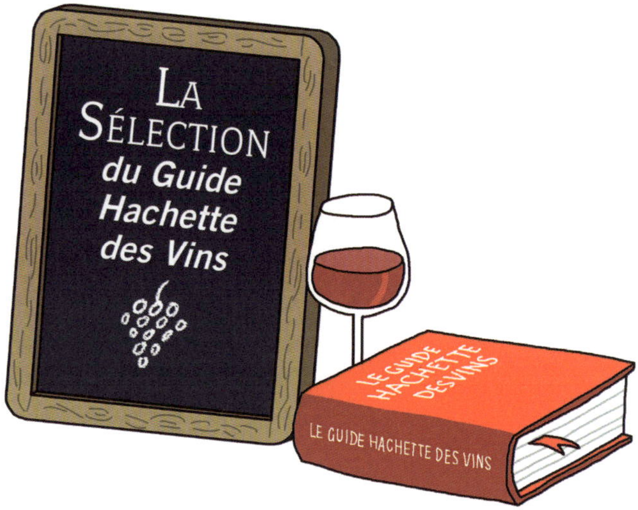

DOMAINE DE LA RENJARDE

Alain Dugas conduit tout à la fois le Château La Nerthe à Châteauneuf-du-Pape et ce domaine de 51 ha proche d'Orange, sur le coteau sud de Sérignan-du-Comtat, où il élabore d'intéressants côtes-du-rhône-villages. On citera notamment son Massif d'Uchaux, composé de cinq cépages, au nez de fruits noirs et aux notes truffées et épicées. Souple et riche, ce vin est porté par des tanins très présents, mais de qualité, gage d'un bon vieillissement de quatre ou cinq ans.

Massif d'Uchaux (côtes-du-rhône-villages) – 8 à 11 €

Dom. de la Renjarde,
rte d'Uchaux, 84830 Sérignan-du-Comtat,
04 90 83 70 11,
contact@renjarde.fr

DOMAINE DE DIONYSOS

C'est en 1720 que la famille Farjon s'installe sur les terres d'Uchaux, fuyant alors Marseille et la peste qui y sévit. Représentant la quatrième génération de vignerons, Benjamin Farjon a pris les rênes du domaine en 2011. Sa cuvée La Cigalette est issue d'un assemblage de grenache, syrah, mourvèdre et carignan. Très harmonieux, ce vin se montre bien équilibré entre puissance et élégance. Ses tanins, présents, mais fins, sont le gage d'un bon vieillissement de cinq ou six ans.

Cairanne La Cigalette (côtes-du-rhône-villages) – 5 à 8 €

Dom. de Dionysos,
55, impasse de la Cave, Les Farjon,
84100 Uchaux,
04 90 40 60 33,
benjamin.farjon@domainededionysos.com

DOMAINE LE GRAND RETOUR

Le nom de ce domaine fait référence au retour de ses fondateurs dans la métropole. C'est une famille de rapatriés d'Algérie qui a construit le vignoble de toutes pièces en 1962. Aujourd'hui, celui-ci est conduit par les trois frères Aubert, dont l'objectif est d'élaborer des vins concentrés et gras, reflétant leur beau terroir du Plan de Dieu. Le pari est réussi pour leur cuvée L'Excellence. Onctueuse, riche et soyeuse, elle pourra être dégustée dans sa jeunesse ou attendue quatre ou cinq ans.

Plan de Dieu L'Excellence (côtes-du-rhône-villages) – 5 à 8 €

Dom. le Grand Retour,
RD 23, Plan-de-Dieu, 84850 Travaillan,
04 90 70 90 16,
legrandretour@wanadoo.fr

DOMAINE PIQUE-BASSE

Œnologue de formation, Olivier Tropet a repris en 2002 le domaine de ses grands-parents, coopérateurs, et créé un chai en 2008. Il est désormais engagé dans une démarche de conversion à l'agriculture biologique. Issu du seul cépage syrah, son Roaix Au cœur du Ventabren exhale des arômes puissants de fruits confiturés. Concentrée et réglissée, cette cuvée, portée par des tanins fondus, se révèle très agréable jeune, mais pourra aussi être attendue quatre ou cinq ans.

Roaix Au cœur du Ventabren (côtes-du-rhône-villages) – 15 à 20 €

Olivier Tropet,
rte de Villedieu, quartier Piquebas,
84110 Roaix, 04 90 46 19 82,
earl.desplans@wanadoo.fr

CAVE DE TAIN

Créée en 1933 par Louis Gambert de Loche, la cave coopérative de Tain-l'Hermitage rassemble 310 adhérents et vinifie plus de 1 000 ha de vignes répartis sur cinq appellations. Parmi ses nombreuses cuvées, on retiendra notamment Les Hauts du fief, un vin puissant, charnu et concentré, à boire dans les cinq ans, le Talent de vigneron Culture et terroirs, plus simple, souple et fruité, ou encore la cuvée Nuit blanche, ronde et soyeuse, aux tanins plus serrés, que l'on conservera quelques années en cave.

Les Hauts du fief (crozes-hermitage) – 11 à 15 € ; Talent de vigneron Culture et terroirs (crozes-hermitage) – 8 à 11 € ; Nuit blanche (crozes-hermitage) – 8 à 11 €

Cave de Tain,
22, rte de Larnage, 26600 Tain-l'Hermitage,
04 75 08 20 87, contact@cavedetain.com

YANN CHAVE

En 1996, Yann Chave a succédé à son père Bernard sur cette exploitation de 20 ha implantée au tout début des années 1970. Depuis, le vigneron fait preuve d'une belle constance dans la qualité, proposant des cuvées remarquables en hermitage et en crozes. On citera particulièrement sa cuvée principale, très agréable pour son côté gourmand et son fruité intense. Très équilibré, offrant du gras, de la rondeur et de la fraîcheur, ce vin s'appréciera de suite ou après trois à quatre ans de garde.

(crozes-hermitage) – 15 à 20 €

Yann Chave,
1170, chem. de la Burge, 26600 Mercurol,
04 75 07 42 11, chaveyann@yahoo.fr

VALLÉE DU RHÔNE

Les vins rouges de longue garde (de 5 ou 7 ans et plus)

Constituant le sommet de la pyramide du classement des appellations de la vallée du Rhône, les crus présentent une identité forte caractéristique de leur terroir respectif et sont répartis équitablement entre le nord et le sud du vignoble. Si la plupart, comme saint-joseph, vacqueyras ou gigondas, atteignent leur apogée dans les cinq à huit ans, les grandes appellations comme hermitage, côte-rôtie ou châteauneuf-du-pape pourront affronter sans problème dix à vingt années de bouteille, voire plus dans les grands millésimes. Ces cuvées puissantes, structurées et charpentées méritent toutes d'être attendues plusieurs années. Leur structure tannique et leur matière charnue gagneront alors en velouté, et leur bouquet riche et complexe s'épanouira pour prendre au fil du temps des nuances animales et de nobles notes de cuir et de truffe.

JEAN-MICHEL GERIN

Établi à Ampuis, Jean-Michel Gerin a repris les vignes familiales en 1983. Il a aménagé sa cave et étendu son domaine dans les appellations prestigieuses du secteur, plus particulièrement dans le côte-rôtie. Sa cuvée Champin le Seigneur est une valeur sûre : élevage en fût maîtrisé, palais équilibré, à la fois rond et frais, aux tanins souples et soyeux. Bâtie pour la garde, cette bouteille pourra tranquillement patienter cinq ans et plus dans votre cave.

Champin le Seigneur (côte-rôtie) – 30 à 50 €

Jean-Michel Gerin,
19, rue de Montmain, 69420 Ampuis,
04 74 56 16 56,
info@domaine-gerin.fr

DOMAINE DU COLOMBIER

Fort de 16 ha de vignes, Florent Viale a commencé à élaborer son propre vin en 1991, alors que son père vendait ses vendanges à la maison Guigal. Aujourd'hui, le domaine propose des vins d'une qualité constante, que ce soit en hermitage ou en crozes. On citera notamment sa cuvée principale, au palais charnu et chaleureux, porté par des tanins boisés et serrés, qui lui permettront d'attendre au moins sept ou huit ans. À noter aussi, sa cuvée Gaby, souple, soyeuse et délicate.

Cuvée principale (hermitage) – 30 à 50 € ; cuvée Gaby (crozes-hermitage) – 15 à 20 €

SCEA Viale,
175, rte des Alpes, Mercurol,
26600 Tain-l'Hermitage,
04 75 07 44 07,
dom.ducolombier@gmail.com

FRANÇOIS VILLARD

François Villard, ancien cuisinier, s'est installé en 1989 à Saint-Michel-sur-Rhône et n'a pas hésité à investir dans le vignoble (13,5 ha) et dans la construction d'un chai-cathédrale. Sa cuvée Reflet est une valeur sûre : complexe, concentrée, dense et solidement charpentée, elle est armée pour une longue garde, huit ans au moins. À noter aussi : la cuvée Mairlant qui apparaît sauvage et fougueuse dans sa jeunesse. Il faudra cinq à six années pour la dompter.

Reflet (saint-joseph) – 20 à 30 € ; Mairlant (saint-joseph) – 15 à 20 €

François Villard,
330, rte du Réseau-Ange,
42410 Saint-Michel-sur-Rhône,
04 74 56 83 60,
vinsvillard@wanadoo.fr

DOMAINE DU COURBIS

Dominique et Laurent Courbis conduisent un domaine de 32 ha dont les origines remontent au XVe s. Leurs vignes sont perchées à plus de 250 m d'altitude sur des terrasses granitiques exposées au sud-sud-est. Elles ont donné naissance à la cuvée Champelrose, un vin chaleureux élevé seize mois en fût. Ample, gras et long en bouche, il s'appuie sur des tanins bien présents. On pourra l'apprécier dans les deux ans ou l'attendre sept ou huit ans pour un meilleur fondu.

Champelrose (cornas) – 20 à 30 €

Dom. du Courbis,
rte de Saint-Romain, 07130 Châteaubourg,
04 75 81 81 60,
contact@domaine-courbis.fr

DOMAINE LA CABOTTE

Marie-Pierre et Éric Plumet exploitent entre Orange et Bollène 30 ha de vignes d'un seul tenant. Soucieux de conserver un équilibre écologique, ils ont engagé la conversion de leur domaine à l'agriculture biologique et biodynamique. C'est dans cet esprit qu'ils ont élaboré à partir de ceps septuagénaires leur cuvée Vieilles Vignes. Plaisante, ronde et finement tannique en bouche, elle dégage un charme certain. On pourra servir cette bouteille dans les trois ans ou la garder encore plusieurs années.

Vieilles Vignes (châteauneuf-du-pape) – 30 à 50 €

SARL M.-P. Plumet-d'Ardhuy,
84430 Mondragon,
04 90 40 60 29,
domaine@cabotte.com

DOMAINE DE LA CÔTE DE L'ANGE

Lieu-dit de Châteauneuf-du-Pape, la Côte de l'Ange a donné son nom à cette exploitation de 16 ha. Appartenant à la même famille depuis 1920, celle-ci est aujourd'hui conduite par Yannick Gasparri. Très régulier en qualité, le domaine propose de jolies cuvées, à l'image de ce châteauneuf-du-pape, au nez élégant et puissant. Ample et long en bouche, il charme par sa douceur et sa richesse, soulignées par des tanins bien en place, mais veloutés. Cet ensemble harmonieux gagnera en complexité après cinq ou six années de garde.

(châteauneuf-du-pape) – 20 à 30 €

Dom. de la Côte de l'Ange,
9, La Font-du-Pape,
84230 Châteauneuf-du-Pape,
04 90 83 72 24, contact@cotedelange.fr

VALLÉE DU RHÔNE

Les vins rouges de longue garde (de 5 ou 7 ans et plus)

DOMAINE LA BOUÏSSIÈRE

Établis à Gigondas, au pied des Dentelles de Montmirail, les frères Faravel conduisent un domaine fort régulier en qualité, qui s'affirme comme l'une des valeurs sûres de l'appellation. Leur cuvée principale offre un bel équilibre entre puissance, rondeur et douceur. Aimable dès sa jeunesse, ce vin bien typé s'appréciera davantage après cinq ans de garde. Autre référence : la cuvée La Font de Tonin se révèle puissante, élégante et longue en bouche, bâtie pour une garde certaine (cinq à dix ans).

Cuvée principale (gigondas) – 15 à 20 € ; La Font de Tonin (gigondas) – 20 à 30 €

EARL Faravel,
rue du Portail, 84190 Gigondas,
04 90 65 87 91, labouissiere@aol.com

DOMAINE LES GOUBERT

Établi à Gigondas, Jean-Pierre Cartier exploite un domaine de 23 ha, particulièrement morcelé. Son vignoble s'étage entre 150 et 400 m, sur quarante parcelles en terrasses et en coteaux, aux sols et expositions très variés. Issu de cinq cépages, son gigondas révèle un bouquet très expressif et se montre intense et chaleureux en bouche. Il est soutenu par un boisé toasté bien maîtrisé et par des tanins arrondis. Il pourra être bu dans les trois ans ou être attendu cinq à sept ans.

(gigondas) – 11 à 15 €

Jean-Pierre Cartier,
Dom. les Goubert,
84190 Gigondas,
04 90 65 86 38,
jpcartier@lesgoubert.fr

DOMAINE LAFOND ROC-ÉPINE

Porte-drapeau des appellations tavel et lirac, ce domaine, dont les lointaines origines remontent à la fin du XVIIIe s., est conduit par Pascal Lafond depuis 1990. Cultivé en bio, son vignoble couvre aujourd'hui 80 ha. Sa cuvée principale est une valeur sûre. Elle offre un bouquet intense et s'impose en bouche par sa puissance et sa matière riche et suave. Ce vin est porté par de solides tanins qui lui assureront une garde d'au moins cinq ou six ans.

(lirac) – 8 à 11 €

Dom. Lafond Roc-Épine,
rte des Vignobles, 30126 Tavel,
04 66 50 24 59,
lafond@roc-epine.com

DOMAINE WILFRIED

Depuis la retraite de leur père en 2007, Wilfried Pouzoulas et sa sœur Réjane ont pris les commandes de ce domaine de 36 ha (en conversion bio), répartis sur Cairanne et Rasteau. Issue d'une majorité de grenache associé à la syrah, au carignan et au mourvèdre, leur rasteau sec est une cuvée magistrale. Il affiche beaucoup de volume en bouche, souligné par des tanins fins et fondus, plus fougueux en finale, qui s'assagiront après quelques années de vieillissement.

(rasteau sec) – 11 à 15 €

Dom. Réjane et Willfried Pouzoulas, quartier de Blovac, 84110 Rasteau, 04 90 46 10 66, caveau@domainewilfried.com

DOMAINE MONTIRIUS

Dans la même famille depuis cinq générations, ce domaine de 58 ha, conduit par Christine Saurel, applique les principes de la biodynamie depuis 1996. Enracinées sur un beau terroir argilo-calcaire, les vignes de grenache et de syrah ont donné vie à une cuvée remarquable. La bouche ronde, portée par des tanins fins, s'étire longuement sur de fraîches notes réglissées. Élégance et harmonie se dégagent de cette bouteille que l'on servira dans les cinq ou six années à venir.

Garrigues (vacqueyras) – 11 à 15 €

Dom. Montirius, 1536, rte de Sainte-Edwige, 84260 Sarrians, 04 90 65 38 28, saurel@montirius.com

DOMAINE LE CLOS DES CAZAUX

L'histoire de ce domaine remonte aux Templiers, comme en témoigne le caveau en pierre du XIIe s. Aujourd'hui, deux frères, Frédéric et Jean-Michel, conduisent le vignoble de 48 ha. Élevée dix-huit mois en cuve, leur Cuvée des Templiers offre une bouche ronde, équilibrée entre douceur et fraîcheur, adossée à des tanins serrés qui lui assureront une garde d'au moins cinq ou six ans. On retiendra également la cuvée Grenat noble pour son bouquet fruité et son palais souple et soyeux.

Cuvée des Templiers (vacqueyras) – 8 à 11 € ; Grenat noble (vacqueyras) – 11 à 15 €

Famille Archimbaud-Vache, chem. du Moulin, 84190 Vacqueyras, 04 90 65 85 83, closdescazaux@wanadoo.fr

DOMAINE DU CORIANÇON

Établi à Vinsobres, François Vallot conduit un vignoble de 31 ha en biodynamie. Créé dès les années 1900, son domaine porte le nom du petit torrent qui longe la propriété. Valeur sûre du cru, le vigneron a élaboré un vinsobres intense et complexe. Ample et puissante, cette cuvée gagnera en profondeur et en harmonie après quelques années de garde. À noter aussi, dans un style un peu plus rustique, la cuvée Claude Vallot, qui pourra être servie dans les cinq ans.

Cuvée principale (vinsobres) – 8 à 11 € ; cuvée Claude Vallot (vinsobres) – 8 à 11 €

François Vallot, Hauterives, 26110 Vinsobres, 04 75 26 03 24, fvallot@domainevallot.com

VALLÉE DU RHÔNE

La vallée du Rhône possède des vins prestigieux, à commencer par l'appellation châteauneuf-du-pape, fleuron de la partie méridionale du vignoble régional, qui fait la part belle au cépage grenache. Ce cru mondialement connu fut le premier en France à être doté d'un syndicat de défense. Dans la zone septentrionale, l'hermitage et la mythique côte-rôtie sont emblématique des grands vins à base de syrah, tout comme les saint-joseph et les cornas.

Les vins mythiques

CHAVE

Les Chave sont vignerons en hermitage depuis le xv^{e}s. Installé à Mauves-sur-Loire, sur l'autre rive, Jean-Louis Chave perpétue avec talent la tradition viticole de ces ancêtres, et ses vins, blancs comme rouges, forcent l'admiration année après année grâce au soin méticuleux apporté à la vigne et au travail, tout aussi pointu, effectué au chai. Il en résulte des vins gras, denses et soyeux, soutenus par une structure superbe d'élégance. Aussi larges que longs, on les oubliera pendant plusieurs années, voire plusieurs décennies.

(hermitage) – + de 100 €

Jean-Louis Chave,
37, av. du Saint-Joseph, 07300 Mauves,
04 75 08 24 63

CLAPE

Cette propriété appartient à la même famille depuis plus de 250 ans. Installé en 1992 à la suite de son père Auguste, Pierre Clape perpétue avec un talent sans faille la tradition familiale et la recherche d'authenticité permettant de révéler le terroir. S'imposant comme porte-drapeau de l'appellation, ses vins expriment l'équilibre subtil entre puissance et charpente et offrent en bouche une matière volumineuse et une solide structure tannique. Il faudra les attendre au moins dix ans pour leur permettre de s'exprimer pleinement.

(cornas) – 30 à 50 €

SCEA Dom. Clape,
146, av. Colonel-Rousset,
07130 Cornas,
04 75 40 33 64

GUIGAL

Après des débuts au sein des établissements Vidal-Fleury, Étienne Guigal s'installe à Ampuis et crée son domaine en 1946. Aujourd'hui, son fils, Marcel, et son petit-fils, Philippe, président aux destinées de cette maison emblématique de la vallée du Rhône. Elle détient plusieurs fleurons : La Doriane en condrieu, et notamment La Landonne, La Mouline et La Turque en côte-rôtie. Bénéficiant d'un élevage de 40 mois en pièces neuves, ces trois cuvées d'exception sont bâties sur des tanins soyeux et taillées pour une garde de plusieurs décennies.

La Landonne (côte-rôtie) – + de 100 € ; La Mouline (côte-rôtie) – + de 100 € ; La Turque (côte-rôtie) – + de 100 €

Étienne Guigal,
Ch. d'Ampuis, 69420 Ampuis,
04 74 56 10 22,
contact@guigal.com

Contrairement à certaines idées reçues, les vins rosés ne résultent pas du mélange de vins blancs et rouges, même s'ils se rapprochent des premiers par leur fraîcheur et leur légèreté aromatique et des seconds par leur couleur et leur caractère fruité. Longtemps perçus comme des vins de qualité moindre, les rosés font aujourd'hui l'objet d'un réel engouement de la part des consommateurs, et leur consommation ne se limite plus à la seule période estivale.
Ils permettent d'intéressants accords avec les cuisines méditerranéennes et exotiques.
On distingue deux catégories de vins rosés : d'abord les rosés de pressurage direct. Ils sont issus de raisins que l'on presse dès leur arrivée à la cave, se teintent légèrement des matières colorantes contenues dans la peau des baies et sont délicatement fruités, comme les rosés de Provence ou de Loire. Destinés à être bus dans leur jeunesse, ces vins sont très agréables à l'heure de l'apéritif. Les rosés de saignée, quant à eux, sont plus charnus et plus charpentés. Ils sont obtenus par prélèvement d'une partie des jus de macération des raisins mis en cuve dans le but d'élaborer des rouges. Ils affichent une robe assez soutenue, allant du rose au rouge clair, et peuvent se conserver quelques années. Offrant un corps plus riche et un bouquet plus persistant, ces vins de type tavel en vallée du Rhône ou clairet dans le Bordelais accompagnent tout un repas.

Les vins rosés

BORDELAIS

Les vins rosés à boire jeunes (dans les 2 à 3 ans)

Si le Bordelais est avant tout connu pour sa production de vins rouges, on y trouve cependant de plus en plus de rosés à la robe légère, frais et aromatiques. Cependant, de nombreux vignerons bordelais réhabilitent le traditionnel bordeaux clairet. Un vin à la couleur soutenue, au nez puissant de fruits bien mûrs et d'épices et à la bouche opulente et vineuse, digne héritier du claret, très prisé des Anglais au XVIII*e s. À l'heure où la consommation de rosés est en pleine explosion, les clairets ont une carte à jouer dans l'univers des rosés de gastronomie.*

CHÂTEAU PICONAT

Établi au cœur de l'Entre-deux-Mers, au pied de la butte de Launay, ce vignoble familial, dirigé depuis 2003 par Christophe Guicheney, s'étend sur 35 ha. Ce rosé est élaboré à partir du cabernet franc et du cabernet-sauvignon. Au nez, les fruits rouges acidulés se mêlent aux agrumes, au bonbon anglais et à quelques notes florales. Vif et nerveux en attaque, le palais se montre plus chaleureux et rond dans son développement, et même un peu vineux en finale. À réserver pour la table et à servir dans un an ou deux.

(bordeaux rosé) – moins de 5 €

EARL Comin-Guicheney,
3, Piconnat,
33790 Soussac,
05 56 61 33 97,
christophe.guicheney@orange.fr

CHÂTEAU LES ROCS DE PLAISANCE

Installée depuis 2002, Sandrine Tramier a repris les 31 ha du domaine familial situé à l'est de Pineuilh. Elle a sélectionné une petite parcelle de cabernet-sauvignon pour élaborer un rosé aussi séduisant que gourmand, prenant soin de dessiner elle-même l'étiquette qui orne la bouteille. Subtil et frais, ce vin livre un nez expressif, marqué par des arômes intenses de bonbon anglais et de petits fruits rouges, et offre une bouche très persistante et harmonieuse, entre gras et vivacité.

Ch. Les Rocs de Plaisance (bordeaux rosé) – moins de 5 €

EARL Tramier et Fille,
1, Les Places, 33220 Pineuilh,
06 70 93 27 09,
lesrocsdeplaisance@voila.fr

LES VIGNERONS DE TUTIAC

La dynamique cave des Vignerons de Tutiac a pris le parti de sortir des sentiers battus et joue la carte de la modernité et de la jeunesse. Pour preuve, la surprenante cuvée « Wine Note ! », au nom résolument décalé, qui se révèle charmeuse à souhait. Sa couleur framboise engageante annonce une bouche dense au fruité éclatant, qui rappelle les fruits rouges bien mûrs et la confiture de fraises. Tout en fraîcheur et en délicatesse, ce rosé est emblématique d'une approche très novatrice pour le Bordelais.

Cuvée Wine Note ! (bordeaux rosé) – moins de 5 €

Les Vignerons de Tutiac,
La Cafourche, 33860 Marcillac,
05 57 32 48 33,
laurie@tutiac.com

CHÂTEAU DE MARSAN

Bâti en 1630 par Pierre de Marsan, le château d'origine a été remplacé par une bâtisse d'ordonnance classique, remaniée au XIXe s. L'élégance des lieux se retrouve dans ce clairet issu essentiellement de merlot, de cabernet franc et de cabernet-sauvignon. La variété des cépages favorise la complexité aromatique : fraise, fleurs blanches et épices. La bouche se révèle souple, ronde et ample, une agréable fraîcheur de jeunesse lui apportant un surcroît de vitalité. L'ensemble est harmonieux, à la fois tonique et gourmand.

(bordeaux clairet) – 5 à 8 €

SCEA Gonfrier Frères,
Ch. de Marsan, BP 7,
33550 Lestiac-sur-Garonne,
05 56 72 14 38,
gonfrier@wanadoo.fr,

CHÂTEAU DE CASTELNEAU

Cet élégant château fortifié se trouve au milieu de 100 ha d'un seul tenant, exploités en polyculture : un tiers de céréales, un tiers de bois et un tiers de vignes. Ce clairet de l'Entre-deux-Mers est issu d'un assemblage de merlot, de cabernet-sauvignon et de cabernet franc. Il en résulte un vin couleur rouge cerise aux reflets violines, au nez enchanteur de fruits frais rappelant la fraise, l'abricot et le coing, accompagnés de nuances de bonbon acidulé. La bouche, à l'unisson, se révèle dense et onctueuse, soutenue par une fine vivacité qui lui donne longueur et tonicité.

(bordeaux clairet) – 5 à 8 €

Loïc de Roquefeuil,
8, rte du Breuil, 33670 Saint-Léon,
05 56 23 47 01,
castelneau-roquefeuil@wanadoo.fr

CAVE DE QUINSAC

Une fresque monumentale du peintre bordelais Charazac, intitulée *Les Esprits de la Garonne*, orne les murs de la cave coopérative de Quinsac. Ce clairet, issu du seul cépage merlot qui lui apporte chair et bouquet expressif, se révèle finement aromatique autour de la mûre et de la fraise. Le palais, dans le même registre aromatique, est souple, plein et rond, sans manquer de la fraîcheur qui apporte l'équilibre. Un vin riche et harmonieux, qui sera parfait pour un apéritif comme pour accompagner tout un repas.

Clairet de Quinsac (bordeaux clairet) – moins de 5 €

Cave coop. de Quinsac,
89, Le Pranzac, 33360 Quinsac,
05 56 20 86 09,
cave.de.quinsac@wanadoo.fr

LANGUEDOC & ROUSSILLON

La diversité de terroirs dont dispose le Languedoc-Roussillon lui permet de proposer une grande variété de vins, même si les rouges prédominent en termes de production. Vignoble méridional par excellence, il offre toutefois d'excellents rosés peu onéreux, à consommer jeunes pour leur caractère friand et leur agréable fraîcheur aromatique. Souvent gras et ronds, ils se révèlent intensément aromatiques, volumineux et généreux, ce qui permet de les apprécier tant pour l'apéritif que pour le repas.

Les vins rosés à boire jeunes (dans les 2 à 3 ans)

LUCIAN

« La Cathédrale », comme l'appellent les vignerons de Saint-Saturnin-de-Lucian, est l'une des rares coopératives qui soient présidées par une femme, Bernadette Gazel. La cave a créé en 2009 le Sentier du vin des poètes, une balade qui permet de découvrir ce joli terroir, sur lequel est née la cuvée Saint-Saturnin, un beau rosé aux arômes séducteurs de fraise écrasée et de fleurs blanches. Frais et délicat en bouche, ce vin souple et désaltérant doit être consommé dans sa jeunesse pour son côté friand.

Saint-Saturnin (languedoc) – 5 à 8 €

Les Vins de Saint-Saturnin,
5, av. Noël-Calmel,
34725 Saint-Saturnin-de-Lucian,
04 67 96 61 52,
contact@vins-saint-saturnin.com

DOMAINE DU CAUSSE D'ARBORAS

Conduit par Jean-Louis Sagne, ce domaine de 19 ha s'étend sur les Terrasses du Larzac. Plantées à 350 m d'altitude sur le causse d'Arboras, au pied du pic Baudille, les vignes de grenache et de cinsault ont donné naissance à ce rosé tendre et subtil, vinifié par saignée. Le nez dévoile des senteurs de petits fruits rouges et de fruits secs, vivifiées par une plaisante nuance mentholée. Équilibré, frais et élégant, ce vin affiche un joli grain en lien avec son terroir, à déguster dans sa jeunesse.

(languedoc) – 5 à 8 €

SCEA Dom. du Causse d'Arboras,
L'Enclos, 34725 Saint-Félix-de-Lodez,
04 67 88 80 00,
elise.bellot@vignobles-jeanjean.com

DOMAINE DES SESQUIÈRES

Situé au pied de la montagne Noire, ce domaine vivait au XIXe s. de la vente de bois de chauffage et de fagots de bruyère aux villages alentour. À présent, la famille Lagoutte exploite 20 ha de vignes sur un terroir calcaire exposé au sud. Se trouvant fort à l'aise dans cet environnement, le grenache et la syrah, alliés au merlot, ont permis d'élaborer un rosé floral au nez, nuancé de notes d'agrumes et de fruits rouges. Le palais volumineux est vivifié par une fraîcheur qui procure à ce vin équilibre et élégance.

(cabardès) – 5 à 8 €

EARL Sesquières,
Dom. Sesquières, 11170 Alzonne,
06 08 45 96 83, lagouttegerard@wanadoo.fr

CLOS CANOS

À la tête de près de 25 ha de vignes, Pierre Galinier privilégie le rosé, qui a le vent en poupe et représente les trois quarts de sa production. Il considère qu'il s'agit là d'un vrai vin, avec ses caractéristiques et sa noblesse. Pour preuve, ce corbières rosé issu de pressurage direct qui assemble le trio des grenaches (noir, gris et blanc), associé à la syrah. Le nez sur le fruit rouge conjugue puissance, finesse et fraîcheur. Le palais se révèle plein, élégant et long, avec ce qu'il faut de vivacité.

(corbières) – 5 à 8 €

Pierre Galinier, Dom. de Canos, 11200 Luc-sur-Orbieu, 04 68 27 00 06, chateau-canos@wanadoo.fr

CHÂTEAU DU DONJON

Véritable curiosité, le pittoresque donjon du XIIIe s. de l'antique château de Bagnols jaillit au milieu de la cave du domaine de la famille Panis, propriétaire des lieux depuis le XVe s., et abrite aujourd'hui les vinifications. Parmi elles, on citera ce minervois rosé, qui livre sans retenue des parfums de fleurs blanches et de bonbon acidulé. Élégante et très expressive, cette cuvée, qui évoque en bouche la pêche juteuse et la confiture de fraises et de framboises est une vraie gourmandise.

(minervois) – 5 à 8 €

Jean Panis, Ch. du Donjon, 11600 Bagnoles, 04 68 77 18 33, jean.panis@wanadoo.fr

CLOS LA RIVIÈRE

Carole et Jean-Philippe Madalle ont repris en 2007 ce domaine familial établi dans un décor magnifique, où de vieilles vignes sont cultivées en terrasses. Leur saint-chinian rosé est né de ceps plus que quarantenaires de grenache et de cinsault plantés sur schistes. À la fois délicate et intense, cette cuvée s'ouvre sur des arômes de fleurs, de fruits à chair blanche et de fruits secs, relayés avec persistance par une bouche ronde, riche et complexe.

(saint-chinian) – 5 à 8 €

Jean-Philippe Madalle, 52, av. Jean-Jaurès, 34490 Causses-et-Veyran, 06 76 29 26 34, madallejp@orange.fr

PROVENCE & CORSE

Avec près de 90 % des volumes, le rosé règne en maître sur la Provence viticole. Produit dans l'ensemble des appellations, il présente des styles très variés, pouvant être aussi bien frais et léger, constituant alors un excellent vin d'apéritif, que riche et vineux, fait pour la table, et se consommera généralement dans sa jeunesse. Les AOC régionales côtes-de-provence, coteaux-varois-en-provence et coteaux-d'aix-en-provence proposent, avec le petit vignoble de Cassis, de jolies cuvées fruitées et gourmandes que l'on aura plaisir à déguster sans attendre. Côté Corse, la plupart des vignobles de l'île offrent des rosés frais, fruités et aromatiques, alors que l'AOC patrimonio produit des rosés racés, colorés et épicés, nés du nielluccio. Tous sont à boire dans les deux premières années.

Les vins rosés à boire jeunes (2 à 3 ans)

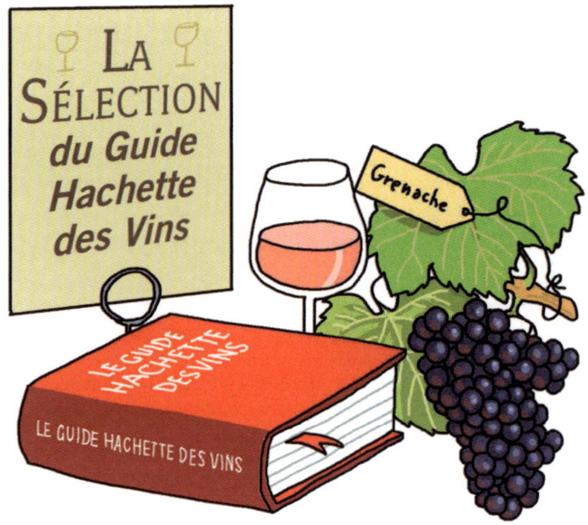

DOMAINE BELAMBRÉE

Ce domaine d'une dizaine d'hectares, créé en 1995, a été repris en 2007 par Caroline Bancel et Fabrice Joyeuse, anciens professionnels du spectacle (costumière et régisseur). Retournés à l'école apprendre le métier de vigneron en 2000, ils conduisent aujourd'hui leur vignoble en bio. Leur cuvée Les Éphémères est une valeur sûre. Cet élégant rosé dévoile un bouquet très frais et fruité. On retrouve le fruit, la griotte et la cerise burlat notamment, dans une bouche fraîche et dynamique.

Les Éphémères (coteaux-d'aix-en-provence) – 5 à 8 €

Dom. Belambrée, 2070, rte du Seuil, 13540 Puyricard, 04 42 28 04 77, domainedebelambree@orange.fr

CHÂTEAU PETIT SONNAILLER

Ancienne commanderie des Templiers située sur la route du sel, le château Petit Sonnailler et sa tour du XIIe s. sont campés sur un plateau calcaire à 300 m d'altitude. La famille Brulat conduit les 45 ha du vignoble du domaine, converti à la viticulture en 1930. Issu de cinq cépages, leur coteaux-d'aix-en-provence rosé dévoile au nez des senteurs intenses de fleurs blanches et d'agrumes. Friand à souhait, le palais se montre tonique, ample et long.

(coteaux-d'aix-en-provence) - 5 à 8 €

Dominique Brulat, Ch. Petit Sonnailler, 13121 Aurons, 04 90 59 34 47, jc.brulat@club-internet.fr

CHÂTEAU DE FONTLADE

Ancienne propriété des moines de Saint-Victor, le Château de Fontlade a été acquis par la famille de Montremy en 1942. Ce domaine de 35 ha, qui, grâce à sa source, fut autrefois un péage et un relais sur la voie Aurélienne reliant Rome à Narbonne, produit essentiellement des coteaux-varois-en-provence. On citera notamment la Cuvée Saint-Quinis, aux arômes de fraise écrasée, de pêche et d'agrumes. Ce vin franc et équilibré dévoile en bouche une belle fraîcheur et une agréable persistance aromatique.

Cuvée Saint-Quinis (coteaux-varoix-en-provence) – 5 à 8 €

SCEA Baronne Phlippe de Montremy, rte de Cabasse, 83170 Brignoles, 04 94 59 24 34, fontlade@orange.fr

CHÂTEAU LA LIEUE

Fondé en 1876 par Batilde Philomène, veuve d'un soyeux lyonnais, ce domaine conduit par Jean-Louis et Julien Vial (père et fils) se transmet au sein de la même famille depuis cinq générations. Converti à l'agriculture biologique dès 1998, le vignoble a donné naissance à la cuvée Batilde Philomène, au bouquet ouvert sur les fleurs et les agrumes. On retrouve ce caractère floral et fruité dans un palais élégant et ciselé. Ce vin élégant et harmonieux s'appréciera dans sa jeunesse sur la fraîcheur du fruit.

Cuvée Baltide Philomène (coteaux-varoix-en-provence) – 5 à 8 €

Famille Vial, rte de Cabasse, 83170 Brignoles, 04 94 69 00 12, chateau.la.lieue@orange.fr

CELLIER DE LA SAINTE-BAUME

Cette coopérative est le fruit de la fusion de trois caves en 1973, suivie d'une fusion plus récente avec la cave de Tourves en 1997. Le Cellier de la Sainte-Baume a fêté son centenaire en 2012 et déménagé dans des locaux plus adaptés. C'est dans les nouveaux chais qu'a été élaborée la cuvée Reflets, un rosé issu d'un assemblage de syrah, grenache et cinsault, reflétant un terroir à la géologie variée. Ce vin révèle des arômes gourmands de framboise et de fraise, relayés par une bouche souple et onctueuse.

Reflets (coteaux-varoix-en-provence) – moins de 5 €

Le Cellier de la Sainte-Baume, rte de Barjols, 83470 Saint-Maximin-la-Sainte-Baume, 04 94 78 03 97, amicalecellier@orange.fr

DOMAINE DES DIABLES

Cette propriété de 15 ha, auparavant laissée à l'abandon, est dirigée depuis 2007 par Virginie Fabre et Guillaume Philip, les enfants du domaine Sainte-Lucie, de vrais spécialistes des côtes-de-provence rosés. Leur cuvée Sainte-Victoire Le Petit Diable en témoigne, avec un nez alliant une intense expression d'agrumes à une note minérale, et une bouche fraîche et charnue, d'une belle longueur. On citera aussi la cuvée Rose bonbon qui révèle un bouquet exubérant et un bel équilibre entre gras et fraîcheur.

Sainte-Victoire Le Petit Diable (côtes-de-provence) – 5 à 8 € ; Rose bonbon (côtes-de-provence) – 8 à 11 €

Dom. des Diables, 13114 Puyloubier, 06 81 43 94 62, contact@mip-provence.com

PROVENCE & CORSE

Les vins rosés à boire jeunes (dans les 2 à 3 ans)

VIGNERONS DE GONFARON

Créée en 1921, la coopérative de Gonfaron réunit aujourd'hui quelque 130 adhérents. Implanté sur des terroirs d'une grande diversité – schistes, grès rouge, argilo-calcaire – entre le massif des Maures et l'Aille, son vignoble s'étend sur 600 ha, dont une toute petite proportion sert à l'élaboration de la cuvée Rosé de légende. Celle-ci dévoile un bouquet élégant et complexe, minéral et fruité, et une bouche ample, franche, tonique et persistante. La cuvée Hédonique est, quant à elle, bien structurée et fruitée.

Rosé de légende (côtes-de-provence) – 5 à 8 € ; Hédonique (côtes-de-provence) – 5 à 8 €

Maîtres Vignerons de Gonfaron,
83590 Gonfaron,
04 94 78 30 02, info@vignerons-gonfaron.com

DOMAINE LES TROIS TERRES

Luc Nivière, ancien pompier professionnel reconverti à la viticulture pour succéder à son père, est depuis 2002 à la tête de ce domaine de 28 ha. Les vignes sont implantées au point de jonction de trois terroirs argilo-calcaires, de couleurs différentes : une spécificité représentée sur les étiquettes. Sa cuvée Famille est une valeur sûre : fruité très plaisant, qui évoque la mandarine et le fruit exotique, et bouche soyeuse portée par une belle acidité. Un vin éloquent et tout en fruit.

Cuvée Famille (côtes-de-provence) – 5 à 8 €

Domaine Les trois terres
D 79, rte de Brignoles, 83340 Cabasse,
04 94 80 38 46,
domainetroisterres@orange.fr

CHÂTEAU D'ASTROS

Sur cette propriété se sont succédé une commanderie templière, une bâtisse de la Renaissance et enfin le château à l'architecture italienne où fut tourné le film *Le Château de ma mère*. Son vignoble de 36 ha, implantés sur les contreforts argilo-calcaires dominant la plaine des Maures, a vu naître cette cuvée qui fleure bon la Provence, avec un nez aux senteurs d'agrumes, de petits fruits rouges et d'anis et une bouche généreuse et puissante. Autre belle référence : la Cuvée spéciale, à la bouche fraîche et soyeuse.

Cuvée principale (côtes-de-provence) – 5 à 8 € ; Cuvée spéciale (côtes-de-provence) – 8 à 11 €

SCEA du Ch. d'Astros,
rte de Lorgues, 83550 Vidauban,
04 94 99 73 00, contact@astros.fr

DOMAINE GIACOMETTI

Dans un terroir aride et soumis au libeccio, Christian Giacometti a repris le domaine familial en 1997. Aidé par ses enfants, Simon et Sarah, il exploite 5 ha de vignes, qui sont cultivées selon la tradition et vendangées à la main. Le domaine propose des vins de belle facture à l'image de la cuvée Cru des Agriates, qui s'ouvre sur une palette aromatique complexe axée autour de la fraise des bois et de la cerise. Puissant et long en bouche, ce vin très expressif et équilibré est un joli rosé de repas.

Cru des Agriates (patrimonio) – 5 à 8 €

Giacometti Casta,
20246 Santo-Pietro-di-Tenda,
04 95 37 00 72
domainegiacometti@orange.fr

DOMAINE DE PRATAVONE

Située au sud de l'appellation ajaccio, sur la commune de Cognocoli-Monticchi, non loin de Porto Pollo, cette exploitation de 32 ha est conduite par Isabelle Courrèges, œnologue de formation. Valeur sûre de la région, le domaine élabore des vins très réguliers en qualité, comme en témoigne cette cuvée Tradition, qui s'ouvre sur des parfums de fruits rouges, d'agrumes et de noix de muscade. Généreux et rond en bouche, ce rosé très expressif révèle en finale une belle fraîcheur.

Cuvée Tradition (ajaccio) – 5 à 8 €

SCEA Dom. de Pratavone,
20123 Cognocoli-Monticchi, 04 95 24 34 11,
domainepratavone@wanadoo.fr

A RONCA

Marina Acquaviva a repris en 2006 une partie du domaine familial Figarella pour créer sa propre marque. Sur la douzaine d'hectares que compte la propriété, près de 5 ha de sciaccarello ont servi à l'élaboration de ce calvi rosé. Très expressif au nez, ce vin dévoile de délicates notes de fruits blancs et d'épices douces. Très suave en bouche, d'une belle longueur, on y retrouve la palette aromatique de l'olfaction. Ce rosé bien équilibré et harmonieux est à consommer jeune sur la fraîcheur du fruit.

Calvi (vin-de-corse) – 5 à 8 €

A Ronca, Marina Acquaviva,
rte de la Forêt-de-Bonifato,
20214 Calenzana, 04 95 61 06 69,
aronca@orange.fr

DOMAINE DES QUATRE VENTS

Alain de Montillet est à la tête du domaine des Quatre Vents depuis 1975, une petite structure familiale de 10 ha en cours de conversion vers l'agriculture biologique, qui produit du cassis depuis la création de l'AOC, en 1936. On citera notamment ce rosé, qui livre un bouquet élégant à dominante florale, agrémenté de senteurs d'abricots et d'épices. À l'unisson, la bouche est plaisante et suave, soutenue par des notes fruitées qui apportent de la rondeur et une belle fraîcheur en finale.

(cassis) – 8 à 11 €

Alain de Montillet,
7, av. des Albizzi, 13260 Cassis,
04 42 01 88 10,
quatrevents-cassis@orange.fr

PROVENCE & CORSE

Les vins rosés de moyenne garde (de 3 à 5 ou 7 ans)

Si la plupart des rosés de Provence sont destinés à être consommés jeunes, certaines appellations proposent des cuvées racées au caractère bien marqué à garder quelques années sans que cela ne les altère en rien. On citera ainsi les bandol, renforcés par la structure du mourvèdre, les bellet issus de la fuella nera et du braquet, cépages locaux qui engendrent des vins d'une typicité certaine, les palette, intensément parfumés et ronds, qui pourront vieillir parfois jusqu'à cinq ans, tout comme les coteaux-d'aix-en-provence qui offrent, eux aussi, du volume et de la rondeur.

CHÂTEAU DE VAUCLAIRE

Ce château, propriété de la famille Sallier depuis 1774, a célébré en 2012 les 30 ans de sa cave. Il dispose d'un vignoble de 30 ha, situé sur un plateau d'un seul tenant à 15 km d'Aix-en-Provence, commandé par une bastide de style florentin. Son coteaux-d'aix-en-provence rosé est un vin éclatant, qui allie puissance et finesse. Le nez mêle des arômes de mandarine à des notes de rose et de pêche de vigne. La bouche se montre à la fois vive, pleine, généreuse et ronde.

(coteaux-d'aix-en-provence) – 5 à 8 €

SCA Ch. de Vauclaire,
2398, RD 556, 13650 Meyrargues,
04 42 57 50 14,
contact@chateaudevauclaire.com

VIGNERONS DU ROY RENÉ

La cave coopérative de Lambesc, située à une vingtaine de kilomètres au nord-ouest d'Aix-en-Provence, a été créée par Jules Reynaud en 1922. Forte de 700 ha de vignes, elle est la plus importante cave de l'appellation et une valeur sûre pour ses rosés. On citera notamment son Château de Libran, issu de grenache, syrah et cinsault, aux senteurs épicées, florales et fruitées. En bouche, ce vin livre un parfait équilibre entre rondeur et fraîcheur, volume et longueur. La cuvée Opale se révèle ample, puissante et savoureuse.

Château de Libran (coteaux-d'aix-en-provence) – 5 à 8 € ; Opale (coteaux-d'aix-en-provence) – 5 à 8 €

SCA Les Vignerons du Roy René,
6, av. du Gal-de-Gaulle, RN7,
13410 Lambesc,
04 42 57 00 20,
c.lesage@lesvigneronsduroyrene.com

DOMAINE PIERACCI

Fils et petit-fils de vignerons, Jean-Pierre Pieracci décide en 2000 de créer son domaine, dont les vignes sont implantées sur le terroir argilo-calcaire de Saint-Cyr-sur-Mer. Vinifiant en cave particulière depuis 2007, il a entamé la conversion bio du vignoble en 2009. Sa Cuvée spéciale, à dominante de mourvèdre, développe un nez plaisant très aromatique, qui marie la fleur d'oranger, le citron confit et les fruits exotiques. Tout en rondeur et délicatesse, la bouche déploie une jolie finale onctueuse.

Cuvée spéciale (bandol) – 11 à 15 €

Dom. Pieracci,
975, chem. du Sauvet,
83270 Saint-Cyr-sur-Mer,
06 15 44 49 52,
contact@domaine-pieracci.com

COLLET DE BOVIS

Jean Spizzo, enseignant universitaire passionné par la culture de la vigne et la vinification, a repris en 1991 cette exploitation de 3,5 ha située sur les collines de Bellet, dominant la ville de Nice. Valeur sûre de l'appellation, le domaine propose un rosé issu du braquet, cépage emblématique de l'AOC bellet, qui livre des arômes fins et élégants de rose et de violette, agrémentés de notes de bergamote. Bien équilibré entre rondeur et vivacité, ce vin est un digne représentant de son terroir.

(bellet) – 11 à 15 €

Jean Spizzo, Le Fogolar, Collet de Bovis,
370, chem. de Crémat, 06200 Nice,
04 93 37 82 52,
jeanetmichele.spizzo@sfr.fr

CHÂTEAU CRÉMADE

Un domaine viticole incontournable de l'appellation palette, commandé par une bastide du XVIIIe s. Au pied de la montagne Sainte-Victoire, le vignoble de 9 ha, riche de plus de 25 cépages, s'étend sur le terroir très particulier de cailloutis calcaire de Langesse, qui donne toute son identité à cette cuvée. Des arômes de fruits rouges, de litchi et de rose imprègnent une bouche ronde et riche, vivifiée par une légère fraîcheur acidulée. Voici un vin complexe, harmonieux et intensément parfumé.

(palette) – 15 à 20 €

Ch. Crémade,
649, rte de Langesse, 13100 Le Tholonet,
04 42 66 76 80,
chateaucremade@yahoo.fr

SUD-OUEST

Les vins rosés à boire jeunes (dans les 2 à 3 ans)

La région du Sud-Ouest produit de nombreux vins puissants et corsés, mais elle n'en reste pas moins un important producteur de vins fruités et frais. On y trouve donc d'excellents rosés dans de nombreuses appellations, à commencer par le fronton, le premier des rosés vendus, dans la région. Des vins fins et aromatiques à base du cépage négrette, qui donne des vins naturellement peu alcoolisés. L'appellation saint-mont produit également des rosés souples au fruité éclatant, et le Bergeracois, d'abord réputé pour ses liquoreux et ses rouges de garde, propose de plus en plus de rosés tendres et séduisants.

CHÂTEAU CLOS MIGNON

Au château Clos Mignon, les bâtiments d'exploitation, en briques et galets, sont typiques du Frontonnais. Les vins également, notamment cette cuvée qui ne manque pas de personnalité, emblématique de la grande proportion de rosés produits dans l'appellation. Le nez éclatant de fruit, franc et intense, rappelle la fraise, la framboise et la cerise. Bien construite, ronde, assez ample, à la fois fraîche et vineuse, la bouche confirme ce côté aromatique. La finale relevée laisse le souvenir d'une bouteille accomplie.

Ch. Clos Mignon (fronton) – 5 à 8 €

Olivier Muzart,
109, rte de Clos-Mignon,
31620 Villeneuve-lès-Bouloc,
05 61 82 10 89,
omuzart@closmignon.com

CHÂTEAU SAINT-LOUIS

Converti en agriculture biologique depuis 2012, ce domaine de 28 ha produit un rosé charmeur qui sort régulièrement du lot et fait partie des rendez-vous réguliers du *Guide Hachette des Vins*. Un rosé qui charme par son nez expressif, complexe et original, alliant les fruits sucrés, la fraise, la cerise et le cassis. L'attaque franche introduit une bouche à la fois souple, croquante et acidulée, aromatique et longue, à la finale réglissée. Cette bouteille polyvalente est un très bon rosé d'apéritif et peut tout à fait accompagner tout un repas.

(fronton) – 5 à 8 €

SCEA Ch. Saint-Louis,
380, chem. du Bois-Vieux,
82370 Labastide-Saint-Pierre,
05 63 30 13 13,
proprietaire@chateausaintlouis.fr

CHÂTEAU MARGUERITE

Ce vaste domaine de 120 ha consacre une part non négligeable de son vignoble (un quart des volumes) à la production de fronton rosés, souvent retenus dans le *Guide Hachette des Vins*. Composé de quatre cépages, ce vin séduisant évoque une grande fraîcheur, avec un nez composé de fragrances délicates et assez complexes de rose, de violette et de framboise. Souple à l'attaque, la bouche apparaît ronde, bien équilibrée entre vivacité et douceur. La finale, elle aussi, se montre à la fois suave et croquante.

(fronton) – moins de 5 €

SCEA Ch. Marguerite,
1709, chem. Cavailles, 82370 Campsas,
09 61 37 69 90,
chateau.marguerite@wanadoo.fr

CHÂTEAU CANDASTRE

Né d'un assemblage de gamay, de syrah et de duras cultivés sur un sol argilo-calcaire, ce rosé séduit par ses arômes très expressifs de fruits rouges, rappelant la fraise, la framboise ou encore la cerise. Le palais, à l'unisson, confirme toute la gamme aromatique de façon persistante. Souple, net parfaitement équilibré entre gras et fraîcheur, ce vin fort plaisant pourra être apprécié tout au long du repas.

(gaillac) – moins de 5 €

SCEA Ch. Candastre,
rte de Senouillac, 81600 Gaillac,
09 65 27 43 86,
laurent.aza@uccoar.com

CHÂTEAU LES MIAUDOUX

Gérard et Nathalie Cuisset ont converti leur exploitation au bio. Leur fils Samuel les épaule depuis six ans et sa compagne développe le maraîchage. Le rosé du domaine, assemblage largement dominé par le cabernet franc et le cabernet-sauvignon, offre un nez intense, vineux et généreux aux arômes de fruits rouges confiturés. On retrouve ces fruits rouges en bouche, que caractérisent beaucoup de chair, une texture fraîche et délicate et une finale très savoureuse. Un vin adapté à tout un repas, de l'entrée au dessert.

(bergerac) – 5 à 8 €

Gérard Cuisset,
Les Miaudoux, 24240 Saussignac,
05 53 27 92 31,
gerard.cuisset@wanadoo.fr

PLAIMONT PRODUCTEURS

Christine Cabri, l'œnologue maison de l'incontournable coopérative de Saint-Mont, signe ici un Rosé d'Enfer, séducteur en diable. À l'olfaction, on découvre un bouquet ouvert, frais et fruité, rappelant la pêche, l'abricot, les agrumes, et agrémenté de nuances florales et épicées. La bouche plaît par sa légèreté, par son équilibre entre rondeur et vivacité et par sa ligne aromatique en accord avec le nez. Un rosé gourmand et harmonieux, qui sera de toutes les occasions, et capable de convenir pour tout un repas.

Rosé d'enfer (saint-mont) – 5 à 8 €

Plaimont Producteurs,
32400 Saint-Mont,
05 62 69 62 87,
d.caillard@plaimont.fr

VALLÉE DE LA LOIRE

Le vignoble ligérien produit de jolis rosés à boire dans leur jeunesse. Leur style très varié répond à la grande diversité des terroirs et de l'encépagement du vignoble. Pouvant être secs ou demi-secs, ils offrent, pour la plupart, d'agréables arômes de petits fruits rouges, notamment lorsqu'ils sont issus du gamay ou du grolleau, ou peuvent prendre des notes épicées s'ils sont nés du pineau d'Aunis. On pense ici notamment aux rosé-de-loire ou aux rosé-d'anjou. Quant au Centre, les appellations reuilly, sancerre ou menetou-salon font la part belle au pinot noir et livrent des rosés secs friands et délicats aux arômes frais et fruités.

Les vins rosés à boire jeunes (dans les 2 à 3 ans)

DOMAINE DE LA TUFFIÈRE

Situé sur la rive droite de la Loire, au nord-est d'Angers, ce domaine de 25 ha remonte au XIVe s. Il est aujourd'hui exploité par Clarisse Bénesteau et Frédéric Coignard, sœur et frère, installés respectivement en 2002 et 2006. Leurs vins séjournent dans une cave aménagée dans une ancienne carrière de tuffeau, comme ce joli rosé, très plaisant, au nez friand et gourmand de petits fruits rouges. Ample, équilibrée et pleine de fraîcheur, la bouche invite à découvrir cette cuvée sans attendre.

(rosé-de-loire) – moins de 5 €

EARL Coignard-Benesteau,
Dom. de la Tuffière, 49140 Lué-en-Baugeois,
02 41 45 11 47,
vignoble-tuffiere@wanadoo.fr

LES CAVES DE LA LOIRE

Établie à Brissac, cette structure, fondée en 1951, constitue l'une des plus grandes coopératives de la région : elle regroupe 350 adhérents et une surface totale de 1 600 ha. Sa cuvée Les Caprices d'Inès est un vin très élégant, au fruité intense de fraise et de pêche, qui laisse place à une bouche à la fois fine et puissante, dynamisée par une finale acidulée. Voici un rosé de caractère, à découvrir dans sa jeunesse pour son côté gourmand.

Les Caprices d'Inès (rosé-d'anjou) – moins de 5 €

Les Caves de la Loire,
rte de Vauchrétien,
49320 Brissac-Quincé ,
02 41 91 22 71,
loire-wines@uapl.fr

PASCAL DESROCHES

La vigne est cultivée depuis quatre générations dans cette exploitation que Pascal Desroches s'efforce d'agrandir au fil des ans et qui atteint aujourd'hui une dizaine d'hectares. Le vigneron élabore des vins très réguliers en qualité, comme en témoigne son reuilly rosé. Le bouquet livre un cocktail de petits fruits rouges et d'agrumes. Droit en attaque, ce vin montre du volume en milieu de bouche, puis finit sur une agréable vivacité. Un joli rosé très frais, à boire sans attendre.

(reuilly) – 5 à 8 €

Pascal Desroches,
13, rue de Charost,
18120 Lazenay, 06 08 04 79 44,
desroches18120@orange.fr

DOMAINE DU CARROIR-PERRIN

Cette propriété de 10,70 ha est située à 4 km de Sancerre. Pierre Riffault et son fils Bertrand, installé en 2006, y ont restauré trois maisons anciennes, servant de gîtes aux voyageurs désireux de se retrouver dans une ambiance vigneronne et campagnarde. Vous pourrez y déguster ce joli rosé au bouquet intense et attrayant de fruits rouges et d'agrumes. Souple et rond en attaque, le palais se montre à la fois ample, tendre, plein et frais. Voici un vin harmonieux, gourmand et délicat.

(sancerre) – 5 à 8 €

EARL Pierre Riffault,
rue du Carroir-Perrin, Chaudoux,
18300 Verdigny,
02 48 79 31 03,
pierre.riffault@aliceadsl.fr

Les vins rosés de moyenne garde (de 3 à 5 ou 7 ans)

Si la vallée de la Loire viticole propose majoritairement des rosés légers à consommer rapidement, les appellations cabernet-d'anjou et cabernet-de-saumur fournissent d'excellents vins, issus des cépages cabernet franc et cabernet-sauvignon se distinguant des précédents généralement secs par leur caractère tendre, rond et suave. Fort agréables dans leur jeunesse pour leur côté gourmand et fruité, ces vins sont toutefois capables de vieillir quelques années. Dans les grands millésimes, les plus moelleux pourront affronter jusqu'à une décennie et prendront alors une nuance tuilée.

DOMAINE DE FIERVAUX

Installée en Saumurois au pied de la butte calcaire de Puy-Notre-Dame, couverte de vignes, l'exploitation s'étend sur 34 ha. Elle possède une cave creusée au Moyen Âge sur plus de 600 m dans le tuffeau, dans laquelle Christian Cousin élabore ses vins. On citera notamment sa cuvée Tradition, au bouquet à la fois subtil et généreux de confiture de fraises, de groseilles et de framboises. Ces arômes s'invitent dans un palais riche, gras et onctueux, un ensemble parfait et équilibré par une juste fraîcheur.

Tradition (cabernet-d'anjou) – 8 à 11 €

Cousin-Maitreau,
235, rue des Caves-Oiré,
49260 Vaudelnay,
02 41 52 34 63,
christian@domainedefiervaux.com

DOMAINE DES FRÉMONCLAIRS

Christophe Hallouin a pris en 1997 la tête de ce domaine de 21,8 ha, qui se transmet de père en fils depuis cinq générations. Le vigneron conduit son vignoble, adossé à la falaise de Turquant, selon les principes de l'agriculture raisonnée. Son cabernet-de-saumur offre une bouche souple, tonique et soyeuse, qui séduit par sa belle longueur fruitée. Ce vin élégant révèle une belle expression aromatique de fruits frais et de fleurs.

(cabernet-de-saumur) – moins de 5 €

Christophe Hallouin,
45, rue des Martyrs,
49730 Turquant,
02 41 38 14 81,
dom.fremonclairs@wanadoo.fr

VALLÉE DU RHÔNE

La vallée du Rhône méridionale livre des rosés issus d'assemblages de différents cépages, le grenache, la syrah, le cinsault et le carignan, savoureux et frais, mêlant des senteurs de petits fruits rouges à des nuances d'épices. Ils sont surtout produits dans les appellations côtes-du-rhône et côtes-du-rhône-villages, dans les AOC périphériques, telles que luberon, ventoux et costières-de-nîmes, et dans certains crus comme vacqueyras, lirac ou tavel, ce dernier n'étant dédié qu'aux rosés. Si la majeure partie d'entre eux est à boire dans l'année, les plus riches et corsés pourront se conserver jusqu'à trois ans.

Les vins rosés à boire jeunes (dans les 2 à 3 ans)

CHÂTEAU LES EYDINS

Le château porte le nom de la famille Eydins, cousins du seigneur de Toulouse, qui y vécut du XIIe s. à la Révolution. Il est la propriété de la famille Seignon depuis 1907, et c'est désormais Serge, installé en 1999, qui signe les vins du domaine de 20 ha. On citera notamment la cuvée L'Ouvrière, assemblage de grenache et de syrah dont la proportion de carignan confère à ce vin beaucoup de caractère : nez expressif de fruits rouges mûrs agrémentés de notes florales, bouche équilibrée et longue.

L'Ouvrière (luberon) – 5 à 8 €

Serge Seignon,
Ch. les Eydins, 84480 Bonnieux,
04 90 75 61 58,
serge.seignon@club-internet.fr

CHÂTEAU PESQUIÉ

Vignoble racheté dans les années 1970 par Odette et René Bastide, relayés au milieu des années 1980 par leur fille et leur gendre, Édith et Paul Chaudière. En 2003, les fils de ces derniers ont pris la suite : Alexandre côté vigne, Frédéric côté commerce. Très régulier en qualité, le domaine signe de jolis vins, à l'image de la cuvée Terrasses aux accents de fruits rouges et de grenadine, avec une pointe acidulée de bonbon anglais. La bouche se montre généreuse et ronde, pimentée par une touche poivrée.

Terrasses (ventoux) – de 8 à 11 €

SARL Famille Chaudière,
1365 b, rte de Flassan,
84570 Mormoiron,
04 90 61 94 08,
aurelia@chateaupesquie.com

DOMAINE MABY

Très régulier en qualité, ce domaine a été créé en 1950 par Armand Maby. En 2005, son petit-fils Richard est venu rejoindre l'équipe familiale pour conduire les 63 ha de vignes plantées sur galets roulés et sables. Valeur sûre de l'appellation, la cuvée Prima Donna est née de grenache et de cinsault. Elle se montre à la fois élégante et puissante, déclinant des notes soutenues de pétale de rose, de fruits rouges et de fruits blancs. La bouche allie une matière riche et ronde à une vivacité bien ajustée.

Prima Donna (tavel) – 8 à 11 €

Dom. Maby,
249, rue Saint-Vincent, 30126 Tavel,
04 66 50 03 40,
domaine-maby@wanadoo.fr

CHÂTEAU SAINT-ROCH

Sur les coteaux silico-calcaires de Roquemaure, le vignoble de Saint-Roch couvre 48 ha. Il est conduit par les frères Brunel, également propriétaires du château de la Gardine à Châteauneuf-du-Pape, autre valeur sûre de la vallée du Rhône méridionale. Harmonieux et délicat, leur lirac rosé offre un bouquet charmeur de cassis, de framboise, d'agrumes et de fleurs d'arbres fruitiers. Vive et franche en attaque, la bouche se révèle ensuite plus suave et riche, sans jamais perdre de sa fraîcheur.

(lirac) – 8 à 11 €

Brunel Frères,
chem. de Lirac, 30150 Roquemaure,
04 66 82 82 59,
brunel@chateau-saint-roch.com

CHANTECÔTES

Créée en 1972, cette coopérative a son siège à Sainte-Cécile-les-Vignes, un charmant village implanté au cœur du vignoble, comme son nom l'indique, et qui a gardé de son passé une tour de défense du XVe s. Sa cuvée Rosélia est issue de grenache, de carignan et de mourvèdre. Il en résulte un rosé expressif au nez intense d'agrumes (citron et pamplemousse) et de fleurs blanches, à la bouche nette, franche et fraîche.

Rosélia (côtes-du-rhône) – 5 à 8 €

Les Vignerons de Chantecôtes,
cours Maurice-Trintignant,
84290 Sainte-Cécile-les-Vignes,
04 90 30 83 25,
contact@chantecotes.com

CHÂTEAU BEAUBOIS

Vieux de sept siècles, ce domaine fut fondé par les moines cisterciens de l'abbaye de Franquevaux. Installés en 2000 sur ses terres argilo-calcaires situées sur le versant sud des Costières, Fanny Boyer et son frère François se sont imposés comme d'excellents élaborateurs dans l'appellation. Pour preuve, la cuvée Élégance, qui dévoile au nez de fines et fraîches nuances d'agrumes, de pêche et de fleur d'oranger. La bouche est portée par un remarquable équilibre entre fraîcheur du fruit et rondeur de la chair.

Élégance (costières-de-nîmes) – 8 à 11 €

Fanny et François Boyer,
Ch. Beaubois, 30640 Franquevaux,
04 66 73 30 59,
chateau-beaubois@wanadoo.fr

La grande diversité des vins blancs secs tient dans la large palette des cépages dont ils sont issus. La différence se fait ensuite sur les nuances apportées par les terroirs. Un sauvignon du Centre-Loire sera marqué par une forte minéralité, sera savoureux et moyennement expressif au nez, tandis que le même cépage, dans le sud de la France, donnera des vins exubérants et moins structurés en bouche. On peut classer les vins blancs en trois catégories : les vins secs légers et fruités, les vins secs moyennement corsés, les vins secs corsés et onctueux.

Les vins secs légers et fruités

Vifs et légers, ils sont à boire dans leur jeunesse afin d'en apprécier la fraîcheur et le fruité. Déployant des arômes dits « primaires », où l'on devine la variété du raisin, ils se déclinent en une vaste palette de senteurs florales, fruitées ou minérales. Ainsi, on songera au sylvaner d'Alsace, au muscadet de Loire ou à l'entre-deux-mer dans le Bordelais.

Les vins secs moyennement corsés

Frais et fruités, ces vins gagnent en complexité aromatique si l'on sait les attendre quelques années. On les trouve dans les vignobles où les cépages sont cultivés sur des terroirs spécifiques, leur permettant de s'épanouir pleinement et de produire des vins assez structurés comme le riesling dans les grands crus d'Alsace, le sauvignon à Sancerre et bien sûr le chardonnay en Bourgogne.

Les vins secs corsés et onctueux

Plus rares que les précédents, ces vins très structurés se distinguent par leur complexité aromatique, leur puissance et leur potentiel de vieillissement. Parmi les exemples les plus emblématiques, nous citerons les grands blancs de Bourgogne, les blancs de Graves dans le Bordelais ou l'hermitage et le condrieu en vallée du Rhône.

Les vins blancs secs

ALSACE & LORRAINE

Terre de blancs par excellence, l'Alsace fournit un grand nombre de vins blancs secs, vifs et légers, comme le sylvaner, souple et désaltérant, le pinot blanc, appelé aussi klevner, tendre et fruité, et l'edelzwicker, un vin d'assemblage délicatement aromatique. Le riesling et le muscat seront appréciés dans les deux ou trois premières années pour la vivacité minérale du premier et les arômes primaires du second. Les vignobles des Côtes de Toul et de la Moselle proposent, quant à eux, des blancs souples et frais à boire dans les deux ans. Ceux issus du riesling et du müller-thurgau se montreront aromatiques et nerveux, et ceux provenant de l'auxerrois ou du pinot gris seront plutôt amples et ronds.

Les vins blancs à boire jeunes (dans les 2 ou 3 ans)

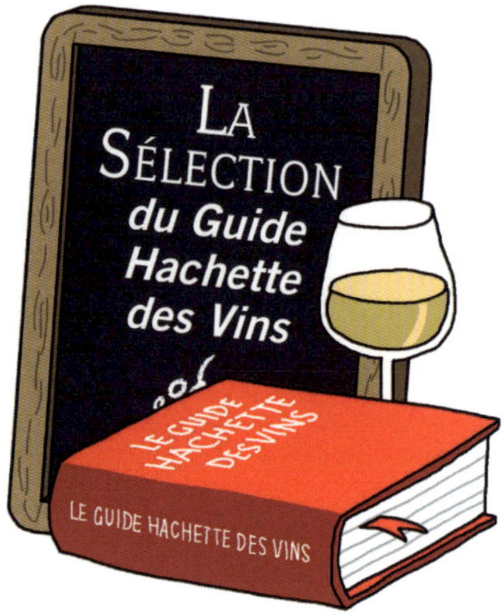

BOECKEL

Installée dans une maison Renaissance typique de Mittelbergheim, superbe village vigneron proche de Barr, la famille Boeckel est enracinée ici depuis quatre siècles. Aujourd'hui, Jean-Daniel et Frédéric exploitent 23 ha de vignes entre Obernai et Andlau. Né sur un terroir marno-calcaire, leur sylvaner affiche un bouquet complexe de fruits exotiques et de fleurs. Le palais se montre gras, souple et rond, avec une jolie vivacité en finale. Un ensemble harmonieux à découvrir dans les deux ans.

Vieilles Vignes (alsace sylvaner) – 5 à 8 €

Boeckel,
2, rue de la Montagne,
67140 Mittelbergheim,
03 88 08 91 02,
boeckel@boeckel-alsace.com

PAUL BUECHER

D'origine suisse, la famille Buecher s'est établie près de Colmar après la guerre de Trente Ans. Après Paul Buecher, qui a vendu en 1959 les premiers vins en bouteilles, se sont succédé Henri, Jean-Marc, puis Jérôme, à la tête du vignoble depuis 2004. Jouissant d'une belle réputation, le domaine propose de jolis vins à l'image de ce sylvaner né de vieilles vignes de quarante-cinq ans. Le nez s'ouvre sur les fleurs et fruits blancs agrémentés d'une note miellée. La bouche s'affirme par sa vivacité et son fruité.

(alsace sylvaner) – 5 à 8 €

Paul Buecher,
15, rue Sainte-Gertrude, 68920 Wettolsheim,
03 89 80 64 73, vins@paul-buecher.com

ANSTOTZ ET FILS

Implanté à 25 km à l'ouest de Strasbourg, ce domaine est installé dans un corps de ferme de 1580. À la tête du vignoble depuis 1980, Marc Anstotz conduit 15 ha en bio certifié et élabore de beaux vins, notamment les rieslings de terroir. On citera en particulier sa cuvée Westerweingarten, issue d'un sol de marnes de Muschelkalk. Celle-ci dévoile un joli nez floral et minéral, relayé par une bouche vive et tranchante. Un riesling bien typé à boire dans les deux années à venir.

Westerweingarten (alsace riesling) – 5 à 8 €

Anstotz et Fils,
51, rue Balbach, 67310 Balbronn,
03 88 50 30 55,
christine.anstotz@wanadoo.fr

ANDRÉ KLEINKNECHT

Les Kleinknecht sont vignerons de père en fils depuis sept générations. Depuis 1991, André est à la tête du domaine qu'il a converti à l'agriculture biologique en 2002. Comme son nom l'indique, sa cuvée Terres de granit est issue d'un sol d'origine granitique. Ce riesling bien sec dévoile au nez de plaisantes notes minérales et citronnées, relayées par un palais frais, fruité et équilibré. On le dégustera dans sa prime jeunesse pour son caractère vif et fruité.

Terres de granit (alsace riesling) – 8 à 11 €

André Kleinknecht,
45, rue Principale, 67140 Mittelbergheim,
03 88 08 49 46,
andre.kleinknecht@wanadoo.fr

DOMAINE PAUL BLANCK

Les premières vignes de l'exploitation ont été acquises par un aïeul autrichien en 1610. Aujourd'hui, Frédéric et Philippe, arrivés en 1985, exploitent un domaine de 36 ha répartis sur cinq grands crus, quatre lieux-dits et divers terroirs. C'est sur un sol argilo-calcaire qu'est né ce muscat mêlant au nez des notes de fruits très mûrs à des nuances de fruits frais. La bouche se révèle assez puissante, empreinte de douceur et équilibrée par une pointe de vivacité. Un vin harmonieux à boire dans les deux ans.

(alsace muscat) – 11 à 15 €

Dom. Paul Blanck ,
32, Grand-Rue, 68240 Kientzheim,
03 89 78 23 56,
info@blanck.com

HOSPICES DE COLMAR

Fondés au XIIIe s., les hospices de Colmar ont constitué, par legs et donations, un domaine aujourd'hui propriété de l'hôpital Louis Pasteur et de la ville. Depuis 1980, les 30 ha du vignoble sont conduits par Jean-Rémy Haeffelin, secondé par son fils Nicolas. Assemblage de riesling, de pinot gris et de gewurztraminer, son Gentil associe au nez des senteurs de fleurs, de pêche et d'abricot, arômes qui se prolongent dans une bouche fraîche et croquante.

Gentil (alsace edelzwicker) – 5 à 8 €

Dom. viticole de la ville de Colmar,
2, rue du Stauffen, 68000 Colmar,
3 89 79 11 87,
nhaeffelin@domaineviticolecolmar.fr

JOSEPH MOELLINGER ET FILS

Joseph Moellinger s'est lancé dans la mise en bouteilles dès 1945. Depuis 1997, son petit-fils Michel conduit l'exploitation qui couvre 14 ha autour de Wettolsheim, grosse bourgade qui jouxte Colmar au sud-ouest. Il détient des parcelles dans plusieurs grands crus. Sa cuvée Rosenberg, issue du lieu-dit éponyme aux sols argilo-calcaires, livre des parfums intenses de fruits mûrs et de fleurs blanches rehaussés d'épices. En bouche, elle s'impose par sa complexité, son côté gourmand, sa longueur et sa fraîcheur.

Rosenberg (alsace pinot ou klevner) – 5 à 8 €

Joseph Moellinger et Fils,
6, rue de la 5e-Division-Blindée,
68920 Wettolsheim,
03 89 80 62 02,
vins.moellinger@sfr.fr

PAUL SCHNEIDER

Héritier d'une lignée remontant à 1663, Luc Schneider est établi au cœur de la cité médiévale d'Eguisheim, dans l'ancienne cour dîmière du grand prévôt de la cathédrale de Strasbourg. Son vignoble couvre 13 ha au sud de Colmar, avec des parcelles dans plusieurs grands crus. Né sur un sol argilo-calcaire, son muscat livre un bouquet intense et élégant de fruits frais mâtinés de notes florales. La bouche se révèle croquante à souhait, fine et longue, adoucie par une pointe de sucres résiduels.

(alsace muscat) – 5 à 8 €

Paul Schneider,
1, rue de l'Hôpital, 68420 Eguisheim,
03 89 41 50 07,
vins.paul.schneider@wanadoo.fr

STROMBERG

Dans ce domaine du Pays des Trois Frontières, aux confins du Luxembourg et de l'Allemagne, l'alambic fonctionne aux côtés du pressoir. La mirabelle de Lorraine est une des spécialités de cette exploitation de 8,5 ha, conduite depuis 2000 par Jean-Marie Leisen. Côté vins, on citera notamment son müller-thurgau, doté d'une belle fraîcheur et équilibré en bouche, son pinot gris, aux senteurs vanillées et mentholées, ainsi que son auxerrois au nez discret et agréable, suivi d'un palais gras et rond.

Müller-Thurgau (moselle) – 5 à 8 € ; pinot gris (moselle) – 8 à 10 € ; auxerrois (moselle) – 5 à 8 €

J.-M. Leisen, T. Labor, B. Petit,
19-23, Grand-Rue, 57480 Petite-Hettange,
03 82 50 10 15,
j.marie.leisen@wanadoo.fr

ALSACE & LORRAINE

Les vins blancs de moyenne garde (de 3 à 5 ou 7 ans)

Si une grande partie des blancs d'Alsace s'apprécie dans les deux ou trois premières années, certaines cuvées, moins accessibles dans leur jeunesse, auront besoin d'un peu plus de temps pour se révéler et se bonifieront après trois ou quatre années de bouteille. On citera, entre autres, les klevener-de-heiligenstein, des vins très originaux à la fois charpentés et élégants, les pinot gris dotés d'une étoffe exceptionnelle, qui leur confère une grande persistance en bouche, et bien sûr les rieslings, qui développent avec l'âge de jolies notes de minéralité et un bouquet riche et complexe.

HUEBER

Après des études de sommellerie, Valentin Hueber a rejoint en 1996 la propriété familiale de 11 ha située à l'entrée du village de Riquewihr, au milieu des vignes. Née sur un sol de calcaire coquillier, sa cuvée Boosharth Vieilles Vignes libère des parfums intenses et frais de fleurs blanches et d'agrumes. L'attaque plutôt souple annonce une bouche marquée par la rondeur, aux arômes de fruits confits. Ce vin gagnera en fondu au cours des quatre prochaines années.

Boosharth Vieilles Vignes (alsace riesling) – 5 à 8 €

Jean-Paul Hueber et Fils,
6, rte de Colmar, 68340 Riquewihr,
03 89 47 92 30,
jeanpaul.hueber68@orange.fr

J. FRITSCH

Pascal Fritsch a pris en 1977 la suite d'une lignée de vignerons remontant à 1703. Installé dans le petit bourg fortifié de Kientzheim, il exploite 9 ha de vignes divisées en 40 parcelles, réparties dans quatre communes. Marqué par son origine granitique, son riesling offre un nez intense et complexe, aux nuances d'agrumes. Après une attaque fraîche, il dévoile une bouche ample et riche, en harmonie avec des notes d'orange confite. Cette bouteille se bonifiera après trois ou quatre années de garde.

(alsace riesling) – 5 à 8 €

Joseph Fritsch,
31, Grand-Rue, 68240 Kientzheim ,
03 89 78 24 27,
contact@joseph-fritsch.com

HUMBRECHT

Établi à Gueberschwihr, village viticole dominé par un superbe clocher roman, au sud de Colmar, Claude Humbrecht conduit un domaine de 7,5 ha, implantés sur de beaux terroirs à dominante argilo-calcaire. Marqué par une origine marneuse, son riesling Vieilles Vignes libère des parfums d'agrumes et de citron vert que l'on retrouve dans un palais puissant, nerveux et droit. Ce vin équilibré s'épanouira encore après quatre ou cinq années de vieillissement.

Vieilles Vignes (alsace riesling) – 5 à 8 €

Claude et Georges Humbrecht,
33, rue de Pfaffenheim,
68420 Gueberschwihr,
03 89 49 31 51,claude.humbrecht@orange.fr

LAURENT BANNWARTH

Stéphane Bannwarth, le fils de Laurent, a pris les rênes du domaine familial en 1987, entrepris en 2004 la conversion bio et obtenu la certification en 2007. Exploitant aujourd'hui ses vignes en bio et en biodynamie, le vigneron apporte le plus grand soin à ses pinot gris. Pour preuve, sa cuvée Lieu-dit Bildstoecklé, un vin très expressif et frais en attaque, qui dévoile ensuite une bouche riche et chaleureuse. Cette bouteille est à découvrir dès à présent ou à attendre quelques années.

Lieu-dit Bildstoecklé (alsace pinot gris) – 8 à 11 €

Laurent Bannwarth,
9, rte du Vin, rue Principale,
68420 Obermorschwihr,
03 89 49 30 87,
laurent@bannwarth.fr

BURGHART-SPETTEL

Ce domaine est implanté entre Colmar et Riquewihr, dans le village viticole de Mittelwihr, connu pour sa colline des Amandiers. Bertrand Spettel et son fils Jérôme exploitent près de 14 ha de vignes sur des terroirs variés, dont trois grands crus. On citera notamment leur Kaefferkopf Pinot Gris, qui offre une version atypique du cépage. C'est un vin flatteur par son nez de fleurs blanches, de tilleul et de bergamote, arômes qui se prolongent dans un palais net, fringant et persistant.

Kaefferkopf Pinot Gris (alsace grand cru) – 11 à 15 €

Burghart-Spettel,
9, rte du Vin, 68630 Mittelwihr,
03 89 47 93 19,
burghart-spettel@wanadoo.fr

DOPFF AU MOULIN

Fondée en 1634, cette célèbre maison de négoce, sise à Riquewihr, s'est constituée depuis l'un des plus vastes domaines de la région : 63 ha, dont 12 en grand cru. C'est sur le coteau du Schœnenbourg, au terroir marno-gypseux particulièrement adapté au riesling, qu'est née la cuvée Schœnenbourg Riesling. Misant sur la finesse sans manquer de fond, ce vin fruité et complexe se montre vif à l'attaque, sur le citron confit, et offre une bouche gourmande, minérale et longue, à la finale épicée.

Schœnenbourg Riesling de nos domaines de Riquewihr (alsace grand cru) – 15 à 20 €

Dopff au Moulin,
2, av. Jacques-Preiss, 68340 Riquewihr,
03 89 49 09 69,
domaines@dopff-au-moulin.fr

BESTHEIM

Ce groupe est l'un des principaux acteurs de la filière vin de la région. Il dispose des 1 300 ha de vignes de ses adhérents, auxquels s'ajoutent des achats de raisins. En reprenant la cave d'Obernai, l'une des cinq communes autorisées à vinifier le savagnin rose, il a pu diversifier sa large gamme de vins. On citera notamment sa cuvée Réserve, au bouquet de citron, de muguet et d'herbes sèches. Ce vin marie harmonieusement une douceur sans excès à une fine acidité en finale.

Réserve (alsace klevener-de-heiligenstein) – 5 à 8 €

Bestheim, Cave de Bennwihr,
3, rue du Gal-de-Gaulle, 68630 Bennwihr,
03 89 49 09 29,
vignobles@bestheim.com

ALSACE & LORRAINE

Cépage rhénan par excellence, le riesling trouve sa meilleure expression sur les terres acides d'origine granitique du vignoble alsacien. Très racé, il exprime avec précision la typicité et les caractéristiques des sols sur lesquels il pousse et prend dans son évolution des notes très complexes de minéralité. Sa puissance, sa richesse et son gras en font, lorsqu'il provient des meilleurs terroirs, lieux-dits ou grands crus, un véritable vin de garde, pouvant parfois supporter plusieurs décennies dans certains cas.

Les vins blancs de longue garde (de 5 ou 7 ans et plus)

ANNA ET ANDRÉ DURRMANN

Vigneron depuis 1979, André Durrmann exploite son vignoble de 7 ha en bio, plante des arbres au milieu des ceps et laisse paître des moutons en hiver. Son village, Andlau, compte trois grands crus, dont le Wiebelsberg, lieu de naissance de la cuvée Wiebelsberg Riesling. Ce vin au nez discret, mais élégant, développe des senteurs de fleurs blanches et de reine-claude. En bouche, il apparaît massif, puissant, gras et très fruité, ce qui laisse présager un potentiel de garde d'une dizaine d'années.

Wiebelsberg Riesling (alsace grand cru) – 20 à 30 €

Dom. Durrmann,
11, rue des Forgerons, 67140 Andlau,
03 88 08 26 42,
agroecologievin@sfr.fr

WILLY GISSELBRECHT

Établis en Alsace depuis le XVIIe s., les Gisselbrecht, aujourd'hui vignerons-négociants, disposent en propre d'un coquet vignoble de 17 ha. Ils affectionnent le riesling, cépage qui prospère dans plusieurs grands crus des environs de Dambach-la-Ville – où ils sont installés –, et lui apportent le plus grand soin. Pour preuve, leur cuvée Muenchberg Riesling qui mêle des senteurs de fruits mûrs et d'épices à des notes minérales. Ce vin au palais puissant, tendu et long tiendra une décennie.

Muenchberg Riesling (alsace grand cru) – 8 à 11 €

Willy Gisselbrecht,
5, rte du Vin, 67650 Dambach-la-Ville,
03 88 92 41 02, info@vins-gisselbrecht.com

JEAN-PAUL ECKLÉ

Tout près de Colmar, dans le paisible village de Katzenthal blotti dans un vallon dominé par le donjon du Wineck, Emmanuel Ecklé exploite depuis 1996 les 9 ha du domaine familial. Son riesling du lieu-dit Hinterburg est une valeur sûre : nez fin et expressif, mêlant les fruits exotiques très mûrs à des notes citronnées plus fraîches, une bouche équilibrée et élégante, dense et riche, d'une longueur admirable. Un grand riesling armé pour la garde (cinq à dix ans).

Lieu-dit Hinterburg (alsace riesling) – 5 à 8 €

Jean-Paul Ecklé et Fils,
29, Grand-Rue, 68230 Katzenthal,
03 89 27 09 41, eckle.jean-paul@wanadoo.fr

KAMM

Fondé en 1905, ce domaine, conduit par Jean-Louis et Éric Kamm, est passé de la lutte raisonnée au bio et est actuellement en période de conversion. Sur le grand cru de Dambach-la-Ville, les vignerons ont élaboré l'élégante cuvée Frankstein Riesling. Au nez, ce vin dévoile des senteurs d'acacia et des notes minérales. En bouche, il se montre vif, équilibré, citronné et minéral, avec une finale assez longue. Ce bel ensemble s'appréciera durant plusieurs années.

Frankstein Riesling (alsace grand cru) – 8 à 11 €

Jean-Louis et Éric Kamm,
59, rue du Mal-Foch,
67650 Dambach-la-Ville,
03 88 92 49 03,
jl.kamm@orange.fr

WOLFBERGER

Créée en 1902, la coopérative d'Eguisheim se situe près de Colmar et vinifie 8 % de la superficie du vignoble alsacien, soit environ 1 200 ha de vignes, dont quinze grands crus. Parmi sa vaste palette de vins, on citera notamment la cuvée Rangen Riesling, issue d'un terroir volcanique et solaire. Ce vin puissant et structuré offre une superbe expression du cépage : minéral, précis et tendu. Très élégant et long en bouche, il évoluera pendant de longues années, soit dix à vingt ans.

Rangen Riesling (alsace grand cru) – 20 à 30 €

Wolfberger,
6, Grand-Rue, 68420 Eguisheim,
03 89 22 20 20,
contact@wolfberger.com

DOMAINE JOSEPH SCHARSCH

Dans cette famille, on cultive la vigne à Wolxheim depuis 1755. Nicolas Scharsch a pris la tête du domaine familial en 2011 et a engagé la conversion du vignoble au bio. De l'Altenberg, fleuron de son village où le riesling réussit particulièrement bien, il a produit un vin remarquable. Cette cuvée allie au nez les fruits jaunes à une touche de minéralité. Riche et persistante, elle dévoile une acidité élégante et bien fondue. Un beau vin de garde, que l'on pourra également savourer dès à présent.

Altenberg de Wolxheim Riesling (alsace grand cru) – 8 à 11 €

Dom. Joseph Scharsch,
12, rue de l'Église, 67120 Wolxheim,
03 88 38 30 61,
cave@domaine-scharsch.com

DOMAINE XAVIER MULLER

Issus d'une famille de meuniers, les Muller exploitent un domaine de 25 ha sur la colline dominant Marlenheim, porte nord de la route des vins. Leur riesling, provenant du grand cru Steinklotz, est un vin remarquable : nez gourmand mêlant des senteurs de fruits très mûrs à des notes plus fraîches, minérales et mentholées. Ample et fraîche, cette cuvée évolue sur des arômes d'agrumes, soutenus par une belle acidité. Alliant délicatesse et caractère, cette bouteille pourra se conserver plusieurs années.

Steinklotz Riesling (alsace grand cru) – 8 à 11 €

Dom. Xavier Muller
1, rue du Moulin, 67520 Marlenheim,
03 88 59 57 90,
xavier.muller3@wanadoo.fr

DOMAINE WEINBACH

Ce domaine a été acquis en 1898 par la famille Faller. Un siècle plus tard, Colette Faller et ses filles, Catherine et Laurence, ont engagé sa conversion à la biodynamie. Cultivé selon cette démarche, le riesling, issu du grand cru Schlossberg, a engendré un vin élégant et complexe. Élevé dans les traditionnels foudres de chêne, il dévoile des arômes d'agrumes mêlés à des notes mentholées, réglissées et grillées. La bouche, finement citronnée en attaque, évolue sur une matière riche et ample. Un joli vin de garde.

Schlossberg Riesling (alsace grand cru) – 20 à 30 €

Dom. Weinbach,
25, rte du Vin, Clos des Capucins,
68240 Kaysersberg,
03 89 47 13 21,
contact@domaineweinbach.com

BEAUJOLAIS & LYONNAIS

Beaujolais et coteaux-du-lyonnais blancs sont, comme les bourgognes, issus du cépage chardonnay. Ils sont en général rapidement prêts à boire et ne gagnent rien à séjourner trop longtemps en cave. Les coteaux-du-lyonnais sont parfois relevés d'une petite touche du cépage aligoté, qui leur apporte un peu de fraîcheur et de nervosité. Souples et ronds, caractérisés par des arômes d'agrumes et de fruits blancs, et parfois dotés d'une note de minéralité, ils rappellent les bourgognes blancs, avec un peu moins de corps, et sont d'excellents vins d'apéritif.

Les vins blancs à boire jeunes (dans les 2 ou 3 ans)

MARCEL GRILLET

Marcel Grillet exploite son domaine en bio depuis 2003 et s'est lancé en 2012 dans la biodynamie. Il travaille avec beaucoup de retenue, sans fût de chêne, ce beaujolais blanc issu d'une parcelle de 60 ares, plantée de très jeunes vignes. Il en résulte un vin frais et expressif, au nez intense de fleurs blanches, d'agrumes comme le citron, de pêche et de fruit de la Passion. En bouche, ce chardonnay se montre gras, rond et frais à la fois : une belle harmonie. Un vin à déguster sans attendre.

Domaine de la Bonne Tonne (beaujolais) – 8 à 11 €

Marcel Grillet,
Morgon, 69910 Villié-Morgon,
04 74 69 12 22,
grillet.marcel@wanadoo.fr

DOMAINE DE LA CREUZE NOIRE

Dominique Martin exploite 1,52 ha de chardonnay aux confins du Mâconnais, sur des sols argilo-calcaires de même nature que dans le vignoble voisin. Malgré la proximité géographique, cette cuvée, bien connue du *Guide Hachette des Vins*, apparaît très loin du style bourguignon. Pas de boisé dans ce vin, mais des notes d'agrumes, qui évoqueraient presque la fraîcheur et le fringant d'un sauvignon. La bouche vive et tonique appelle une garde de six mois.

La Perle Blanche (beaujolais) – 5 à 8 €

Dominique et Christine Martin,
La Creuze Noire, 71570 Leynes,
03 85 37 46 43,
martin.dcm@orange.fr

PATRICIA ET BERNARD JOMAIN

Bernard Jomain exploite depuis 1990 un vignoble de 12 ha partagé entre trois appellations : beaujolais-villages, côte-de-brouilly et brouilly. La parcelle de vignes à l'origine de cette cuvée était plantée en gamay jusqu'en 2009. Elle est désormais dédiée au chardonnay, enherbée et semée de trèfle, ce qui lui a valu son nom. Le nez complexe de tilleul et de verveine annonce une matière subtile, superbe et équilibrée. Tout en finesse et en élégance, c'est un vin épanoui, la preuve que de jeunes vignes peuvent engendrer de forts jolis vins !

Cuvée des Trèfles (beaujolais-villages) – 5 à 8 €

*Bernard Jomain,
La Valette, 69220 Charentay,
04 74 03 47 60,
jomainb@wanadoo.fr*

GEORGES DESPRÉS ET FILS

Georges Després est issu d'une famille où l'on est vigneron de père en fils depuis 1868. C'est en 1980 qu'il a repris l'exploitation de ce domaine de 15 ha, qu'il va désormais diriger, accompagné de son fils Cyril (cinquième génération). Ce blanc se présente avec un nez qui évoque les fleurs blanches et la noisette. Le palais rond et gras est bien équilibré grâce à une fraîcheur appréciable. Franc, relevé d'une plaisante finale anisée, ce vin sera idéal à l'apéritif, dès la première année.

(beaujolais-villages) – 5 à 8 €

*EARL Georges Després,
Le Vernay,
69460 Saint-Étienne-des-Oullières,
04 74 03 48 98,
georges.despres@wanadoo.fr*

DOMAINE DES GRÈS

À la tête de cette propriété depuis 1979, Pierre Descotes est désormais seul aux commandes du domaine depuis 2011, date à laquelle son frère Philippe a pris sa retraite. Il signe une cuvée en tout point remarquable. Le nez complexe témoigne de l'élevage en fût de chêne (un an) et délivre des notes de bergamote, d'amande, de fleurs blanches, de vanille et d'épices. Ce vin fait preuve d'une rare opulence en bouche, tapissant le palais d'une matière onctueuse. La finale est plaisante, aromatique et fraîche, légèrement boisée. Un vin harmonieux, « élevé avec justesse et droiture dans le respect du cépage », selon un dégustateur. À servir dès à présent sur un poulet à la crème.

Fût de chêne (coteaux-du-lyonnais) – 5 à 8 €

*Pierre Descotes,
12, rue des Grès, 69390 Millery,
04 78 46 18 38,
contact@domainedesgres.com*

DOMAINE DE LA PETITE GALLÉE

À la tête de ce domaine depuis 1991, Robert et Patrice Thollet conduisent leur vignoble en agriculture biologique. Régulièrement présentes parmi les sélections du *Guide Hachette des Vins*, leurs cuvées témoignent d'un travail sérieux et abouti. Ils ont vendangé à la main des chardonnays, qu'ils ont isolés à l'intérieur d'un clos de 6,5 ha, pour obtenir cette cuvée élevée seulement trois mois en cuve. Leur style de prédilection : des vins généreux et pleins. C'est bien le cas ici avec ce coteaux-du-lyonnais au nez flatteur et puissant de fleurs blanches et de pamplemousse, à la bouche ronde et gourmande, étirée dans une longue finale réglissée.

Le Clos (coteaux-du-lyonnais) – 5 à 8 €

*Patrice Thollet,
Dom. de la Petite Gallée, 69390 Millery,
04 78 46 24 30,
contact@domainethollet.com*

BORDELAIS

Les vins blancs à boire jeunes (dans les 2 ou 3 ans)

Si le Bordelais est surtout connu pour ses vins rouges, on y produit des vins blancs secs frais et aromatiques à base des cépages sémillon, sauvignon et muscadelle. On trouve ces vins tout particulièrement en appellations bordeaux et entre-deux-mers, cette dernière étant située entre la Garonne et la Dordogne, sur un plateau à dominante argilo-calcaire. L'aire de ce vignoble est cependant suffisamment vaste pour que l'on y distingue différents terroirs. C'est le sauvignon qui marque de son caractère aromatique affirmé les vins de l'entre-deux-mers. Appréciés jeunes, ils développent des arômes typés d'agrumes, de fruits exotiques et de fleurs blanches, plus ou moins nuancés d'une note végétale rappelant le buis.

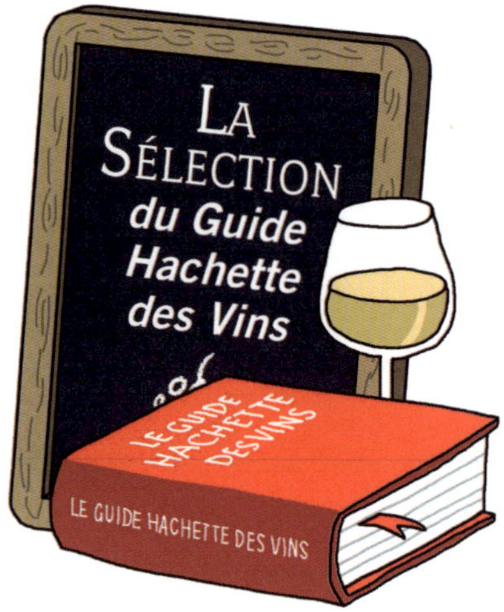

CHÂTEAU BASTOR-LAMONTAGNE

Plus connu pour ses sauternes, Bastor-Lamontagne maîtrise aussi le blanc sec. Il faut dire que l'équipe de Michel Garat vinifie également le Château Saint-Robert, une référence en AOC graves. Ce pur sauvignon séduit par sa finesse, au nez comme en bouche. Le premier évoque les fruits frais comme les agrumes et les fruits exotiques, la seconde offre de la rondeur, un beau volume et un fruité élégant qui fait écho à l'olfaction. Une vinification très soignée pour un vin affable et délicat.

(bordeaux sec) – 8 à 11 €

SCEA Bastor et Saint-Robert,
Dom. de Lamontagne,
33210 Preignac,
05 56 63 27 66,
bastor@bastor-lamontagne.com

GEOFFROY DE ROQUEFEUIL

Au XIIIe s., les hospitaliers de Saint-Antoine occupaient les lieux situés sur le chemin de Compostelle. Ils y soignaient les pèlerins souffrants grâce à un « saint vinage », miraculeux mélange de vin et de plantes. Geoffroy de Roquefeuil cultive au même endroit, entre autres, le sauvignon et le sémillon depuis 1985. Son bordeaux sec offre un nez complexe de pêche, poire, agrumes, noisette et fleurs blanches. La bouche douce, ample et gourmande choisit elle aussi l'élégance, portée par une fine fraîcheur et par une longue finale florale.

Ch. des Antonins (bordeaux sec) – moins de 5 €

Geoffroy de Roquefeuil,
Le Couvent, 33190 Pondaurat,
05 56 61 00 08,
roquefeuil@chateau-des-antonins.com

CHEVAL QUANCARD

Le château de Bordes appartient à la famille Quancard depuis 1948. La marque Chai de Bordes de sa célèbre maison de négoce a été lancée en 1975 à partir des vendanges de petites propriétés alentour. Cette cuvée livre un bouquet intense de fleurs et de fruits blancs et de buis, agrémenté d'une touche fumée et relayé par une bouche longue, bien équilibrée entre gras et vivacité. Un vin harmonieux et gourmand, parfait pour un apéritif dînatoire.

Chai de Bordes (bordeaux sec) – moins de 5 €

Cheval Quancard,
La Mouline, 4, rue du Carbouney,
33560 Carbon-Blanc, 05 57 77 88 88,
chevalquancard@chevalquancard.com

VIGNOBLES DUCOURT

Les vastes et anciens vignobles Ducourt totalisent 440 ha de vignobles et treize châteaux dans l'Entre-deux-Mers et le Saint-Émilionnais. Ils proposent, avec ce Château d'Haurets, acquis en 1983, un vin qui séduit par son bouquet tout en finesse, mariant les fleurs blanches et les fruits frais comme la pêche, la poire et les agrumes. Beaucoup d'élégance aussi en bouche, de la longueur et de l'équilibre entre la rondeur apportée par le sémillon et la fraîcheur du sauvignon.

Ch. d'Haurets (bordeaux sec) – moins de 5 €

Vignobles Ducourt,
18, rte de Montignac, 33760 Ladaux,
05 57 34 54 00,
ducourt@ducourt.com

CHÂTEAU HAUT-GUILLEBOT

Ce domaine se transmet de mère en fille depuis sept générations, la dernière s'étant installée en 2006. Au sein des 60 ha de l'exploitation, une petite vigne de sémillon permet de produire cette cuvée Prestige. Au nez, les fleurs blanches se mêlent aux agrumes et à une touche épicée. La bouche affiche un beau volume, souligné par une fraîcheur minérale qui lui confère longueur et élégance. Un vin séduisant et harmonieux, à boire dès à présent sur l'éclat et la fraîcheur du fruit, à l'apéritif et sur les entrées.

Cuvée Prestige (bordeaux sec) – 8 à 11 €

SCEA Ch. Haut-Guillebot,
8, Guillebot, 33420 Lugaignac,
05 57 84 53 92,
chateauhautguillebot@wanadoo.fr

BORDELAIS

Les vins blancs à boire jeunes (dans les 2 ou 3 ans)

CHÂTEAU MARJOSSE

Directeur des châteaux Cheval Blanc et Yquem, Pierre Lurton met depuis 1991 son savoir-faire au service de son propre domaine, établi dans l'Entre-deux-Mers. Des soins dignes d'un grand cru sont apportés au Château Marjosse et à ce blanc issu de sauvignon blanc et gris, de sémillon et de muscadelle. L'olfaction révèle d'intenses parfums de fruits exotiques, de pamplemousse, de fleur d'acacia et de rose. Ronde et douce dès l'attaque, la bouche, soutenue par une fine fraîcheur, garde toujours l'équilibre et conserve jusqu'en finale son caractère fruité et soyeux.

(bordeaux sec) – 8 à 11 €

EARL Pierre Lurton,
Ch. Marjosse, 33420 Tizac-de-Curton,
05 57 55 57 80,
pierre.lurton@orange.fr

CHÂTEAU NARDIQUE LA GRAVIÈRE

Cette propriété appartient à la même famille depuis 1920 et Philippe Thérèse, installé depuis 1987, représente la troisième génération. Il produit, entre autres, un délicieux entre-deux-mers bien équilibré entre le sauvignon et le sémillon, que complète la muscadelle. Un vin d'une robe jaune pâle, au nez très intense de fleurs blanches et d'agrumes rappelant le citron et le pamplemousse. Expressif et d'une remarquable vivacité, il offre une bouche charnue et gourmande d'une agréable persistance.

(entre-deux-mers) – 5 à 8 €

EARL Vignobles Thérèse,
Nardique la Gravière,
33670 Saint-Genès-de-Lombaud,
05 56 23 01 37,
lesvignoblestherese@wanadoo.fr

CHÂTEAU LES ARROMANS

Comme toujours, Joël Duffau bichonne ses entre-deux-mers (fermentation à basse température, élevage sur lies fines, entre autres) et signe là un vin festif et très harmonieux, issu à parts égales de sauvignon et de sémillon. On découvre au nez une valse de fruits blancs comme la pêche et d'agrumes. Gorgée de senteurs délicates de fruits exotiques, la bouche se révèle ample, ronde et souple, sans jamais manquer de fraîcheur. À découvrir dès à présent, au moment de l'apéritif ou pour tout un repas estival.

(entre-deux-mers) – moins de 5 €

Joël Duffau,
2, Les Arromans, 33420 Moulon,
05 57 74 93 98,
joel.duffau@aliceadsl.fr

ANDRÉ LURTON

Une valeur sûre de l'appellation, assemblage de sauvignon, de sémillon et de muscadelle. Le vin s'épanouit à l'olfaction sur des notes intenses de fruits exotiques rappelant le litchi, d'agrumes et de végétal frais un peu mentholé. Après une attaque franche et nerveuse, il déploie un palais ample et persistant, affichant beaucoup d'équilibre entre une vivacité sans excès et une matière riche et douce, soulignée par une longue finale fruitée et charnue. Un très joli vin de repas.

Ch. Bonnet (entre-deux-mers) – 5 à 8 €

André Lurton,
Ch. Bonnet, 33420 Grézillac,
05 57 25 58 58,
andrelurton@andrelurton.com

VIGNOBLES ARBO

Joseph et Bernadette Arbo proposent le blanc du Château Puyanché, qui donne le premier rôle au sauvignon, complété de sémillon. Tout ici est affaire d'équilibre : au nez, entre le vanillé et le grillé de la barrique et les expressions florales et fruitées caractéristiques des cépages et qui rappellent les fleurs blanches, la pêche, les agrumes et les fruits exotiques des cépages, ainsi qu'en bouche, entre la fraîcheur du sauvignon et le gras du sémillon. Un vin ample et harmonieux, à goûter dans les deux à trois ans.

Ch. Puyanché (francs-côtes-de-bordeaux) – 5 à 8 €

EARL Arbo, Godard, 33570 Francs,
05 57 40 65 77,
earl.arbo@wanadoo.fr

BORDELAIS

Les vins blancs de moyenne garde (de 3 à 5 ou 7 ans)

À côté des vins blancs frais et aromatiques à consommer plutôt jeunes, le vignoble bordelais produit également des vins blancs de garde dans différentes appellations, mais dont on trouve l'essentiel des cuvées dans le vignoble de Pessac-Léognan, au sud de Bordeaux, attenant à l'AOC graves, dont il faisait autrefois partie. En moyenne, ces vins ont une capacité de garde qui avoisine les cinq ans, mais certains crus dépassent allègrement une dizaine d'années. Ils se caractérisent alors par une texture grasse et onctueuse et beaucoup de persistance sur des arômes de pain toasté, de fruits exotiques et d'agrumes confits, ainsi que de fruits secs rappelant la noisette.

CHÂTEAU CANTELAUDETTE

Ce château, dont le nom évoque la « langue d'oc » et le chant de l'alouette, fut construit en 1870 par l'aïeul de l'actuel propriétaire, Jean-Michel Chatelier. Ce dernier cultive la vigne avec un soin méticuleux et signe des vins souvent jubilatoires, à l'image de la cuvée Prestige. Ce pur sémillon offre un nez mêlant à de doux arômes de fruits blancs un léger toasté, tiré d'un court passage de cinq mois en barriques. Cette présence empyreumatique s'affirme encore en bouche, sans pour autant nuire à son équilibre entre rondeur et fraîcheur, et augure d'une bonne évolution en cave.

Cuvée Prestige (graves-de-vayres) – 5 à 8 €

Jean-Michel Chatelier, 1, Cantelaudette, 33500 Arveyres, 05 57 24 84 71, jm.chatelier@wanadoo.fr

CHÂTEAU DOISY-DAËNE

Théoricien émérite (professeur d'œnologie à la faculté de Bordeaux), consultant international et praticien brillant de la vigne et du vin, Denis Dubourdieu exprime ici tout son talent avec son grand vin à base de sémillon et d'un peu de sauvignon blanc. Le nez exhale l'orange et le citron confits, et surtout la fleur de tilleul et d'acacia, soulignés par une fine touche iodée et par un discret boisé vanillé. Ample et très riche tout en restant délicat et léger, le palais séduit par son équilibre et par son côté déjà fort savoureux. À attendre au moins cinq ans.

(bordeaux sec) – 15 à 20 €

EARL Pierre et Denis Dubourdieu, Ch. Doisy-Daëne, 33720 Barsac, 05 56 62 96 51, reynon@wanadoo.fr

CHÂTEAU DE CASTRES

Fils d'un viticulteur originaire du Douro, José Rodrigues, d'abord ingénieur, est devenu œnologue. Il s'est pris de passion, il y a une vingtaine d'années, pour cette chartreuse du XVIIIe s., entourée d'un parc et d'un vignoble de 30 ha d'un seul tenant. La force de cette passion se lit dans la qualité de ce graves blanc, associant sauvignon blanc et gris et sémillon, avec un soupçon de muscadelle. Mêlant agrumes, fleurs et fruits blancs, le bouquet joue la carte de la finesse, et l'on retrouve son élégance et sa fraîcheur minérale au palais. À déguster dans les trois à quatre ans.

(graves) – 11 à 15 €

EARL Rodrigues-Lalande,
rte de Pomarède,
33640 Castres-sur-Gironde,
05 56 67 51 51,
contact@chateaudecastres.fr

VIGNOBLES BOUDAT-CIGANA

Fleuron des vignobles Boudat-Cigana, dont le siège est établi dans l'Entre-deux-Mers, ce cru propose un fort joli blanc, où transparaissent, harmonieusement mariés, le boisé hérité d'un élevage de neuf mois en barrique, les arômes fruités du sauvignon et la texture du sémillon. Ample, gras et onctueux, ce vin met bien en valeur son bouquet concentré et complexe de fruits exotiques, de pêche, de nuances végétales et de notes grillées et fumées. On l'appréciera à l'issue de trois à quatre ans de cave.

Ch. Haut-Gramons (graves) – 11 à 15 €

Boudat-Cigana,
Ch. de Viaut, 33410 Mourens,
05 56 61 31 31,
fboudat@orange.fr

VIGNOBLES LABUZAN

Le domaine est dans la famille depuis sept générations, et la dernière, représentée par Denis et Thierry Labuzan, l'a beaucoup agrandi, faisant passer sa surface de 18 à 45 ha. Ce vin racé, mi-sémillon, mi-sauvignon, révèle un nez de fruits exotiques et d'agrumes, qui s'allient à des touches minérales dans un bouquet aussi intense qu'élégant. Charmeur dès l'attaque, gras et frais à la fois, le palais retrouve la même expression aromatique avant de s'étirer sur une très belle finale minérale. À déguster dans les cinq ans.

Ch. des Gravières (graves) – 5 à 8 €

EARL Vignobles Labuzan,
6C, rue du Mirail, 33640 Portets,
05 56 67 15 70,
vignobles-labuzan@wanadoo.fr

DOMAINE DE GRANDMAISON

D'une taille raisonnable (19 ha), ce domaine familial ne propose qu'un seul vin, issu néanmoins d'un réel savoir-faire, comme le montre ce blanc, assemblage de sauvignon blanc et gris et de sémillon. Des notes vanillées se joignent à des senteurs plus fraîches de litchi et de pêche blanche pour composer un bouquet des plus plaisants. Rond à l'attaque, plein, élégant et long, le palais laisse le souvenir d'un ensemble raffiné qui annonce une bonne capacité d'évolution.

(pessac-léognan) – 11 à 15 €

François Bouquier,
182, av. de la Duragne, 33850 Léognan,
05 56 64 75 37,
courrier@domaine-de-grandmaison.fr

CLOS MARSALETTE

Avec cette cuvée, le très saint-émilionnais comte de Neipperg fait preuve d'un savoir-faire en matière de vin blanc. « Quel allant ! La vivacité de A à Z », s'exclame un dégustateur. On trouve aussi de la complexité dans cet assemblage de sauvignon et de sémillon à parts égales : au bouquet, du pamplemousse et du citron, une touche de fleurs du verger et de fruits blancs, le tout joliment appuyé par la vanille – sans excès (seul un tiers des volumes est élevé sous bois). Au palais, gras et fraîcheur, finesse et minéralité : une réelle harmonie qui grandira pendant trois à quatre ans.

(pessac-léognan) – 15 à 20 €

Le Clos Marsalette,
61, rte de Tout-Vent, 33650 Martillac,
05 57 24 71 33,
info@neipperg.com

CHÂTEAU COUHINS

Ce cru classé est la propriété de l'INRA depuis 1968. L'institut maintient une exigence de qualité qui nous vaut des vins comme celui-ci : un pur sauvignon qui laisse une sensation d'élégance. Perceptible dès l'approche, grâce à une robe d'une grande limpidité et à un bouquet puissant et complexe sur le buis, le citron et les fruits exotiques, cette impression d'harmonie se maintient au palais, où l'on retrouve une belle collection d'arômes et une matière fraîche et longue, prometteuse d'une bonne évolution en cave.

(pessac-léognan) – 20 à 30 €

Ch. Couhins, chem. de la Gravette,
33140 Villenave-d'Ornon, 05 56 30 77 61,
couhins@bordeaux.inra.fr

BOURGOGNE

Les vins à blancs boire jeunes (dans les 2 ou 3 ans)

La Bourgogne produit tous les profils de vins blancs secs, avec des nuances gustatives très nettes, depuis la franche minéralité des chablis jusqu'au caractère plus rond et suave des vins blancs du Mâconnais. À l'intérieur de cette large palette, on trouve un grand nombre de vins à consommer jeunes, et cela dans de nombreuses appellations. Toutefois, l'essentiel de ces vins est commercialisé en appellation régionale bourgogne, qui représente plus de la moitié des volumes produits dans la région. Des vins légers au fruité immédiat, qui traduisent bien les arômes typiques du cépage chardonnay, comme les fleurs blanches, la citronnelle, les champignons frais et les fruits secs.

DOMAINE MICHEL COLBOIS

Rejoint en 2009 par son fils Benjamin, Michel Colbois est établi depuis 1970 à Chitry-le-Fort, joli village de l'Yonne blotti au fond d'une cuvette dont les pentes sont couvertes de vignes et de cerisiers. Ses blancs sont délicieux, qu'ils proviennent de chardonnay ou, comme ici, de bourgogne-aligoté. Cette cuvée correspond tout à fait au profil du cépage, avec son nez vif, partagé entre le pamplemousse et des notes minérales, et son palais frais, voire nerveux, aux nuances d'herbe anisée. Idéal pour se mettre en appétit.

(bourgogne-aligoté) – moins de 5 €

EARL Dom. Colbois,
69, Grande-Rue, 89530 Chitry,
03 86 41 43 48,
contact@colbois-chitry.com

DOMAINE GERMAIN PÈRE ET FILS

Les Germain sont établis à Saint-Romain, village de la côte de Beaune qui bénéficie d'une appellation communale et dont les vins blancs de chardonnay sont particulièrement prisés. Cela n'empêche pas la famille de réserver 1,15 ha sur ses 15 ha à l'aligoté. Arnaud Germain élabore à partir de ce cépage un vin au nez vif, entre agrumes et minéralité, et à la bouche légère, où une touche mentholée vient ajouter sa note de fraîcheur. On verrait bien cette bouteille à l'apéritif.

(bourgogne-aligoté) – 5 à 8 €

Dom. Germain Père et Fils,
34, rue de la Pierre-Ronde,
21190 Saint-Romain, 03 80 21 60 15,
contact@domaine-germain.com

CAVES BAILLY-LAPIERRE

Les Caves de Bailly-Lapierre ne résument pas leur production au crémant de Bourgogne. Des vins tranquilles sont également élevés dans cette ancienne carrière de pierre, à l'image de ce bourgogne-côtes-d'auxerre blanc, qui offre toutes les vertus du chardonnay. Le vin libère des parfums frais à dominante florale. La bouche souple et délicate se déploie longuement, bien équilibrée entre rondeur et minéralité. Un vin d'une belle finesse, que l'on appréciera volontiers à l'apéritif comme au cours d'un repas.

(bourgogne-côtes-d'Auxerre) – 5 à 8 €

Caves Bailly-Lapierre,
Hameau de Bailly, quai de l'Yonne,
89530 Saint-Bris-le-Vineux,
03 86 53 77 77,
nathaliec@bailly-lapierre.fr

DOMAINE DU CLOS SAINT-JACQUES

Désormais, c'est Manuel Janisson qui est aux commandes du Clos Saint-Jacques. Mais son ami Jean-Michel Lorain n'est jamais bien loin, dès lors qu'il s'agit de goûter les vins de la Côte Saint-Jacques. Il a dû apprécier ce chardonnay très harmonieux, à l'image du grand jury du *Guide Hachette des Vins*. Un vin qui partage son nez entre les agrumes et la minéralité. Le palais se révèle gras et gourmand à souhait grâce à de jolis arômes de fruits frais et à une belle longueur. Un vin élégant que l'on dégustera volontiers à l'apéritif.

(bourgogne) – 8 à 11 €

Manuel Janisson,
14, fg de Paris, 89300 Joigny,
03 86 62 06 70,
contact@bourgogne-michel-lorain.com

JEAN-PHILIPPE MARCHAND

Un chardonnay au pays du chambertin, ce n'est pas monnaie courante. Installé depuis 1984 dans une ancienne fabrique de confitures, *Les Duchesses du Chambertin*, Jean-Philippe Marchand a élaboré un vin blanc très charmeur, où les agrumes, agrémentés de quelques notes de fleurs blanches, dominent au nez. La bouche très séduisante se distingue par sa souplesse, équilibrée par une belle acidité. Un vin très plaisant, que l'on boira sans attendre sur la fraîcheur du fruit.

(bourgogne) – 11 à 15 €

Maison Jean-Philippe Marchand,
4, rue Souvert,
BP 41, 21220 Gevrey-Chambertin,
03 80 34 33 60,
contact@marchand-jph.fr

OLIVIER MORIN

Chez Olivier Morin, quand ce n'est pas la cuvée Constance qui est mise en avant, c'est la cuvée Olympe. Ce vigneron de talent élabore un bourgogne-chitry blanc, qui séduit par sa grande fraîcheur et son extrême finesse. Un vin qui offre un nez de fruits blancs teinté de quelques notes minérales, que précède une bouche à la fois riche et vive, bien équilibrée en somme. Un ensemble très harmonieux, idéal au moment de l'apéritif et après deux à trois ans de cave pour tout un repas.

Cuvée Olympe (bourgogne-chitry) – 8 à 11 €

Olivier Morin,
2, chem. de Vaudu, 89530 Chitry,
03 86 41 47 20,
morin.chitry@orange.fr

DOMAINE DE LA TOUR

Si le domaine de la Tour est bien installé à Lignorelles, dans le Chablisien, Vincent Fabrici garde un pied dans le vignoble voisin et beaucoup d'affection pour son bourgogne-chitry. Ce chardonnay est un véritable « vin de plaisir ». Il déploie beaucoup de finesse et de subtilité au nez, et beaucoup de fraîcheur en même temps que de générosité en bouche. Résultat : un équilibre très réussi et une grande élégance. On servira volontiers cette bouteille pour tout un repas.

(bourgogne-chitry) – 5 à 8 €

Dom. de la Tour,
3, rte de Montfort, 89800 Lignorelles,
03 86 47 55 68,
ledomainedelatour@wanadoo.fr

BOURGOGNE

Les vins blancs à boire jeunes (dans les 2 ou 3 ans)

ANTOINE ET RACHEL OLIVIER

Négociants à Santenay, Antoine et Rachel Olivier ne manquent ni d'humour ni d'amour pour leurs filles Jade et Siam. Ce sont elles, les « 2 Dindes » de cette cuvée de bourgogne blanc, dominée par la minéralité. Pour aller plus loin dans la description, disons que « les 2 Dindes » ont du charme, de la rondeur et de la fraîcheur. On a vu pire dans les basses-cours. Un vin équilibré et franc, à boire dès maintenant.

Les 2 Dindes (bourgogne) – 8 à 11 €

Antoine et Rachel Olivier,
3, rte de Chassagne, 21590 Santenay,
03 80 20 61 35,
domaineolivier@orange.fr

DOMAINE DES TERRES DE VELLE

Sophie et Fabrice Laronze sont installés à Auxey-Duresses depuis 2009 et ils font appel au « bon sens paysan » dans l'élaboration de leurs vins. Résultat concluant, si l'on en juge par l'accueil que leur a réservé le jury du *Guide Hachette des Vins*. Avec ce chardonnay élevé onze mois en fût, il propose un vin frais et élégant, qui s'ouvre sur des senteurs de fleurs blanches accompagnées de notes citronnées. La bouche est vive, sur les agrumes, jusqu'en finale. Parfait avec un fromage de chèvre ou avec du comté.

(bourgogne) – 11 à 15 €

Dom. des Terres de Velle,
chem. Sous-la-Velle, 21190 Auxey-Duresses,
03 80 22 80 31,
info@terresdevelle.fr

DOMAINE ÉLISE VILLIERS

« C'est à l'alliance de la pierre et du soleil, sur la colline de Vézelay, que le vin doit sa finesse et son esprit », affirme Élise Villiers, lyrique. Côté cave, la vigneronne ne peut faire référence qu'à son talent, à l'image de celui qu'elle exprime dans ce chardonnay né dans les clos de l'abbaye de Vézelay. Un vin de classe et surtout un grand vin de plaisir immédiat. Le nez s'éveille sur des arômes d'amande fraîche, que l'on retrouve dans une bouche vive, longue et parfaitement équilibrée. Ce vin a charmé en tout point le jury du *Guide Hachette des Vins*.

Le Clos (bourgogne-vézelay) – 5 à 8 €

Élise Villiers, 5, rue des Champs-Boulots,
Précy-le-Moult, 89450 Pierre-Perthuis,
03 86 33 27 62,
elisevilliers@yahoo.fr

VIGNOBLE DAMPT

Un père, Bernard Dampt, est vigneron à Collan de 1980 à 1998, comme ses parents, ses grands-parents et ses arrière-grands-parents ; trois frères, Éric, Emmanuel et Hervé, sont indissociables, mais chacun a son rôle à jouer, et tous font leurs propres vins. Il y a du goût dans ce petit-chablis signé Hervé Dampt, le benjamin, arrivé sur le domaine paternel en 1998... jusque sur l'étiquette. Une image moderne du vignoble Dampt pour un vin remarquable au nez élégant, qui s'exprime sur la minéralité et le fruit mûr. Une bouche associant, dans un parfait équilibre, rondeur, fraîcheur, fruité et notes « terroitées ».

(petit-chablis) – 5 à 8 €

Vignoble Dampt,
rue de Fleys, 89700 Collan,
03 86 55 29 55, vignoble@dampt.com

DOMAINE BONNARDOT

Après 20 ans passés dans l'informatique et la finance, Danièle Bonnardot sent l'appel de la vigne et décide en 2008 de revenir au domaine, où ont œuvré son arrière-grand-père, son grand-père, son père et son frère. Un domaine familial dont l'un des clients fut le célèbre chanoine Kir, maire de Dijon, qui utilisait le bourgogne-hautes-côtes-de-nuits blanc des Bonnardot pour préparer son fameux apéritif. Drôle d'idée, à en juger par la qualité de ce blanc joliment bouqueté autour de fruits blancs agrémentés d'une note fumée, au palais consistant, frais et tonique.

Clos des Oiseaux (bourgogne-hautes-côtes-de-nuits) – 5 à 8 €

Dom. Bonnardot,
1, rue de l'Ancienne-Cure,
21700 Villers-la-Faye, 03 80 62 91 27,
domaine.bonnardot@wanadoo.fr

PIGNERET FILS

Pas de certification d'agriculture biologique chez les Pigneret, les frères Éric et Joseph, mais une démarche respectueuse de la nature : enherbement du vignoble en prévention des problèmes d'érosion des sols, fabrication « maison » des composts et traitements raisonnés. Issu de la structure de négoce, ce givry blanc présente un nez expressif et fin, floral et fruité. La bouche, mâtinée de fleur d'oranger, se révèle vive et tonique, bien construite et longue. Un vin harmonieux à déguster sur la fraîcheur du fruit.

Clos de la Brûlée (givry) – 8 à 11 €

Dom. Pigneret Fils,
Vingelles, 71390 Moroges,
03 85 47 15 10,
domaine.pigneret@wanadoo.fr

DOMAINE GONDARD PERRIN

De création récente (2008), ce domaine de 11,5 ha est installé dans le village typiquement vigneron de Viré, à l'habitat regroupé et aux magnifiques maisons de pierres blanches (les craies). D'ailleurs, le sol qui accueille ce chardonnay est lui aussi d'origine calcaire. Il libère de plaisants parfums de pomme verte et d'agrumes, mais aussi de minéralité et de fleurs blanches. L'attaque souple ouvre sur une bouche où une note de douceur est naturellement équilibrée par une minéralité vivifiante. À déguster sans attendre.

Cuvée Tradition (viré-clessé) – 8 à 11 €

Pierre Gondard,
Les Cochets, 4, rue René-Boudier,
71260 Viré, 03 85 33 12 47,
mylene.gondard@gmail.com

BOURGOGNE

Les vins blancs de moyenne garde (dans les 3 à 7 ans)

Il existe en Bourgogne beaucoup de vins blancs de moyenne garde, parfaitement ouverts après cinq à sept ans de cave. Il n'y a pas de règle établie, et il est tout à fait possible de trouver un bourgogne en appellation régionale, de bonne capacité de vieillissement, et un vin de l'une des 44 appellations communales rapidement prêt à boire. Cependant, dans cette dernière catégorie, qui représente le deuxième niveau de la hiérarchie des vins de la région et un gros tiers des volumes, on va trouver une majorité de vins intermédiaires en termes de vieillissement.

MARC COLIN ET SES FILS

Caroline, Joseph et Damien Colin conduisent aujourd'hui ce domaine de 19 ha, créé par leur père Marc. Ces vignerons de la Côte de Beaune excellent aussi bien en grand cru qu'en appellation régionale. Comme ici, avec cette superbe cuvée qui offre beaucoup de rondeur et de complexité dans ce chardonnay élevé en fût pendant dix mois. Le nez est séduisant, avec ses arômes de fleurs blanches et de fruits frais. La bouche est souple, ample et persistante, avec du gras et de l'acidité, le tout dans un parfait équilibre. Un vin que l'on pourra garder quatre ou cinq ans.

La Combe (bourgogne) – 8 à 11 €

Dom. Marc Colin et Fils,
rue de la Chatenière, 21190 Saint-Aubin,
03 80 21 30 43,
marccolin@ymail.com

DOMAINE DE LA CORNASSE

Quand on demeure à Beine, on a forcément du Beauroy dans sa cave : c'est le terroir de ce premier cru de la rive gauche. Nathalie Geoffroy et ses deux sœurs, Sylvie et Aurélie, le connaissent bien. Il fait partie des grands classiques du domaine à l'origine de très jolis vins. Une cuvée un peu réservée au nez, mais très expressive en bouche. De la vivacité, du fruit, de la rondeur et un bel équilibre. Une jolie bouteille à attendre deux ou trois ans, pour qu'elle s'ouvre et exprime pleinement son potentiel.

Beauroy (chablis 1er cru) – 8 à 11 €

SARL A. Geoffroy,
4, rue de l'Équerre, 89800 Beine,
03 86 42 43 76,
info@chablis-geoffroy.com

GARNIER ET FILS

Ce superbe Montmains de Jérôme Garnier a été plébiscité par le jury du *Guide Hachette des Vins*. Certes, les notes boisées, souvenir d'un élevage mixte (un tiers de cuve et deux tiers de fût), sont encore un peu présentes au nez, mais gageons que les saveurs d'agrumes prendront rapidement le dessus, car ce vin a un vrai potentiel, avec son nez frais et miellé et sa bouche fruitée, ronde et minérale. Il ne manque qu'un repas à la hauteur de cette belle bouteille pour une dégustation réussie.

Montmains (chablis 1er cru) – 15 à 20 €

Garnier et Fils,
chem. de Méré, 89144 Ligny-le-Châtel,
03 86 47 42 12,
info@chablis-garnier.com

CLOTILDE DAVENNE

C'est avec les vieux pieds que l'on fait les meilleurs vins ! Clotilde Davenne le sait, elle qui élabore cette cuvée à partir de ses vignes centenaires. Un saint-bris très bien structuré, complexe, harmonieux, puissant et « salivant ». Tout ce que l'on attend d'un sauvignon. Derrière un nez minéral et crayeux, la douceur des agrumes – comme le pamplemousse ou l'orange – et de la pêche de vigne est soulignée par un trait de minéralité. Un vin délicieux, à déguster dans les cinq ans.

Vieilles Vignes (saint-bris) – 11 à 15 €

Clotilde Davenne,
3, rue de Chantemerle, 89800 Préhy,
03 86 41 46 05,
serviceclient@clotildedavenne.fr

J. MOREAU & FILS

C'est peut-être parce qu'il est exposé plein sud que l'on se plaît à présenter le Mont de Milieu comme un « vin de soleil ». Cette cuvée de la maison J. Moreau & Fils a ensoleillé le palais des dégustateurs, qui lui ont attribué un coup de cœur dans le *Guide Hachette des Vins*. Une cuvée très élégante, avec son nez floral et sa bouche bien ciselée. Du travail d'orfèvre avec de la finesse, de la précision, de la franchise, mais aussi de la générosité. Sa belle minéralité fait de ce 1er cru un vin plein de charme, mais soyez patient !

Mont de Milieu (chablis 1er cru) – 11 à 15 €

J. Moreau et Fils,
rte d'Auxerre, 89800 Chablis,
03 86 42 88 05,
depuydt.l@jmoreau-fils.com

BOURGOGNE

Les vins blancs de moyenne garde (dans les 3 à 7 ans)

DOMAINE CHARLES AUDOIN

Fondé en 1850, le domaine s'est agrandi, passant de 2,5 à 13,5 ha, mais reste un « spécialiste » du marsannay. C'est dans cette appellation qu'il a son siège et que la majeure partie de son vignoble est implantée. Cyril Audoin propose un blanc, élevé en fût de 500 litres pendant douze mois, issu de l'assemblage de trois terroirs différents. Le nez, complexe, associe les fleurs blanches à un boisé toasté et épicé. Dans le même registre floral et boisé, la bouche est ronde, équilibrée et consistante. À apprécier dans les trois ans.

(marsannay) – 11 à 15 €

Dom. Charles Audoin,
7, rue de la Boulotte,
21160 Marsannay-la-Côte,
03 80 52 34 24, domaine-audoin@orange.fr

CHÂTEAU DE CHAMIREY

Précurseur de la mise en bouteilles à la propriété, ce château fait partie des domaines emblématiques de la Bourgogne. Robe dorée à l'or fin et lumineuse, nez élégant sur les fruits mûrs et les agrumes, ce vin flatte également le palais par sa texture soyeuse et sa noble minéralité. Une belle bouteille à déguster à table, mais pas avant quatre ans de cave. Une citation également pour le premier cru blanc La Mission Monopole, qui a connu le fût pendant quinze mois. Il en garde un boisé marqué, qui s'atténuera avec le temps.

En Pierrelet (mercurey) – 20 à 30 € ; La Mission Monopole (mercurey 1er cru) – 20 à 30 €

Ch. de Chamirey, Chamirey,
71640 Mercurey, 03 85 45 21 61

DOMAINE FEUILLAT-JUILLOT

Depuis 2009, Françoise Feuillat-Juillot développe la réception de clients particuliers au domaine. Elle pratique une forme d'œnotourisme, très prisé des amateurs de vins : dîner-dégustation, voire pique-nique-dégustation, avec parcours à travers les treize 1ers crus qu'elle exploite. Ces Coères distillent d'intenses senteurs florales, des nuances de noisette fraîche et de fruits exotiques. La bouche se montre puissante, riche et bien équilibrée par une vivacité revigorante. À déguster après trois à quatre ans de garde.

Les Coères (montagny) – 11 à 15 €

Dom. Feuillat-Juillot,
rte de Montorge,
71390 Montagny-lès-Buxy,
03 85 92 03 71,
domaine@feuillat-juillot.com

JEAN-CLAUDE BOISSET

Depuis 2002, cet important négociant bourguignon a mis en place une politique d'approvisionnement rigoureuse, dans une optique « domaine » et pour des vins « haute couture ». Ce mâcon, issu de l'un des meilleurs terroirs d'Igé, a été vendangé à la main, puis élevé sept mois en fût. Encore marqué par l'élevage, il possède néanmoins de sérieux atouts pour bien grandir. Il dévoile un élégant bouquet d'épices, de vanille et de fruits blancs, relayé par une bouche équilibrée, à la fois ronde et fraîche, qui s'étire longuement en finale sur des notes boisées.

Igé Château London (mâcon) – 8 à 11 €

Maison Jean-Claude Boisset,
5, quai Dumorey,
21700 Nuits-Saint-Georges,
03 80 62 61 61,
patriat.g@jboisset.fr

CAVE DE CHAINTRÉ

Créée en 1928 à l'emplacement d'une villa gallo-romaine, qui fut à l'époque l'un des domaines viticoles les plus importants de la région, la Cave de Chaintré est l'une des plus anciennes coopératives de France. Un nouvel espace de vente, au centre duquel trônent des vestiges de la villa, a été inauguré en 2010. En bonne place, vous trouverez cette séduisante cuvée au nez de fleurs blanches et aux notes acidulées, qui annoncent une bouche vive et franche, épicée et florale. Bien construit, ce vin gagnera à être attendu trois ou quatre ans.

(pouilly-vinzelles) – 5 à 8 €

Cave de Chaintré,
Le Clos Reyssier, 180, rte de Juliénas,
71570 Chaintré, 03 85 35 61 61,
cavedechaintre@wanadoo.fr

DOMAINE CORDIER PÈRE ET FILS

Basé à Fuissé, Christophe Cordier est à la tête d'un vignoble de 25 ha et d'une affaire de négoce qui propose des vins d'un excellent niveau de qualité. Proposée par le domaine, cette cuvée révèle, derrière des notes boisées intenses, quelques effluves de fruits mûrs. Après une attaque tonique, c'est encore le bois qui parle dans une bouche dense et riche. Un vin de caractère et bien structuré, à conserver quelques années en cave afin qu'il « digère » son élevage de seize mois en barrique.

En Faux (saint-véran) – 15 à 20 €

Dom. Cordier, 71960 Fuissé,
03 85 35 62 89,
domaine.cordier@wanadoo.fr

BOURGOGNE

Les vins blancs de longue garde (de 5 à 7 ans ou plus)

Les grands crus bourguignons, qui totalisent à peine 2 % des volumes de la région, représentent le graal pour les amateurs de vin. En blanc, des noms comme corton-charlemagne ou montrachet font rêver le monde entier, mais atteignent aujourd'hui des prix qui les rendent pratiquement inaccessibles. Heureusement, ce ne sont pas les seuls à pouvoir prétendre à une longue garde, et de nombreuses cuvées en 1er cru, voire en appellation communale, supportent très bien un séjour prolongé dans la fraîcheur et l'obscurité de la cave. De plus, les blancs, même bourguignons, ne nécessitent pas, sauf exception, des décennies d'élevage en bouteille pour se bonifier. Il est même souvent préférable de veiller à leur préserver un peu de fraîcheur et de fruit.

DOMAINE LOUIS MOREAU

Gardez bien cette bouteille remarquable pour le poisson noble que vous cuisinerez dans quelques années. Les jurés du *Guide Hachette des Vins* ont été conquis par ce Vaudésir élaboré par Louis Moreau. Un grand cru très harmonieux, parfaitement structuré, élégant avec son nez de fruits confits. La bouche est un modèle de finesse, de fraîcheur et de précision, avec ce trait de minéralité qui apporte vivacité et longueur. À découvrir après quelques années de cave.

Vaudésir (chablis grand cru) – 30 à 50 €

Dom. Louis Moreau,
10, Grande-Rue, 89800 Beine,
03 86 42 87 20,
contact@louismoreau.com

DOMAINE ROY

Tout est soigné au domaine Roy, même le nouvel habillage des bouteilles. Mais c'est bien le contenu qui nous intéresse, et celui-ci est remarquable. Le terroir à l'état pur. Un vin de caractère, généreux et minéral. Des notes de pierre à fusil qui titillent un nez floral. En bouche, l'attaque fraîche, tranchante et incisive dévoile une jolie matière, soulignée par la minéralité. « Avec une telle pureté, le futur est assuré », note un dégustateur conquis. De fait, cette cuvée supportera sept ans de cave au moins.

Bougros Vieilles Vignes (chablis grand cru) – 15 à 20 €

Dom. Roy,
71, Grand-Rue,
89800 Fontenay-près-Chablis,
03 86 42 10 36,
domaine.roy@orange.fr

DEREY FRÈRES

Exploitant aussi les derniers vignobles de la ville de Dijon, Pierre Derey est établi à Couchey, l'une des communes de l'appellation marsannay. Nous proposons ici son blanc – une couleur minoritaire dans l'appellation. Cette cuvée n'a séjourné que partiellement et brièvement (six mois) en fût, si bien que son boisé est assez ténu. Le nez, d'abord minéral, s'ouvre sur des fragrances d'acacia légèrement miellées, assorties d'une touche de noisette. Ronde et beurrée en attaque, la bouche est vivifiée par des impressions acidulées. La belle finale est légèrement toastée et laisse présager un avenir lointain.

Derey Frères (marsannay) – 11 à 15 €

Derey Frères,
1, rue Jules-Ferry, 21160 Couchey,
03 80 52 15 04,
derey-freres@wanadoo.fr

COMTE SENARD

Ce domaine ancien et réputé, aujourd'hui conduit par Lorraine Sénard, couvre 9 ha et propose des vins rares, comme de grands crus de la montagne de Corton. Autre curiosité : cet aloxe-corton blanc. On sait que les sols bruns et rougeâtres de la colline de Corton sont propices aux pinots noirs. Les blancs y sont rares. Celui-ci ne naît pas du chardonnay, mais d'un pinot… gris, que l'on appelle en Bourgogne « pinot beurot ». Il exprime avec finesse les fleurs blanches, les agrumes et les fruits exotiques, avec un léger boisé plus sensible en bouche. L'attaque souple dévoile une matière onctueuse, consistante et ronde avec élégance, équilibrée par une fine acidité qui souligne la longue finale. Dix ans de cave ne lui feront pas peur.

(aloxe-corton) – 30 à 50 €

Comte Senard,
1, rue des Chaumes, 21420 Aloxe-Corton,
03 80 26 40 73,
office@domainesenard.com

DOMAINE PAUL GARAUDET

Avec 48,57 ares, ce *climat* est l'un des plus petits de monthélie classés en premier cru. Il tient son nom d'une grande habitation, où les femmes de petite vertu accueillaient des… gaillards. Ce négociant-éleveur en exploite 24 ares, dont il tire un vin élégant, qui mêle au nez les fleurs blanches et quelques touches épicées et qui séduit en bouche par son équilibre entre densité, richesse et vivacité. Il est déjà très agréable à la dégustation, ce qui n'enlève rien à son très bon potentiel de garde.

Ch. Gaillard (monthélie) – 15 à 20 €

Dom. Paul Garaudet,
imp. de l'Église, 21190 Monthélie,
03 80 21 28 78

BOURGOGNE

Les vins blancs de longue garde (de 5 à 7 ans ou plus)

ALBERT SOUNIT

Née d'achats de raisins récoltés manuellement, cette cuvée porte haut les couleurs de l'appellation. Elle a grandi dans le silence presque « religieux » des caves voûtées, hautes de 4 m et longues de 200 m, de cette vénérable maison fondée en 1851 par Florian Jeunet et reprise dans les années 1930 par la famille Sounit, qui la cédera en 1993 à son importateur danois. Ce cru livre d'intenses parfums de fruits jaunes mûrs presque confiturés, mêlés à la vanille et au citron confit. Ample, gras, puissant et long, le palais, stimulé par une fraîcheur acidulée, laisse en finale le souvenir d'un vin d'une rare élégance. À boire dans sept à huit ans.

La Pucelle (rully 1er cru) – 15 à 20 €

Maison Albert Sounit,
5, pl. du Champ-de-Foire, 71150 Rully,
03 85 87 20 71,
albert.sounit@wanadoo.fr

ANDRÉ DELORME

Éric Piffaut a acquis en 2005 la maison André Delorme, spécialisée dans le crémant-de-bourgogne et les vins de la Côte chalonnaise. Il l'a dotée d'une cuverie moderne et de belles caves voûtées pour l'élevage en fût et de 3 000 m^2, enterrés pour le vieillissement en bouteilles. C'est là qu'est né ce vin séduisant, de bonne intensité à l'olfaction : on y devine l'aubépine, les agrumes et la minéralité du terroir. L'attaque souple prélude à une bouche finement boisée, équilibrée par ce qu'il faut d'acidité. Une jolie bouteille, qui gagnera en harmonie au cours des prochaines années.

(montagny 1er cru) – 11 à 15 €

André Delorme,
Le Meix, 11, rue des Bordes, 71150 Rully,
03 85 87 10 12,
contact@andre-delorme.com

VINCENT GIRARDIN

Vincent Girardin et son épouse Véronique ont décidé en 2012 de vendre leur domaine à l'un de leurs partenaires historiques, la Compagnie des Vins d'Autrefois. Un changement dans la continuité, puisque l'équipe technique dirigée par Éric Germain reste en place, pour le bonheur des œnophiles, plus particulièrement des amateurs de santenay, appellation dans laquelle ce négociant-éleveur a souvent brillé. Côté meursault, ces Charmes-Dessus livrent un bouquet complexe de fruits mûrs, d'épices douces et de grillé sur un fond délicatement minéral. Le charme opère aussi en bouche, dont on apprécie la consistance, la fraîcheur et la persistance, et augurant un potentiel d'évolution entre six et huit ans.

Les Charmes-Dessus (meursault) – 30 à 50 €

Vincent Girardin,
ZA Les Champs-Lins, 21190 Meursault,
03 80 20 81 00,
vincent.girardin@vincentgirardin.com

DOMAINE MICHEL

On ne présente plus ce domaine réputé, tant pour son excellence que pour sa longévité (fondation en 1840) : les générations se succèdent, et le niveau qualitatif des vins reste au zénith. Ce viré-clessé libère d'intenses parfums révélant une belle maturité et se distingue par sa complexité, avec des notes rappelant le gingembre et l'écorce d'orange confite. Au charme du nez succède une bouche vive, ample et étoffée, signature d'un élevage précis et maîtrisé. La finale saline laisse le souvenir d'un vin tonique, à l'équilibre parfait, qui fera un excellent vin de repas… dans dix ans.

(viré-clessé) – 11 à 15 €

Dom. Michel, Cray,
Cedex 624, 71260 Clessé,
03 85 36 94 27,
domainemichelclesse@orange.fr

COLLOVRAY ET TERRIER

En arrivant à Davayé, à l'entrée du village, vous ne pourrez pas manquer ce complexe viticole, siège de l'exploitation du domaine des Deux Roches, mais également de la marque Collovray & Terrier. Créé en 1995, ce négoce s'appuie sur des achats de raisins auprès de vignerons voisins, encadrés par un cahier des charges de production précis et sévère. Il en résulte un superbe pouilly-fuissé. Le bouquet complexe évoque les fruits mûrs et le miel d'acacia, soulignés par un boisé léger. La bouche riche et soyeuse laisse entrevoir des notes d'épices et de réglisse, souvenirs de l'élevage en fût de chêne. Un seigneur de l'appellation taillé pour la garde.

Cuvée Vieilles Vignes (pouilly-fuissé) – 15 à 20 €

Collovray et Terrier, La Cuette,
71960 Davayé, 03 85 35 86 51,
info@collovrayterrier.com

DENIS JEANDEAU

Enracinées sur les coteaux de Pouilly, ces vieilles vignes, âgées d'une cinquantaine d'années, bénéficient d'un terroir argilo-calcaire très caractéristique. Cueillis à la main, ces chardonnays sont pressurés en grappes entières et la vinification en barrique se fait avec les levures indigènes du terroir. Le vin livre un bouquet délicat évoquant la noisette, le beurre frais et le citron. Fraîcheur et chair dense se mêlent harmonieusement dans une bouche ample et puissante, qui s'achève sur une longue note d'agrumes et de minéralité.

(pouilly-fuissé) – 20 à 30 €

Denis Jeandeau,
Le Bourg, 71960 Fuissé, 03 85 40 97 55,
denisjeandeau@yahoo.fr

JURA & SAVOIE

Les vins blancs à boire jeunes (dans les 2 ou 3 ans)

Majoritairement planté de chardonnay, le vignoble jurassien propose en AOC côtes-du-jura et arbois, des vins blancs secs vifs et légers, révélant des arômes délicats de fleurs et de fruits à chair blanche, que l'on consommera dans les trois ans. Le vignoble savoyard, de son côté, produit une majorité de vins blancs, pour la plupart légers et friands, quand ils sont issus de jacquère, ou fins et de meilleure garde, lorsqu'ils proviennent de l'altesse. On citera ainsi les appellations vin-de-savoie et seyssel, qui fournissent de jolies cuvées fraîches et fruitées à boire dans les deux premières années.

DOMAINE PIGNIER

Dominant la ville de Lons-le-Saunier, le cellier est devenu la propriété de la famille Pignier en 1794, après l'exil des moines. Marie-Florence, Antoine et Jean-Étienne, après s'être convertis à l'agriculture biologique dans les années 1990, sont passés à la biodynamie à la fin de la même décennie. Leur cuvée Chardonnay À la percenette est une valeur sûre : nez fruité de pêche et de vanille, bouche souple, ample et persistante. Un vin à déguster sans tarder.

Chardonnay À la percenette (côtes-du-jura) – 15 à 20 €

Dom. Pignier,
11, pl. Rouget-de-Lisle, 39570 Montaigu,
03 84 24 24 30,
contact@domaine-pignier.com

DOMAINE DE LA TRILLE

L'appellation seyssel est l'une des plus petites de France. Elle s'étend sur les coteaux des deux moitiés de la commune séparées par le Rhône, l'une dans l'Ain et l'autre en Haute-Savoie. La maison Gallice est installée côté Ain, à Corbonod, depuis 1920. Issu de l'altesse, son seyssel livre de subtiles notes végétales et fumées, accompagnées de noisette grillée. Le palais se révèle souple et gras, équilibré par une agréable fraîcheur acidulée en finale.

(seyssel) – moins de 5 €

Dom. de la Trille, Gallice,
236, rue des Peupliers, Latrille,
01420 Corbonod,
04 50 59 25 73,
mgallice@orange.fr

JEAN-LOUIS TISSOT

Créé en 1965, ce domaine regroupe deux propriétés : une maison du XVIe s., d'un côté, et une jolie demeure du XIXe s., de l'autre. Aujourd'hui, Jean-Christophe et Valérie sont à la tête d'un vignoble qui s'étend sur 16 ha, répartis sur les communes d'Arbois et de Montigny-lès-Arsures. Leur cuvée Chardonnay laisse percevoir d'agréables senteurs de fruits blancs et des notes miellées. L'acidité, assez présente en bouche, est bien tempérée par un joli gras.

Chardonnay (arbois) – 5 à 8 €

Jean-Louis Tissot,
Vauxelles, 39600 Montigny-lès-Arsures,
03 84 66 13 08,
jean.louis.tissot.vigneron.arbois@wanadoo.fr

DOMAINE HORDÉ

Yves Hordé a acquis une vigne sur le coteau du village de Port-Lesney en 1999. Tout en habitant à Reims à l'époque, il a travaillé la vigne et produit son vin, puis s'est pris au jeu et a loué d'autres parcelles. Il réside depuis 2007 dans le Jura. Son Chardonnay Les Fouilles, qui n'a connu que la cuve, offre une belle fraîcheur sur des tons de pomme verte et de vanille. La bouche est équilibrée et franche. Un vin élégant et délicat, qu'il conviendra de boire dans sa jeunesse.

Chardonnay Les Fouilles (arbois) – 5 à 8 €

Yves Hordé,
14, rue du Port, 39600 Port-Lesney,
03 84 73 89 24,
yves.horde39@orange.fr

DOMINIQUE BELLUARD

Dominique Belluard n'a eu de cesse de reconvertir les vergers familiaux en vignes jusqu'à obtenir un domaine de 10 ha, dont 8,5 ha conduits en biodynamie. Il a pris pour blason le cépage gringet, qui a longtemps eu la réputation d'être un cousin du savagnin, probablement en raison de ses arômes floraux de jasmin. Cette variété a donné naissance à la cuvée Le Feu Gringet, aux arômes de fruits confits et de coing. Ce vin complexe, équilibré, ample et de longue tenue est à servir dans les deux ans.

Le Feu Gringet (vin-de-savoie) – 15 à 20 €

Dom. Belluard,
283, Les Chenevaz, 74130 Ayse,
04 50 97 05 63,
domainebelluard@wanadoo.fr

PHILIPPE BETEMPS

Installé dans l'ancienne école de sa commune, Philippe Betemps conduit depuis 1990 ce domaine de 9,5 ha. Véritable spécialiste de l'apremont, le vigneron a su tirer la quintessence du cépage jacquère, planté sur les contreforts graveleux du mont Granier. Sa cuvée Apremont Sélection en témoigne : nez riche et expressif d'agrumes et de notes florales, bouche vive, minérale et relevée d'une pointe citronnée en finale. Ce vin friand et plaisant est à boire dans les deux ans.

Apremont Sélection (vin-de-savoie) – moins de 5 €

EARL Philippe Betemps,
Saint-Pierre, 73190 Apremont,
04 79 28 33 18,
philippebetemps@orange.fr

LES FILS DE RENÉ QUÉNARD

Philippe Viallet a racheté en 2008 cette propriété de 18 ha, dont 15 ha plantés en bergeron, avec Claire Taittinger, des champagnes éponymes. Le binôme a installé sur place un régisseur, Alexis Cote, qui signe les vins du domaine. On citera notamment la cuvée Chignin-Bergeron La Bergeronnelle, un vin friand révélant un nez d'abricot agrémenté de notes fraîches de coquilles d'huître. Net, droit et long en bouche, il devra être dégusté dans les deux années à venir.

Chignin-Bergeron La Bergeronnelle (vin-de-savoie) – 11 à 15 €

Les Fils de René Quénard,
Le Villard, Cedex 4707, 73800 Chignin,
04 79 28 01 15,
info@lesfilsderenequenard.fr

JURA & SAVOIE

Les vins blancs de moyenne garde (de 3 à 5 ou 7 ans)

Le Jura fournit dans les appellations côtes-du-jura et l'étoile des vins blancs secs qui ont besoin de quelques années pour s'épanouir. Le savagnin, seul ou en assemblage avec le chardonnay, très typé, à la fois fruité, vif et puissant, offre des senteurs caractéristiques de noix et de fruits secs. Il gagne en rondeur et en complexité avec l'âge.
En Savoie, l'AOC roussette-de-savoie, à base d'altesse, livre des vins réputés pour leur finesse et leur fraîcheur, offrant des arômes typiques de fruits secs, qui gagnent à être attendus quelques années. De son côté, la roussanne, appelée ici bergeron, donne spécialement à Chignin, avec le chignin-bergeron, des vins onctueux, complexes et persistants, aptes à une certaine garde.

DOMAINE DES MARNES BLANCHES

Géraud Fromont a repris ce domaine dès la fin de ses études en 2008 et a engagé la conversion au bio du vignoble situé dans trois communes différentes, Sainte-Agnès, Vincelles et Cesancey. Issue du chardonnay et du savagnin élevés séparément en fût, sous voile, pendant trente-six mois, sa cuvée Empreinte Tradition a tous les attributs jurassiens. Le nez dévoile d'intenses notes de noix et de marc de raisin. Ronde et puissante, la bouche exprime avec grâce la noix mûre. À boire dans les cinq ans.

Empreinte Tradition (côtes-du-jura) – 8 à 11 €

Pauline et Géraud Fromont,
3, Les Carouges, 39190 Sainte-Agnès,
03 84 25 19 66,
contact@marnesblanches.com

DOMAINE CHRISTIAN ET PATRICIA PÊCHEUR

Si la vigne était déjà présente dans l'exploitation agricole des parents, c'est avec l'installation de Christian Pêcheur en 1992, puis de Patricia quelques années plus tard, que la superficie viticole s'est développée pour atteindre désormais plus de 7 ha. Parmi les cuvées de la propriété, on citera notamment le Savagnin, un vin racé, élevé trois ans en fût, au nez frais et intense de noix verte et de noisette. La bouche s'exprime à la fois sur la fraîcheur des notes minérales et sur le fruité de la noisette.

Savagnin (côtes-du-jura) – 11 à 15 €

Dom. Christian et Patricia Pêcheur,
rue Philibert, 39230 Darbonnay,
03 84 85 50 19

SAMUEL ET FABIEN GIRARD-MADOUX

Ce domaine de 5,5 ha est tenu par les frères Samuel et Fabien Girard-Madoux. Le premier s'est destiné immédiatement à la vigne, le second a fait un détour par la boulangerie avant de s'installer en 2001. Ils travaillent chaque année leur chignin-bergeron comme une vendange tardive et récoltent leurs raisins en surmaturité. Il en résulte un vin aux arômes de fruits jaunes mûrs, rehaussés par une touche minérale qui apporte une fraîcheur que l'on retrouve dans une bouche fruitée et remarquablement équilibrée.

Chignin-Bergeron (vin-de-savoie) – 8 à 11 €

Samuel et Fabien Girard-Madoux,
Cave Plantin, Tormery, 73800 Chignin,
04 79 28 11 76,
caveplantin@gmail.com

DOMAINE GIACHINO

Les deux frères, Frédéric et David Giachino, ont la certification bio depuis 2010, travaillent en biodynamie, pratiquent le labour à cheval et les vendanges manuelles. Un souci de l'environnement qui va de pair avec une réelle maîtrise de l'œnologie, comme en témoigne leur roussette-de-savoie. Élevée sur lies, cette cuvée livre des parfums intenses de fleurs blanches, de pamplemousse et de fruits exotiques, ainsi qu'une bouche vive, riche et complexe. Ce vin typé se bonifiera après trois ou quatre ans de garde.

(roussette-de-savoie) – 8 à 11 €

Dom. Giachino,
La Palud, 38530 Chapareillan,
04 76 92 37 94,
domaine-giachino@orange.fr

GUY JUSTIN

Emmanuelle Justin aide son père Guy au domaine : à lui, le tracteur et les vinifications ; à elle, le commerce et les marchés. Née sur un terroir profond d'éboulis calcaires, leur cuvée Marestrel révèle un nez complexe de fruits jaunes et de pâte de coings. Gras et puissant en bouche, ce beau vin tout en rondeur devra séjourner trois ou quatre ans en cave pour un meilleur fondu. La Cuvée gastronomique offre un nez friand et intense de miel et d'épices et une bouche ronde et soyeuse.

Marestrel (roussette-de-savoie) – 8 à 11 € ; Cuvée gastronomique (roussette-de-savoie) – 5 à 8 €

Guy Justin,
La Touvière, 73170 Billième,
04 79 36 81 61,
justin.emmanuelle@live.fr

DOMAINE PHILIPPE VANDELLE

Installé dans une ancienne maison vigneronne à flanc de coteau, ce domaine de 13 ha est conduit par Philippe Vandelle. Établi dans le village de L'Étoile, le vigneron aime travailler les vins sous voile. Sa cuvée Vieilles Vignes est un assemblage de chardonnay et de savagnin, élevé vingt-quatre mois en fût sans ouillage. Le nez, très expressif, livre des notes de noix verte, d'amande et de vanille. Agréable de suite, ce vin puissant et équilibré révélera son potentiel après quatre ou cinq années de garde.

Vieilles Vignes (l'étoile) – 8 à 11 €

Dom. Philippe Vandelle,
186, rue Bouillod, 39570 L'Étoile,
03 84 86 49 57,
info@vinsphilippevandelle.com

DOMAINE PASCAL ET ANNICK QUÉNARD

Établis à Chignin, Pascal et Annick Quénard représentent la quatrième génération de vignerons. Ils soignent particulièrement leur bergeron, cépage emblématique de leur village, qui a donné naissance à la cuvée Noé, une valeur sûre du domaine. Vendangée en plusieurs tries, la dernière ayant fourni des raisins surmûris, elle offre un nez expressif et intense de fruits confits et de silex et un palais remarquablement équilibré, à la fois rond et frais, qui s'étire dans une finale suave et longue.

Chignin-Bergeron Cuvée Noé (vin-de-savoie) – 11 à 15 €

Dom. Pascal et Annick Quénard,
Le Villard, Cedex 4800, 73800 Chignin,
04 79 28 09 01,
pascal.quenard.vin@wanadoo.fr

JURA & SAVOIE

Les vins blancs de longue garde (de 5 ou 7 ans et plus)

Produit dans les appellations arbois, château-chalon, côtes-du-jura et l'étoile, le vin jaune est certainement le vin le plus prestigieux et le plus original du vignoble jurassien. Élevé sous voile durant au moins six ans, le savagnin s'exprime ici sur des arômes très typés, dits « jaunes », tels que la noix, la muscade, le curry ou le safran. Rare et onéreux, ce vin sec, riche, puissant et persistant peut se conserver plusieurs décennies, parfois jusqu'à un siècle.

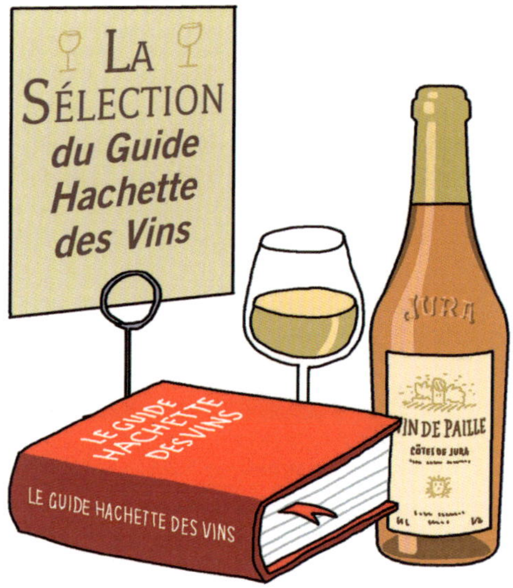

ROLET PÈRE ET FILS

Fondé dans les années 1940, ce domaine viticole familial s'est développé progressivement et s'étend aujourd'hui sur 63 ha, répartis dans trois aires d'AOC. Portant haut les couleurs du Jura, il offre vraiment une gamme très complète de vins. On citera notamment son Vin jaune au nez très expressif sur la noix et le curry, au palais ample et persistant. Cette bouteille devra patienter dans votre cave cinq à huit ans. À noter aussi son Chardonnay Harmonie, élevé une année en barrique, apte au vieillissement.

Vin jaune (arbois) – 20 à 30 € ; Chardonnay Harmonie (arbois) – 8 à 11 €

Rolet Père et Fils,
Montesserin, rte de Dole, 39600 Arbois,
03 84 66 00 05,
rolet@wanadoo.fr

DOMAINE BERTHET-BONDET

Les caves de cette exploitation en conversion bio se situent au cœur du très beau village de Château-Chalon. Plus de la moitié du vignoble est consacrée à cette prestigieuse appellation. Après six ans et trois mois au minimum de soins attentifs pour son élaboration, cette cuvée livre des parfums d'amande, de noix fraîche et d'épices, soulignés de quelques notes minérales. La bouche tendue est portée par une finale minérale. Ce vin harmonieux peut être apprécié de suite, mais saura aussi attendre plusieurs années.

(château-chalon) – 30 à 50 €

Dom. Berthet-Bondet,
7, rue de la Tour, 39210 Château-Chalon,
03 84 44 60 48, berthet-bondet@orange.fr

DOMAINE MACLE

Cette ancienne maison constituée en 1850 s'est développée à partir de 1966. Un tiers de son vignoble est consacré à l'appellation château-chalon. Cette cuvée livre un nez d'une bonne intensité sur fond de noix mûre et d'épices. Relayant une attaque pleine de sève étayée par une légère acidité, la bouche révèle de jolis arômes de vin jaune qui restent présents longuement. Un ensemble harmonieux et typé qu'une garde d'une dizaine d'années mettra davantage en valeur.

(château-chalon) – 30 à 50 €

Dom. Macle,
15, rue de la Roche, 39210 Château-Chalon,
03 84 85 21 85,
maclel@wanadoo.fr

DOMAINE MARTIN FAUDOT

Établi à Mesnay, ce domaine, conduit par Michel Faudot et Jean-Pierre Martin, a installé son caveau à Arbois, sous les arcades. Vous y dégusterez sa cuvée Chardonnay, un vin élevé seize mois en fût, intense et évolué au nez, parfaitement typé Jura. La bouche offre une très jolie matière, ample et riche, entre noix vanillée et caramel au lait. Une belle vivacité dynamise cet ensemble chaleureux qui peut être apprécié tout de suite, mais qui saura aussi attendre plusieurs années.

Chardonnay (arbois) – 8 à 11 €

Dom. Martin Faudot,
19, rue Bardenet, 39600 Mesnay,
03 84 66 29 97,
info@domaine-martin.fr

LANGUEDOC & ROUSSILLON

Si les rouges prédominent dans le paysage viticole du Languedoc-Roussillon, on dénombre toutefois de plus en plus de blancs très qualitatifs, provenant notamment des coteaux les plus frais. Gourmands et fruités, la plupart se dégustent de préférence dans leur jeunesse. Les clairette-du-languedoc et picpoul-de-pinet se montrent vifs et aromatiques, les corbières gras et onctueux, les faugères riches et gras, et les saint-chinian frais et légers. Quant aux côtes-du-roussillon, ils sont légers et exhalent de délicats arômes floraux.

Les vins blancs à boire jeunes (dans les 2 ou 3 ans)

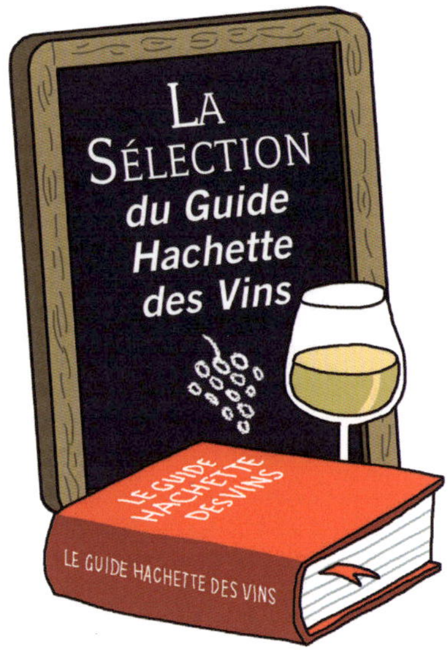

ADISSAN

Cépage traditionnel du Languedoc, la clairette permet de produire des blancs secs ou moelleux, dont la coopérative d'Adissan s'est fait une spécialité. Le vignoble occupe des terrasses villafranchiennes composées de galets de quartz, silex et calcaires au sein d'une matrice argilo-sableuse. Cette cuvée est une référence de l'appellation : arômes de fruits à chair blanche et de prune, bouche fraîche, élégante et harmonieuse. Un très joli blanc sec, tout en finesse, à boire sans attendre.

(clairette-du-languedoc) – moins de 5 €

Cave coop. La Clairette d'Adissan,
2, av. du Gal-de-Gaulle, 34230 Adissan,
04 67 25 01 07,
clairette.adissan@wanadoo.fr

ROQUE SESTIÈRE

Ancien instituteur installé sur le domaine de son beau-père, Roland Lagarde a réduit la superficie cultivée pour s'attacher à la qualité. Les blancs constituent sa spécialité, alors qu'ils représentent une toute petite minorité de la production en corbières. On citera notamment sa cuvée Vieilles Vignes, issue de macabeu, de grenache blanc et de roussanne, âgée d'un demi-siècle. Elle livre des parfums complexes de fruits blancs et d'acacia et conjugue en bouche fraîcheur et richesse, puissance et charme.

Vieilles Vignes (corbières) – 5 à 8 €

REARL Roland Lagard,
Dom. Roque Sestière, 8, rue des Étangs,
11200 Luc-sur-Orbieu, 04 68 27 18 00
roque.sestiere@wanadoo.fr

DOMAINE DU MÉTÉORE

Une météorite serait tombée à Cabrerolles il y a plus de 10 000 ans. Au fond d'un cratère de 220 m de diamètre, le cirque du Clot, se niche la vigne de Geneviève et Guy Libes. Les cuvées portent ici des noms d'étoiles filantes. On citera, entre autres Les Léonides, un vin élégant aux arômes de fleurs, de fruits secs et d'épices, et à la bouche suave dynamisée par une finale fraîche. Équilibré et complet, il est à déguster dans les deux ans.

Les Léonides (faugères) – 5 à 8 €

Geneviève et Guy Libes,
Dom. du Météore, 34480 Cabrerolles,
04 67 90 21 12,
domainedumeteore@wanadoo.fr

DOMAINE DU CHÂTEAU

Au château de Pinet, après 250 ans de transmission de père en fils, c'est le premier relais mère-fille qui s'opère entre Simone et Anne-Virginie Arnaud-Gaujal. Un savoir-faire transmis aussi pour l'élaboration de ce Picpoul-de-Pinet Cuvée des comtesses. Issu de parcelles historiques au cœur de l'appellation, ce vin livre des senteurs d'agrumes et de fruits à chair blanche, mêlées à des notes iodées. Cette cuvée harmonieuse, d'une belle rondeur, est à boire sans attendre.

Picpoul-de-Pinet Cuvée des comtesses (languedoc) – 5 à 8 €

Simone et Anne-Virginie Arnaud-Gauja,l
Ch. de Pinet, 34850 Pinet,
04 68 32 16 67,
chateaudepinet@voila.fr

DOMAINE DES LAURIERS

Jouxtant Pézenas, le vignoble de Marc Cabrol, une valeur sûre de l'appellation, s'étend sur 25 ha entre garrigue et pinèdes, à Castelnau-de-Guers, l'une des cinq communes de la dénomination picpoul-de-pinet. Caractéristique de son appellation, la cuvée Prestige décline un bouquet à la fois puissant et élégant d'agrumes et d'épices, accompagnés d'une note iodée. Ce fruité et cette fraîcheur se prolongent dans une bouche équilibrée, tout en finesse et en subtilité.

Picpoul-de-Pinet Prestige (languedoc) – moins de 5 €

Dom. des Lauriers,
15, rte de Pézenas,
34120 Castelnau-de-Guers,
04 67 98 18 20,
contact@domaine-des-lauriers.com

CHÂTEAU CREISSAN

Conduit par Bernard Reveillas, ce domaine, très régulier en qualité, s'étend sur 35 ha dans la partie sud argilo-calcaire de l'appellation. La cave est située dans l'enceinte médiévale de Creissan. Sa cuvée Fin'Amor est issue de vermentino et de grenache blanc. Elle livre un bouquet expressif de poire, d'agrumes et de fleurs blanches, et une bouche vive en attaque offrant de délicates senteurs fruitées et briochées. Rond et soyeux, ce vin harmonieux pourra être dégusté dans les trois ans.

Fin'Amor (saint-chinian) – moins de 5 €

Bernard Reveillas,
3, chem. du Moulin-d'Abram,
34370, Creissan,
06 85 13 83 15,
bernard.reveillas@orange.fr

DOMAINE FÉLINES JOURDAN

Claude Jourdan a regagné l'exploitation familiale en 1995, prenant la suite de sa mère Marie-Hélène, aux côtés de Serge, son oncle, en charge de la culture des vignes. Ce vaste domaine de 110 ha se répartit en trois entités, au bord de l'étang de Thau, en bordure de la mer. Cette situation géographique confère aux vins blancs beaucoup de fraîcheur. Pour preuve, cette cuvée au nez expressif de pêche blanche et de pomme verte. La bouche équilibrée se révèle à la fois ronde et vive.

(languedoc) – 5 à 8 €

Claude Jourdan,
Dom. Félines Jourdan, 34140 Mèze,
04 67 43 69 29,
claude@felines-jourdan.com

L'ORMARINE

Le vignoble de la coopérative de Pinet borde l'étang de Thau, sur un sol graveleux. Le Picpoul-de-Pinet est issu d'un cépage noble, d'abord appelé piquant-paul, picapulla, puis piquepouille, et connu maintenant sous le nom picpoul. Incontournable dans l'appellation, la cuvée Carte noire offre un bouquet fin et expressif, mêlant fleurs blanches et fruits frais. La bouche concilie rondeur et vivacité dans un équilibre subtil. Un vin racé bien caractéristique de son terroir.

Picpoul-de-Pinet Carte noire (languedoc) – de 5 €

Cave de l'Ormarine,
13, av. du Picpoul, 34850 Pinet,
04 67 77 03 10,
caveormarine@wanadoo.fr

CHÂTEAU DE JAU

Niché au creux de l'Agly, sur le piémont des Corbières catalanes, le château de Jau rayonne grâce à son espace d'art contemporain fréquenté par des artistes de renom. Il fait connaître ses vins nés au Chili, à Banyuls, à Collioure ou tout simplement ici, tel ce blanc, fruit du vermentino et du macabeu, qui livre des parfums de pêche jaune, d'abricot, de garrigue et de beurre. Ce vin tout en élégance et en finesse dévoile une bouche souple et vive et une finale mentholée.

(côtes-du-roussillon) – 8 à 11 €

Vignobles Dauré,
Ch. de Jau, 66600 Cases-de-Pène,
04 68 38 90 10,
daure@wanadoo.fr

LANGUEDOC & ROUSSILLON

Si la majorité des vins blancs produits dans cette région sont destinés à être bus jeunes, on trouve dans l'ensemble des appellations du Languedoc-Roussillon des cuvées riches et complexes auxquelles un élevage en fût aura apporté un surcroît de structure, qui leur permettra d'affronter quelques années de bouteille. D'autre part, dans l'ouest audois, le vignoble de Limoux livre un vin rare issu essentiellement de chardonnay, obligatoirement élevé en barrique, à la fois frais et rond, qui pourra s'attendre quelques années. Enfin, dans le Roussillon, l'appellation collioure produit des blancs amples et gras, aptes à une certaine garde.

Les vins blancs de moyenne garde (de 3 à 5 ou 7 ans)

DOMAINE LA CROIX CHAPTAL

Créé par les moines bénédictins de l'abbaye de Gellone au xe s., ce domaine se partage entre bois (11 ha) et vignes (20 ha). Depuis 1999, il revit sous l'impulsion de Charles-Walter Pacaud. Vinifiée pour une partie en cuve, pour l'autre en fût, sa cuvée Clairette blanche livre un bouquet à la fois floral et fruité, minéral et réglissé. Dominé par la rondeur, ce vin révèle ensuite une fine vivacité qui vient dynamiser l'ensemble. On pourra le boire de suite ou l'attendre trois ou quatre ans.

Clairette blanche (clairette-du-languedoc) – 8 à 11 €

Pacaud-Chaptal,
hameau de Cambous,
34725 Saint-André-de-Sangonis,
06 82 16 77 82,
lacroixchaptal@wanadoo.fr

CHÂTEAU MONTFIN

Si la commune où sont établis Jérôme et Raymond Estève depuis 2002 s'appelle Peyriac-de-Mer, elle tient son charme des étangs littoraux où s'ébattent les flamants roses, et des paysages de garrigue, de pinèdes et de vignes. Les vins de ce domaine cultivé en bio présentent eux aussi un grand intérêt. On citera notamment la cuvée Saint-Jacques, Élevé en fût de chêne, assemblage de roussanne et de grenache blanc. Ce vin au bouquet intense et captivant, et au palais vif et ample, est assurément de garde.

Cuvée Saint-Jacques Élevé en fût de chêne (corbières) – 8 à 11 €

Ch. Montfin,
10, rue du Rec-de-l'Aire,
11440 Peyriac-de-Mer,
04 68 41 93 30,
info@chateaumontfin.com

CHÂTEAU DE LASCAUX

Jean-Benoît Cavalier, agronome de formation, a relancé l'exploitation familiale au milieu des années 1980, marchant dans les pas de plus de dix générations de vignerons, sur un terroir de cailloutis calcaires. Très régulier en qualité, le domaine produit au cœur de la garrigue d'excellents vins bio, à l'image de la cuvée Pierres d'argent vinifiée en barrique. Celle-ci offre un nez expressif d'abricot et de pêche jaune, et une bouche harmonieuse et complexe à la fois ronde et fraîche.

Pierres d'argent (languedoc) – 15 à 20 €

Jean-Benoît Cavalier,
pl. de l'Église, 34270 Vacquières,
04 67 59 00 08,
info@chateau-lascaux.com

TOQUES ET CLOCHERS

Guilhem Marty dirige cette coopérative de référence de Limoux, qui compte 288 adhérents et un vignoble de 2 200 ha. La cave est le principal opérateur de blanquette-de-limoux et crémant-de-limoux et pratique une sélection rigoureuse des parcelles. Sa cuvée Autan est une valeur sûre : pur chardonnay aux parfums fruités élégants et à la bouche gourmande, ample et ronde. On citera aussi la cuvée Océanique, un vin riche étayé par une agréable fraîcheur et bien équilibré entre boisé et fruité.

Autan (limoux) – 11 à 15 € ; Océanique (limoux) – 11 à 15 €

Sieur d'Arques,
rte de Carcassonne, 11300 Limoux,
04 68 74 63 00,
s.echantillon@sieurdarques.com

LAURAN CABARET

Le Cellier Lauran Cabaret est un bastion incontournable du minervois. Les vignerons de la coopérative sont les premiers producteurs en volume de l'appellation, ce qui n'empêche pas la cave de produire d'excellentes cuvées. Pour preuve, ce minervois blanc, assemblage de macabeu, de grenache blanc et de marsanne, qui dévoile un joli bouquet de fleurs blanches, relayé par une bouche veloutée, douce et chaleureuse. L'ensemble est harmonieux, puissant et élégant à la fois.

(minervois) – moins de 5 €

Cellier Lauran Cabaret,
1, av. de la Coopérative,
11800 Laure-Minervois,
04 68 78 12 12,
cellier.lauran.cabaret@wanadoo.fr

CHÂTEAU COUJAN

François Guy et Solange Peyre conduisent depuis 1990 cette exploitation établie sur un îlot de corail fossilisé. Propriétaire des lieux depuis 1868, la famille travaille dans le respect de la nature et convertit peu à peu son vignoble à l'agriculture biologique. La Cuvée Bois Joli est une valeur sûre du domaine : élevage de douze mois en demi-muids de chêne neuf, bouquet raffiné sur les fleurs blanches et les fruits exotiques, bouche à la fois ronde et vive. Un vin complexe et équilibré.

Cuvée Bois Joli (saint-chinian) – 8 à 11 €

Florence Guy,
Ch. Coujan,
34490 Murviel-les-Béziers,
04 67 37 80 00

CLOS DES VINS D'AMOUR

Christine, Nicolas, Christophe et Laurence Dornier ont repris en 2002 les vignes cultivées par la famille depuis quatre générations. Le domaine s'étend sur les terroirs schisteux de Tautavel, de Maury et de Saint-Paul-de-Fenouillet. Fruit du mariage des grenaches blanc et gris, associés à une pointe de macabeu, leur cuvée Idylle est imprégnée de senteurs du maquis et de parfums de fleurs blanches. Frais et fin, avec ce qu'il faut d'onctuosité, ce vin est des plus plaisants.

Idylle (côtes-du-roussillon) – 8 à 11 €

Vignobles Dornier,
3, rte de Lesquerde,
66460 Maury,
04 68 34 97 06,
maury@closdesvinsdamour.fr

DOMAINE SARDA-MALET

En bordure sud de la ville de Perpignan, au pied du site paléontologique de Serrat d'en Vaquer, Jérôme Malet fait de la résistance pour sauvegarder ce site viticole placé sous le regard protecteur du Canigou. Sa cuvée Terroir Mailloles est une valeur sûre : un assemblage de grenache blanc, roussanne et marsanne, avec une vinification en barrique et un élevage long. Ce vin aux nez de fruits exotiques et de fleurs miellées, à la bouche ample, onctueuse et superbement fondue, est à boire dans les quatre ans.

Terroir Mailloles (côtes-du-roussillon) – 20 à 30 €

Domaine Sarda-Malet,
Mas Saint-Michel,
chem. de Sainte-Barbe,
66000 Perpignan,
04 68 56 72 38,
info@sarda-malet.com

CAZES

La famille Cazes est établie à Rivesaltes, où elle exploite en biodynamie un vaste domaine de 220 ha. Ayant aussi noué des partenariats avec des viticulteurs de la région, elle a pu élargir sa gamme de vins du Roussillon. C'est ainsi qu'elle propose de beaux collioure, à l'image de la cuvée Notre-Dame des Anges, née de grenache blanc et gris, qui libère un nez floral teinté de minéralité. Ce vin harmonieux offre une bouche puissante et fruitée, légèrement toastée en finale.

Notre-Dame des Anges (collioure) – 15 à 20 €

Maison Cazes,
4, rue Francisco-Ferrer, 66600 Rivesaltes,
04 68 64 08 26, info@cazes.com

PROVENCE & CORSE

Réputé essentiellement pour sa grande production de rosés, le vignoble provençal fournit une petite quantité de blancs d'une qualité exceptionnelle, que l'on prendra plaisir à déguster assez rapidement pour leur fruité charnu et leur fraîcheur aromatique. On citera notamment les rares baux-de-provence et coteaux-d'aix-en-provence, des vins très harmonieux, fruités et structurés, qui ne manquent pas de fraîcheur, ainsi que les coteaux-varois-en-provence ou les côtes-de-provence, des blancs vifs, ronds et gourmands.

Les vins blancs à boire jeunes (dans les 2 ou 3 ans)

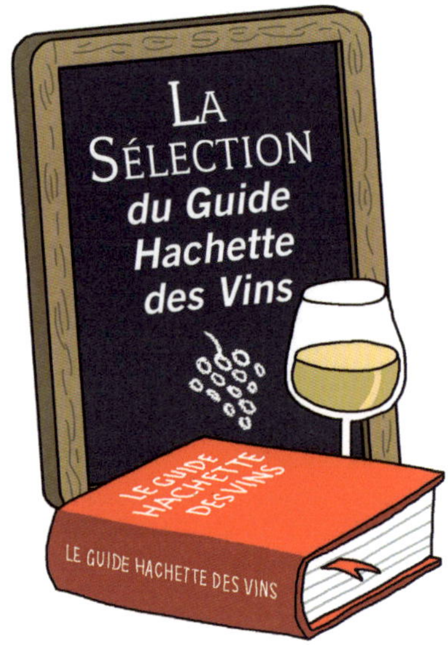

DOMAINE DES TERRES BLANCHES

Ce domaine précurseur en matière de viticulture biologique (« bio-actif » depuis 1970) a été fondé en 1968 par Noël Michelin. Conduit par la famille Parmentier-Jolly depuis 2007, il a changé récemment de propriétaire : il a été racheté en 2012 par Laurent Hild. Né sur des terres blanches argilo-calcaires, son baux-de-provence, élaboré à partir de six cépages, dévoile un bouquet floral, complexe et fin de rose, qui se prolonge dans une bouche fraîche et aérienne.

(baux-de-provence) – 11 à 15 €

Dom. des Terres blanches, RD 99, 13210 Saint-Rémy-de-Provence, 04 90 95 91 66

DOMAINE DE L'OPPIDUM DES CAUVINS

Rémy et Dominique Ravaute ont repris en 1989 le domaine créé par leur grand-père au début du siècle dernier et situé au cœur du massif de la Trévaresse, sur une ancienne place forte romaine. Avec son vignoble de 85 ha, c'est une des valeurs sûres de l'appellation. Issu de rolle, de sauvignon et de grenache blanc, son coteaux-d'aix-en-provence blanc livre un bouquet de poire, de fenouil et de citron. Cette cuvée harmonieuse et équilibrée offre du gras, du volume et une bonne longueur en bouche.

(coteaux-d'aix-en-provence) – moins de 5 €

Dom. de l'Oppidum des Cauvins, RD 543, Les Cauvins, 13840 Rognes, 04 42 50 29 40, oppidumdescauvins@wanadoo.fr

CHÂTEAU DES CHABERTS

Au pied du massif forestier qu'est la montagne de la Loube, ce vignoble perché à 350 m d'altitude entre Garéoult et La Roquebrussanne est planté sur une terre aride et caillouteuse, à l'abri des vents dominants, où les vins puisent leur spécificité. On citera notamment la cuvée Prestige aux senteurs florales, rafraîchies par une note mentholée. Soutenue par une attaque vive, elle prolonge en bouche les sensations florales et y ajoute du fruit. Un vin complet et bien typé.

Cuvée Prestige (coteaux-varoix-en-provence) – 8 à 11 €

Ch. des Chaberts, Mme Cundall, 83136 Garéoult, 04 94 04 92 05, chaberts@wanadoo.fr

DOMAINE SAINT-JEAN-LE-VIEUX

Pierre et Claude Boyer s'emploient depuis 1990 à moderniser, sur leur domaine de 66 ha, les techniques culturales et le travail au chai dans le respect de l'environnement. Situé à la sortie de Saint-Maximin, sur la route de Bras, leur caveau de dégustation est de style néoprovençal. Classique du domaine, la cuvée La Grand' Bastide livre une agréable palette aromatique d'agrumes et de fruits exotiques, ponctuée de notes florales. La bouche se révèle ample, élégante, expressive et longue.

Cuvée La Grand' Bastide (coteaux-varoix-en-provence) – moins de 5 €

Dom. Saint-Jean-le-Vieux,
317, av. 8-Mai-1945, 83470 Saint-Maximin,
04 94 59 77 59,
domaine@saintjeanlevieux.com

DOMAINE DU CAGUELOUP

Héritier d'une longue lignée de vignerons (21 générations), Richard Prébost conduit depuis plus de 30 ans ce domaine très connu pour ses bandol, qui propose aussi de beaux côtes-de-provence. On citera notamment la cuvée Minette, née d'un assemblage d'ugni blanc et de clairette. Au nez, le vin se révèle frais et fruité. À l'unisson, le palais mêle des notes de pamplemousse et de poire et s'équilibre entre gras et fraîcheur minérale.

Cuvée Minette (côtes-de-provence) – 5 à 8 €

Dom. du Cagueloup,
267, chem. de la Verdelaise,
83270 Saint-Cyr-sur-Mer,
04 94 26 15 70,
domainedecagueloup@gmail.com

MAS DE CADENET

Accompagné de ses enfants Maud et Matthieu, Guy Négrel perpétue une tradition familiale débutée en 1813 sur ces terres des contreforts de la montagne Sainte-Victoire. Le vignoble de 45 ha est implanté sur un terroir de grès et de sable-argileux limoneux. Sa cuvée célébrant le bicentenaire du domaine est issue du seul rolle. Elle dévoile au nez des parfums intenses d'agrumes et offre en bouche longueur, fraîcheur et persistance. Un blanc intense et vivifiant, harmonieux et aromatique à souhait.

1813 Bicentenaire (côtes-de-provence) – 8 à 11 €

Mas de Cadenet,
RD 57, 13530 Trets,
04 42 29 21 59,
matthieu.negrel@masdecadenet.fr

PROVENCE & CORSE

Si de nombreux blancs élaborés en Provence sont à boire dans les trois premières années, certains vins pourront se conserver bien plus longtemps. C'est du côté des crus que l'on se penchera pour débusquer de jolies cuvées riches et racées, souvent marquées par des nuances minérales, livrant d'agréables senteurs florales et fruitées. Celles vinifiées et élevées en fût, plus grasses et complexes, se bonifieront avec le temps et pourront soutenir jusqu'à dix années de bouteille. On pense ainsi ici aux bandol, onctueux et fruités, aux palette, ronds et charpentés, aux bellet, issus du rolle qui livre des vins gras et frais, et enfin à l'appellation cassis, réputée pour ses blancs ronds, gras et bouquetés. Côté Corse, les blancs nés du vermentino, se distinguent par leur intensité aromatique, leur gras et leur soyeux.

Les vins blancs de moyenne garde (de 3 à 5 ou 7 ans)

DOMAINE DE LA BÉGUDE

Depuis 1996, Guillaume et Louis Tari sont à la tête d'un domaine devenu viticole au XIVe s. Situé à l'emplacement d'un ancien village mérovingien construit stratégiquement au point culminant de l'appellation bandol, à plus de 400 m d'altitude, le vignoble est conduit en agriculture bio. Provenant de ce site exceptionnel, ce bandol blanc livre un joli nez d'aubépine et de mirabelle, agrémenté de touches beurrées, et une bouche onctueuse, légèrement boisée et de bonne longueur.

(bandol) – 20 à 30 €

*SCEA Dom. de la Bégude,
rte des Garrigues,
83330 Le Camp-du-Castellet,
04 42 08 92 34,
contact@domainedelabegude.fr*

CLOS SAINT-VINCENT

Valérie et Gio Sergi conduisent leur vignoble de 6 ha – vaste pour l'appellation – en agriculture biologique. Ils s'attachent à produire des vins qui expriment au mieux leur très beau terroir de galets roulés, caractéristique de Bellet. Pari réussi avec la cuvée Le Clos, issue du seul rolle, au bouquet puissant et complexe de fruits confits et de notes grillées de l'élevage. Ample et ronde, la bouche est soutenue par une belle vivacité. Ce vin équilibré est à boire dès à présent ou à attendre quelques années.

Le Clos (bellet) – 20 à 30 €

*Sergi, Collet des Fourniers,
Saint-Roman-de-Bellet, 06200 Nice,
04 92 15 12 69,
contact@clos-st-vincent.fr*

CHÂTEAU DE FONTCREUSE

Une fontaine, creusée en 1687 pour alimenter en eau courante le château – alors en cours de construction –, est à l'origine du nom du domaine. Jean-François Brando, trois siècles plus tard, acquiert la propriété, dont il perpétue la vocation viticole avec un talent certain. Pour preuve, la Cuvée F qui mêle des parfums de fleurs blanches à des notes minérales et des senteurs de sous-bois. La bouche impressionne par son volume et sa longue finale. Un vin complet et complexe, promis à un bel avenir.

Cuvée F (cassis) – 8 à 11 €

*Jean-François Brando,
13, rte Pierre-Imbert, 13260 Cassis,
04 42 01 71 09,
fontcreuse@wanadoo.fr*

DOMAINE DE LA FERME BLANCHE

En 1714, le vignoble du domaine s'étendait jusqu'aux portes de la cité phocéenne. Démembré à la Révolution, il n'en reste aujourd'hui qu'une trentaine d'hectares, menés de main de maître par la famille Imbert. Pour preuve, la cuvée Bastide, un vin expressif et savoureux, qui évoque des senteurs florales de tilleul, d'acacia et de chèvrefeuille, mêlées à des notes douces de miel et de fruits confits. La bouche se montre onctueuse, parcourue par une jolie fraîcheur qui lui donne de l'équilibre.

Bastide (cassis) – 8 à 11 €

Dom. de la Ferme blanche,
RD 559, 13260 Cassis,
04 42 01 00 74
fermeblanche@wanadoo.fr

CHÂTEAU DE MEYREUIL

Depuis 2006, Jacqueline Raynaud poursuit l'œuvre de son époux, débutée en 1992, sur ce domaine dont les bâtiments abritèrent un couvent de jeunes filles nobles d'Aix-en-Provence au XVIIIe s. Le vignoble de 4 ha domine le village de Meyreuil face à la montagne Sainte-Victoire. Issue d'un assemblage dominé par la clairette, ce palette blanc livre un bouquet plaisant et complexe de fleurs blanches, bergamote, litchi et amande douce. La bouche offre un parfait équilibre entre rondeur et vivacité.

(palette) – 8 à 11 €

J. Raynaud, Le Château,
allée des Pins, 13590 Meyreuil,
04 42 58 03 96

DOMAINE ALISO-ROSSI

Ce domaine de 24 ha s'étend sur la commune de Santo-Pietro-di-Tenda. Dominique Rossi y cultive les cépages corses sur différents terroirs (schistes, argilo-calcaires), des parcelles de vieilles vignes ayant appartenu à son grand-père. Issue du vermentino, sa cuvée Fleurs d'amandiers dévoile un bouquet très expressif de senteurs florales et iodées. La bouche puissante est bien équilibrée entre l'alcool et la minéralité. Un classique de l'appellation, à attendre trois ou quatre ans.

Fleurs d'amandiers (patrimonio) – 8 à 11 €

Dominique Rossi, hameau Corsu,
20246 Santo-Pietro-di-Tenda,
04 95 37 03 03,
dominique.rossi024@orange.fr

SUD-OUEST

Les vins blancs à boire jeunes (dans les 2 ou 3 ans)

Le vaste vignoble du Sud-Ouest regroupe de nombreuses appellations très différentes, qui offrent une large gamme de vins blancs frais et très fruités. Ils sont issus d'une grande variété de cépages comme le sémillon, le sauvignon ou la muscadelle, encépagement bordelais que l'on retrouve du côté du Bergeracois, les gros et petit mansengs, dans les appellations saint-mont, jurançon ou pacherenc-du-vic-bilh, ou encore le mauzac et le len de l'el (loin de l'œil) à Gaillac. Des vins expressifs et gourmands à consommer sans attendre.

CHÂTEAU BALSAMINE

Fondé en 2007, le domaine, situé sur les premières côtes de Gaillac, dispose de 12 ha de vignes exposées au sud et sud-est, et offre un joli panorama sur les Pyrénées par temps clair. Il signe un gaillac sec, assemblage à parts égales de mauzac et de sauvignon, qui livre un nez assez discret, mais de qualité, aux nuances de poire, d'ananas et de pêche de vigne. Après une attaque nette et vivifiante, il dévoile un corps souple, aromatique, bien équilibré grâce à un trait de minéralité en finale. Un vin « moderne », très séduisant.

L'École Buissonnière (gaillac) – 5 à 8 €

EARL Les Balsamines,
lieu-dit Téoulet, 81600 Gaillac,
06 11 28 12 99,
chateaubalsamine@orange.fr

DOMAINE DE LA CHANADE

Assemblage de loin de l'œil et de mauzac cultivés sur 6 ha de sol argilo-calcaire, ce vin libère au nez des parfums intenses et suaves de fleurs blanches, de fruits bien mûrs comme la pomme et le coing, accompagnés de légères touches minérales et boisées. L'attaque souple et ronde dévoile une matière suave marquée par les fruits exotiques, le miel et la vanille. La finale minérale apporte une fraîcheur appréciable et un réel équilibre à l'ensemble. Un vin original, à déguster sans attendre.

Galien (gaillac) – 8 à 11 €

SCEA Dom. de la Chanade,
La Chanade, 81170 Souel,
05 63 56 31 10,
lachanade@orange.fr

CHÂTEAU GRAND PLACE

Créé en 1990 et aujourd'hui en conversion bio, ce domaine associe cinq amis aux compétences complémentaires. Quant à ce bergerac sec, il mise sur la complémentarité du sauvignon et du sémillon, assemblés à parts égales. D'abord timide au nez, il s'affirme et gagne en complexité à l'aération, libérant des senteurs de fruits blancs, de pamplemousse et d'épices. Il attaque avec vivacité sur des notes de fruits exotiques léguées par le sauvignon, puis le sémillon apporte du gras et de la puissance, avant une finale fraîche aux arômes de fruits blancs et de poire. De l'équilibre et de l'élégance.

Le Petit Claud (bergerac) – moins de 5 €

SCEA Claude Delmas,
Le Prévot, 33570 Francs,
05 57 84 38 52,
contact@vins-maurin-delmas.com

CHÂTEAU LES GRIMARD

Chez les Joyeux, le chai a été aménagé dans une ancienne grange du XVe s. Vous pourrez y découvrir une belle gamme de vins plaisants et équilibrés. Issu presque entièrement de sauvignon, ce blanc sec offre un nez d'acacia discret, mais subtil, légèrement minéral, avant de s'orienter en bouche vers le pamplemousse et la poire. Plutôt rond et gras, il finit sur une note vive qui contribue à son harmonie et le rend très agréable sans attendre, pour l'apéritif comme pour débuter un repas.

(montravel) – moins de 5 €

GAEC des Grimard,
Les Grimard, 24230 Montazeau,
05 53 63 09 83,
ch.lesgrimard@orange.fr

CHÂTEAU DE GORRICHON

Vinifié par la très dynamique cave coopérative de Duras, ce vin blanc, issu du cépage sauvignon, dévoile un nez fin, floral, rappelant le genêt, et très fruité dans un registre de fruits jaunes avec de gourmands arômes de pêche, agrémenté d'une touche bien typée de bourgeon de cassis. Une même ligne aromatique caractérise la bouche, qui s'épanouit sur un palais rond, charnu et long. Un vin ample et complet, idéal pour l'apéritif, mais capable d'accompagner également tout un repas.

Sauvignon (côtes-de-duras) – moins de 5 €

Cave de Berticot,
rte de Sainte-Foy-la-Grande,
47120 Duras,
05 53 83 75 47,
contact@berticot.com

CHÂTEAU LAFFITTE-TESTON

Jean-Marc Laffitte, aujourd'hui rejoint sur le domaine par ses enfants Ericka et Joris, ne manque jamais un rendez-vous avec le *Guide Hachette des Vins*. Issue d'un assemblage qui privilégie toujours le petit manseng aux côtés du gros manseng et du petit courbu, cette cuvée reste l'une de ses meilleures ambassadrices. Le nez fleure bon les agrumes, les fruits exotiques, le miel et la vanille Bourbon. Souple en attaque, la bouche séduit par sa fraîcheur et son fruité persistant, qui en font un vin plaisant sur la fraîcheur du fruit.

Ericka Élevé en fût de chêne (pacherenc-du-vic-bilh) – 5 à 8 €

Jean-Marc Laffitte,
Ch. Laffitte-Teston,
32400 Maumusson-Laguian,
05 62 69 74 58,
info@laffitte-teston.com

SUD-OUEST

Les vins blancs de moyenne garde (3 à 7 ans)

Certains vins blancs du Sud-Ouest offrent une bonne capacité d'évolution en cave. Les vignobles du piémont pyrénéen, comme les jurançon ou pacherenc-du-vic-bilh, donnent des vins dotés d'une bonne acidité qui les accompagne dans le temps. De plus, de nombreuses cuvées sont élevées en fût de chêne, ce qui leur confère volume et complexité et leur permet de vieillir agréablement quelques années. Les vins développent alors d'originaux arômes de fruits confits, entre agrumes et fruits exotiques, de miel et d'épices douces.

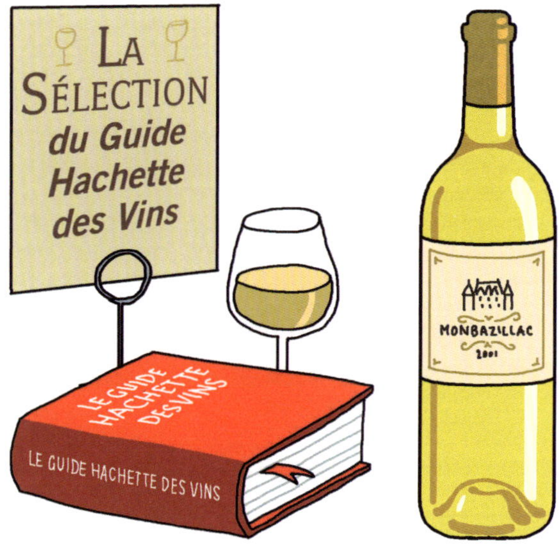

CHÂTEAU LE CLOU

Domaine ancien, racheté en 1999 par Sylvie et Manuel Killias, qui l'ont agrandi (20 ha aujourd'hui) tout en adoptant l'agriculture biologique. Leur cuvée Pléiades a été vinifiée et élevée huit mois en barriques, neuves en partie. Pourtant, c'est un joli fruité qui domine la dégustation avec, au nez comme en bouche, des notes de fruits jaunes comme la pêche et de fruits exotiques. Après une attaque souple, le vin se montre ample et gras, tonifié en finale par une pointe de fraîcheur : une belle bouteille qui mérite de s'épanouir au moins trois ans en cave.

Cuvée Pléiades (bergerac) – 8 à 11 €

EARL Ch. le Clou,
24240 Pomport,
05 53 63 32 76,
chateau.le.clou@online.fr

CHÂTEAU DE BACHEN

Aux étoiles de son restaurant, Michel Guérard ajoute celles du *Guide Hachette des Vins*, millésime après millésime. Ici, un vin de haut rang né de quatre cépages : baroque, petit manseng, sauvignon et gros manseng. La robe est cristalline, couleur or pâle. Le nez dévoile des parfums délicats de fleurs blanches et d'agrumes, accompagnés par un vanillé charmeur et des nuances de miel et de pâtisserie. Après une attaque franche, la bouche offre beaucoup de caractère et de la fermeté, portée par une grande fraîcheur et par un boisé fondu. Un vin harmonieux et tonique, à déguster dans les trois ans.

(tursan) – 8 à 11 €

Michel Guérard, Cie hôtelière et fermière d'Eugénie-les-Bains, 40320 Eugénie-les-Bains, 05 58 71 76 76, direction@michelguerard.com

LAPEYRE

Petit manseng très majoritaire, courbu et camaralet de Lasseube composent l'assemblage de ce vin qui tire son nom d'un lieu-dit. À l'aération, on découvre un bouquet élégant de fruits mûrs, entre fruits jaunes et fruits exotiques, et d'épices douces. Le palais se révèle ample, plein et gras, bien équilibré entre notes fruitées et boisé élégant. Ce vin a du relief et une persistance surprenante. On pourra l'apprécier après trois a quatre ans de garde et il accompagnera sans problème tout un repas.

Mantoulan (jurançon sec) – 15 à 20 €

Clos Lapeyre, SARL Larrieu,
La Chapelle-de-Rousse, 64110 Jurançon,
05 59 21 50 80, contact@jurancon-lapeyre.fr

DOMAINE DE SOUCH

Jean de Souch, « syndic des éleveurs de treille » au XVIIe s., a donné son nom à ce domaine, et certainement sa vocation viticole. Une vocation remise au goût du jour au milieu des années 1980 par Yvonne Hegoburu, qui replanta le vignoble et le convertit très tôt à l'agriculture biologique et à la biodynamie. Les mansengs et le petit courbu y donnent naissance à ce jurançon au nez intense, dominé, mais sans excès, par les nuances empyreumatiques d'un élevage partiel en fût, avec quelques notes miellées à l'arrière-plan. La bouche dévoile un bel équilibre entre boisé et fruité, entre gras et fraîcheur, et s'étire en finale sur de vivifiantes notes citronnées.

(jurançon sec) – 15 à 20 €

SCEA Dom. de Souch,
805, chem. de Souch, 64110 Laroin,
05 59 06 27 22,
domaine.desouch@neuf.fr

BRANA

L'histoire débute en 1897 lorsque Pierre-Étienne Brana se lance dans le négoce à Ustaritz. De génération en génération, eaux-de-vie et vins d'Irouléguy ont fait la réputation du domaine. Depuis 1986, c'est Jean qui est aux commandes des 23 ha du domaine, établis pour l'essentiel sur d'étroites terrasses bien exposées. Née de gros manseng et de petit courbu, cette cuvée révèle un nez expressif qui mêle les fruits exotiques mûrs, la gelée de coing et quelques nuances végétales fraîches. Une vivacité que l'on retrouve en attaque et qui donne du tonus à un palais rond, souple, généreux et long. Un ensemble équilibré, à déguster dans les trois à quatre ans.

Ilori Les Jonquilles (irouléguy) – 11 à 15 €

Brana, 3 bis, av. du Jai-Alaï, BP 20,
64220 Saint-Jean-Pied-de-Port,
05 59 37 00 44, contact@brana.fr

PLAIMONT

La cuvée L'Absolu des Trois Terroirs fait partie de la collection Plaimont Terroirs & Châteaux. Un blanc issu des gros et petit mansengs, associés à une touche de petit courbu, qui dévoile des parfums intenses de fruits exotiques, d'agrumes et de fruits jaunes. Après aération, la bouche confirme les puissants arômes du nez et évolue dans un registre doux et rond. L'ensemble est équilibré par une pointe de vivacité, qui apporte du fringant et beaucoup de persistance. Un vin savoureux qui demande trois à quatre ans de garde pour s'épanouir pleinement.

L'Absolu des Trois Terroirs (saint-mont) – 11 à 15 €

Plaimont Terroirs et Châteaux,
32400 Saint-Mont, 05 62 69 62 87,
d.caillard@plaimont.fr

VALLÉE DE LA LOIRE

Les vins blancs à boire jeunes (dans les 2 ou 3 ans)

Premier producteur de blancs en AOC de France, le Val de Loire dispose d'une gamme très diversifiée de vins issus d'un seul cépage. Ce sont des vins fruités, légers, aériens et rafraîchissants, que l'on prendra plaisir à déguster pour la plupart dès leur première année de bouteille. Le muscadet livre à partir du cépage melon des cuvées aromatiques et vives, aux tonalités minérales. Celles issues des appellations sous-régionales ou communales gagneront toutefois à vieillir deux ou trois ans. Le chenin et le sauvignon fournissent eux aussi un grand nombre de vins tendres et fruités, qui atteindront leur apogée dans les trois ans, comme les anjou, les saumur, les touraine, les cheverny ou, dans le Centre, les reuilly, les menetou-salon et les quincy.

CHÂTEAU DE L'AUJARDIÈRE

Installée à la frontière de l'Anjou et du Pays nantais, cette propriété de 42 ha, créée en 1850, occupe le site d'un ancien domaine seigneurial datant de 1650. Ses vignes, plantées sur un terroir de micaschiste, ont donné naissance à ce muscadet Sur lie Élevé en fût de chêne, qui livre un très beau bouquet de vanille, de noisette et de pain brioché, auquel fait écho un palais ample et puissant. Autre belle référence : le muscadet sur lie Domaine de Grand Logis, au nez de fleurs et de fruits secs.

Sur lie Élevé en fût de chêne (muscadet) – moins de 5 € ; Dom. de Grand Logis (muscadet) – moins de 5 €

EARL Olivier Lebrin, L'Aujardière, 44430 La Remaudière, 02 40 33 72 72, contact@vinsfinslebrin.com

LA PERRIÈRE

Établi au Pallet, Vincent Loiret, de formation commerciale, s'est installé en 1993 sur le vignoble familial, s'armant pour progresser d'un BTA viticulture-œnologie et de l'expérience de son père. Le vigneron produit depuis des vins très réguliers en qualité. Son muscadet-sèvre-et-maine sur lie en témoigne, avec un superbe nez de poire, de pêche et de citron, auquel fait écho une bouche ample et persistante. On citera aussi son gros-plant-du-pays-nantais sur lie pour sa finesse et son élégance, ainsi que son muscadet pour ses plaisantes notes citronnées.

Sur lie (muscadet-sèvre-et-maine) – moins de 5 € ; Sur lie (gros-plant-du-pays-nantais) – moins de 5 € ; (muscadet) – moins de 5 €

Vincent Loiret, 120, La Mare-Merlet, 44330 Le Pallet, 02 40 80 43 24 vins.loiret@free.fr

CHÂTEAU DE LA GRANGE

Cette propriété, restée dans la famille Goulaine depuis 1777 et où la duchesse de Berry séjourna, a toujours été plantée de vignes. Son terroir d'amphibolites, roche verte très répandue à Corcoué-sur-Logne, marque nettement les vins du domaine. On citera notamment son muscadet-côtes-de-grand-lieu, issu de vignes âgées de 30 ans. Cette cuvée dévoile un bouquet intense d'ananas frais et de pamplemousse et une bouche portée par une belle fraîcheur.

(muscadet-côtes-de-grand-lieu) – 5 à 8 €

EARL B. de Goulaine, Ch. de la Grange, 44650 Corcoué-sur-Logne, 02 40 26 68 66, baudoin.de-goulaine@wanadoo.fr

DOMAINE DU MOULIN GIRON

Construit dans les années 1450, ce moulin est situé à 500 m des ruines du château où naquit le poète Joachim Du Bellay. Conduit par Nadine Allard et son père Jean-Pierre, le domaine étend ses quelque 44 ha de vignes sur un beau terroir de schistes. Celles-ci ont donné naissance à la cuvée Sur lie, un vin bien équilibré et harmonieux qui séduit par son intensité aromatique aux accents briochés et par son ampleur. On citera aussi le gros-plant-du-pays-nantais, une jolie cuvée fruitée et acidulée.

Sur lie (muscadet-coteaux-de-la-loire) – moins de 5 € ; (gros-plant-du-pays-nantais) – moins de 5 €

EARL Dom. du Moulin Giron, Le Moulin-Giron, 49530 Liré, 06 08 09 56 20, domainemoulingiron@orange.fr

CHÂTEAU DE LA GUIPIÈRE

De cette ancienne dépendance de la seigneurie de Briacé au Landreau, il ne reste que les caves que Joël Charpentier, installé depuis 1976, a remarquablement aménagées. Le vigneron propose de jolis vins, notamment en muscadet-sèvre-et-maine et en gros-plant-du-pays-nantais. On citera particulièrement la cuvée Sur lie, aux arômes intenses d'aubépine et de citron, à la bouche vive et ample, la Cuvée Excellence, tendre et ronde, ainsi que la cuvée Goulaine, florale et fraîche.

Sur lie (gros-plant-du-pays-nantais) – moins de 5 € ; Sur lie Vieilles Vignes Cuvée Excellence (muscadet-sèvre-et-maine) – moins de 5 € ; Goulaine (muscadet-sèvre-et-maine) – 5 à 8 €

GAEC Charpentier Père et Fils, Ch. de la Guipière, 44330 Vallet, 02 40 36 23 30, chateau.guipiere@wanadoo.fr

DOMAINE DE MIHOUDY

Jean-Paul Cochard a récemment été rejoint par Bruno et Jean-Charles, ses deux fils, sur ce vignoble d'une soixantaine d'hectares, qui a son siège à Aubigné-sur-Layon. Le domaine propose des vins très réguliers en qualité, notamment en anjou blanc et rouge. On citera par exemple sa cuvée Quid Novi ? Vino, née d'une parcelle de chenin d'une vingtaine d'années, aux arômes intenses et délicats d'agrumes et de rose. La bouche ronde, moelleuse et fruitée est bien équilibrée par une fraîcheur appropriée.

Quid Novi ? Vino (anjou) – 5 à 8 €

Cochard et Fils, Dom. de Mihoudy, 49540 Aubigné-sur-Layon, 02 41 59 46 52, domainedemihoudy@orange.fr

VALLÉE DE LA LOIRE

Les vins blancs à boire jeunes (dans les 2 ou 3 ans)

DOMAINE DES VERNES

Installé sur le domaine familial en 2002, Sébastien Sanzay représente la sixième génération à la tête de cette exploitation, qui s'étend sur 30 ha répartis autour de Chacé. La propriété en pierre de tuffeau, typique du Saumurois, date de 1776. Dans ses caves, elle abrite ce saumur blanc élevé quatre mois en fût sur lies. Cette cuvée exhale de subtiles senteurs d'agrumes et de tilleul. Fruitée, bien équilibrée entre rondeur et vivacité, elle est marquée par des notes légèrement vanillées, qui apportent de la complexité.

(saumur) – 5 à 8 €

Sébastien Sanzay,
7, bd de Caulx, 49400 Chacé,
02 41 52 99 13,
domainedesvernes49@orange.fr

VIGNOBLE DU CHÂTEAU DE LA VOÛTE

Depuis 2003, Thierry Delaunay et son épouse Marie ont pris le relais de Joël Delaunay à la tête de cette propriété familiale de 27 ha, située en première côte de la vallée du Cher. Le sauvignon est leur spécialité, comme en témoigne leur touraine blanc au nez intense et fin de fleurs blanches et d'agrumes. Sur un fond de douceur contrebalancée par un trait de minéralité, la bouche laisse une impression de fraîcheur et d'élégance. Le Domaine Joël Delaunay sauvignon blanc se montre souple et aromatique.

Sauvignon blanc (touraine) – 5 à 8 € ; Dom. Joël Delaunay sauvignon blanc (touraine) – 5 à 8 €

EARL Dom. Joël Delaunay,
48, rue de la Tesnière, 41110 Pouillé,
02 54 71 45 69, contact@joeldelaunay.com

DOMAINE SAUGER

Valeur sûre de l'appellation cheverny, ce domaine familial, situé aux portes de la Sologne, est conduit de père en fils depuis 1870. Aujourd'hui, c'est Philippe Sauger qui cultive les vignes plantées sur des sols sablo-argileux. Celles-ci ont donné vie à la cuvée Vieilles Vignes, qui unit merveilleusement le fruité du sauvignon au gras du chardonnay. Ce vin exceptionnel, doté d'un rare équilibre, est à découvrir sans attendre. La cuvée Tradition séduit par sa puissance et son élégant bouquet floral.

Vieilles Vignes (cheverny) – 5 à 8 € ; Tradition (cheverny) – 5 à 8 €

Dom. Sauger,
4, rue des Touches, Les Touches,
41700 Fresnes, 02 54 79 58 45,
domaine.sauger@orange.fr

DOMAINE DE BEAUREPAIRE

Créée en 1989 par le père de Jean-François Gilbon, cette exploitation s'étend aujourd'hui sur 13 ha de vignes. Au domaine, vous êtes accueilli dans une salle aménagée dans un ancien bâtiment de ferme, joliment restauré. Vous pourrez y déguster cette cuvée remarquable de finesse. Le nez, aérien et complexe, mêle les fleurs blanches, les agrumes, la pêche de vigne et une note mentholée. Ample et dense, ce menetou-salon, au style épuré et délicat, est à déguster jeune pour son fruité et sa fraîcheur.

(menetou-salon) – 5 à 8 €

Christine Bouin,
5, La Recivière, 44330 Mouzillon,
02 40 36 35 97,
domainedebeaurepaire@orange.fr

DOMAINE JACQUES ROUZÉ

Figurant parmi les plus anciens vignerons de l'appellation quincy, Jacques Rouzé a étendu son exploitation (20 ha) sur Reuilly et sur Châteaumeillant. Il est désormais épaulé par son fils Côme, qui l'a rejoint en 2009. Ensemble, ils ont élaboré la cuvée Tradition, un vin aux parfums de buis, de pamplemousse et de fruits blancs. Tendre et frais, ce beau classique est à découvrir sans attendre. Née de vieux ceps de plus de 70 ans, la cuvée Vignes d'antan se révèle harmonieuse, ronde et généreuse.

Tradition (quincy) – 5 à 8 € ; Vignes d'antan (quincy) – 8 à 11 €

Dom. Jacques Rouzé,
2 ter, chem. des Vignes, 18120 Quincy,
02 48 51 35 61,
rouze@terre-net.fr

DOMAINE AUJARD

Épaulé depuis 2012 par son fils Damien, Bernard Aujard, installé en 1988, confirme avec une régularité sans faille toute la qualité de son terroir et de son travail. Pour preuve, cette jolie cuvée issue de sauvignon, qui dévoile une riche palette aromatique de fleurs blanches et menthol, mêlée à des nuances de fruits et d'épices douces. Souple en attaque, le palais gras tire son bel équilibre d'une longue finale sur des saveurs de pomme et de rhubarbe.

(reuilly) – 5 à 8 €

EARL Bernard Aujard,
2, rue du Bas-Bourg, 18120 Lazenay,
02 48 51 73 69,
domaineaujard@wanadoo.fr

VALLÉE DE LA LOIRE

Si les blancs de Loire sont souvent perçus comme des vins frais à boire dans leur prime jeunesse, certains vins ont besoin de temps pour se livrer pleinement et gagneront à être attendus quelques années. Dans le vignoble du centre, le sauvignon, qui livre des cuvées vives à la minéralité affirmée, comme les sancerre et pouilly-fumé. L'appellation confidentielle pouilly-sur-loire propose des vins délicats issus du chasselas. Côté Touraine, le chenin, grâce à sa forte teneur en acidité, fournit également des cuvées, qui ne se révéleront qu'après quelques années de garde, comme les magnifiques blancs secs de vouvray, de montlouis-sur-loire et de jasnières, ainsi que tous les autres crus très expressifs se déclinant en touraine. Sans oublier les cour-cheverny, des vins élégants à base de romorantin, qui méritent de séjourner en cave quelques années.

Les vins blancs de moyenne garde (de 3 à 5 ou 7 ans)

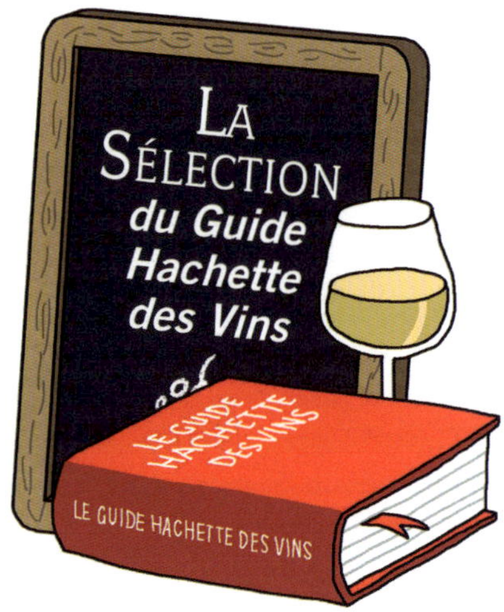

DOMAINE DE LA GABILLIÈRE

La Gabillière est le domaine d'application pédagogique du lycée viticole d'Amboise (20 ha) et constitue également une structure de recherche à l'échelle de la région Centre. Il produit des vins très réguliers en qualité, comme en témoigne la cuvée Expression, un représentant bien réussi et typique de l'appellation. Issue de vieilles vignes de chenin, elle offre une palette aromatique à dominante fruitée et un palais gras et rond. Cette bouteille harmonieuse est à boire dans les quatre ans.

Expression (touraine-amboise) – 5 à 8 €

Dom. de la Gabillière,
46, av. Émile-Gounin, 37400 Amboise,
02 47 23 35 51,
expl.lpa.amboise@educagri.fr

NICOLAS PAGET

Établi à Rivarennes, Nicolas Paget a succédé à son père James à la tête du domaine en 2007. Le vigneron, qui a fait le choix du bio (conversion en cours), produit des vins dans les AOC touraine, touraine-azay-le-rideau et chinon. On citera notamment sa cuvée Opus, un vin harmonieux, longuement fermenté en barrique. Un léger vanillé à l'olfaction s'associe à des senteurs d'abricot mûr, dans une bouche ample, douce et persistante. À déguster dans les quatre ou cinq ans.

Opus (touraine-azay-le-rideau) – 8 à 11 €

Nicolas Paget,
7, rte de la Gadouillère, Armentière,
37190 Rivarennes, 02 47 95 54 02,
domaine.paget@wanadoo.fr

DOMAINE DES GAULETTERIES

Établis dans le charmant village de Ruillé-sur-Loir, Francine et Raynald Lelais conduisent depuis 1984 ce joli domaine de 17 ha, consacrés aux AOC jasnières et coteaux-du-loir, et ses cinq caves anciennes creusées dans le tuffeau. Celles-ci ont vu naître leur cuvée Le Tradition, un jasnières au bouquet minéral et frais, sur fond de fleurs blanches, vif et fruité en bouche, sur la poire et la pêche, pur et long en finale. Ce vin harmonieux mérite de séjourner trois à quatre ans en cave.

Le Tradition (jasnières) – 5 à 8 €

Raynald Lelais,
41, rte de Poncé, 72340 Ruillé-sur-Loir,
02 43 79 09 59,
vins@domainelelais.com

FRANCK BRETON

Franck Breton a tout appris de son beau-père Claude Bourreau, entre 2001 et 2008, avant de prendre la tête des 7,8 ha de l'exploitation qu'il oriente vers la culture biologique. Issue de raisins bien mûrs, sa cuvée Sec Les Caillasses, élevée en demi-muid, révèle au nez comme en bouche de francs arômes de fruits confits associés à des notes florales. Ce vin rond, puissant et bien épaulé par un boisé fondu pourra être bu dès à présent ou conservé quelques années en cave.

Sec Les Caillasses (montlouis-sur-loire) – 8 à 11 €

Franck Breton,
1 bis, rue de la Résistance,
37270, Saint-Martin-le-Beau,
02 47 50 23 24,
franckbretonvigneron@orange.fr

DOMAINE NICOLAS BRUNET

Nicolas Brunet est issu d'une longue lignée de vignerons, puisqu'il en constitue la neuvième génération. Il reconnaît les vertus des méthodes ancestrales et cultive la vigne en laissant une part d'enherbement afin d'équilibrer la vigueur des ceps. Les résultats sont probants, comme en témoigne sa cuvée Sec. Le nez généreux évoque la poire et le coing, mêlés à une pointe de noix. Une belle expression du vouvray qui pourra mûrir tranquillement durant cinq à six ans.

Sec (vouvray) – 5 à 8 €

Dom. Nicolas Brunet,
9, rue de la Croix-Mariotte, 37210 Vouvray,
06 83 22 47 14,
vouvraybrunet@hotmail.fr

DOMAINE DES HUARDS

Établi à Cour-Cheverny, ce domaine se transmet de père en fils depuis 1846. Il est conduit depuis l'année 1990 en biodynamie par Jocelyne et Michel Gendrier. Des vignes de romorantin d'une trentaine d'années, plantées sur un sol argilo-siliceux et calcaire, ont produit ce très joli cour-cheverny aux senteurs briochées, mêlées à des notes de fruits blancs et de fleurs. La bouche équilibrée, fraîche et tonique appelle trois ou quatre ans de garde, le temps qu'elle s'épanouisse.

(cour-cheverny) – 8 à 11 €

Jocelyne et Michel Gendrier,
Les Huards, 41700 Cour-Cheverny,
02 54 79 97 90,
infos@domainedeshuards.com

MARC DESCHAMPS

Marc Deschamps a repris en 1992 l'ancien domaine de Paul Figeat, qui fut président des Vignerons de Pouilly. Le viticulteur confirme depuis son savoir-faire et sa connaissance du terroir. Pour preuve, sa cuvée Les Porcheronnes au nez élégant et complexe de genêt et de pêche, un vin dense et riche à découvrir dans les quatre ans. On citera également son Tradition des Loges, frais et enveloppé, ainsi que sa cuvée Les Champs de Cri, ample, ronde et bien sauvignonnée.

Les Porcheronnes (pouilly-fumé) – 8 à 11 € ; Tradition des Loges (pouilly-fumé) – 8 à 11 € ; Les Champs de Cri (pouilly-fumé) – 11 à 15 €

Marc Deschamps,
Les Loges, 3, rue des Pressoirs,
58150 Pouilly-sur-Loire,
03 86 69 16 43,
marc@deschamps-pouilly.com

DOMAINE DE RIAUX

Les Jeannot sont vignerons à Saint-Andelain depuis plus de 200 ans, et c'est en 1923 qu'ils se sont établis sur le domaine de Riaux. Alexis, fils de Bertrand, incarne la huitième génération à la tête du vignoble de 14 ha, planté sur un magnifique terroir d'argile à silex. Née de ceps de 60 ans, la cuvée Vieilles Vignes est une valeur sûre : né intense et fin aux senteurs florales et fruitées, bouche ronde et vive. Un pouilly-sur-loire typé et gourmand, que l'on appréciera dans les trois ou quatre ans.

Vieilles Vignes (pouilly-sur-loire) – 5 à 8 €

SCEA Jeannot Père et Fils,
Dom. de Riaux, 58150 Saint-Andelain,
03 86 39 11 37,
alexis.jeannot@wanadoo.fr

PIERRE PRIEUR ET FILS

Établis à Verdigny, Thierry et Bruno Prieur conduisent un vignoble de 17 ha répartis sur différents terroirs sancerrois et majoritairement plantés de sauvignon. Ils ont sélectionné un peu plus de 10 ha pour leur cuvée Domaine de Saint-Pierre, au bouquet intense et frais d'agrumes, de fruits exotiques et de coing. La bouche, à l'unisson, se révèle vive, ample et persiste longuement en finale. Cette bouteille est à découvrir dès aujourd'hui ou à attendre trois ou quatre ans.

Domaine de Saint-Pierre (sancerre) – 8 à 11 €

Pierre Prieur et Fils,
rue Saint-Vincent, 18300 Verdigny,
02 48 79 31 70,
prieur-pierre@netcourrier.com

VALLÉE DE LA LOIRE

Le vignoble ligérien propose un grand nombre de grands vins expressifs et racés, issus du cépage chenin, qui pourront se conserver et s'épanouir durant plusieurs années. Parmi eux, trois blancs secs se distinguent pour leur incroyable bouquet, leur remarquable concentration, leur longueur en bouche et leur étonnante capacité à traverser le temps tout en se bonifiant avec les années. Ainsi, l'anjou livre, avec les appellations savennières, savennières-coulée-de-serrant et savennières-roche-aux-moines, des vins riches, très frais, aux arômes floraux et fruités, qui gagneront avec le temps en complexité aromatique, évoluant sur des senteurs miellées et de magnifiques nuances minérales. Ces cuvées développeront de surcroît une matière séveuse et dense, tout en gardant une fraîcheur surprenante.

Les vins blancs de longue garde (de 5 ou 7 ans et plus)

DOMAINE DES BARRES

Fondé dans les années 1930, ce domaine est conduit depuis 1991 par Patrice Achard, qui représente la troisième génération. Les 30 ha du vignoble s'étendent principalement dans la vallée du Layon, mais quelques hectares couvrant la rive droite de la Loire ont servi à l'élaboration de la cuvée Les Bastes. Élevée en barrique pendant neuf mois, celle-ci offre un nez complexe de fruit à chair blanche, d'épices et de vanille, une bouche souple, franche et minérale. Un vin équilibré à boire dans les cinq à sept ans.

Les Bastes (savennières) – 5 à 8 €

Patrice Achard, Dom. des Barres, 49190 Saint-Aubin-de-Luigné, 02 41 78 98 24, achardpatrice@wanadoo.fr

CHÂTEAU PIERRE-BISE

Claude Papin, passionné des terroirs, est un puriste amoureux du vignoble des coteaux-du-layon. Son domaine, repris par ses enfants en 2010, signe avec régularité des vins de qualité, notamment en blanc. On citera en particulier son savennières-roche-aux-moines, au nez floral ponctué de notes fruitées, qui offre en bouche un équilibre remarquable entre gras et vivacité et une fort belle longueur. Laissant une sensation d'opulence et de plénitude, ce vin de haute expression pourra affronter une décennie.

(savennières-roche-aux-moines) – 15 à 20 €

EARL Ch. Pierre-Bise, 1, imp. du Chanoine-des-Douves, 49750 Beaulieu-sur-Layon, 02 41 78 31 44, chateaupb@hotmail.com

CLOS DE LA COULÉE DE SERRANT

Les premiers ceps de chenin furent plantés ici en 1130 par les moines cisterciens. Depuis lors, la Coulée de Serrant a toujours produit des vins réputés. Le vignoble conduit par Nicolas Joly et sa fille s'étend aujourd'hui sur 7 ha cultivés en biodynamie. Sa « goutte d'or », comme la nommait Louis XIV, révèle des senteurs d'orange amère, de pain brioché et d'incroyables notes minérales. La bouche développe une matière dense et chaleureuse. Un vin unique qui révélera tout son potentiel après cinq ou dix ans de garde.

(savennières-coulée-de-serrant) – 30 à 50 €

Nicolas Joly, Ch. de la Roche aux Moines, 49170 Savennières, 02 41 72 22 32, info@coulee-de-serrant.com

VALLÉE DU RHÔNE

Les vins blancs à boire jeunes (dans les 2 ou 3 ans)

Divisée en deux secteurs bien distincts, le nord et le sud, la vallée du Rhône fournit des vins de caractère aux profils très différents. C'est dans le vignoble méridional que l'on trouvera la majorité des blancs accessibles dans leur jeunesse, tels que les jolies cuvées provenant des côtes-du-rhône, des villages, des appellations satellites ou de certains crus. Issus de l'assemblage de plusieurs cépages et de terroirs très variés, ces vins expressifs, gras et ronds, livrent des arômes de fruits jaunes mûrs, des fragrances florales et de fraîches senteurs balsamiques.

DOMAINE LA RÉMÉJEANNE

Venue du Maroc, la famille Klein a créé ce domaine situé à 5 km du village de Sabran en 1961. Elle possédait alors 5 ha. Aujourd'hui, Rémy Klein, installé en 1988, cultive 40 ha de vignes en agriculture biologique. Sa cuvée Les Arbousiers est une valeur sûre du domaine et de l'appellation : assemblage de cinq cépages, nez complexe de fleurs blanches, de fruits exotiques et de miel, palais gras et onctueux, avec ce qu'il faut de vivacité pour apporter l'équilibre.

Les Arbousiers (côtes-du-rhône) – 8 à 11 €

EARL Olivier et Rémy Klein, Cadignac, 30200 Sabran, 04 66 89 44 51, contact@remejeanne.com

DOMAINE PASTOURET

Ce domaine de près de 30 ha est officiellement en bio depuis 1993, mais « converti » à cette démarche depuis 1981, année de l'installation de Jeanne et Michel Pastouret. Assemblage à parité de grenache blanc et de clairette, leur cuvée de blanc offre un joli nez qui mêle les fleurs blanches aux fruits à chair blanche. Le palais ample et rond est étayé par une note épicée et par une agréable vivacité, qui lui donnent de l'équilibre et de la longueur. Un vin harmonieux et friand à boire jeune.

(costières-de-nîmes) – 5 à 8 €

EARLDom. Pastouret, rte de Jonquières, 30127 Bellegarde, 04 66 01 62 29, contact@domaine-pastouret.com

DOMAINE DE FONDRÈCHE

Établis à Mazan, Nanou Barthélemy et son fils Sébastien Vincenti ont acquis en 1993 cette propriété de 35 ha. Ils ont construit la cave et ont recomposé le vignoble conduit en culture biologique et biodynamique. Issue de grenache blanc, de clairette et de roussanne, leur cuvée Éclat révèle au nez d'agréables senteurs de fruits exotiques et de citron vert, se mariant harmonieusement aux notes beurrées de l'élevage. On retrouve cette complexité aromatique dans une bouche intense, fraîche et longue.

Éclat (ventoux) – 8 à 11 €

Dom. de Fondrèche,
quartier Fondrèche, 84380 Mazan,
04 90 69 61 42,
contact@fondreche.com

DOMAINE DE LA CITADELLE

Yves Rousset-Rouard était producteur de cinéma dans une ancienne vie. C'était avant de reprendre le domaine familial de Ménerbes, près de 40 ha répartis sur 60 parcelles qu'il conduit aujourd'hui avec son fils Alexis. Pouvant jouer avec une palette de 14 cépages différents, les vignerons en ont sélectionné cinq pour élaborer leur cuvée Le Châtaignier, un vin floral et fruité, fin et élégant en bouche. Leur cuvée Les Artèmes se révèle ample et chaleureuse, portée sur les fruits exotiques.

Le Châtaignier (luberon) – 5 à 8 € ; Les Artèmes (luberon) – 11 à 15 €

Dom. de la Citadelle,
rte de Cavaillon, 84560 Ménerbes,
04 90 72 41 58,
contact@domaine-citadelle.com

DOMAINE BEAU MISTRAL

Installé entre Vaison-la-Romaine et Orange, ce domaine familial de 25 ha a été créé en 1988. Son caveau, aménagé aux couleurs de la Provence, offre une vue imprenable sur les Dentelles de Montmirail et le mont Ventoux. Vous pourrez y déguster la cuvée Élégance, un vin séduisant qui livre des parfums de fleurs blanches et d'agrumes. Le palais, tout aussi aromatique, se révèle long, puissant et équilibré. Une jolie bouteille à déguster dans les deux ou trois ans.

Élégance (côtes-du-rhône-villages) – 8 à 11 €

Dom. Beau Mitral,
91, rte d'Orange, 84110 Rasteau,
04 90 46 16 90,
domaine.beaumistral@rasteau.fr

DOMAINE DE LA MORDORÉE

En 1986, les Delorme, entrepreneurs, constituent un vaste vignoble d'une soixantaine d'hectares sur les deux rives du Rhône, en lirac, tavel et châteauneuf-du-pape. Partisan des petits rendements afin de tirer la quintessence du terroir, le domaine signe des vins d'une qualité constante, à l'image de la cuvée La Reine des Bois. Révélant d'agréables senteurs d'agrumes et de fleurs blanches, ainsi qu'une bouche fine, ronde et longue, ce vin harmonieux est à déguster dans les trois ans.

La Reine des Bois (lirac) – 11 à 15 €

Christophe Delorme,
chem. des Oliviers, 30126 Tavel,
04 66 50 00 75,
info@domaine-mordoree.com

VALLÉE DU RHÔNE

La majorité des blancs produits en vallée du Rhône septentrionale atteignent leur apogée dans les trois ou quatre ans. Ainsi, les crus comme saint-joseph, saint-péray et crozes-hermitage, à base de roussanne et de marsanne, pourront être bus au bout de trois ans. Ils révéleront au nez de jolies senteurs florales, associées à des notes miellées et épicées, et un certain gras et volume en bouche, complété d'une agréable vivacité. L'appellation condrieu, quant à elle, livre des blancs puissants, ronds et onctueux à base du cépage viognier, qui offre des parfums caractéristiques de pêche et d'abricot. Ils pourront facilement être dégustés au bout de deux ou trois ans, ou conservés cinq bonnes années.

Les vins blancs de moyenne garde (de 3 à 5 ou 7 ans)

DOMAINE BOISSONNET

Frédéric Boissonnet conduit depuis 1990 les 10 ha du domaine familial. Une deuxième cave voûtée a été découverte en 1992 sous la demeure bâtie en 1600. Les barriques y prennent place, accueillant les vins pour leur élevage. On citera notamment son condrieu au nez intense, floral et fruité (abricot, pêche), auquel fait écho une bouche longue qui allie puissance et finesse, rondeur et fraîcheur. Un vin typé et équilibré, que l'on pourra boire dès maintenant ou remiser trois à cinq ans en cave.

(condrieu) – 20 à 30 €

Dom. Boissonnet,
51, rue de la Voûte, 07340 Serrières,
04 75 34 07 99,
domaine.boissonnet@gmail.com

DOMAINE VALLET

Le père quitte la coopérative en 1989. Le fils Anthony le rejoint 10 ans plus tard, et c'est le début d'un nouveau chantier, avec la création d'une cave et d'un caveau en 2001. Vous pourrez y déguster la cuvée Méribets, un saint-joseph blanc issu de roussanne et de marsanne. Le bouquet complexe dévoile des parfums intenses d'aubépine, de miel, d'abricot et de pêche sur un fond minéral. Du gras, du volume, de la concentration et une juste vivacité composent une bouche élégante et bien fondue.

Méribets (saint-joseph) – 11 à 15 €

Dom. Vallet,
La Croisette, RD 86, 07340 Serrières,
04 75 34 04 64,
domaine.vallet@orange.fr

FAYOLLE FILS ET FILLE

En 2002, Laurent Fayolle et sa sœur Céline ont repris le domaine familial créé en 1870 par Fortuné Fayolle, l'une des premières propriétés à avoir vendu du vin en bouteilles dans l'appellation ; c'était à l'époque du grand-père Jules, en 1959. Ses descendants poursuivent son travail avec talent, comme en témoigne la cuvée Les Pontaix. Ce blanc, issu de marsanne pure, révèle un joli nez de noisette et de fleurs blanches et une bouche ample, fruitée et bien équilibrée entre douceur et fraîcheur.

Les Pontaix (crozes-hermitage) – 11 à 15 €

Fayolle Fils et Fille,
9, rue du Ruisseau, 26600 Gervans,
04 75 03 33 74,
contact@fayolle-filsetfille.fr

DOMAINE BERNARD GRIPA

La famille Gripa arriva à Saint-Péray au XVIIe s., puis s'établit à Mauves vers 1850. Conduit depuis 2006 par Fabrice Gripa, fils de Bernard, le domaine s'illustre régulièrement tant pour ses saint-péray que pour ses saint-joseph. On citera notamment sa cuvée Les Pinx, un vin élégant qui fait la part belle à la marsanne aux côtés de la roussanne. Florale et fruitée, elle se montre dense, riche et ronde. Autre belle référence : la cuvée Les Figuiers, à dominante de roussanne et élevée un an en barrique.

Les Pinx (saint-péray) – 15 à 20 € ; Les Figuiers (saint-péray) – 15 à 20 €

Dom. Bernard Gripa,
5, av. Ozier, 07300 Mauves,
04 75 08 14 96,
gripa@wanadoo.fr

VALLÉE DU RHÔNE

Au nord comme au sud, la vallée du Rhône produit des blancs de haute lignée, capables de supporter de longues années de garde et de s'embellir au fil du temps. On pense ici, notamment dans le vignoble septentrional, aux vins d'hermitage, qui auront besoin de quatre à cinq ans pour s'épanouir et se révéler pleinement. Minoritaires dans l'appellation, ces blancs se distinguent par leur incroyable onctuosité, leur richesse aromatique et leur étonnante aptitude à la garde.
De son côté, le vignoble méridional fournit, avec l'appellation châteauneuf-du-pape, des blancs opulents et gras, au bouquet complexe mêlant senteurs florales et fruitées, qui se développe au cours de son vieillissement sur d'agréables notes miellées et épicées. Ce cru présente l'avantage de pouvoir être dégusté sans attendre, procurant au dégustateur un réel plaisir immédiat, mais il peut également se conserver et se bonifier avec le temps.

Les vins blancs de longue garde (5 ou 7 ans et plus)

DOMAINE DES REMIZIÈRES

Au début des années 1970, le fruit de cette propriété familiale d'à peine 4 ha était vendu en cave coopérative. Aujourd'hui, Philippe Desmeure, épaulé de ses enfants, conduit 30 ha en hermitage et en crozes-hermitage. Sa cuvée Émilie est l'un des fleurons de l'appellation : dominante de marsanne, vinification en barrique, élevage de dix mois en fût. Le nez discret, mais élégant, de fruits jaunes mûrs et de fleurs blanches fait écho à une bouche équilibrée à la fois puissante, généreuse et fraîche. Il lui faudra cinq ou six ans pour s'épanouir.

Cuvée Émilie (hermitage) – 30 à 50 €

Cave Desmeure,
1459, av. du Vercors, 26600 Mercurol,
04 75 07 44 28,
contact@domaineremizieres.com

DOMAINE BERTHET-RAYNE

Établi à Courthézon, Christian Berthet-Rayne a repris en 1980 une partie du domaine fondé par sa belle-famille. Sa fille Laure et son gendre Martial Capeau travaillent depuis 2004 à ses côtés. Leur châteauneuf-du-pape blanc, assemblage de clairette et de bourboulenc, avec la roussanne et le grenache blanc en appoint, offre au nez comme en bouche une palette complexe, où les fleurs blanches rencontrent les agrumes et les fruits exotiques. Une cuvée harmonieuse, vigoureuse et équilibrée.

(châteauneuf-du-pape) – 11 à 15 €

Berthet-Rayne,
2334, rte de Caderousse,
84350 Courthézon,
04 90 70 74 14,
christian.berthet-rayne@wanadoo.fr

Un vin blanc est considéré comme doux si son taux de sucre résiduel (le sucre naturel du raisin non transformé en alcool) est supérieur à 4 g/l. Deux types de vins doux sont produits dans les vignobles français : les vins moelleux et les vins liquoreux.

Les vins moelleux

Ils contiennent entre 12 et 45 g/l de sucre et sont élaborés à partir de raisins très mûrs. Arborant une robe plus dorée que celle des vins blancs secs, ils se caractérisent par un bel équilibre en bouche entre douceur et acidité et procurent une sensation veloutée. Au nez, ils révèlent des arômes de fruits mûrs, auxquels se mêlent des notes miellées. Dotés d'un réel potentiel de vieillissement, ils développent avec l'âge un bouquet riche et complexe, évoquant la confiture de coings et les épices. Le jurançon, dans le Sud-Ouest, ou le savennières, en Loire, font partie des grands vins moelleux de France.

Les vins liquoreux

Les vins liquoreux, qui comprennent plus de 45 g/l de sucre – et parfois bien davantage –, sont issus de vendanges surmûries résultant de deux procédés : soit d'un passerillage, c'est-à-dire d'un dessèchement des baies sur souche (coteaux-du-layon dans le Val de Loire) ou sur un lit de paille (le vin de paille du Jura) ; soit de l'action d'un champignon, le *Botrytis cinerea*, qualifié aussi de pourriture noble. Onctueux et denses, les vins liquoreux témoignent de leur puissance par l'intensité de leur robe, plus dorée que celle des moelleux, et par leur expression aromatique aux notes confites et rôties caractéristiques. Aptes à la garde, certains (sauternes et barsac dans le Bordelais, bonnezeaux dans le Val de Loire) pourront vieillir durant des décennies, voire un siècle dans les grands millésimes.

Les vins blancs doux

ALSACE & LORRAINE

Élaborés à partir d'une variété unique de raisin, les vins blancs doux alsaciens sont produits dans l'ensemble du vignoble et s'identifient par le cépage qui les compose. Très aromatiques et très typés, ils sont majoritairement issus des quatre cépages dits « nobles ». Ainsi, le gewurztraminer livrera des cuvées complexes et aromatiques, le riesling, des vins racés d'une extrême finesse, le pinot gris, des vins typés et très ronds et enfin le muscat, des vins si fruités qu'ils donnent la sensation de croquer dans le raisin. Ces vins s'apprécieront après trois ou quatre années de bouteille.

Les vins doux à boire jeunes 5dans les 2 ou 3 ans)

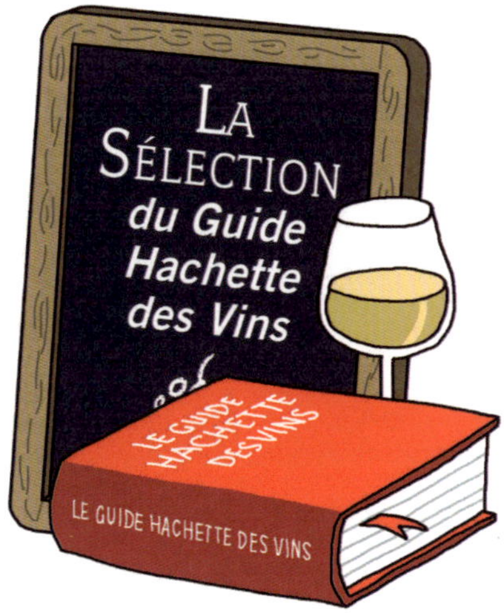

DOMAINE ROBERT HAAG ET FILS

Perpétuant une lignée remontant au XVIIIe s., François Haag a succédé en 1999 à son père Robert, qui a spécialisé l'exploitation. La famille est installée dans une maison typique, avec vaste porche, cour et colombages. Si son village, Scherwiller, est un haut lieu du riesling, c'est du gewurztramminer qu'est issue la Cuvée sélectionnée, un vin complexe et généreux, révélant un nez riche assez confit et une bouche puissante et chaleureuse. Cette bouteille sera à son optimum après quatre ans de vieillissement.

Cuvée sélectionnée (alsace gewurztraminer) – 5 à 8 €

Dom. Robert Haag et Fils,
21, rue de la Mairie, 67750 Scherwiller,
03 88 92 11 83,
vins.haag.robert@estvideo.fr

RÉMY GROSS

Rejoint par son fils Vincent, Rémy Gross est installé à Gueberschwihr, village vigneron cossu au beau clocher roman, situé au sud de Colmar. Il a agrandi la propriété familiale, qui couvre 8 ha, exploités en biodynamie, et tire le meilleur parti du grand cru local comme en témoigne sa cuvée Goldert Muscat. Charmeur, exubérant et frais au nez, ce vin allie le fruité intense du cépage et des notes de surmaturation. La bouche est remarquable par sa densité, sa richesse, son ampleur et sa persistance.

Goldert Muscat (alsace grand cru) – 11 à 15 €

Rémy et Vincent Gross,
11, rue du Nord, 68420 Gueberschwihr,
03 89 49 24 49, vins.gross@wanadoo.fr

ANDRÉ BLANCK ET SES FILS

Établie dans le centre historique de Kientzheim, cette propriété de 15 ha a son siège dans l'ancienne cour des chevaliers de Malte, tout près du musée du Vin. Les Blanck cultivent ici la vigne depuis 1675. Planté sur le coteau granitique du Schlossberg, le riesling a donné naissance à un vin au nez flatteur mêlant les fruits exotiques très mûrs, les agrumes et une nuance minérale. La bouche allie richesse et finesse grâce à sa belle acidité. Cette bouteille sera à son optimum après quatre ou cinq ans de garde.

Schlossberg Riesling Vieilles Vignes (alsace grand cru) – 11 à 15 €

EARL André Blanck et Fils,
Ancienne Cour des Chevaliers de Malte,
68240 Kientzheim, 03 89 78 24 72,
charles.blanck@free.fr

ALSACE & LORRAINE

Provenant de cépages nobles uniquement, les cuvées portant les mentions vendanges tardives et sélection de grains nobles sont des vins liquoreux dotés d'une grande concentration et d'un remarquable potentiel de vieillissement. Les premières, nées de raisins récoltés en surmaturité, donnent des vins intenses, denses et très persistants. Les secondes, issues de raisins atteints de pourriture noble, livrent des vins d'une incroyable intensité aromatique et d'une longueur en bouche exceptionnelle. Elles atteindront leur plénitude après quatre à cinq années de garde et pourront aisément supporter une décennie.

Les vins blancs doux de longue garde (5 ou 7 ans et plus)

ZIMMERMANN

Perpétuant une lignée de vignerons remontant à 1693, la famille Zimmermann est installée à Orschwiller, au pied du Haut-Kœnigsbourg. Elle dispose d'un coquet domaine de 16 ha. Leur cuvée Coteau du Haut-Koenigsbourg Vendanges tardives livre de plaisants arômes de surmaturation (coing, raisin et agrumes confits), tonifiés par une touche mentholée. Sa matière, d'une grande générosité et équilibrée par une belle fraîcheur, lui confère une excellente tenue et promet une longue garde (une bonne décennie).

Coteau du Haut-Kœnigsbourg Vendanges tardives (alsace gewurztraminer) – 15 à 20 €

EARL A. Zimmermann Fils,
3, Grande-Rue, 67600 Orschwiller,
03 88 92 08 49

DOMAINE DU MITTELBURG

Il ne reste que quelques pierres du « château du centre » (Mittelburg), qui a donné son nom au domaine, situé à Pfaffenheim. En 2007, Henri Martischang a été rejoint par son fils Michel : les deux hommes perpétuent ainsi une tradition vigneronne qui remonte au XVIIIe s. Leur Sélection de grains nobles dévoile un nez intense de fruits mûrs agrémentés de notes de caramel et d'une touche minérale. La bouche, franche en attaque, offre un bon équilibre entre la douceur et la fraîcheur. À boire dans les huit ans.

Sélection de grains nobles (alsace riesling) – 15 à 20 €

EARL Henri Martischang et Fils,
15, rue du Fossé, 68250 Pfaffenheim,
03 89 49 60 83,
vin.h.martischang@free.fr

BECK – DOMAINE DU REMPART

Cette ancienne famille vigneronne est établie dans les remparts de Dambach-la-Ville et exploite 10 ha de vignes, dont la moitié est située sur les hauteurs d'Albé. Planté sur un sol sablo-granitique, son pinot gris a donné naissance à la cuvée Marie-Laure, qui dévoile un nez complexe de mangue confite et de miel, agrémenté de notes fumées. Onctueux, vif et riche en bouche, ce vin très équilibré et gourmand à la fois, agréable dès aujourd'hui, est aussi armé pour une garde de sept à dix ans.

Sélection de grains nobles Cuvée Marie Laure (alsace pinot gris) – 20 à 30 €

Beck – Dom. du Rempart,
5, rue des Remparts,
67650 Dambach-la-Ville,
03 88 92 42 43,
beck.domaine@wanadoo.fr

BORDELAIS

Si le vignoble de Bordeaux est d'abord connu pour ses grands liquoreux, à commencer par les prestigieux sauternes, on y produit également des vins moelleux, fruités et frais, de très grande qualité et adaptés à une consommation plus rapide. C'est ainsi que l'on trouve dans des appellations peut-être moins connues, comme sainte-foy-bordeaux, des vins séduisants d'un très bon rapport qualité-prix. Il est toutefois possible de dénicher ce profil de vin dans les crus les plus réputés, les producteurs proposant aujourd'hui des gammes suffisamment larges et des cuvées à boire sur la fraîcheur du fruit.

Les vins blancs doux à boire jeunes (dans les 2 ou 3 ans)

CHÂTEAU VERRIÈRE BELLEVUE

Les Bessette ont vendangé en deux passages les raisins de sémillon et de sauvignon à l'origine de ce moelleux, né sur des coteaux argileux bien exposés au sud-sud-ouest. Une petite cuvée par le volume, mais pas par la qualité. Belle robe dorée, intense et brillante, nez ouvert sur la poire et l'abricot confits, le miel et les agrumes, bouche à l'unisson, soyeuse et riche, mais sans lourdeur aucune, vivifiée par une fraîcheur bien ajustée. À boire maintenant, mais capable de vieillir quelques années (en bouteille de 50 cl).

Cuvée des Demoiselles (sainte-foy-bordeaux) – 5 à 8 €

Ch. Verrière Bellevue, 5, La Verrière, 33790 Landerrouat, 05 56 61 36 91, jeanpaul.bessette@wanadoo.fr

CHÂTEAU HAUT-MOULEYRE

L'équipe de Vincent Cachau, l'œnologue maison, produit des vins d'une qualité constante, à l'image de ce cadillac d'une bonne intensité, développant un bouquet qui évoque classiquement les fruits confits et le miel. Il trouve un heureux prolongement dans une bouche montante, riche, ample et soyeuse, galvanisée par ce qu'il faut de vivacité. Un ensemble très harmonieux, à découvrir sans attendre pour le plaisir d'une dégustation gourmande ou en accompagnement des desserts.

(cadillac) – 5 à 8 €

Société Fermière des Grands Crus de France, 33460 Lamarque, 05 57 98 07 20

CHÂTEAU DU GRAND PLANTIER

Issus d'une très ancienne famille de producteurs de Monprimblanc, les Albucher sont des habitués du *Guide Hachette des Vins*, autant pour leurs liquoreux de Loupiac que pour leurs bordeaux secs. Ils proposent ici un vin issu d'une majorité de sémillon complété de muscadelle, d'une jolie complexité aromatique, avec des notes confites d'abricot et d'orange et des parfums de fleurs blanches. Ample, souple, long et soutenu par une pointe de vivacité, le palais est bien équilibré et charmeur.

(loupiac) – 5 à 8 €

GAEC des Vignobles Albucher, Ch. du Grand Plantier, 33410 Monprimblanc, 05 56 62 99 03, chateaudugrandplantier@orange.fr

CHÂTEAU DES ARROUCATS

Belle propriété de 45 ha dominant la vallée de la Garonne face au Sauternais, ce cru nous offre une fois encore un vin des plus intéressants. Intense et complexe, le bouquet est bien typé, avec ses notes de confiture d'abricots et d'orange confite. Le palais offre une belle envolée : bien enveloppé, gras, ample et long, il est stimulé en finale par une agréable fraîcheur. Un bon classique, équilibré et prêt à boire, idéal pour l'apéritif.

Sélection du Château (sainte-croix-du-mont) – 5 à 8 €

Vignobles Labout-Lapouge,
Les Arroucats,
33410 Sainte-Croix-du-Mont,
05 56 62 07 37,
chateau_arroucats@hotmail.com

CHÂTEAU JANY

Vignoble familial à cheval sur les graves et sur la partie argilo-calcaire de l'appellation, ce cru propose un vin séduisant, qui offre un bouquet expressif, mariant harmonieusement les fruits exotiques, l'abricot, la fleur d'acacia et les épices. Tout aussi aromatique, à dominante exotique et épicée, le palais charme par sa fraîcheur et sa souplesse. Un barsac qualifié de « moderne », comprenez sans une grosse liqueur et plutôt tourné vers le fruit. Tout indiqué pour l'apéritif.

(barsac) – 11 à 15 €

EARL du Vignoble Turtaut,
27, rue de la Gare, 33720 Barsac,
05 56 27 03 26,
vturtaut@wanadoo.fr

CHÂTEAU DU MONT

Grand habitué du *Guide Hachette des Vins*, Hervé Chouvac propose ici un sauternes issu du seul sémillon, qui libère des parfums aussi fins que frais, la pêche et l'abricot confits se mêlant au miel, au pain frais et aux fleurs blanches, le tout agrémenté d'une pointe de menthol. À la fois souple et riche, adossé à un boisé modéré et à une belle vivacité finale, le palais joue lui aussi la carte de l'élégance et de l'équilibre, plutôt que celle de l'opulence. Cet ensemble est déjà très agréable à boire sur la fraîcheur du fruit, même s'il offre une très bonne capacité de garde.

Cuvée Jeanne (sauternes) – 11 à 15 €

Claire et Hervé Chouvac,
Ch. du Mont, Lieu-dit Pascaud
33410 Sainte-Croix-du-Mont,
06 89 95 54 73,
chateau-du-mont@wanadoo.fr

CHÂTEAU GRILLON

Grillon est une propriété familiale à taille humaine, conduite par les Cameleyre depuis 1925. Cette cuvée, riche en sémillon, met d'emblée en confiance avec ses parfums délicats de fruits confits, de vanille et de pain d'épice. On retrouve ces sensations dans un palais franc en attaque, ample, gras, nuancé par ce qu'il faut d'acidité et porté par un boisé fondu qui lui donne une belle assise. La longue finale veloutée laisse sur une impression d'harmonie et d'élégance. Déjà très plaisante, cette bouteille acceptera sans problème la garde.

(sauternes) – 15 à 20 €

SCEA du Ch. Grillon,
33720 Barsac, 05 57 40 08 88

BORDELAIS

Entre les vins de style plutôt « moderne », élaborés en vue d'une consommation rapide, moins chargés en sucre et développant des gammes aromatiques autour des fruits frais, et les grandes cuvées taillées pour la garde, la plupart des châteaux proposent des moelleux de bonne facture, qui se livrent après quelques années de cave. À partir de trois à quatre ans de garde, ils se révèlent harmonieux et complexes et ont le mérite de conserver fraîcheur et fruité éclatant. Ce sont des vins adaptés aussi bien à l'apéritif qu'à une consommation à table, autour des cuisines exotiques.

Les vins blancs doux de moyenne garde (de 3 à 5 ou 7 ans)

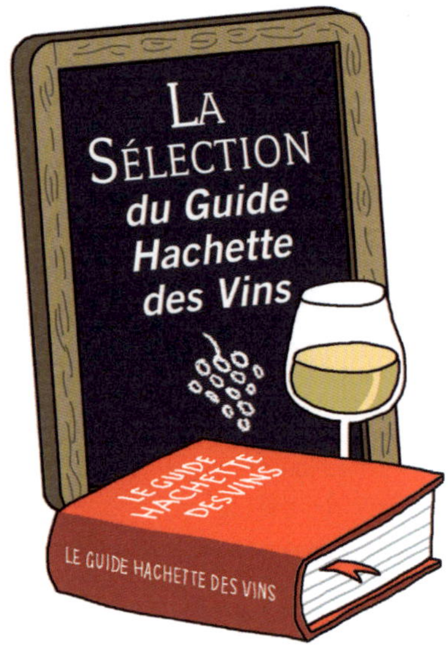

CHÂTEAU DE CAPPES

Installé sur le domaine familial en 2010, Cédric Boulin exploite un vignoble de 26 ha. Il propose ici un assemblage de sauvignon et de sémillon, les deux cépages apportant chacun leurs particularités pour composer un vin équilibré. Au nez, le sauvignon mène la danse, offrant des parfums typés d'agrumes, de pêche et de fleurs blanches. En bouche, sa vivacité, bien présente, est compensée par le gras et la rondeur du sémillon. Au final, un vin flatteur et harmonieux, à déguster à partir de trois à quatre ans de cave.

Cuvée Mordorée (côtes-de-bordeaux-saint-macaire) – 15 à 20 €

EARL Bouli, 4, Bidalet,
33490 Saint-André-du-Bois
05 56 76 46 15
chateaudecappes@laposte.net

CHÂTEAU DE GARBES

Grâce à la construction d'une nouvelle salle de dégustation et d'un caveau de vente, la famille David (Jean-Luc et ses trois enfants) soigne l'accueil des clients et mise sur l'œnotourisme, sans négliger le travail à la vigne et au chai, comme le rappelle ce vin particulièrement réussi. Un bouquet ouvert et complexe, mêlant les agrumes au miel et au pain d'épice, et un vrai palais de liquoreux, riche, ample et long. Cette bouteille mérite de reposer en cave pendant quatre ou cinq ans.

Cuvée Grains nobles (cadillac) – 8 à 11 €

Vignobles David Garbes, Jean-Luc David et ses enfants, 1, Garbes, 33410 Gabarnac, 05 56 62 92 23, contact@garbes.fr

CHÂTEAU DE TESTE

L'une des valeurs sûres de l'appellation cadillac, et aussi de l'AOC sainte-croix-du-mont (Cru de Gravère), ce cru, très régulier en qualité, sait une fois encore tirer profit de l'âge respectable (70 ans) de ses vignes de sémillon. Il propose ici une Sélection de grains nobles, dont le bouquet s'ouvre à l'aération sur des notes élégantes d'orange sanguine et de gâteau au miel. À l'unisson, le palais se révèle riche, soyeux et persistant, une juste fraîcheur équilibrant les sucres résiduels. Un beau classique, à garder quelques années avant dégustation.

Sélection de grains nobles (cadillac) – 11 à 15 €

EARL Vignobles Laurent Réglat, Ch. de Teste, 3341 Monprimblanc, 05 56 62 92 76, vignobles.l.reglat@wanadoo.fr

CHÂTEAU MASSAC

Jean-Yves Arnaud – connu des lecteurs du *Guide Hachette des Vins* pour son Château Mazarin dans cette même appellation et pour son Château Frappe-Peyrot en cadillac – propose ici un loupiac moins ambitieux, mais qui ne manque pas d'atouts : une robe élégante, un bouquet qui s'ouvre progressivement sur des arômes d'amande grillée, de noisette, d'abricot confit, d'agrumes et de miel, et une bouche puissante, généreuse, riche et équilibrée. Tout annonce un vrai vin de garde, déjà agréable après trois à quatre ans de cave.

(loupiac) – 8 à 11 €

SCEA des Vignobles Jean-Yves Arnaud,
16, La Croix, 33410 Gabarnac,
jy-arnaud@yahoo.fr

CHÂTEAU HAUT-GOUTEY

Cette belle bouteille a séduit d'emblée les dégustateurs du *Guide Hachette des Vins* par son bouquet aussi intense que frais, où les fleurs blanches, la pêche de vigne et les agrumes occupent une place de choix. En bouche, le vin s'ouvre sur un palais à l'unisson du nez, long, souple, soyeux et délicat. Déjà fort charmeur, ce sainte-croix-du-mont gagnera toutefois en complexité et en plénitude après trois ou quatre ans de garde.

(sainte-croix-du-mont) – 5 à 8 €

EARL Vignobles Denis Chassagnol
8, Le Mathelot, 33410 Gabarnac,
06 71 49 89 96,
vins.chassagnol.denis@orange.fr

CHÂTEAU DE ROLLAND

Ce domaine ancien fut, pendant trois siècles (1492-1797), la propriété de la famille de Rolland. Depuis 1971, les Guignard sont aux commandes. Sauvé in extremis en 2008, un beau pigeonnier du XVe s. trône toujours sur le vignoble. Respectant la tradition par son encépagement de sémillon majoritaire complété d'une touche de sauvignon et de muscadelle, ce vin dévoile une jolie palette aromatique de vanille, miel, tilleul en fleur, agrumes et litchi. Dominée par des arômes flatteurs de fruits exotiques, la bouche se révèle ronde et riche, mais sans lourdeur, étayée par une fine fraîcheur et un bon boisé, qui épaule bien le vin sans l'étouffer.

(barsac) – 15 à 20 €

SCEA de Ch. de Rolland,
Lucie, François et Monique Guignard,
33720 Barsac, 05 56 27 15 02,
info@chateauderolland.com

CHÂTEAU RÔUMIEU-LACOSTE

La famille Dubourdieu nous montre une fois de plus son savoir-faire avec ce sauternes 100 % sémillon. Un vin qui charme par son bouquet intense de fleurs et de fruits blancs, agrémentés d'une pointe d'épices rappelant la vanille et le curry. La bouche y ajoute des arômes de noisette et d'amande. Ample, ronde et tendre, elle s'appuie sur une fine vivacité, qui tonifie la finale et lui confère une longueur appréciable. Un sauternes à la fois séveux et dynamique, sans lourdeur, équilibré en somme, qui mérite au moins trois à cinq ans de patience et qui pourra rester plus longtemps encore en cave.

(sauternes) – 15 à 20 €

Hervé Dubourdieu,
Ch. Rôumieu-Lacoste, 33720 Barsac,
06 11 43 86 58, hervedubourdieu@aol.com

CHÂTEAU FONTEBRIDE

La famille Lamothe se distingue ici avec un sauternes au bouquet élégant et expressif de fruits confits, de fruits jaunes frais comme l'abricot, de fruits exotiques et de fleurs blanches. Le palais est tout aussi expressif et complexe, ample et puissant – « Une liqueur énorme ! », affirme un dégustateur –, bien équilibré par une fine vivacité et égayé en finale par des notes épicées. Tout s'accorde pour donner une très belle bouteille de caractère, à attendre entre trois et quatre ans, mais c'est un minimum.

(sauternes) – 11 à 15 €

SCE Ch. Haut-Bergeron,
3, Piquey, 33210 Preignac,
05 56 63 24 76,haut-bergeron@wanadoo.fr

BORDELAIS

Les vins moelleux et liquoreux sont, la plupart du temps, très agréables jeunes, du fait de leur douceur et de leur palette aromatique riche et complexe. Cela dit, certains se révèlent d'une complexité et d'une élégance inégalable après des années, voire des décennies de vieillissement en cave. On en trouve dans de nombreuses appellations, mais les crus les plus prestigieux sont situés dans la région du Sauternais, avec bien sûr les sauternes, mais également les vins de l'appellation barsac, ainsi que ceux du petit cru cérons, situé à l'intérieur de l'appellation graves. Des vins qui évoluent vers des arômes confits et miellés, mêlant aux notes de fruits des touches d'épices et d'encaustique.

Les vins blancs doux de longue garde (de 5 ou 7 ans, parfois plus)

CHÂTEAU DE BOUILLEROT

Les années se suivent et se ressemblent pour Thierry Bos et son confidentiel, mais ô combien remarquable, Palais d'or : ce 100 % sémillon est toujours d'une qualité remarquable, une véritable référence de l'appellation. Il dévoile un bouquet expressif et complexe d'abricot confit, de fruits exotiques, de figue, de brioche chaude et de vanille. Une même complexité caractérise le palais, rond et doux, onctueux et jamais lourd, stimulé par la juste acidité qui fait les grands liquoreux. Une gourmandise à savourer dès aujourd'hui, mais capable de passer la décennie pour livrer de nouvelles sensations.

Le Palais d'Or (côtes-de-bordeaux-saint-macaire) – 8 à 11 €

Thierry Bos, 8, Lacombe, 33190 Gironde-sur-Dropt, 05 56 71 46 04, info@bouillerot.com

CHÂTEAU HAUT-VALENTIN

Les Vignobles Méric proposent un cadillac qui a séduit unanimement le jury du *Guide Hachette des Vins*. Ce vin se distingue par son bouquet complexe de fleurs blanches, de pain d'épice, de fruits confits et de vanille. Bien équilibrée, à la fois fraîche et ronde, sans lourdeur ni mollesse, élégante et longue, la bouche est celle d'un vin au caractère affirmé. Déjà fort harmonieuse, cette cuvée mérite quelques années de garde pour s'exprimer pleinement.

(cadillac) – 15 à 20 €

SCEA Vignobles Méric, Ch. Bel-Air, 33410 Sainte-Croix-du-Mont, 05 56 62 01 19, vignobles.meric@orange.fr

CHÂTEAU DE RICAUD

Propriété d'Alain Thiénot (groupe CVGB, Canard-Duchêne…), ce domaine est commandé par un vrai château de conte de fées (tours crénelées, gargouilles…) datant du XIXe s. Côté cave, c'est un loupiac encore un peu boisé à l'olfaction que l'on découvre, dominé par des notes empyreumatiques. La bouche se montre généreuse et d'un bon volume, la liqueur y est bien présente, sans être lourde ni sirupeuse. Un ensemble harmonieux, que l'on pourra laisser vieillir patiemment.

(loupiac) – 15 à 20 €

Ch. de Ricaud-Vignoble Dourthe, rte de Sauveterre, 33410 Loupiac, 05 56 35 53 00

CHÂTEAU LA RAME

Ce cru est l'un des porte-drapeaux de l'appellation. Les enfants d'Yves Armand (Angélique et Grégoire) poursuivent depuis 2009 l'œuvre paternelle avec un talent certain. Comme toujours ici, le vin a du relief et de la tenue. Cette cuvée Réserve du château se révèle très élégante et complexe dans son expression aromatique, avec ses notes d'agrumes et d'abricot confits et de cire d'abeille, agrémentées d'un fin boisé. Elle déploie la même élégance dans un palais riche, gras, puissant et bien habillé par le bois, qui prend des accents cacaotés en finale. C'est long, généreux, mais jamais lourd ; un vin bâti pour durer.

Réserve du château (sainte-croix-du-mont) – 15 à 20 €

GFA Ch. La Rame, 33410 Sainte-Croix-du-Mont, 05 56 62 01 50, dgm@wanadoo.fr

CHÂTEAU PIADA

En 1941, une bouteille de Piada a fait partie de la brigade de flacons qui a permis au colonel Rémy de récupérer les plans de la base sous-marine de Lorient. Si le vin de l'époque ressemblait à cette cuvée, on comprend que les sous-mariniers de la *Kriegsmarine* aient succombé à la tentation… Des arômes de fruits confits rappelant l'ananas, l'abricot, l'orange et le litchi, caractéristiques du botrytis, montent du verre. Intense, opulent mais sans lourdeur, stimulé par une finale fraîche et acidulée, le palais affiche un bel équilibre et de belles perspectives d'évolution.

Le Hauret du Piada (cérons) – 15 à 20 €

EARL Lalande et Fils, Ch. Piada, 33720 Barsac, 05 56 27 16 13, château.piada@wanadoo.fr

CHÂTEAU DOISY-DAËNE (2e cru classé)

Domaine acquis par les Dubourdieu en 1924, Doisy-Daëne est conduit depuis 2000 par Denis Dubourdieu, théoricien émérite (professeur d'œnologie à la faculté de Bordeaux), consultant international et brillant praticien de la vigne et du vin. Un talent qui saute aux yeux, avec son grand vin, et au nez aussi, si l'on ose dire : il exhale les parfums d'orange et de citron confits, et surtout le tilleul et l'acacia, soulignés par une fine touche iodée et par un discret boisé vanillé. À l'unisson, ample et très riche tout en restant délicat et léger, le palais séduit par son équilibre et par son côté déjà fort savoureux, mais qui laisse deviner un grand potentiel de garde.

(barsac) – 30 à 50 €

EARL Pierre et Denis Dubourdieu, Ch. Doisy-Daëne, 33720 Barsac, 05 56 62 96 55, reynon@wanadoo.fr

CHÂTEAU D'ARCHE (2e cru classé)

Bien situé au sommet d'une colline dominant le Ciron, ce cru, fort ancien de 40 ha, est depuis les années 1980 la propriété de Pierre Perromat, qui fut longtemps président de l'INAO. Il est aujourd'hui conduit par sa fille Sabine et son gendre, Jérôme Cosson. Ces derniers proposent ici un vin très élégant, au bouquet riche et intense, qui exprime des notes de fruits mûrs, de miel d'acacia et de vanille. Après une attaque ronde, le palais évolue avec finesse autour des fruits confits et des épices douces, soutenu par une belle fraîcheur, qui lui confère un aimable caractère aérien. Un sauternes net, tonique et équilibré.

(sauternes) – 20 à 30 €

SA Ch. d'Arche, 33210 Sauternes, 05 56 76 66 55, chateaudarche@wanadoo.fr

CHÂTEAU BASTOR-LAMONTAGNE

Cette propriété s'est depuis quelque temps engagée dans la voie des sauternes dits « modernes », offrant moins de liqueur et plus d'arômes et de fraîcheur, une façon sans doute de conquérir de nouveaux et plus jeunes consommateurs. Ce vin au bouquet frais et élégant se caractérise par ses notes florales et fruitées, avec une pointe très « sauvignonnée » de buis à l'arrière-plan. Suave en attaque, le palais offre un bel équilibre et dévoile en finale la fraîcheur attendue. Un vin séduisant et, somme toute, dans les canons de l'appellation.

(sauternes) – 20 à 30 €

SCEA de Bastor et Saint-Robert, Dom. de Lamontagne, 33210 Preignac, 05 56 63 27 66 bastor@bastor-lamontagne.com

CHÂTEAU DE RAYNE-VIGNEAU (1er cru classé)

Célèbre pour les cailloux (agates, quartz, onyx, topazes, améthystes…) trouvés dans ses vignes, ce cru fut la propriété de la famille de Pontac, puis entra dans le giron du négoce Cordier Mestrezat, avant d'être acquis par le Crédit agricole. Côté cave, on trouve d'autres pépites, comme ce sauternes salué pour son équilibre. Le bouquet mêle harmonieusement les agrumes confits au miel et à l'aubépine. Les mêmes saveurs douces et persistantes tapissent un palais rond, gras, savoureux et tonifié par une touche iodée. L'ensemble a beaucoup de tenue et mérite d'être attendu six à sept ans.

(sauternes) – 30 à 50 €

Ch. de Rayne-Vigneau, Haut-Bommes, 33210 Bommes, 05 56 59 00 40, contact@cagrandscrus.fr

JURA & SAVOIE

Le vignoble du Jura produit un vin doux remarquable, issu de raisins passerillés sur claies, le fameux vin de paille. Relativement onéreux, ce vin est assez coûteux à produire puisqu'à l'issue du séchage des baies, les grappes pourries sont jetées. Une fois flétris, les raisins restants sont pressés et donnent un vin liquoreux d'une incroyable intensité aromatique, livrant un bouquet complexe de fruits confits, de fruits secs et d'épices. Riche et dense, il est doté d'un potentiel de vieillissement hors pair et pourra affronter facilement plus de dix ans de garde. On le trouve dans les appellations côtes-du-jura, arbois et l'étoile.

Les vins blancs doux de longue garde (5 ou 7 ans et plus)

DOMAINE DANIEL DUGOIS

Philippe Dugois est désormais à la tête du domaine, son père étant à la retraite. Mais il est associé à la gestion de l'exploitation depuis 2007 et conduit les vinifications depuis 2005. Issu de raisins de trousseau, de chardonnay, de poulsard et de savagnin, séchés durant cinq mois, son Vin de paille révèle un nez fin, très complexe, de foin, de tabac blond, de thé et de thym. Équilibrée, la bouche est à la fois vive et ronde, sur la noix et la noisette en finale. Un bel ensemble de haute tenue.

Vin de paille (arbois) – 15 à 20 €

*Dom. Daniel Dugois,
4, rue de la Mirode, 39600 Les Arsures,
03 84 66 03 41,
daniel.dugois@wanadoo.fr*

JOËL BOILLEY

C'est en 1986, à l'âge de 36 ans, que Joël Boilley a repris une ferme céréalière et une exploitation viticole. Après un incendie en 2010, la cave a été reconstruite en 2012. Le vigneron soigne particulièrement son vin de paille. Né de cépages blancs (chardonnay, savagnin) et d'une pointe de trousseau, ce vin moelleux dévoile un nez complexe sur le fruit (litchi, orange confite), le miel et les épices et une bouche souple, bien équilibrée entre le sucre, l'acidité et l'alcool.

Vin de paille (côtes-du-jura) – 15 à 20 €

*Joël Boilley,
18, rue Marius-Pieyre, 39100 Dole,
06 81 66 87 20,
joel.boilley@gmail.com*

DOMAINE GENELETTI

Installé initialement dans le vignoble de l'étoile, le domaine des Geneletti s'est agrandi, avec l'arrivée du fils, David, en 2001, dans les appellations arbois et château-chalon et propose une large gamme de vins. On citera, entre autres, le vin de paille, qui mêle d'intenses parfums de fruits secs, de coing et de caramel à des senteurs moins classiques de foin coupé. Avec une matière ample et équilibrée, la bouche dévoile une acidité discrète, mais présente. Un très grand moelleux typé et harmonieux.

(l'étoile) – 15 à 20 €

*Dom. Geneletti,
14, rue Saint-Jean, 39210 Château-Chalon,
03 84 44 95 06,
contact@domaine-geneletti.net*

SUD-OUEST

Les vins blancs doux à boire jeunes (dans les 2 à 3 ans)

La région du Sud-Ouest est très vaste et regroupe un grand nombre d'appellations qui produisent des vins moelleux gourmands, au fruité immédiat. Ces vins séduisants et expressifs sont parfaits à l'heure de l'apéritif et offrent des nuances de goûts dues en partie aux effets du terroir, mais qui tiennent essentiellement à la large palette de cépages dont ils sont issus : des cépages bordelais comme le sauvignon, le sémillon ou la muscadelle, que l'on trouve dans le Bergeracois, au len de l'el (loin de l'œil) de Gaillac, en passant par le gros et le petit mansengs dans les appellations pacherenc-du-vic-bilh ou jurançon.

MANOIR DE L'EMMEILLÉ

Ce domaine familial, dont l'origine remonte au Moyen Âge, était autrefois un établissement religieux, et la cave a été aménagée dans l'ancienne chapelle. Le gaillac doux proposé par la famille Poussou livre un nez flatteur mêlant les fruits blancs et les fruits exotiques. Une attaque vive introduit un palais qui fait écho au nez, souple, soyeux, suave et bien équilibré en finale par une nuance fraîche d'orange amère et de menthol. Un vin gourmand et très agréable à boire dès à présent.

(gaillac doux) – 8 à 11 €

Manoir de l'Emmeillé, 81140 Campagnac, 05 63 33 12 80, emmeille@wanadoo.fr

CHÂTEAU BRAMEFANT

Viticulteur, Pierre Sadoux quitte l'Algérie en 1961 et reprend le domaine Court-les-Mûts. Aujourd'hui, son petit-fils dispose d'un vignoble de 54 ha, qui s'est agrandi notamment par la reprise du château Bramefant. C'est de ce dernier que provient le côtes-de-bergerac moelleux le plus apprécié, issu d'un assemblage équilibré des trois grands cépages blancs de la région. Au nez comme en bouche, des arômes complexes et intenses de poire et de fleurs blanches ; une attaque vive et une finale fraîche, tonifiées par un perlant guilleret : l'ensemble est particulièrement séducteur.

(côtes-de-bergerac) – 5 à 8 €

Pierre Sadoux, Ch. Court-les-Mûts, 24240 Razac-de-Saussignac, 05 53 27 92 17, court-les-muts@wanadoo.fr

CAVE DE CROUSEILLES

La cave coopérative de Crouseilles fait un travail remarquable et propose une large gamme de vins très représentatifs, à l'image de ces Grains du Roy. Cette cuvée frôle la perfection, avec un nez intense, fin et frais de fleurs blanches, d'agrumes et de fruits exotiques sur un fond vanillé. La bouche est au diapason, très expressive, concentrée et longue, portée jusqu'en finale par une élégante fraîcheur. À déguster dès à présent, mais capable de bien évoluer en cave.

Grains du Roy (pacherenc-du-vic-bilh) – 8 à 11 €

Cave de Crouseilles, rte du Château, 64350 Crouseilles, 05 62 69 66 77, m.darricau@crouseilles.fr

CHÂTEAU BAROUILLET

Vincent Alexis a pris la suite de huit générations. Installé depuis trois ans, il a engagé la conversion bio de la propriété et il vinifie dans le même esprit, en privilégiant les levures indigènes et les fermentations longues. Il signe un monbazillac au nez expressif, mêlant la pêche et le coing confit. Souple à l'attaque, ce vin dévoile de jolies notes de fruits exotiques sur un fond de fraîcheur et finit sur une pointe d'amertume. Un vin tonique, excellent sur le caractère primaire du fruit.

(monbazillac) – 5 à 8 €

Ch. Barouillet, Le Barouillet, 24240 Pomport, 05 53 58 82 67, vincent@barouillet.com

SUD-OUEST

La région est grande productrice de vins blancs moelleux qui peuvent attendre de trois à sept ans, selon les vins. Et elle compte de nombreuses appellations prestigieuses comme pacherenc-du-vic-bilh, jurançon et bien sûr monbazillac.

Les vins blancs doux de moyenne garde (de 3 à 5 ou 7 ans)

VINS FINS DU PÉRIGORD

Cet important opérateur a fait l'unanimité auprès des dégustateurs du *Guide Hachette des Vins* grâce à ce côtes-de-bergerac. Vendangé à la main en octobre, le sémillon a donné naissance à un vin qui s'apparente à un liquoreux par ses arômes de surmaturation et de fruits légèrement confits, par sa rondeur et par son gras. Équilibrée grâce à une belle fraîcheur, cette cuvée laisse une impression de réelle élégance. À mi-chemin entre un moelleux et un liquoreux, elle évoluera très bien en cave et peut se faire attendre six à sept ans sans problème.

Les Raisins oubliés (côtes-de-bergerac) – 5 à 8 €

Vins fins du Périgord,
rte de Marmande Les Sévignots,
bât. Unidor, 24100 Saint-Laurent-des-Vignes,
05 53 63 78 50,
contact@vinsfinsduperigord.fr

CHÂTEAU COMBET

Issue de la sélection des meilleures tries du domaine, cette cuvée a été vinifiée et élevée en barrique, mais le séjour dans le chêne ne semble pas avoir laissé d'empreinte dans sa palette aromatique. Son nez puissant, marqué par la pourriture noble, mêle les fruits jaunes et le coing, nuancés à l'aération d'une touche d'ananas confit. Après une attaque à la fois chaleureuse et vive, on retrouve les fruits confits, alliés au miel. La finale fraîche est marquée par un joli retour de l'ananas confit. Un monbazillac à la fois généreux et fin.

Sélection Élevé en fût de chêne (monbazillac) – 11 à 15 €

EARL de Combet, Dom. de Combet,
24240 Monbazillac, 05 53 58 33 47,
earldecombet@wanadoo.fr

CHÂTEAU MASBUREL

Fondé au XVIIIe s. par l'ancien consul de Sainte-Foy, bastide girondine située à la porte du Périgord, le domaine est géré depuis 2008 par l'Anglais Julian Robbins. Il présente un côtes-de-montravel issu des trois cépages de la région. Un vin séduisant par la complexité de sa palette aromatique : des notes fraîches de fleurs et de fruits blancs s'allient à des nuances de miel, arômes que l'on retrouve en bouche. Souple et fruité à l'attaque, c'est un moelleux assez puissant et bien équilibré, taillé pour la garde.

(côtes-de-montravel) – 5 à 8 €

Ch. Masburel, lieu-dit Masburel,
33220 Fougueyrolles, 05 53 24 77 73,
château-masburel@wanadoo.fr

SUD-OUEST

Les vins blancs doux de longue garde (de 5 à 7 ans, parfois plus)

Les grands vins moelleux et liquoreux ont une impressionnante capacité de vieillissement. On trouve dans la région de nombreuses cuvées destinées à une longue garde, particulièrement dans les appellations comme pacherenc-du-vic-bilh, jurançon et bien sûr monbazillac dans le Bergeracois. Ces vins évoluent dans des registres aromatiques d'une grande complexité, qui rappellent les fruits confits, les épices douces ou encore la cire d'abeille. Ils peuvent être dégustés pour eux-mêmes, en prenant le temps de laisser le vin s'exprimer, ou à table pour de surprenants mariages sucré-salé.

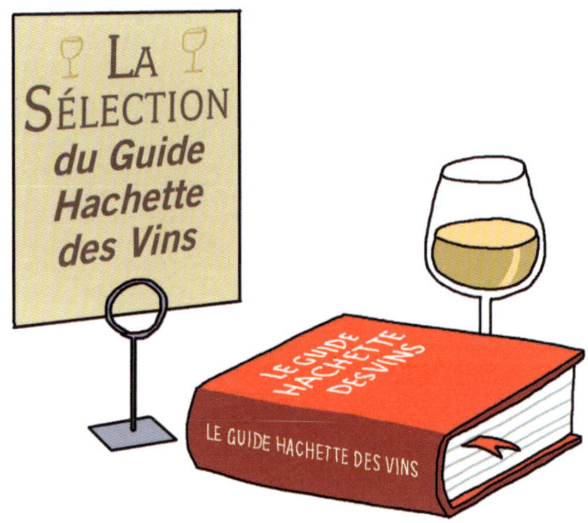

DOMAINE ROTIER

Alain Rotier et Francis Marre sont à la tête de cette propriété fondée en 1985, aujourd'hui l'un des domaines phares de l'appellation, notamment pour ses gaillac doux. Pur loin de l'œil, leur cuvée Doux Renaissance révèle des arômes très expressifs de fruits exotiques surmûris, presque confits, accompagnés de notes florales, miellées et épicées. Le palais livre une superbe matière, très riche, ample et suave, équilibrée par une agréable fraîcheur. Un vin puissant et élégant, concentré et long, qui sera à son apogée après un patient séjour en cave.

Doux Renaissance (gaillac doux) – 15 à 20 €

Dom. Rotier, Petit Nareye, 81600 Cadalen, 05 63 41 75 14, rotier.mare@domaine-rotier.com

CHÂTEAU DU HAUT-PEZAUD

Comptable à Bruxelles, Christine Borgers a quitté la Belgique en 1999 pour devenir vigneronne à Monbazillac. Haut de gamme de sa production, cette Révélation mérite bien son nom. Elle charme d'emblée par son nez ouvert, véritable panier de fruits d'été : la pêche très mûre et d'autres fruits jaunes s'allient au raisin sec et au miel. L'attaque est souple et légère invite les fruits suaves (mangue, poire et coing) ou frais (ananas, pamplemousse). La finale est longue et confiturée. Un liquoreux harmonieux et solide, qui devrait révéler encore plus de complexité au cours des dix prochaines années.

Révélation (monbazillac) – 15 à 20 €

Ch. du Haut-Pezaud, Les Pezauds, 24240 Monbazillac, 05 53 73 01 02, cbogers@wanadoo.fr

CHÂTEAU PUY-SERVAIN

Installé au sommet d'un coteau, le domaine est la référence de cette petite appellation de vins doux. En 1989, Daniel Hecquet a élaboré son premier haut-montravel. Avec cette cuvée, il a fait forte impression auprès du jury du *Guide Hachette des Vins*, qui a été séduit par un nez de grande finesse, aux nuances de miel, de pêche au sirop et d'abricot. Ce dernier prend des nuances confites dans une bouche intense à la finale particulièrement persistante. Un vrai liquoreux, fruité et harmonieux, qui se gardera une décennie dans une bonne cave (en bouteilles de 50 cl).

Terrement (haut-montravel) – 11 à 15 €

SCEA Puy-Servain-Calabre, 33220 Port-Sainte-Foy, 05 53 24 77 27, oenovit.puyservain@wanadoo.fr

DOMAINE CAUHAPÉ

Dire de ce domaine, emblématique de son appellation, qu'il est une valeur sûre relève de la litote. Il propose ici un moelleux intense et généreux à l'olfaction, qui mêle les notes torréfiées de la barrique aux fruits confits, au miel et aux épices. Dans le même ton, la bouche se révèle opulente, ample et longue, égayée en finale par une fraîcheur bienvenue. Un jurançon que l'on appréciera après un séjour de plusieurs années en cave et qui sera parfait à table pour des accords aussi originaux que gourmands.

Noblesse du temps (jurançon doux) – 20 à 30 €

Henri Ramonteur, Dom. Cahaupé, quartier Castet, 64360 Monein, 05 59 21 33 02, contact@cauhape.com

VALLÉE DE LA LOIRE

Les vins doux du Val de Loire peuvent être demi-secs, moelleux et liquoreux. Ils proviennent essentiellement d'Anjou (quarts-de-chaume, bonnezeaux, coteaux-du-layon et coteaux-de-l'aubance) et de Touraine (vouvray et montlouis-sur-loire). Issus du chenin, ils développent une palette aromatique complexe de fleurs blanches, d'agrumes confits, de fruits secs et de miel. Les plus concentrés jouissent, dans les grands millésimes, d'une exceptionnelle longévité (vingt ans et plus). Dans la région nantaise, les coteaux-d'ancenis, issus du pinot gris – appelé ici malvoisie –, déploient des arômes fruités, floraux et miellés, associant élégamment rondeur, douceur et fraîcheur. On pourra les attendre jusqu'à cinq ans.

Les vins blancs doux de longue garde (de 5 ou 7 ans et plus)

DOMAINE DES GÉNAUDIÈRES

Ce domaine familial est campé sur un rocher de la commune du Cellier depuis 1635. Aujourd'hui, les Athimon exploitent 35 ha de vignes à flanc de coteaux sur la rive droite de la Loire et proposent des vins très réguliers en qualité, en particulier en coteaux-d'ancenis. On citera notamment leur cuvée Malvoisie au bouquet de poire et de fruit de la Passion sur fond de caramel. Un moelleux parfaitement équilibré, qui associe en bouche la fraîcheur, le gras et la concentration.

Malvoisie (coteaux-d'ancenis) – 5 à 8 €

Athimon et ses enfants, Dom. des Génaudières, 44850 Le Cellier, 02 40 25 40 27, earl.athimon@wanadoo.fr

CHÂTEAU DE PUTILLE

Le château de Putille a réellement existé. Les premières caves ont été creusées dans ses douves. L'exploitation s'étend aujourd'hui sur 60 ha dans le secteur des coteaux de la Loire. Tirant son nom de la roche volcanique acide du domaine, la cuvée Pierre carrée offre une belle sucrosité, contrebalancée par une trame légèrement acidulée, et se prolonge en finale sur des arômes de fruits confits. La cuvée principale se fait plus florale et dévoile un palais léger, gourmand, tout en fraîcheur.

Cuvée Pierre carrée (anjou-coteaux-de-la-loire) – 8 à 11 € ; cuvée principale (anjou-coteaux-de-la-loire) – 5 à 8 €

EARL Ch. de Putille, 26, Putille, 49620 La Pommeraye, 02 41 39 02 91, chateaudeputille@orange.fr

DOMAINE DE GAGNEBERT

Depuis 1850, cinq générations se sont succédé à la tête de cette vaste propriété de 90 ha située à Juigné-sur-Loire. Cultivé sur un terroir de schistes ardoisiers, le chenin démontre, avec la Cuvée d'exception, son formidable potentiel : nez riche et complexe mêlant des arômes d'abricot, d'ananas et d'amande à des senteurs d'épices douces ; palais soyeux et gourmand, doté d'un équilibre parfait, sans exubérance ni sucrosité excessives. Un très beau vin de garde.

Cuvée d'exception (coteaux-de-l'aubance) – 11 à 15 €

Dom. de Gagnebert, 2, chem. de la Naurivet, 49610 Juigné-sur-Loire, 02 41 91 92 86, moron@domaine-de-gagnebert.com

DOMAINE TAILLANDIER

Après l'installation d'Éric en 1992, son frère Marc l'a rejoint en 1994 pour s'associer aux commandes du domaine. Produisant du coteaux-du-layon et du savennières dans le plus grand respect de l'environnement, les deux hommes ne ménagent pas leurs efforts pour valoriser leur terroir de schistes verts et violacés, sur lesquels vient s'ancrer le chenin. Celui-ci a engendré la cuvée Prestige, un vin moelleux au bouquet intense et à la bouche à la fois suave et épicée (poivre).

Cuvée Prestige (savennières) – 15 à 20 €

Taillandier Varennes,
49170 Savennières, 02 41 72 23 70,
erictaillandier@hotmail.fr

MICHEL ROBINEAU

À la tête de 9 ha de vignes, Michel Robineau a créé son exploitation en 1990 dans l'aire des coteaux-du-layon. Le vigneron jouit d'une très bonne réputation pour ses liquoreux. On citera notamment son Beaulieu sur Layon, une micro cuvée issue de la sélection d'une petite parcelle. Ce vin rare, élevé en fût durant neuf mois, se révèle au nez frais et concentré, ponctué de notes d'orange confite et de pamplemousse. Volume et longueur caractérisent la bouche nette et agréable, au boisé bien ajusté.

Beaulieu-sur-Layon (coteaux-du-layon) – 8 à 11 €

Michel Robineau,
3, chem. du Moulin, Les Grandes-Tailles,
49750 Saint-Lambert-du-Lattay,
02 41 78 34 67,
vignoblemichelrobineau@orange.fr

DOMAINE DE LA ROCHE MOREAU

Ce domaine de 24 ha est situé sur la corniche angevine entre les vallées de la Loire et du Layon. Le chai est une ancienne demeure classée (XVIIe s.) et la cave est installée dans une mine à charbon désaffectée, où attendent les vins de garde. On citera particulièrement le Chaume 1er cru, un vin généreux aux arômes de fruits cuits, à la bouche riche, ronde et vive en finale. À noter aussi le coteaux-du-layon générique, aux notes d'ananas, ample et bien équilibré.

Chaume 1er cru (coteaux-du-layon) – 11 à 15 € ; (coteaux-du-layon) – 8 à 11 €

André Davy, La Haie-Longue,
49190 Saint-Aubin-de-Luigné,
02 41 78 34 55,
davy.larochemoreau@wanadoo.fr

DOMAINE DES PETITS QUARTS

Constitué à la fin du XIXe s., ce vignoble est implanté à Faye-d'Anjou, au cœur des coteaux-du-layon. Installé en 1987, Jean-Pascal Godineau a assis la réputation du domaine sur ses moelleux et ses liquoreux. On citera, entre autres, sa cuvée Vendangé grain par grain au bouquet intense de raisins de Corinthe, de figue sèche et de miel et à la bouche souple, généreuse et très longue. Autres belles références : la cuvée classique, riche et équilibrée, et la cuvée Les Melleresses à la bouche ample et ronde.

Vendangé grain par grain (bonnezeaux) – 15 à 20 € ; cuvée classique (bonnezeaux) – 11 à 15 € ; Les Melleresses (bonnezeaux) – 11 à 15 €

Jean-Pascal Godineau,
Dom. des Petits Quarts,
49380 Faye-d'Anjou, 02 41 54 03 00

DOMAINE DU PETIT MÉTRIS

Créée en 1742, cette propriété domine du haut de son coteau le village de Saint-Aubin-de-Luigné, traversé par le Layon. S'affirmant comme une valeur sûre du vignoble angevin, celle-ci propose une superbe sélection de chenin, tant en blancs secs qu'en liquoreux. On citera notamment la cuvée N° 54, un grand cru à la palette aromatique intense, mêlant les fruits confits (abricot), le miel et la vanille. En bouche, la maturité est superbe et l'équilibre remarquable entre fruité et boisé, sucrosité et vivacité.

Vin recommandé : N° 54 Grand Cru (quarts-de-chaume) – 20 à 30 €

Dom. du Petit Métris, La Haie-Longue,
13, chem. de Treize-Vents, Le Grand-Beauvais,
49190 Saint-Aubin-de-Luigné,
02 41 78 33 33,
domaine.petit.metris@wanadoo.fr

VALLÉE DE LA LOIRE

Les vins blancs doux de longue garde (5 ou 7 ans et plus)

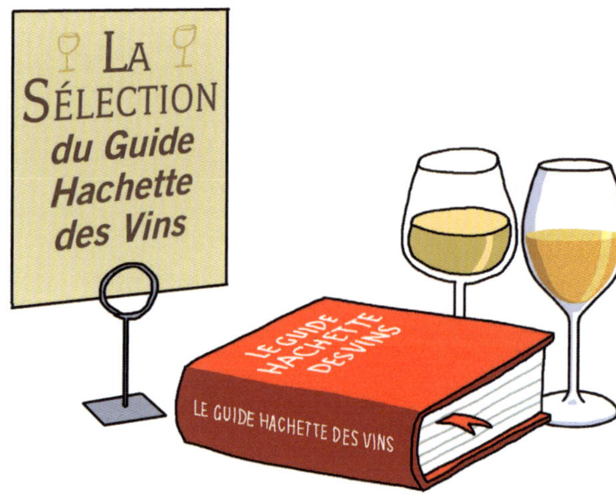

LYDIE ET THIERRY CHANCELLE

Lydie et Thierry Chancelle dirigent depuis 2000 cette propriété familiale implantée sur la Côte turonienne qui surplombe la Loire. C'est dans un caveau taillé dans le tuffeau, roche caractéristique du vignoble de Saumur-Champigny, que le couple vous recevra pour vous faire découvrir ses vins. Vous pourrez y déguster leur coteaux-de-saumur, qui livre des arômes d'agrumes confits et de confiture de coings. L'attaque est franche et l'évolution sur la fraîcheur équilibre cet ensemble fort harmonieux.

(coteaux-de-saumur) – 15 à 20 €

Lydie et Thierry Chancelle,
27, rue des Martyrs, 49730 Turquant,
02 41 38 11 83,
domaine-bourdin-chancelle@orange.fr

DOMINIQUE PERCEREAU

Installé sur la rive droite de la Loire, peu avant Amboise, Dominique Percereau exploite 20 ha de vignes et élève ses vins dans une cave traditionnelle, creusée dans le tuffeau. Sa cuvée Réserve Marguerite est issue d'une parcelle portant le prénom de sa grand-mère. Elle libère de subtiles senteurs de fruits et de confiture. Riche et de bonne longueur, la bouche se montre un peu plus expressive, toujours sur le fruit. À déguster dès aujourd'hui ou dans une petite décennie pour de nouvelles sensations.

Réserve Marguerite (touraine-amboise) – 11 à 15 €

Dominique Percereau,
85, rue de Blois, 37530 Limeray,
02 47 30 11 40

THIERRY BESARD

Représentant la troisième génération à la tête du domaine de 6,5 ha situé au confluent de l'Indre et de la Loire et à mi-chemin entre Azay-le-Rideau et Villandry, Thierry Besard vous accueillera dans des bâtiments en tuffeau datant du milieu du XIXe s. Vous y dégusterez sa cuvée les Perrières, un moelleux au bouquet fin de fruits blancs sur fond d'amande et au palais ample et velouté, alliant harmonieusement le gras et la fraîcheur. Rondeur, longueur et équilibre caractérisent cette jolie bouteille.

Les Perrières (touraine-azay-le-rideau) – 5 à 8 €

Thierry Besard, 10, Les Priviers, 37130 Liguières-de-Touraine, 02 47 96 85 37, thierry.besard@orange.fr

JEAN-JACQUES MAILLET

Installé à Ruillé-sur-Loire depuis 1972, Jean-Jacques Maillet conduit avec soin une petite propriété de 6 ha, qui lui permet d'élaborer de grands vins. On citera notamment sa cuvée Réserve d'automne, élaborée à partir des raisins surmûris de la fin des vendanges, qui offre un bouquet ouvert sur le fruit de la Passion et les agrumes, nuancé de fleurs. L'attaque au léger perlant dévoile du corps, de la rondeur et du moelleux, équilibrés par une juste fraîcheur.

Réserve d'automne (jasnières) – 5 à 8 €

Jean-Jacques Maillet, La Pâquerie, 72340 Ruillé-sur-Loir, 02 43 44 47 45,, maillet4@wanadoo.fr

ALAIN JOULIN ET FILS

Saint-Martin-le-Beau est une commune du sud de l'appellation montlouis-sur-loire, tournée vers les rives du Cher. Ses coteaux en pente douce sont baignés de soleil. Alain Joulin et ses deux fils y exploitent près de 15 ha de vignes. Le domaine excelle dans la tradition des vendanges par tries. Pour preuve, son Moelleux Cuvée Saint-Martin, qui livre des senteurs de fruits confits et de marmelade de coings. Ample et intense, la bouche révèle les fruits mûrs, le pruneau et la sève de pin.

Moelleux Cuvée Saint-Martin (montlouis-sur-loire) – 11 à 15 €

Alain Joulin et Fils, 58, rue de Chenonceaux, 37270 Saint-Martin-le-Beau, 02 47 50 28 49, alain.joulin@yahoo.fr

DOMAINE DE LA ROCHE BLONDE

Après sa formation au lycée viticole d'Amboise, Christophe Gaudron a repris en 1996 l'exploitation créée en 1963 par son père. Il cultive de façon traditionnelle ses 12 ha de vignes et utilise pour ses vinifications les caves creusées dans le tuffeau. Portant le prénom de sa fille, sa cuvée Élisée dévoile d'intenses parfums de fruits, également présents en bouche et accompagnés de fleur d'acacia et de miel. Un vouvray dense et complexe, que l'on pourra laisser évoluer en cave pendant quelques années.

Moelleux Cuvée Élisée (vouvray) – 8 à 11 €

EARL Christophe Gaudron, 90, rue Neuve, 37210 Vernou-sur-Brenne, 02 47 52 12 17, christophegaudron@wanadoo.fr

DOMAINE LE PORTAIL

Bâti à l'emplacement d'un ancien monastère et situé à 600 m du château de Cheverny, ce domaine a été acquis en 1979 par Nicole et Michel Cadoux. En 2009, leur fils Damien a rejoint l'exploitation, qui couvre aujourd'hui plus de 30 ha. Leur cuvée Douceur d'automne dévoile un nez puissant et complexe de fleurs printanières, de miel et de pêche de vigne. Le palais est sublimé par des nuances de pain brioché et d'abricot. La sucrosité est parfaitement équilibrée par une finale acidulée.

Douceur d'automne (cour-cheverny) – 8 à 11 €

Michel, Damien et Nicole Cadoux, Le Portail, 41700 Cheverny, 02 54 79 91 25, leportailcadoux@wanadoo.fr

CAVE DES PRODUCTEURS DE VOUVRAY

Située à mi-chemin de la Vallée-Coquette, un haut lieu de la production du vouvray, cette coopérative regroupe 38 adhérents qui détiennent 400 ha de vignes. Dans l'esprit de ce qui se fait dans l'appellation, la cave produit des vins de caractère, à l'image de sa cuvée Doux. Celle-ci révèle d'agréables senteurs florales et un palais frais et équilibré. Une bouteille harmonieuse que l'on pourra déguster dès aujourd'hui ou remiser plusieurs années en cave pour de meilleures sensations.

Doux (vouvray) – 11 à 15 €

Cave des Producteurs de Vouvray, 38, La Vallée-Coquette, 37210 Vouvray, 02 47 52 75 03, cavedesproducteurs@cavedevouvray.com

Riches et complexes, ces vins élaborés à partir de cépages rouges ou blancs résultent de l'ajout d'alcool dans le moût de raisin partiellement fermenté. Cette opération, appelée « mutage », permet de stopper la fermentation et de conserver ainsi une partie des sucres naturels du raisin. En France, on distingue les vins doux naturels (VDN) des vins de liqueur (mistelle), obtenus par l'adjonction d'eau-de-vie avant ou au tout début de la fermentation.

Les vins doux naturels

Issus des cépages muscat, grenache, macabeu et malvoisie, les VDN sont originaires des vignobles du Languedoc, du Roussillon, de Corse et de la vallée du Rhône méridionale. Ils se partagent en deux grandes familles. D'un côté se trouvent les muscats et, de l'autre, les banyuls, maury, rivesaltes et rasteau. Les premiers sont à boire jeunes pour leurs arômes fruités caractéristiques, les seconds sont traditionnellement élevés en contact avec l'oxygène dans des contenants en bois et développent des arômes spécifiques, dont le fameux goût de rancio qui rappelle un peu la noix. On trouve cependant de plus en plus de vins de type « vintage », qui sont mis en bouteilles jeunes et se caractérisent par des arômes frais et fruités.

Les vins de liqueur

La mistelle la plus connue est certainement le pineau-des-charentes. On en dénombre toutefois deux autres en France : le floc-de-gascogne et le macvin-du-jura. Toutes trois sont mutées avec des eaux-de-vie de même origine que le raisin (cognac, armagnac et marc de Franche-Comté).

Les vins doux naturels
et autres vins mutés

LANGUEDOC & ROUSSILLON

Spécificité du vignoble du Languedoc-Roussillon, les vins doux naturels se partagent en deux grandes familles. Destinés à être consommés jeunes, les muscats constituent la famille des blancs. Puissants et intensément aromatiques, ils livrent des arômes de fleurs blanches, d'agrumes et de raisin frais. Ceux produits dans le Languedoc donnent la vedette au muscat à petits grains, tandis que ceux élaborés dans le Roussillon sont issus soit du muscat à petits grains, soit du muscat d'Alexandrie. On les consomme généralement dans les deux ans pour bénéficier de la fraîcheur des arômes, mais on peut aussi bien les attendre une dizaine d'années pour une évolution aromatique.

Les vins doux naturels à boire jeunes (dans les 2 ou 3 ans)

DOMAINE BOUDAU

Véronique et Pierre Boudau, la sœur et le frère, sont depuis 1993 à la tête du domaine familial, qui couvre une cinquantaine d'hectares de vignes sur d'excellents terroirs à l'entrée de la vallée de l'Agly. Leur muscat-de-rivesaltes est l'un des fleurons du domaine. Issue du seul muscat d'Alexandrie, cette cuvée, caractérisée par sa belle fraîcheur, livre des arômes de fleurs blanches et de fruits exotiques. La bouche, aux accents de citrons confits, révèle une belle suavité et un équilibre parfait.

(muscat-de-rivesaltes) – 8 à 11 €

Dom. Boudau,
6, rue Marceau, 66600 Rivesaltes,
04 68 64 45 37,
contact@domaineboudau.fr

CHÂTEAU DE PÉNA

Le nom de la commune Cases-de-Pène (« maisons sur le rocher ») désignait au Moyen Âge le château bâti sur une montagne dominant la vallée de l'Agly. Le muscat à petits grains est cultivé sur les terroirs calcaires environnants. Particulièrement bien adapté à ces terrains, il engendre des vins d'une grande élégance, à l'image de cette cuvée aux parfums très fins de fruits exotiques et de fleurs blanches, mâtinés d'une touche d'agrumes et de fruits confits. Un vin puissant et concentré en bouche.

(muscat-de-rivesaltes) – 8 à 11 €

Cellier de Péna,
2, bd Mal-Joffre, 66600 Cases-de-Pène,
04 68 38 93 30,
cellier-de-pena@orange.fr

LES VIGNERONS DU MUSCAT DE LUNEL

Cette coopérative réunit plus de 350 ha de vignes plantées sur les galets roulés du quaternaire de Lunel. Les ceps de muscat à petits grains ont donné naissance à la cuvée Prestige, un vin équilibré aux senteurs de fleur d'oranger, relayées par des notes fraîches d'eucalyptus. Le palais, d'une belle complexité, à la fois généreux et frais, mêle les épices à des nuances douces de tilleul, la fraîcheur acidulée du pomelo au fruit de la Passion et à la poire bien mûre.

Cuvée Prestige (muscat-de-lunel) – 8 à 11 €

Les Vignerons du muscat de Lunel,
rte de Lunel-Viel, 34400 Vérargues,
04 67 86 00 09,
info@muscat-lunel.com

CHÂTEAU DE PEYSSONNIE

Acteur de poids de l'appellation avec 80 % de la production et quelque 180 adhérents, cette coopérative vinifie les vignobles les plus qualitatifs, sélectionne les meilleures vendanges et produit des vins d'une grande expression. Ce muscat en témoigne : parfums de sureau au nez, arômes de tabac brun et d'épices dans une bouche qui s'allonge en finale sur de friandes notes de pêche. On citera aussi la cuvée Vin d'épices, riche en arômes de prune et de fruits secs, subtile et équilibrée.

(muscat-de-frontignan) – 5 à 8 € ; Vin d'épices (muscat-de-frontignan) – 5 à 8 €

SCA Frontignan Muscat,

14, av. du Muscat, BP 136,
34112 Frontignan Cedex,
04 67 48 12 26,
contact@frontignanmuscat.fr

CHÂTEAU DE LA PEYRADE

Le château de la Peyrade a été construit à la fin du XVIIIe s., sur un léger promontoire au bord de l'étang des Eaux Blanches, face à l'île de Sète. Les 26 ha du domaine conduit par la famille Pastourel sont tout entier plantés en muscat blanc à petits grains. Ceux-ci ont donné naissance à la cuvée Sol Invictus, un vin généreux aux arômes intenses d'acacia en fleur, vivifiés par des notes fraîches de nectarine. La cuvée Prestige se révèle complexe, anisée et réglissée, florale et fruitée.

Sol Invictus (muscat-de-frontignan) – 8 à 11 € ; Prestige (muscat-de-frontignan) – 8 à 11 €

Yves Pastourel et Fils,
rond-point Salvador-Allende,
34110 Frontignan, 04 67 48 61 19,
info@chateaulapeyrade.com

DOMAINE DU MAS NEUF

Propriété des Vignobles Jeanjean, le Mas Neuf est entouré d'eau, entre Méditerranée, étangs et marais. Ce domaine dispose de 70 ha de vignes (en conversion bio) dédiés à la seule culture du muscat à petits grains. Ceux-ci ont donné vie à cette cuvée aux senteurs de jasmin, de mangue et d'abricot sec. On retrouve le fruit jaune, juteux et acidulé, dans une bouche suave et délicate. Autre belle référence : le Domaine de Gibraltar qui se distingue par une sensation de chaleur un peu plus intense.

(muscat-de-mireval) – 8 à 11 € ; Dom. de Gibraltar (muscat-de-mireval) – 5 à 8 €

SCEA Mas neuf des Aresquiers,
Dom. du Mas Neuf, 34110 Vic-la-Gardiole,
04 67 88 80 00,
elise.bellot@jeanjean.fr

DOMAINE DE LA RENCONTRE

C'est ici, en 1854, que Gustave Courbet a peint son chef-d'œuvre *La Rencontre* (réintitulé *Bonjour Monsieur Courbet*). Rencontre encore, au Mexique, entre Pierre Viudes et Julie, une Anglaise exilée. La rencontre enfin entre les jeunes mariés et ces vignes de Vic-la-Gardiole, à l'origine de ce domaine de 12 ha créé en 2008. Leur cuvée L'Hédoniste allie à l'olfaction les fleurs blanches et les fruits secs et dévoile une bouche puissante et généreuse sur des notes douces d'abricot et de pêche confite.

L'Hédoniste (muscat-de-mireval) – 11 à 15 €

Pierre et Julie Viudes,
50, chem. de la Condamine,
34110 Vic-la-Gardiole,
06 24 05 39 46,
pierre@domainedelarencontre.com

DOMAINE DE BARROUBIO

À la lisière du Parc naturel régional du Haut-Languedoc, Raymond Miquel gère les 60 ha de la propriété, dont 27 ha sont dévolus à la vigne dans les calcaires d'alvéolines marines de Ventenac. C'est ici qu'est née sa Cuvée bleue, un vin d'une rare élégance par ses fragrances éclatantes de menthe poivrée et de fleur de sureau. Parfaitement équilibrée, la bouche se montre suave et distinguée. À noter aussi : la Cuvée blanche pour sa bouche tout en dentelle et sa fraîcheur aromatique.

Cuvée bleue (muscat-de-saint-jean-de-minervois) – 5 à 8 € ; Cuvée blanche (muscat-de-saint-jean-de-minervois) – 8 à 11 €

Dom. de Barroubio
Raymond Miquel
Barroubio, 34360, Saint-Jean-de-Minervois
04 67 38 14 06
barroubio@barroubio.fr

LES VIGNERONS DE SAINT-JEAN-DE-MINERVOIS

Les Vignerons de Saint-Jean-de-Minervois, sous la houlette du virtuose Alain Tailhan, maître de chai, signent, millésime après millésime, des vins de qualité en minervois, mais aussi en muscat. On citera notamment la cuvée Éclats blancs, issue d'une sélection parcellaire de muscat planté sur des calcaires durs. Ce vin, au bouquet puissant de fleurs blanches, de litchi et d'agrumes, offre une bouche à la fois vive et ronde. La cuvée Sélection Petit Grain est citée pour ses parfums intenses et son palais chaleureux, charnu et velouté.

Éclats blancs (muscat-de-saint-jean-de-minervois) – 11 à 15 € ; Sélection Petit Grain (muscat-de-saint-jean-de-minervois) – 8 à 11 €

SCA Le Muscat,
Le Village, 34360 Saint-Jean-de-Minervois,
04 67 38 03 24,
lemuscat@wanadoo.fr

LANGUEDOC & ROUSSILLON

Produite dans le Roussillon, la deuxième grande famille de vins doux naturels est constituée des banyuls, maury et rivesaltes, des vins majoritairement rouges, élaborés à partir du cépage grenache, ou plus rarement blancs. La plupart subissent un élevage en milieu oxydatif et développent alors des arômes caractéristiques de fruits confits, de fruits secs, de torréfaction et de rancio. Les vins de type grenat, rimage ou vintage sont, quant à eux, mis jeunes en bouteilles et déploient des arômes intenses de fruits noirs, de chocolat et d'épices. Quel que soit leur style, ces cuvées complexes, riches et puissantes peuvent supporter plusieurs dizaines d'années de bouteille.

Les vins doux naturels de longue garde (de 5 ou 7 ans et plus)

L'ÉTOILE

Située au cœur du village de Banyuls, la petite cave de L'Étoile propose un panel unique de vins doux naturels millésimés, cuvées spéciales, hors d'âge, blancs ou rimages, tuilés ou rancios. On citera en particulier le Rimage, jeune banyuls élevé à l'abri de l'air. Cette cuvée dévoile des arômes de fruits rouges, notamment de framboise. Chaleureux, le palais est équilibré par une belle fraîcheur et par une finale mentholée qui prolonge le plaisir.

Rimage (banyuls) – 11 à 15 €

Cave L'Étoile, 26, avenue du Puig del Mas, BP 3, 66650 Banyuls-sur-Mer, 04 68 88 00 10, info@cave-letoile.com

DOMAINE DE LA RECTORIE

Revenu en 1981 sur l'ancien domaine familial, Thierry Parcé, le vinificateur de la maison, propose de belles créations. Témoin, sa cuvée Thérèse Reig, dédiée à l'arrière-grand-mère. Élevé huit mois en cuve, ce vin allie le cacao, les petits fruits à l'eau-de-vie et la cerise mûre. En bouche, la fraîcheur des fruits rouges, la finesse des tanins et la délicatesse de l'élevage dessinent un vin parfaitement équilibré. Hommage au grand-père, la cuvée Léon Parcé Rimage se montre ronde, concentrée et structurée.

Rimage mise précoce Muté sur grains Cuvée Thérèse Reig (banyuls) – 11 à 15 € ; Léon Parcé Rimage (banyuls) – 20 à 30 €

Dom. de la Rectorie, 30-65, av. du Puig-del-Mas, 66650 Banyuls-sur-Mer, 04 68 88 13 45, thierryparce@orange.fr

VIGNERONS CATALANS

Bien connue pour ses vins secs, cette structure coopérative, créée il y a près d'un demi-siècle, est devenue un groupement de producteurs qui élabore toute une gamme de vins du Roussillon. On citera notamment la cuvée Collection, un banyuls grand cru au nez très aromatique, dominé par le kirsch, la cerise à l'eau-de-vie, les fruits confits et le toasté de l'élevage. L'attaque dévoile une matière fondue, entre fruits suaves, épices et torréfaction.

Collection (banyuls grand cru) – 8 à 11 €

Vignerons catalans, 1870, av. Julien-Panchot, 66962 Perpignan Cedex 9, 04 68 85 04 51, contact@vigneronscatalans.com

DOMAINE DES SCHISTES

Célèbre pour ses vins secs, ce domaine, situé au cœur du village d'Estagel, est l'un des fleurons de la vallée de l'Agly. Jacques et Mickaël Sire, le père et le fils, travaillent en harmonie pour élaborer des cuvées d'exception, à l'image de leur Solera. Dominé à l'olfaction par les fruits secs et par une jolie note de noix, ce rivesaltes se révèle ample, gras et riche au palais, avec ce qu'il faut de fraîcheur en soutien et de complexité aromatique. Il finit sur une agréable touche de rancio.

Solera (rivesaltes) – 11 à 15 €

Dom. des Schistes,
1, av. Jean-Lurçat, 66310 Estagel,
04 68 29 11 25,
sire-schistes@wanadoo.fr

CHÂTEAU DONA BAISSAS

À 200 m d'altitude, face à la Méditerranée, le vignoble est planté sur les terres schisteuses du col de la Dona. C'est dans le respect des traditions que les cépages typiques du Roussillon sont vinifiés par ce domaine familial, dont les origines remontent à 1817. Ils ont donné naissance à ce Tuilé Hors d'âge, un rivesaltes aux senteurs d'épices, de figue et de prune à l'eau-de-vie. Ce vin puissant offre une belle liqueur et convoque le cacao, la torréfaction et la fraîcheur des épices orientales.

Tuilé Hors d'âge (rivesaltes) – 11 à 15 €

Ch. Dona Baissas,
ancienne rte de Maury, 66310 Estagel,
04 68 29 00 02,
info@donabaissas.com

DOMAINE ROSSIGNOL

Créé en 1995, ce domaine, conduit par Pascal Rossignol, s'est depuis converti au bio, enrichi d'un chai d'élevage et d'un musée du Vigneron, où l'on vous contera l'histoire du Roussillon, de la vigne et du vin. Celle de la cuvée Ambré par exemple, un rivesaltes aux senteurs de verveine mentholée, de fruits secs et de zeste d'orange, arômes qui rencontrent en bouche de fraîches notes de litchi. Un vin équilibré et long, à la finale grillée et tonique par ses évocations de chocolat à la menthe.

Ambré (rivesaltes) – 8 à 11 €

Pascal Rossignol,
rte de Villemolaque, 66300 Passa,
04 68 38 83 17,
domaine.rossignol@free.fr

DOMAINE POUDEROUX

Niché au cœur du village de Maury, ce domaine a opté pour le bio et obtenu la certification en 2012. Robert et Cathy Pouderoux proposent des vins toujours bien structurés, puissants et généreux. On citera notamment leur cuvée Vendange, un maury aux senteurs de cerise associées aux épices, genièvre et clou de girofle en tête. Ample et douce à l'attaque, sur des arômes croquants de cerise, la bouche se distingue par sa souplesse et par le caractère soyeux de ses tanins.

Vendange (maury) – 11 à 15 €

Dom. Pouderoux,
2, rue Émile-Zola, 66460 Maury,
04 68 57 22 02,
domainepouderoux@orange.fr

MAS PEYRE

Mas Peyre, c'est une histoire de famille. Installés depuis 1998 au pied des gorges de Galamus, les parents, coopérateurs, quittent la cave et créent le domaine en 2003. Depuis 2009, Baptiste, le fils aîné, gère les chais et César s'occupe de la commercialisation. Élevée dix mois en barrique, histoire de fondre le fruit et les tanins, leur cuvée Grenat Éclats de Vi révèle des notes complexes d'épices, de mûre et de fruits confiturés au nez et une structure ample et onctueuse en bouche.

Grenat Éclats de Vi (maury) – 11 à 15 €

Mas Peyre,
3 ter, rue de Lesquerde,
66220 Saint-Paul-de-Fenouillet,
04 68 59 29 45,
maspeyre@orange.fr

MAS KAROLINA

Originaire du Bordelais, Caroline Bonville a vinifié aux États-Unis et en Afrique du Sud. Pourtant, c'est dans la vallée de l'Agly qu'elle s'est installée en 2003. S'intéressant aux cépages blancs, elle a élaboré un maury marlant macabeu et grenache gris. Élevé quatre ans en barrique, ce vin, qui a séjourné en plein air, livre des parfums de fruits confits, d'orange amère, de cire et de miel. La bouche offre une matière liquoreuse, où l'on retrouve les fruits confits et secs, sur fond de léger rancio.

(maury) – 15 à 20 €

Mas Karolina,
29, bd de l'Agly,
66220 Saint-Paul-de-Fenouillet,
06 20 78 05 77,
mas.karolina@gmail.com

VALLEE DU RHÔNE

La vallée du Rhône produit un vin doux naturel unique dans le paysage viticole rhodanien, puisque celui-ci est issu du muscat à petits grains, seul cépage autorisé dans l'aire d'appellation muscat-de-beaumes-de-venise. Majoritairement blanc, il peut, dans de rares cas, être composé d'assemblages de muscat à petits grains blancs et noirs. À l'image des muscats produits dans d'autres vignobles méridionaux, ce vin délicat privilégie les arômes de jeunesse aux senteurs de raisin caractéristiques et sera dégusté pour sa fraîcheur dans ses premières années. Toutefois, il est possible de le laisser évoluer une dizaine d'années pour bénéficier de nouvelles sensations aromatiques.

Les vins doux naturels à boire jeunes (dans les 2 ou 3 ans)

SAINT-SAUVEUR

Conduit par la famille Rey, ce domaine de 58 ha (en cours de conversion au bio) est situé à la sortie d'Aubignan. Sa cave de vinification occupe un ancien monastère, tandis que son caveau est installé dans une chapelle du XIIe s., restaurée en 1989. Vous y dégusterez la Cuvée des moines, un muscat qui offre à l'olfaction de subtils arômes d'aubépine et d'orange amère, que l'on retrouve dans un palais équilibré, avec ce qu'il faut de fraîcheur. Un vin expressif et aromatique, à servir frais.

Cuvée des moines (muscat-de-beaumes-de-venise) – 8 à 11 €

Ch. Saint-Sauveur,
EARL Les Héritiers de Marcel Rey,
1451, av. Joseph-Vernet, 84810 Aubignan,
04 90 62 60 39,
vins@domaine-st-sauveur.fr

DOMAINE DE FONTAVIN

Situé au nord de Courthézon, ce domaine de 47 ha, répartis sur sept communes et cinq appellations, a entrepris sa conversion au bio. Diplômée d'œnologie, Hélène Chouvet, installée en 1997, est la première femme à la tête de l'exploitation familiale. De ses parcelles de muscat installées sur des terrasses abritées du mistral, la vigneronne a élaboré un vin expressif, ouvert sur des parfums de liqueur d'orange, puissant, sans excès en bouche, avec une juste fraîcheur qui apporte l'équilibre.

(muscat-de-beaumes-de-venise) – 11 à 15 €

Dom. de Fontavin,
1468, rte de la Plaine, 84350 Courthézon,

04 90 70 72 14,
helene-chouvet@fontavin.com

DOMAINE DE LA PIGEADE

Après leurs études viticoles et un séjour de deux ans aux États-Unis, Thierry et Marine Vaute ont repris en 1996 cette propriété familiale de 42 ha, qu'ils ont alors sortie de la cave coopérative et entièrement rénovée. Issue de muscat blanc à petits grains, cette cuvée révèle une palette aromatique complexe, associant des notes finement florales, des senteurs d'abricot et de fruits exotiques. Le palais conserve une belle fraîcheur et dévoile, à l'unisson du bouquet, de subtiles nuances de muguet.

(muscat-de-beaumes-de-venise) – 11 à 15 €

Domaine de la Pigeade,
rte de Laromb, 84190 Beaumes-de-Venise,
04 90 62 90 00

VALLEE DU RHÔNE

La vallée du Rhône méridionale propose un autre type de vin doux naturel issu de vieux ceps de grenache : le rasteau. Puissant et onctueux, ce vin offre différents styles : les rosés et grenats aux arômes de fruits rouges frais, les blancs aux senteurs florales et miellées, les ambrés, tuilés et rancios aux notes de fruits secs et cuits et de torréfaction. Il présente un potentiel de garde élevé, dix ans et plus, notamment pour les rouges, les ambrés et les rancios, et se bonifiera au fur et à mesure des années.

Les vins doux naturels de longue garde (de 5 ou 7 ans et plus)

CAVE DE RASTEAU

Fondée en 1925, cette coopérative, qui regroupe plus de 700 ha de vignes, est l'une des plus anciennes caves de la vallée du Rhône. Depuis 2008, elle accueille les visiteurs dans un tout nouveau caveau au pied du village. L'occasion de découvrir sa cuvée Signature, un joli rasteau élevé douze mois en fût, qui dévoile des parfums bien mariés de truffe et de cacao. On retrouve ces sensations dans une bouche généreuse et de belle intensité. Un vin armé pour une longue garde.

Signature (rasteau) – 11 à 15 €

Les Vignerons de Rasteau et de Tain-l'Hermitage, rte des Princes-d'Orange, 84110 Rasteau, 04 90 10 90 10, rasteau@rasteaucomr

CAVE DU TRAPADIS

Dans la même famille depuis le milieu du XIXe s., ce domaine, aujourd'hui géré par Helen Durand, s'étend sur 27 ha conduits en agriculture biologique. Son nom est dérivé du mot « trou » en provençal, correspondant à une galerie souterraine creusée sous une parcelle de grenache. Une majorité de ce cépage entre dans la composition de ce rasteau, associé au carignan. Le résultat est un vin au nez intense évoquant le zeste d'orange et la mûre confiturée, ample, puissant et généreux en bouche.

(rasteau) – 11 à 15 €

La Cave du Vigneron, 855, chem. Albert-Guigou, 13290 Aix-les-Mille, 04 42 39 98 18, info@cave-vigneron.fr

DOMAINE DE BEAURENARD

Sept générations se sont succédé jusqu'à Daniel et Frédéric Coulon, qui conduisent ce domaine d'une soixantaine d'hectares en biodynamie. Producteurs de rasteau et de châteauneuf-du-pape, les vignerons signent un vin de belle facture, issu du seul grenache. Le mutage a été effectué sur grains. Puis le vin doux a été élevé vingt-quatre mois en fût de chêne. Cela donne une cuvée tout en finesse, aux tanins ronds et enrobés d'arômes de figue confite, de cerise et de pruneau.

Grenat (rasteau) – 15 à 20 €

SCEA Pierre Coulon et Fils, Dom. de Beaurenard, 10, av. Pierre-de-Luxembourg, 84230 Châteauneuf-du-Pape, 04 90 83 71 79

FLOC ET PINEAU

L'un des vins de liqueur les plus connus en France est certainement le pineau-des-charentes, mais l'on en trouve dans d'autres vignobles, comme dans le Jura avec le macvin et en Gascogne avec le floc. Si les deux premiers sont dotés d'un potentiel de garde élevé, le dernier, réputé pour sa fraîcheur et son fruité, se déguste dans l'année. Issu de l'alliance subtile entre la chaleur de l'armagnac et la douceur gourmande du jus de raisin, le floc-de-gascogne livre toute une palette d'arômes et de senteurs, plus friandes les unes que les autres, sur les fruits secs, la pêche et le miel en blanc, la cerise,la framboise et les épices en rosé.

Les vins de liqueur à boire jeunes (dans les 2 ou 3 ans)

DOMAINE DE MAGNAUT

Le domaine s'est fait connaître autrefois grâce aux armagnacs de Pierre Terraube et entretient à présent sa réputation avec son fils Jean-Marie, arrivé en 2000 en Ténarèze, dans le nord-ouest du Gers. Issu du seul merlot, son floc rosé livre des parfums de noyau de cerise, de fleurs et d'eau-de-vie. La bouche ample se montre équilibrée entre fraîcheur, douceur des fruits mûrs et chaleur de l'armagnac. À noter aussi son floc blanc pour son fruité opulent et pour sa souplesse.

Rosé (floc-de-gascogne) – 8 à 11 € ; blanc (floc-de-gascogne) – 8 à 11 €

Jean-Marie Terraube, Magnaut, 32250 Fourcès, 05 62 29 45 40, domainedemagnaut@wanadoo.fr

CAVE DE CONDOM

Fondée dans les années 1950, cette coopérative regroupe plus de 150 producteurs représentant un vignoble de quelque 1 300 ha. Issu de colombard et de gros manseng, son floc blanc livre un bouquet expressif et harmonieux de fruits blancs et jaunes et d'agrumes. Des tonalités fruitées, agrémentées de senteurs de bergamote et de violette, que l'on retrouve dans une bouche souple et ronde. Le floc rosé, né de merlot et de cabernet-sauvignon, est cité pour sa douceur et ses arômes de fruits rouges.

Blanc (floc-de-gascogne) – 5 à 8 € ; rosé (floc-de-gascogne) – 5 à 8 €

Cave de Condom, Val de Gascogne, 59, av. des Mousquetaires, 32100 Condom, 05 62 28 12 16

FLOC ET PINEAU

Le vignoble français propose deux mistelles de longue garde. Dans la région de Cognac, le pineau-des-charentes résulte du mariage du moût des raisins charentais avec du cognac. Le rosé se montre généralement plus doux et plus fruité que le blanc qui, lui, se révèle plus nerveux et plus sec. Avec l'âge, il prend des parfums de rancio caractéristiques. Qualifiés de « vieux pineaux », les pineaux âgés de plus de cinq ans pourront se garder au minimum cinq ans, tandis que les « très vieux pineaux », ceux élevés au moins dix ans, présenteront un potentiel de garde de plus de dix ans. Du côté du Jura, le macvin est le fruit de l'assemblage du moût des raisins issus de cépages régionaux avec une eau-de-vie de marc de Franche-Comté. Il se montre complexe et très aromatique en rouge, fruité en rosé, riche, rond, fruité et floral en blanc. Très typé Jura, ce vin original peut se conserver jusqu'à trente ans.

Les vins de liqueur de longue garde (de 5 ou 7 ans et plus)

CHRISTELLE ET GILLES WICKY

La conversion bio du domaine a été engagée en 2010 par Christelle et Gilles Wicky, installés depuis 2003 sur les terres de Sainte-Agnès, dans le Sud-Revermont, où ils se sont spécialisés dans les vins blancs aromatiques. On citera en particulier leur macvin au nez épatant, qui mêle le marc de raisin aux fruits secs et aux fruits confits. Dès l'attaque, sucre, acidité et alcool sont en parfait équilibre. Des notes de chocolat, de noisette, de figue et de raisin sec tapissent la bouche dans une grande élégance.

(macvin-du-jura) – 11 à 15 €

Christelle et Gilles Wicky,
13, rue Principale, 39190 Sainte-Agnès,
06 07 59 59 97,
gilles.wicky@wanadoo.fr

PHILIPPE BUTIN

Proche de Lons-le-Saunier, Lavigny est un petit village dominé par une falaise calcaire. Les vignes poussent sur ses pentes, sous la protection d'une chapelle située au milieu du coteau. C'est ici que Philippe Butin produit ses nombreuses cuvées de vin blanc. Son macvin Vieilli en fût de chêne révèle un nez très fruité, mais aussi légèrement cacaoté. L'attaque en bouche puissante et chaleureuse laisse la place à la richesse du sucre. De belles notes de mirabelle se développent et la finale est fraîche.

Vieilli en fût de chêne (macvin-du-jura) – 11 à 15 €

Philippe Butin,
21, rue de la Combe, 39210 Lavigny,
03 84 25 36 26,
ph.butin@wanadoo.fr

PASCAL CLAIR

Mis en valeur par la même famille depuis plus d'un siècle, ce domaine compte 24 ha en Grande et Petite Champagne. Représentant la cinquième génération, Pascal Clair a élaboré un pineau issu de l'assemblage de l'ugni blanc et du sémillon. Cette cuvée offre un bouquet complexe d'agrumes, de pêche, de pain d'épice, de pâtisserie et de noix fraîche. La bouche puissante révèle une matière dense et persistante, au boisé fondu, où pointent le rancio et le pruneau. Une pure gourmandise.

(pineau-des-charentes) – 8 à 11 €

EARL Pascal Clair,
6, La Genebrière, 17520 Neuillac,
05 46 70 22 01, pascal.clair@free.fr

PIERRE GAILLARD

Viticulteurs de père en fils depuis plus d'un siècle, les Gaillard exploitent un vignoble situé au cœur de la Saintonge romane, à 10 km de Jonzac. Incarnant la cinquième génération, Pierre Gaillard a élaboré un pineau rosé au bouquet fruité, mêlant des senteurs de cassis, de framboise et de mûre, arômes harmonieux qui se prolongent dans une bouche souple et persistante. Autre belle référence : son pineau blanc, cité pour ses parfums frais d'abricot et de mirabelle et pour son palais rond et gras.

Rosé (pineau-des-charentes) – 8 à 11 € ; blanc (pineau-des-charentes) – 8 à 11 €

EARL Pierre Gaillard et Fils,
5, Chez Trébuchet, 17240 Clion,
05 46 70 45 15,
pierre.gaillard.et.fils@wanadoo.fr

On désigne par vins effervescents les vins dont la teneur en gaz carbonique est suffisamment importante pour être perceptible et fait partie de l'équilibre et de la personnalité du vin. Celle-ci se manifeste par la formation de mousse et de fines bulles dans le verre et par une sensation de picotement en bouche. Symbolisant la fête et le luxe à la française, le champagne est assurément le plus célèbre des vins effervescents produits dans le monde.
Si le champagne revêt un caractère unique et est élaboré à partir d'une seule et même méthode, la méthode traditionnelle, autrefois dite « champenoise », il est important d'en souligner sa diversité. Ses styles varient en effet en fonction des assemblages de vins (bruts sans année ou millésimés) et de cépages (blanc de blancs, blanc de noirs), du dosage (bruts nature, extra-brut…) et des terroirs multiples.
Tout autant de facteurs qui en font un vin d'une incroyable complexité et subtilité.
Le champagne ne doit cependant pas faire oublier que de nombreuses autres régions viticoles offrent elles aussi d'excellents effervescents. Les crémants (en Bourgogne, en Alsace…), la clairette-de-die, la blanquette-de-limoux et autres mousseux (de Gaillac, de Bugey) seront de séduisantes alternatives, présentant l'avantage d'être généralement moins onéreuses.

Les vins effervescents

CHAMPAGNE

Les champagnes à boire jeunes (dans les 2 à 3 ans)

Les champagnes se déclinent en différents types de vins, à commencer par les bruts sans année, toujours non millésimés – c'est le nom technique du champagne premier prix réalisé à partir de vins d'années différentes. Ils sont adaptés à une consommation rapide et ne gagnent rien, sauf exception, à être conservés trop longtemps en cave. Ce sont les champagnes de l'apéritif par excellence, mais ils peuvent également être servis à table et sont capables de se marier avec une très grande diversité de plats. De nombreux champagnes de petits propriétaires sont proposés à des prix abordables, qui permettent de les consommer sans attendre nécessairement un événement festif.

ACHILLE PRINCIER

Gilles Mansard et ses fils perpétuent une tradition familiale débutée en 1901. Installés à Cerseuil, un hameau de Mareuil-le-Port, sur la rive gauche de la Marne, ils cultivent un vignoble de 24 ha. Assemblant les trois cépages avec deux tiers de noirs, leur cuvée Grande Tradition se montre bien structurée, conjuguant force et finesse. Sa robe dorée invite à humer des parfums d'agrumes et de fruits blancs, que l'on retrouve en bouche. Agréable à l'attaque, ample, suave et équilibrée, cette bouteille tiendra son rang aussi bien à l'apéritif qu'à table.

Grande Tradition (champagne) – 11 à 15 €

SCEV Gilles Mansard,
4, rue de Tirvet, 51700 Mareuil-le-Port,
03 26 52 74 59,
maxime.mansard@yahoo.fr

ALAIN BAILLY

La famille Bailly est établie à Serzy-et-Prin, dans la vallée de l'Ardre. Son vignoble couvre près de 12 ha, répartis sur quatre communes : Serzy-et-Prin et Savigny, aux environs de l'exploitation, Sacy et Ville-Dommange, sur la Montagne de Reims. Ce champagne brut est majoritairement composé de pinot meunier, le chardonnay faisant l'appoint. Complexe et délicat, le nez mêle les fruits confits, le miel, le tabac, le pain d'épice et la brioche. L'attaque fraîche et la bouche structurée confirment l'élégance et la complexité de cette bouteille.

Tradition (champagne) – 11 à 15 €

Alain Bailly, 3, rue du Tambour,
51170 Serzy-et-Prin, 03 26 97 41 58

AUTRÉAU DE CHAMPILLON

Les Autréau sont établis depuis le XVIIe s. à Champillon, village dominant Épernay et les coteaux environnants, entre Hautvillers et Aÿ. Née il y a juste 60 ans de quelques hectares de vignes, la maison a connu une belle croissance : dans les années 1980, la famille cultivait 15 ha ; aujourd'hui, trois générations exploitent plus de 30 ha et gèrent une activité de négoce. Chardonnay et pinot noir se partagent à égalité cette cuvée Réserve remarquable. Les fleurs séchées, la violette et les agrumes composent un nez d'une grande finesse, prélude à une bouche élégante, intense, franche, complexe et de belle longueur.

Réserve (champagne grand cru) – 15 à 20 €

Autréau de Champillon, 7, rue René-Baudet, 51160 Champillon, 03 26 59 46 00, champagne.autreau@wanadoo.fr

PIERRE CELLIER

Le domaine Philippe Gonet est bien connu au Mesnil-sur-Oger, dans la Côte des Blancs. Fort de 19 ha de vignes, il est géré depuis 2001 par les enfants de Philippe, Pierre (à la vigne et à la cave) et Chantal (au commercial). Commercialisé sous l'étiquette de négoce de la famille, ce brut Prestige, à base d'une majorité de pinot noir, s'ouvre sur les fleurs et les fruits blancs. En bouche, il dévoile une expression vive, droite et équilibrée. On y retrouve les nuances florales de l'olfaction, alliées à des notes d'abricot confit. Un ensemble élégant et fin, destiné à l'apéritif.

Cuvée Prestige (champagne) – 20 à 30 €

SAS Philippe Gonet, 1, rue de la Brèche-d'Oger, 51190 Le Mesnil-sur-Oger, 03 26 57 53 47, office@champagne-philippe-gonet.com

POL COCHET

Arrière-petit-fils de Pol Cochet, négociant à Ambonnay et héritier d'une lignée de professionnels du vin, Éric Petitjean s'est associé à l'élaborateur aubois Grémillet pour proposer des cuvées sous la marque Pol Cochet. Il propose ici un brut sans année de bonne facture, à partir d'un assemblage classique de pinot noir et de chardonnay. Le nez délicat associe les fleurs blanches comme l'acacia, les agrumes et les fruits secs. La bouche équilibrée et longue laisse une impression d'élégance. À choisir pour l'apéritif et les entrées froides.

(champagne) – 15 à 20 €

Pol Cochet, 64, rue de Champrot, 51200 Épernay, 06 85 05 54 36, contact@champagne-pol-cochet.com

JACQUES COPINET

En 1975, Jacques Copinet a commercialisé ses premières bouteilles. Aujourd'hui, sa fille Marie-Laure et son gendre Alexandre Kowal exploitent un domaine de 9 ha. S'ils détiennent des parcelles dans l'Aube et dans la vallée de la Marne, leur vignoble est principalement situé au sud du Sézannais, une terre propice au chardonnay. Ce blanc de blancs marie onctuosité soyeuse et nervosité et il fait preuve d'un remarquable équilibre, ses arômes expressifs de fleurs des champs et de brioche beurrée, assortis d'une touche de minéralité, participant à l'harmonie de l'ensemble.

Blanc de blancs (champagne) – 15 à 20 €

EARL Copinet, 11, rue de l'Ormeau, 51260 Montgenost, 03 26 80 49 14, info@champagne-copinet.com

CHAMPAGNE

Les champagnes à boire jeunes (dans les 2 à 3 ans)

ÉLISE DECHANNES

Élise Dechannes a abandonné une carrière dans la banque pour reprendre en 2007 l'exploitation de ses parents, qui couvre 4,6 ha dans le joli village des Riceys dans l'Aube, réputé pour son rosé tranquille. Largement majoritaire dans ce secteur méridional du vignoble, le pinot noir seul est à l'origine de ce champagne rosé, issu de macération. Cette vinification par saignée a donné un vin au fruité intense, sur la fraise, la cerise et la groseille, qui se prolonge dans un palais plaisant par sa fraîcheur.

Rosé (champagne) – 15 à 20 €

Élise Dechannes, 1, pl. des Héros-de-la-Résistance, 10340 Les Riceys, 03 52 63 20 36, elise.dechannes@sfr.fr

CHRISTIAN ÉTIENNE

Installé dans la Côte des Bar au cœur de l'Aube, ce domaine d'une dizaine d'hectares, conduit par Christian Étienne, est très souvent distingué dans le *Guide Hachette des Vins*, à l'image de la cuvée Tradition, composée de pinot noir complété de chardonnay. L'élevage d'une partie des vins de base sous bois pendant un an participe à sa personnalité, sans toutefois transparaître à l'excès dans la palette aromatique. Le nez, bien fruité, marie la prune et la griotte confiturée. De belle tenue, le palais se montre frais, charnu et assez persistant.

Cuvée Tradition (champagne) – 11 à 15 €

Christian Étienne,, 12, rue de la Fontaine, 10200 Meurville, 03 25 27 46 66, champagneesperance@orange.fr

L. HUOT FILS

En 1950, Louis Huot, héritier d'une lignée de viticulteurs, lance son champagne. En 2000, ce sont ses arrière-petits-enfants, Virginie et Olivier Huot, qui reprennent le domaine, fort d'un vignoble de 7 ha sur les coteaux sud d'Épernay. Leur cuvée Brut zéro assemble les deux pinots à parts égales avec le chardonnay. Comme son nom l'indique, elle n'a reçu aucune liqueur d'expédition, afin de mettre en lumière les arômes et l'équilibre originel du vin. Un nez puissant mêle les fruits jaunes et une touche de minéralité, suivi d'une bouche plaisante, charnue, dévoilant en finale une pointe d'amertume plutôt agréable.

Brut zéro Cuvée Initiale (champagne) – 15 à 20 €

L. Huot Fils, 27 rue Julien-Ducos, 51530 Saint-Martin-d'Ablois, 03 26 59 92 81, champagne.huot@wanadoo.fr

LAVAURE-HUBER

Vigneron à Chavot-Courcourt dans l'entre-deux-guerres, Diogène Tissier fut père d'une famille très nombreuse : il est à l'origine de plusieurs maisons de ce village des coteaux sud d'Épernay. Celle-ci est née en 1999 de l'union de sa petite-fille Isabelle Huber avec Patrick Lavaure. Leur cuvée Tradition évoque le beurre frais au nez. Ensuite, les fruits s'épanouissent au palais, donnant un côté gourmand à une matière très bien équilibrée, à la fois ample et vive. Un champagne frais et harmonieux.

Cuvée Tradition (champagne) – 11 à 15 €

Lavaure-Huber, 4, Le Pont-de-Bois, 51530, Chavot-Courcourt, 03 26 54 57 95, champagne-lavaure-huber@orange.fr

PIÉTREMENT-RENARD

Le Petit Morin naît en plaine, entre Côte des Blancs et Sézannais. Peinant à s'écouler dans ses premiers kilomètres, il forme une vaste tourbière : le marais de Saint-Gond, dominé par les coteaux calcaires de Villevenard couverts de ceps. Cette exploitation y dispose d'un vignoble de 12 ha. Elle est dirigée par Emmanuel Piétrement, devenu président de la coopérative locale. Ce blanc de blancs, justement vinifié par la cave, laisse monter des senteurs intenses et fraîches d'agrumes et de fleurs. La bouche dévoile une matière parfaitement équilibrée, ample et vive à la fois. L'archétype du vin d'apéritif.

Blanc de blancs (champagne) – 11 à 15 €

Piétrement-Renard, 30, rue des Hauts-de-Saint-Loup, 51270 Villevenard, 03 26 52 83 03, pietrement-renard@terre-net.fr

F. RICHOMME

Jules Richomme, le père, Moïse, le fils, et Marie-Sophie, la belle-fille, lancent en 1951 la marque, reprise par Franck Richomme en 1998. Ce dernier exploite un vignoble situé dans la Côte des Blancs, ainsi que dans le Sézannais et dans la vallée de la Marne. Hommage à sa grand-mère, sa cuvée Marie-Sophie est élaborée à partir de vieux ceps de chardonnay. Arrivée à maturité, elle déploie des parfums de fruits mûrs, de beurre et de pâtisserie. Ample, vineuse et riche sans lourdeur, la bouche reste harmonieuse et gagne même en complexité grâce à une note épicée et à une sensation saline et iodée qui souligne la finale.

Blanc de blancs Cuvée Marie-Sophie (champagne grand cru) – 15 à 20 €

EARL Franck Richomme, 306, rue du Moutier, 51530 Cramant, 03 26 57 52 93, franck.richomme@wanadoo.fr

CHAMPAGNE

Les champagnes de moyenne garde (de 3 à 5 ou 7 ans)

De nombreux champagnes se bonifient après quelques années de cave, à l'image d'un grand nombre de vins blancs qui nécessitent deux à trois ans d'élevage en bouteilles pour exprimer tout leur potentiel aromatique et offrir le meilleur équilibre en bouche. Trop souvent limité à l'apéritif, le champagne est en réalité un très bon vin de repas. On devrait d'ailleurs parler du champagne au pluriel. Il existe en effet quatre grandes zones de production, chacune offrant une multitude de nuances, auxquelles s'ajoute la possibilité de jouer sur l'assemblage des différents cépages et sur l'élevage des vins de base.

PAUL BARA

Issu d'une lignée de vignerons remontant à 1833, Paul Bara est un éminent spécialiste des vins de Bouzy, l'un des grands crus de la Montagne de Reims, terre d'élection du pinot noir. Sa fille Chantale lui a succédé à la tête de l'exploitation – pas moins de 11 ha situés en grand cru. Essentiellement né de pinot noir complété de chardonnay, le brut Bouzy Réserve offre des arômes de groseille tout en finesse et une bouche de belle tenue, fraîche et longue. Un champagne de caractère que l'on peut déjà servir, mais qui devrait pouvoir se garder quelques années.

Bouzy Réserve (champagne grand cru) – 15 à 20 €

Paul Bara, 4, rue Yvonnet, 51150 Bouzy, 03 26 57 00 50, champagne.paul.bara@wanadoo.fr

BAUDRY

José et Armel Baudry exploitent un vignoble de plus de 20 ha, implanté dans la Côte des Bar. Représentatif de ce secteur aubois, l'encépagement de leur domaine fait une très large place au pinot noir, complété par le chardonnay. Le pinot règne sans mélange dans la cuvée Tradition qui mêle au nez les fruits confits et des notes plus fraîches d'agrumes. On retrouve les agrumes dans un palais vif à l'attaque, équilibré et long. Un champagne d'apéritif qui peut attendre trois ou quatre ans.

Tradition (champagne) – 11 à 15 €

Baudry, 70, Grande-Rue, 10250 Neuville-sur-Seine, 03 25 38 20 59, champagne.baudry@cegetel.net

MICHEL BERTHELOT

Créé en 1997, ce domaine est implanté à Champillon, village dominant Épernay. Il est conduit par Michel Berthelot, épaulé depuis 2008 par son fils Geoffrey. Les champagnes de la propriété sont élaborés à la coopérative d'Aÿ. Mariant pinot noir et chardonnay presque à parts égales, ce 2004 s'annonce par un nez agréable et fin, au fruité riche rappelant les agrumes et les fruits blancs, nuancé de notes plus évoluées de miel et de brioche. Une attaque fraîche et une bouche équilibrée, bien fruitée elle aussi, devraient autoriser une garde de quatre ans.

Millésime 2004 (champagne) – 15 à 20 €

Michel Berthelot et Fils, 24, rue Bel-Air, 51160 Champillon, 03 26 59 47 41, champagne.berthelot@orange.fr

R. BOURDELOIS

Créée il y a plus d'un siècle, cette exploitation familiale est dirigée par Françoise Renoir, la fille de Raymond Bourdelois, son mari et sa fille. Elle dispose d'un vignoble de près de 6 ha, implanté sur les coteaux d'Épernay et à Aÿ. Assemblage classique dominé par les deux pinots, le brut Réserve mise moins sur la puissance que sur la finesse et l'élégance. Sa palette aromatique, légère, mais complexe, s'ouvre à l'aération sur des senteurs : agrumes confits, fleurs séchées, fruits secs, miel… que l'on retrouve au palais après un temps d'aération. Vive, assez ample et bien construite, la bouche devrait gagner en intensité au cours des quatre ans à venir.

Cuvée Réserve (champagne 1er cru) – 15 à 20 €

Raymond Bourdelois,
737, av. du Gal-Leclerc, 51530 Dizy,
03 26 55 23 34,
champagnebourdelois@hotmail.fr

J. CHARPENTIER

Dans les années 1920, Pierre Charpentier fournissait le négoce et produisait du vin rouge. Les mauvaises années, le tonneau valait plus cher que le vin… Aujourd'hui, Jean-Marc Charpentier, œnologue, également diplômé en droit et en marketing, dispose d'un vignoble de 13 ha dans la vallée de la Marne. Il élève une partie de ses vins en foudre et en fût de chêne. Son brut Réserve est un blanc de noirs qui privilégie le pinot meunier. Ses senteurs de pâte d'amandes et de miel annoncent un palais puissant, rond et harmonieux, grâce à une belle fraîcheur.

Cuvée Réserve (champagne) – 15 à 20 €

J. Charpentier, 88, rue de Reuil,
51700 Villers-sous-Châtillon,
03 26 58 05 78,
info@jcharpentier.fr

DAUBY

Francine et Flore, un tandem mère-fille, conduisent cette exploitation qui a commercialisé son champagne dès 1956. Le domaine couvre 8 ha autour d'Aÿ, célèbre grand cru de noirs. Mi-pinot noir, mi-chardonnay, la cuvée Flore incorpore dans son assemblage des vins de réserve élevés en fût. L'empreinte du bois n'a pas échappé à nos dégustateurs, qui ont souligné dans ce champagne la charpente et les arômes de pain grillé, de caramel au lait et de vanille contribuant à son harmonie. Le fruit est là aussi, mûr et confit. Cette cuvée spéciale devrait atteindre son apogée dans deux à trois ans.

Cuvée Flore (champagne grand cru) – 20 à 30 €

Dauby,
22, rue Jeanson, 51160 Aÿ,
03 26 54 96 49,
champagne.dauby@wanadoo.fr

CHAMPAGNE

Les champagnes de moyenne garde (de 3 à 5 ou 7 ans)

M. DEMIÈRE ET FILS

Matthieu Demière s'est installé en 2012 sur le vignoble constitué par ses parents aux environs de Trépail, village dédié au chardonnay dans une Montagne de Reims vouée au pinot noir. Voici la dernière version du blanc de blancs sans année de la propriété. Riche et puissante, mais harmonieuse, cette cuvée offre tous les caractères d'un chardonnay de la « Côte des Noirs ». Nos dégustateurs saluent la délicatesse de son nez et la finesse de ses arômes de beurre frais, de noisette et de brioche chaude. Un champagne de repas.

Blanc de blancs (champagne) – 15 à 20 €

Matthieu Demière, 2, allée du Jardinot, 51380, Trépail, 03 26 57 06 23, miche.demiere@wanadoo.fr

DIDIER DUCOS

Ce domaine a été fondé après la dernière guerre par Adrien Didier et Yvonne Ducos, les grands-parents de Nicolas Didier, qui conduit l'exploitation avec Clotilde depuis les années 2000. L'Ablutien ? Comprenez : « de Saint-Martin-d'Ablois ». C'est dans ce village des coteaux sud d'Épernay que sont établis ces récoltants, et l'assemblage de leur cuvée reflète l'encépagement de la commune : beaucoup de meunier, un peu de chardonnay et un soupçon de pinot noir. Il en résulte un champagne très fruité, puissant et long, mâtiné de notes fumées et grillées.

L'Ablutien (champagne) – 11 à 15 €

EARL Didier-Ducos,
9 bis, rue Julien-Ducos,
51530 Saint-Martin-d'Ablois, 03 26 59 93 39,
champagnedidierducos@orange.fr

GERVAIS GOBILLARD

Fondée par Gervais Gobillard en 1945, cette structure de négoce est conduite depuis 1982 par la troisième génération. Elle est implantée à Hautvillers, village de la Grande Vallée de la Marne abritant l'abbaye où dom Pérignon fut cellérier. Le chardonnay compose la majorité de l'assemblage, complété par le pinot noir. Ce millésimé blanc, porte la marque du cépage principal, offrant un nez fin et élégant, où les fleurs s'allient aux agrumes et aux fruits blancs. Fraîche, ample et crémeuse, la bouche se prolonge par une finale agréablement citronnée. Il trouvera sa place à l'apéritif après avoir vieilli trois à quatre ans.

Cuvée Prestige 2008 (champagne) – 20 à 30 €

Gervais Gobillard, 38, rue de l'Église, 51160 Hautvillers, 03 26 51 00 24, contact@champagne-gobillard.com

MONIAL

Le champagne, selon la tradition, est né dans une abbaye. Dans la Côte des Bar, les cuvées d'Emmanuel Calon vieillissent sous les voûtes en ogive d'un cellier classé Monument historique, ancienne dépendance du monastère cistercien de Clairvaux. Elles portent des noms latins. Sylves ? Voilà qui évoque la forêt et donc une élaboration partielle en fût. Le pinot noir, assemblé au chardonnay, séjourne dans le bois. Le nez intense, sur le beurre et la noisette, est suivi d'une bouche à la fois vineuse et fraîche, qui finit sur un soupçon d'amertume.

Monial Sylves (champagne) – 20 à 30 €

Emmanuel Calon, Le Cellier-aux-Moines, 10200 Colombé-le-Sec, 03 25 27 02 04, calon.emmanuel@wanadoo.fr

YANNICK PRÉVOTEAU

L'exploitation a son siège à Damery, sur la rive droite de la Marne, à quelques kilomètres en aval d'Épernay. Deux frères, Yannick et Éric Prévoteau, conduisent les 10 ha de vignes de cette propriété. Leurs vins sont vinifiés sans fermentation malolactique. La Carte d'or, assemblage des trois cépages champenois, comprend trois quarts de cépages noirs. La palette aromatique est dominée par les fleurs, le foin coupé et le tilleul. La bouche est vive et de belle longueur. Un vin plein d'énergie avec une belle structure. Destiné à l'apéritif, il peut attendre quatre ou cinq ans.

Carte d'or (champagne) – 11 à 15 €

Yannick Prévoteau, 4 bis, av. de Champagne, 51480 Damery, 03 26 58 41 65, yannick.prevoteau@orange.fr

VEUVE A. DEVAUX

La veuve A. Devaux a existé : elle gérait au XIXe s. une maison de champagnes à Épernay. Le dernier Devaux, sans héritier, a cédé en 1987 la marque à l'Union Auboise, coopérative fondée en 1957 à Bar-sur-Seine. La cave signe un blanc de noirs de pur pinot noir, cépage dominant dans ce secteur de l'Aube. Au nez, quelques effluves d'agrumes, puis des nuances de pain d'épice. Le champagne s'affirme en bouche, où l'on retrouve les agrumes, agrémentés de notes de poire, puis, en finale, d'une touche d'amande grillée. Un ensemble franc, rond, harmonieux et long.

Blanc de noirs (champagne) – 20 à 30 €

Devaux, Dom. de Villeneuve, 10110 Bar-sur-Seine, 03 25 38 30 65, mariegillet@champagne-devaux.fr

CHAMPAGNE

Il ne faut pas oublier que le champagne est avant tout du vin et que, à ce titre, certaines cuvées ont une très bonne capacité d'évolution. Les champagnes millésimés, issus d'une seule vendange (on ne millésime, en principe, que les grandes années), les cuvées « Prestige », millésimées ou non, composées d'une sélection de terroirs, peuvent être conservés plusieurs années en cave et franchissent allègrement le cap de la décennie. À l'image des grands bourgognes, la gamme aromatique de ces champagnes évolue vers des arômes de fruits confits, d'épices douces, de miel ou encore d'encaustique, et la bouche gagne en finesse et en suavité.

Les champagnes de longue garde (de 5 à 7 ans, parfois plus)

BONNET-PONSON

Les Bonnet sont vignerons depuis six générations dans la « Petite » Montagne de Reims, au sud-ouest de la cité des Sacres. Aujourd'hui, Thierry et Cyril gèrent un vignoble de 10,5 ha : 70 parcelles en 1er cru et en grand cru. Ils rendent hommage à leur aïeul à travers cette cuvée millésimée élaborée à base de pinot noir fermenté en barrique, élevé neuf mois en fût et mis en bouteilles sans collage ni filtration. Il en résulte un champagne mûr, vineux et droit, aux arômes briochés, compotés et légèrement boisés. Un champagne de caractère destiné à la garde.

Blanc de noirs Extra-brut Jules Bonnet 2006 (champagne 1er cru) – 20 à 30 €

Bonnet-Ponson, 20, rue du Sourd, 51500 Chamery, 03 26 97 65 40, champagne.bonnet.ponson@wanadoo.fr

BOULARD-BAUQUAIRE

Aux confins de l'Aisne, Cormicy est le village viticole le plus septentrional du vignoble. C'est là qu'est installée la famille Boulard, qui exploite près de 8 ha dans le massif de Saint-Thierry (au nord-ouest de Reims), ainsi qu'à Trépail, 1er cru de la Montagne de Reims et l'une des rares communes de ce secteur à privilégier les blancs. C'est le lieu de naissance de ce blanc de blancs, dont le nez, partagé entre les fleurs printanières, comme l'acacia et l'aubépine, et les fruits, rappelant l'abricot et les agrumes, annonce une bouche fine et fraîche. Un vin déjà plaisant, qui offre un bon potentiel de garde.

Blanc de blancs Trépail Vieilles Vignes (champagne 1er cru) – 15 à 20 €

Boulard-Bauquaire, 30, rue du Petit-Guyencourt, 51220 Cormicy, 03 26 61 30 79, info@champagne-boulard-bauquaire.fr

DOMAINE CAUDRON

Cette marque de la coopérative de Passy-Grigny a été choisie en hommage au fondateur de la cave, l'abbé Caudron, jadis curé de ce village de la vallée de la Marne. Sa cuvée Cornalyne doit tout au meunier vinifié et élevé, pour 50 %, en fût de chêne. Le nez est complexe, mêlant la vanille au miel, au sirop d'érable et aux agrumes confits. Ces jolis caractères d'évolution se confirment dans une bouche vive et puissante. Cette bouteille est à conseiller aux amateurs de champagnes boisés. Elle est capable de bien évoluer en cave.

Cuvée Cornalyne (champagne) – 20 à 30 €

Coopérative vinicole, 22, rue Jean-York, 51700 Passy-Grigny, 03 26 52 45 17, champagnedomcaudron@hexanet.fr

DRAPPIER

Cette maison est constituée d'un vignoble de 55 ha aux environs de Bar-sur-Aube, dont la production est complétée par des achats de raisins et de moûts. Les bouteilles de prestige vieillissent dans les vénérables caves construites par les moines cisterciens de la proche abbaye de Clairvaux. Depuis plus de trente ans, Michel Drappier est aux commandes. À la cave, il évite les filtrations et use avec modération du soufre. Le Blanc de blancs Signature a l'originalité de contenir un zeste de pinot blanc, cépage confidentiel en Champagne. Le nez est expressif, avec des nuances d'abricot sec et de grillé, prélude à une bouche vivifiante et fruitée.

Blanc de blancs Signature (champagne) – 30 à 50 €

Drappier, rue des Vignes, 10200 Urville, 03 25 27 40 15, info@champagne-drappier.com

FORGET-CHEMIN

Œnologue, Thierry Forget dirige depuis 1991 une exploitation familiale qui couvre 13 ha, répartis en dix crus dans la Montagne de Reims, la vallée de la Marne et celle de l'Ardre. Il est membre du club Trésors de Champagne, qui propose sous l'étiquette « Spécial Club » des vins de récoltants millésimés. Ce 2008, mi-chardonnay, mi-pinot noir, séduit par le nez, où l'on trouve de la viennoiserie, de l'abricot sec, de l'ananas et du citron. Le palais vif et bien construit assure un bon potentiel à cette bouteille encore jeune.

Cuvée Spécial Club 2008 (champagne) – 20 à 30 €

Forget-Chemin, 15, rue Victor-Hugo, 51500 Ludes, 03 26 61 12 17, champagne.forget.chemin@gmail.com

GIMONNET-GONET

Philippe Gimonnet épouse Anne Gonet. Ils lancent en 1986 un champagne à leurs noms et agrandissent leur domaine. Celui-ci couvre 13 ha. Carat du Mesnil ? Le nom de cette cuvée exprime l'ambition de ce champagne, joyau du domaine, et son origine, Le Mesnil-sur-Oger, village classé en grand cru où l'on trouve le siège de l'exploitation. Il provient de vieux plants de chardonnay, reste au moins cinq ans en cave et son dosage est faible. Le nez séduisant libère des nuances d'agrumes et de noisette. Dans le même registre, la bouche se montre fraîche, équilibrée et bien dosée. Sa vivacité laisse deviner un intéressant potentiel de garde.

Blanc de blancs Carat du Mesnil (champagne grand cru) – 30 à 50 €

Philippe et Anne Gimonnet-Gonet, 225, rue du Bas-des-Auges, 51190, Le Mesnil-sur-Oger, 03 26 57 51 44, contact@champagne-gimonnet-gonet.com

CHAMPAGNE

Les champagnes de longue garde (de 5 à 7 ans, parfois plus)

DIDIER HERBERT

En 1982, Didier Herbert a repris l'exploitation familiale. Il dispose aujourd'hui de plus de 6 ha dans la Montagne de Reims, en 1er cru (Rilly-la-Montagne, notamment) et en grand cru (Verzenay et Mailly-Champagne). Après avoir aménagé un bâtiment de pressurage et une cuverie en 2000, il a introduit les barriques pour élaborer cette cuvée. Vinifié sans fermentation malolactique, ce champagne d'une belle fraîcheur livre des senteurs de fruits jaunes, assorties de notes boisées rappelant le café grillé. Au palais, il se montre ample, complexe et miellé, et la finale citronnée est d'une étonnante longueur.

Blanc de blancs Herbert Private Vieilli en fût de chêne 2006 (champagne grand cru) – 20 à 30 €

Didier Herbert, 32, rue de Reims, 51500 Rilly-la-Montagne, 03 26 03 41 53, infos@champagneherbert.fr

LARMANDIER PÈRE ET FILS

Descendant d'une longue lignée de vignerons de la Côte des Blancs, Françoise Larmandier a épousé Pierre Gimonnet de Cuis. Leurs fils ont développé la marque Pierre Gimonnet et Fils, mais la marque initiale a été conservée. Sous cette étiquette, voici un « perlé » : il s'agit d'un champagne tiré en « petite mousse », c'est-à-dire à moindre pression. Très fine comme il se doit, l'effervescence traverse la robe or pâle aux reflets verts. Le nez léger délivre des notes d'agrumes et de fleurs, prélude à une bouche tonique et fraîche. Un vin au potentiel de garde évident.

Blanc de blancs Perlé de Larmandier 2008 (champagne 1er cru) – 20 à 30 €

Larmandier Père et Fils, 1, rue de la République, 51530 Cuis, 03 26 57 52 19, champagne.larmandier@wanadoo.fr

PIERRE LEGRAS

Des vignes couvrent les coteaux de Chouilly depuis bien longtemps. À l'époque où dom Pérignon étudiait la théologie, Pierre Legras leur prodiguait ses soins. Installé depuis 2002, Vincent Legras, son lointain descendant, y valorise les 9 ha du patrimoine familial. Les vins de base de ce vin ont été vinifiés en fût pendant un an, puis élevés deux ans en cuve. Ce blanc de blancs en tire une grande complexité, avec un nez aux senteurs flatteuses d'agrumes, de beurre, de brioche et d'épices, et une bouche sur des nuances torréfiées et minérales. Équilibré, frais et long, avec un boisé bien fondu, c'est un champagne de garde.

Blanc de blancs Cuvée spéciale (champagne grand cru) – 20 à 30 €

Pierre Legras, 28, rue de Saint-Chamand, 51530 Chouilly, 03 26 56 30 97, contact@champagne-pierre-legras.com

LAURENT LEQUART

Installé en 1987, Laurent Lequart met en valeur 10 ha. C'est la coopérative de Passy-Grigny qui vinifie le produit de sa vendange, avec un grand savoir-faire, à en juger par ses cuvées qui exaltent le meunier, cépage choyé dans la vallée de la Marne. Vinifiée et élevée six mois en fût, cette cuvée Prestige mêle au nez la poire williams, le litchi et la viennoiserie, arômes mis en relief par de discrètes notes boisées. D'un rare équilibre entre structure et fraîcheur, elle reste longuement en bouche, laissant une impression d'harmonie. Un vin de repas, de bonne capacité d'évolution.

Cuvée Prestige (champagne) – 20 à 30 €

Laurent Lequart, 17, rue Bruslard, 51700 Passy-Grigny, 03 26 58 97 48, laurent.lequart@wanadoo.fr

NOMINÉ RENARD

Le haut « menhir » en béton de Mondement commémore la première bataille de la Marne, qui se déroula en 1914. Dominant le marais de Saint-Gond, il fait face aux coteaux viticoles de Villevenard, qui prolongent au sud-ouest la Côte des Blancs. Une partie des 20 ha du vignoble des Nominé sont implantés sur ces pentes, le reste dans le Sézannais et la vallée de la Marne. Claude et Simon, le père et le fils, ont élaboré ce 2008 resté 50 mois sur lattes. Le chardonnay y est très majoritaire, et le nez offre des nuances d'abricot, d'agrumes, de fruits mûrs, légèrement miellées. Structuré et riche, il reste élégant et de grande fraîcheur.

Spécial Club 2008 (champagne) – 30 à 50 €

Nominé-Renard, 32, rue Vigne-l'Abbesse, 51270, Villevenard, 03 26 52 82 60, contact@champagne-nomine-renard.com

BRUNO PAILLARD

Cette affaire de négoce se définit comme la plus récente des grandes maisons. Descendant de vignerons, Bruno Paillard l'a fondée en 1981, avec pour ambition l'exportation de cuvées haut de gamme. Toutes les cuvées comprennent au moins 20 % de vins vinifiés en fût, et leur dosage est mesuré. Celle-ci offre toute la distinction attendue d'un pur chardonnay. Elle a été tirée « en petite mousse » : ce sont des bulles fines qui s'élèvent dans sa robe claire. Le nez élégant conjugue délicatesse et puissance et mêle des fragrances florales et toastées. La bouche, à l'unisson, allie ampleur soyeuse et tension qui confèrent à ce vin une bonne capacité d'évolution.

Blanc de blancs Réserve Privée (champagne grand cru) – 30 à 50 €

Bruno Paillard, av. de Champagne, 51100 Reims, 03 26 36 20 22, info@brunopaillard.com

CHAMPAGNE

Les grandes maisons champenoises sont à l'origine du rayonnement international des vins de la région. Elles commercialisent les deux tiers de la production et assurent 90 % des exportations. Il s'agit de ce que l'on appelle en Champagne des négociants-manipulants, qui achètent des raisins aux viticulteurs, parfois en complément de leur propre production, et élaborent et commercialisent leurs gammes. Ce sont les grandes maisons qui produisent les cuvées les plus prestigieuses, prisées à l'égal des crus classés du Bordelais ou des grand crus bourguignons.

Champagnes, les grandes maisons

KRUG

Fondée en 1843 par Joseph Krug, cette maison, entrée dans la légende, est passée en 1999 sous le contrôle de LVMH, mais elle est n'a pas changé le style de ses champagnes. Le propre de la maison Krug est de ne produire que des cuvées Prestige, y compris le Krug Grande Cuvée, qui n'est autre que le brut sans année. Autre spécificité : réaliser les fermentations alcooliques en petits fûts de chêne de 205 litres, et utiliser en plus du chardonnay et du pinot noir, du pinot meunier dans l'ensemble des cuvées. Le Krug Grande Cuvée, ainsi que le rosé, sont issus de l'assemblage savant et précis d'une grande quantité de vins de réserve, jusqu'à 10 millésimes différents, vieux parfois de plus de 15 ans.

✉ *Krug Vins fins de Champagne, 5, rue Coquebert, 51100 Reims, krug@krug.fr*

SALON

À la fin du XIXe s., Eugène-Aimé Salon, fils d'un charron champenois, part pour la capitale, plein d'enthousiasme, et gravit les échelons dans une entreprise de fourrure. Épicurien, il revient dans son pays natal pour créer un champagne de rêve. Avec l'aide de son beau-frère, chef de cave, il choisit le terroir : Le Mesnil-sur-Oger ; les meilleures parcelles : celles du haut de l'église ; son premier millésime, 1905, sera réservé à sa consommation personnelle. La maison naît en 1920 et fait aujourd'hui partie du groupe Laurent-Perrier. Elle est célèbre pour ne proposer qu'une cuvée de blanc de blancs millésimé, élaborée les bonnes années et issue exclusivement du Mesnil-sur-Oger, grand cru de la Côte des Blancs.

✉ *Salon, 5, rue de la Brèche-d'Oger, 51190 Le Mesnil-sur-Oger, 03 26 57 51 65, champagne@salondelamotte.com*

DOM PÉRIGNON

Dom Pérignon est une cuvée élaborée, lors d'années exceptionnelles, par la maison de champagne Moët & Chandon. Toujours millésimée, elle est le symbole d'un champagne de prestige. Elle a pris le nom du célèbre moine cellérier de l'abbaye de Hautvillers, à qui l'on attribue l'origine de la méthode d'élaboration du Champagne. Pendant plus de quatre décennies, il perfectionna l'art de l'assemblage des crus et des cépages à l'origine des grands champagnes. La composition précise du Dom Pérignon reste secrète. Tout au plus sait-on qu'il met à contribution du chardonnay et du pinot noir provenant des grands crus de la Côte des Blancs et de la Montagne de Reims, ainsi que de Hautvillers, en souvenir de dom Pérignon.

✉ *Dom Pérignon, 20, av. de Champagne, 51200 Épernay, 03 26 51 20 00, conatc@domperignon.fr*

BOLLINGER

Nombre de négociants allemands considèrent la Champagne comme une terre promise au XVIIIe et au XIXe s. Joseph Bollinger, originaire du Wurtemberg, est de ceux-là. Il fonde sa maison en 1829. La société est toujours familiale, même si, depuis 2008, elle est présidée par une personne extérieure à la famille, Jérôme Philipon. Les champagnes Bollinger sont vinifiés en petits contenants afin de respecter l'identité des terroirs. Les raisins issus d'une sélection parcellaire, dans les 1ers crus et les grands crus uniquement, sont vinifiés sous bois. Cette méthode permet une expression aromatique toute en finesse et élégance et dote le vin d'une grande capacité de garde.

Bollinger, 16, rue Jules-Lobet, 51160 Aÿ, 03 26 53 33 66, contact@champagne-bollinger.fr

VEUVE CLICQUOT

En 1772, Philippe Clicquot, banquier, négociant en textiles et propriétaire de vignes, fonde sa maison de champagne. Il meurt prématurément en 1805 et c'est sa veuve qui, prenant les affaires en main, passe à la postérité. Elle se révèle une femme d'affaires accomplie. Un de ses hauts faits : exporter ses champagnes en Russie en bravant le blocus continental de Napoléon. Elle étend le vignoble, qui couvre aujourd'hui 388 ha. Les champagnes Veuve Clicquot sont vifs et fringants, à l'image de la cuvée Carte jaune, archétype du brut sans année. Il donne le ton du reste de la gamme, avec le pinot noir, qui apporte la structure, le chardonnay pour l'élégance et la finesse, et une touche de pinot meunier pour la rondeur.

Veuve Clicquot Ponsardin, 12, rue du Temple, BP 2714, 51100 Reims, 03 26 89 54 40

CRÉMANTS

Les crémants à boire jeunes (dans les 2 à 3 ans)

Produits dans un grand nombre de régions, les crémants sont des vins élaborés selon le principe de la méthode dite « champenoise ». S'ils ne peuvent pas le revendiquer explicitement sur l'étiquette, ils n'en restent pas moins des vins de grande qualité, capables de se substituer à un champagne. D'un prix généralement abordable, ils peuvent être consommés à l'apéritif comme durant tout un repas. Du fait de leurs origines diverses, les crémants apportent une note d'originalité et peuvent, pour certaines cuvées, vieillir quelques années en cave, même s'ils sont élaborés pour l'essentiel afin d'être consommés plutôt jeunes.

CAVES BAILLY-LAPIERRE

C'est dans ces caves en pierre de Tonnerre que naquit le concept du crémant-de-bourgogne. Une cave coopérative qui montre un bel enthousiasme pour valoriser une appellation qui a le vent en poupe. Cette cuvée offre un bouquet complexe qui fleure bon la noisette, les fleurs blanches, le pain d'épice, le coing confit et la brioche, ainsi qu'une bouche équilibrée et primesautière malgré son âge, où la richesse et la vivacité se conjuguent : la signature d'un vin haut de gamme, qui a dû patienter trente-six mois sur lattes avant de pouvoir délivrer ses premières saveurs.

Vive la joie (crémant-de-bourgogne) – 11 à 15 €

Caves Bailly Lapierre, hameau de Bailly, quai de l'Yonne, 89530 Saint-Bris-le-Vineux, 03 86 53 77 77, nathaliec@bailly-lapierre.fr

CHEVALIER

Une maison historique – aujourd'hui dans le giron du groupe Boisset, comme Louis Bouillot – fondée en 1920 par Eugène Chevalier. Ce rosé de haute stature est majoritairement issu de pinot noir, que complètent chardonnay et gamay. Il a grande allure dans sa brillante parure rose pâle, parcourue par un cordon de fines bulles. Le contact olfactif est marqué par une élégante jeunesse fruitée, à dominante de petites baies rouges et de pêche blanche. Le prélude à un palais ample, tendre, délicat et stimulé par une jolie finale acidulée. Un crémant remarquablement équilibré, léger et aérien.

Rosé (crémant-de-bourgogne) – 5 à 8 €

Chevalier, 5, quai Dumorey, 21700 Nuits-Saint-Georges, 03 80 62 61 44, monniot.c@boisset.fr

MOULIN DES VERNY

L'union faisant la force, Œdoria, qui regroupe les coopératives de Liergues et de Theizé, propose des vins de grande qualité. La palme revient à la cuvée Excellence du Moulin des Verny. Dynamisée par des myriades de fines bulles, elle livre un nez élégamment fruité, rappelant la pêche de vigne et les agrumes, floral et mentholé, qui se révèle très délicat. La bouche affiche un équilibre remarquable : nerveuse en attaque, puis ample, charnue, dosée avec mesure et d'une grande fraîcheur jusqu'en finale.

Cuvée Excellence (crémant-de-bourgogne) – 5 à 8 €

Œdoria, 25, rte de Cottet, 69620 Theizé, 04 74 71 48 00, contact@oedoria.com

CAVE DES VIGNERONS DE MANCEY

Proposé par les vignerons de la cave de Tournus, ce blanc de blancs prouve, s'il le fallait, que le noble chardonnay et l'espiègle aligoté sont capables de s'assembler en toute harmonie. Ce crémant très réussi, d'un joli doré pâle, développe une mousse crémeuse et fine. Une délicatesse que confirme l'olfaction à travers des parfums de fleurs champêtres et de beurre frais agrémentés de nuances de coing mûr. Ce brut bien dosé, rond et souple en bouche, plus tonique et vif en finale, fait montre d'une aimable courtoisie et d'un bel équilibre.

Les Essentielles de Mancey Blanc de blancs (crémant-de-bourgogne) – 8 à 11 €

Les Vignerons de Mancey, RN 6, En-Velnoux, BP 100, 71700 Tournus, 03 85 51 71 62, contact@cave-mancey.com

DOMAINE DE LA PALEINE

Établis depuis 2003 au Puy-Notre-Dame, le deuxième point le plus haut du Maine-et-Loire, Laurent et Marc Vincent proposent une cuvée née majoritairement de chardonnay complété de chenin, élaborée dans un total respect de l'environnement – la conversion bio est en cours. Dans le verre, de fines bulles animent une robe brillante. Au nez, des fruits blancs frais se mêlent aux fleurs blanches. On les retrouve dans une bouche bien équilibrée, persistante et qui laisse une impression de grande fraîcheur.

(crémant-de-loire) – 11 à 15 €

Marc Vincent, 9, rue de la Paleine, 49260 Le Puy-Notre-Dame, 02 41 52 21 24, domaine.de.la.paleine@orange.fr

DOMAINE DU HAUT FRESNE

Ce crémant est issu majoritairement de chardonnay, que complètent pinot noir et grolleau. Un vin animé par une effervescence dynamique, au nez tout aussi séduisant de fleurs et fruits blancs agrémentés de jolies nuances fumées. Ample et intense dès l'attaque, la bouche offre un équilibre proche de la perfection entre douceur (12 g/l de sucres résiduels) et vivacité et achève sa longue course sur des notes élégantes de pêche blanche et sur de nobles amers. Un ensemble des plus harmonieux, à réserver pour un apéritif de gala.

(crémant-de-loire) – 5 à 8 €

EARL Renou Frères et Fils, Dom. du Haut Fresne, 49530 Drain, 02 40 98 26 79, contact@renou-freres.com

CRÉMANTS

Les crémants à boire jeunes (dans les 2 à 3 ans)

ACKERMAN

Fidèle au rendez-vous du *Guide Hachette des Vins*, cette vénérable maison de négoce, fondée en 1811, propose, avec la cuvée Royal Grande Réserve, un vin séduisant, animé de fines bulles persistantes. Le nez intense dévoile de jolies notes de fruits de la Passion, de litchi et de fleurs blanches, agrémentées d'une touche de toasté. Le palais est à l'unisson, bien équilibré et très aromatique, prolongé par une mousse fine et savoureuse. Une cuvée gourmande qui fera bonne figure à l'heure de l'apéritif.

Royal Grande Réserve (crémant-de-loire) – 8 à 11 €

SA Ackerman, 19, rue Léopold-Palustre, 49400 Saint-Hilaire-Saint-Florent, 02 41 53 03 10, contact@ackerman.fr

DOMAINE DELAUNAY

Ce beau domaine familial de 90 ha, conduit par les quatre enfants de la famille Delaunay, cultive la vigne et les fruits. Né de grolleau en majorité et de cabernet franc, ce joli crémant s'habille d'une robe rose pâle traversée de fines bulles. Le nez gourmand marie la groseille et la fraise aux fruits exotiques. Cette générosité se prolonge dans une bouche ample et ronde, tonifiée par une agréable vivacité que renforcent des bulles fines et fringantes. À apprécier dès maintenant, de l'apéritif au dessert.

Rosé (crémant-de-loire) – 5 à 8 €

Dom. Delaunay, Daudet, rte de Chalonnes, 49570 Montjean-sur-Loire, 02 41 39 08 39, delaunay.anjou@wanadoo.fr

DOMAINE DU MOULIN DE DUSENBACH

Ce moulin n'est devenu viticole qu'au siècle dernier, après avoir été tour à tour moulin à farine, scierie et battoir à chanvre. Acquis en 2008 par la famille Schwebel, il étend aujourd'hui son vignoble sur 26 ha et 15 communes. Une diversité de terroirs qui lui permet de faire varier les plaisirs. Ici, un crémant né sur un sol argilo-calcaire sablonneux, issu à parts égales de pinot blanc, d'auxerrois et de pinot noir. Le résultat est remarquable. Animé par un cordon de fines bulles, ce crémant livre un bouquet délicat, aux notes de muguet et d'agrumes. Net, croquant, frais, bien structuré, long… Les termes dithyrambiques ne manquent pas pour qualifier le palais.

(crémant-d'alsace) – 5 à 8 €

Dom. du Moulin de Dusenbach, 25, rte de Sainte-Marie-aux-Mines, 68150 Ribeauvillé, 03 89 73 72 18, contact@domaine-dusenbach.com

CAVE VINICOLE DE HUNAWIHR

Cette cuvée de la coopérative de Hunawihr fait référence au pape Calixte II qui prit au XIIe s. la défense du village contre des taxations jugées excessives. Issue en majorité des pinots, avec le chardonnay en appoint, elle livre un bouquet riche et fruité dominé par la pêche blanche. La bouche se révèle longue et bien équilibrée entre fraîcheur et rondeur et développe une mousse fine et savoureuse. Qualifié de « féminin », ce crémant s'apprécie dès l'apéritif et peut constituer un excellent vin de repas.

Cuvée Calixte (crémant-d'alsace) – 5 à 8 €

Cave vinicole de Hunawihr, 48, rte de Ribeauvillé, 68150 Hunawihr, 03 89 73 61 67, info@cave-hunawihr.com

PIERRE ET FRÉDÉRIC BECHT

Établis à Dorlisheim, non loin de Strasbourg, Pierre Becht et son fils Frédéric fréquentent assidûment les pages du *Guide Hachette des Vins*, notamment pour leur alsace pinot noir (cuvée Frédéric). Ils bichonnent aussi leur chardonnay, témoin ce crémant, au nez riche et complexe qui évoque le pain grillé, le beurre frais et le coing. Franc et frais en attaque, le palais se fait ensuite plus rond et vineux, mais sans jamais perdre l'équilibre grâce à une belle arête vive. Des bulles pour la table sans aucun doute.

Cuvée Chardonnay (crémant-d'alsace) – 5 à 8 €

Pierre et Frédéric Becht, 26, fg des Vosges, 67120 Dorlisheim, 03 88 38 18 22, info@domaine-becht.com

DOMAINE ARMAND GILG

Les lecteurs du *Guide Hachette des Vins* connaissent bien cette ancienne famille d'origine autrichienne, établie à Mittelbergheim depuis 1601, et notamment ses grands crus Zotzenberg et Moenchberg. Avec ce crémant à dominante d'auxerrois, complété de pinot gris et de riesling, elle propose une autre facette de son savoir-faire. Ce vin se révèle plutôt discret au nez, aux accents finement fruités, franc, frais et équilibré en bouche. Il sera parfait pour l'apéritif et peut convenir pour tout un repas.

(crémant-d'alsace) – 8 à 11 €

Dom. Armand Gilg, 2, rue Rotland, 67140 Mittelbergheim, 03 88 08 92 76, info@domaine-gilg.com

CRÉMANTS

Les crémants à boire jeunes (dans les 2 à 3 ans)

ANTECH

Cette structure de négoce familiale, tenue successivement par six générations depuis sa création, est spécialisée dans l'élaboration d'effervescents. Née d'un assemblage de mauzac, de chardonnay et de chenin, cette cuvée Saint-Laurent, élaborée au domaine de Flassian, dans un chai alliant tradition et modernité, délivre à l'olfaction des arômes complexes de fruits frais, ponctués de notes florales comme l'aubépine. Fraîche et souple en attaque, la bouche révèle ensuite des notes plus chaleureuses de fruits à l'alcool et d'épices. Un vin harmonieux et très équilibré.

Cuvée Saint-Laurent (crémant-de-limoux) – 8 à 11 €

Georges et Roger Antech,
Dom. de Flassian, 11300 Limoux,
04 68 31 15 88, courriers@antech-limoux.com

SIEUR D'ARQUES

Avec 288 adhérents et un vignoble de 2 200 ha, cette cave coopérative est l'une des plus grandes de la région et le principal opérateur de blanquette-de-limoux et crémant-de-limoux. Elle propose ce crémant rosé composé d'une grande majorité de chardonnay, complété de chenin, de pinot et de mauzac. Un assemblage atypique et original, qui offre un nez élégant, à la fois floral et fruité. La bouche se montre onctueuse, vive et persistante. Le tout est harmonieux et sera apprécié dès l'apéritif.

Première Bulle Rosé (crémant-de-limoux) – 11 à 15 €

SAS Sieur d'Arques,
rte de Carcassonne, 11300 Limoux,
04 68 74 63 00,
s.echantillon@sieurdarques.com

DOMAINE BAUD PÈRE ET FILS

La maison Baud s'est déjà fait remarquer par de très beaux crémants et figure en bonne place parmi les sélections du *Guide Hachette des Vins*. « Ah, le bon sauvage ! », pourrait-on dire à propos de ce vin peu dosé (5 g/litre), issu d'un assemblage de chardonnay en majorité et de pinot noir. En effet, s'il est extra-brut sur le papier, c'est en fait un gros dur au cœur tendre. Les délicates touches d'agrumes et d'aubépine du nez en témoignent. Cette ligne aromatique perdure dans une bouche vive mais très équilibrée, qui sera très appréciée dès l'apéritif.

Brut sauvage (crémant-du-jura) – 8 à 11 €

Dom. Baud Père et Fils, 222, rte de Voiteur, 39210 Le Vernois, 03 84 25 31 41, info@domainebaud.fr

DÉSIRÉ PETIT

C'est ici un crémant rosé que proposent Anne-Laure et Damien Petit, qui ont pris depuis quelques années les rênes de ce domaine fondé par leur grand-père en 1932. De très fines bulles s'épanouissent dans une robe aux reflets saumonés. Ce vin, issu de pinot noir, tire sur les fruits rouges au nez, avec une note de cerise porteuse de fraîcheur. L'attaque en bouche est vive, soutenue par une mousse onctueuse et caressante au palais, tandis que la finale séduit par sa rondeur.

Rosé (crémant-du-jura) – 5 à 8 €

Dom. Désiré Petit, 62, rue du Ploussard, 39600 Pupillin, 03 84 66 01 20, contact@desirepetit.com

CHÂTEAU DE BONHOSTE

Également établis dans le Bergeracois avec le Château La Moulière, Bernard et Colette Fournier, désormais accompagnés de leurs enfants Sylvaine et Yannick, sont depuis 1977 propriétaires de ce domaine situé face au coteau de Saint-Émilion. Ils proposent un crémant issu majoritairement de sémillon et d'ugni blanc, traversé par un joli train de bulles légères et persistantes. Au nez, les fleurs blanches donnent la réplique à la pêche et au coing. La bouche séduit par son attaque souple et fondante, qui laisse place ensuite à de plaisantes senteurs fraîches d'agrumes. Un beau mariage entre l'onctuosité du sémillon et la fraîcheur de l'ugni blanc.

B. de Bonhoste (crémant-de-bordeaux) – 5 à 8 €

Fournier, Ch. de Bonhoste, 33420 Saint-Jean-de-Blaignac, 05 57 84 12 18, contact@chateaudebonhoste.com

CAROD

Cette maison ancienne, fondée en 1940, appartient depuis 2008 aux Grands Chais de France. Elle propose un crémant traversé de bulles régulières et légères. Le nez se révèle floral, exprimant de séduisantes notes d'acacia, de reine-des-prés, de fleur de sureau, puis s'orientant vers des arômes de pomme granny et de réglisse. Agrémenté d'une originale note de laurier qui lui donne du caractère, le palais se montre droit, soutenu par une acidité sans excès et par une bulle fine.

Carod (crémant-de-die) – 5 à 8 €

Carod, quartier du Gap, 26340 Vercheny, 04 75 21 73 77, bleberre@caves-carod.fr

GLOSSAIRE DU VIN

A

Acescence
Maladie provoquée par des micro-organismes et donnant un vin piqué.

Acidité
1) Ensemble des acides présents dans le vin.
2) Saveur acide, l'une des quatre saveurs élémentaires, avec l'amer, le sucré et le salé. Présente sans excès, l'acidité est nécessaire à l'équilibre du vin, en lui apportant fraîcheur et nervosité. Mais lorsqu'elle est très forte, elle devient un défaut, en lui donnant un caractère mordant et vert. En revanche, si elle est insuffisante, le vin est mou.

Aérer
Exposer à l'air le vin avant le service, pour lui permettre de s'ouvrir davantage, d'épanouir ses arômes et d'arrondir ses tanins.

Agressif
Se dit d'un vin montrant trop de force et attaquant désagréablement les muqueuses.

Aigre
Se dit d'un vin présentant un caractère acide trop marqué, assorti d'une odeur particulière rappelant celle du vinaigre.

Aimable
Se dit d'un vin dont tous les aspects sont agréables et pas trop marqués.

Alcool
Composant le plus important du vin après l'eau, l'alcool éthylique apporte au vin son caractère chaleureux. Mais s'il domine trop, le vin devient brûlant.

Alcooleux
Se dit d'un vin déséquilibré où la sensation chaleureuse, voire brûlante, de l'alcool apparaît trop marquée.

Ambré
1) D'une couleur proche de l'ambre prise parfois par les vins blancs vieillissant longuement ou s'oxydant prématurément.
2) Mention désignant sur l'étiquette les rivesaltes ou rasteau blancs élevés longuement en milieu oxydatif.

Amertume
Sensation gustative. L'une des quatre saveurs élémentaires, elle est aussi nécessaire à l'équilibre des vins et participe à leur longueur. Normale pour certains vins rouges jeunes et riches en tanin, l'amertume est dans les autres cas un défaut dû à une maladie bactérienne.

Ampélographie
Science étudiant les cépages.

Ample
Se dit d'un vin harmonieux donnant l'impression d'occuper pleinement et longuement la bouche.

Amylique
Désigne un arôme évoquant la banane, les bonbons acidulés (« bonbons anglais ») ou le vernis à ongles (dans ce cas, c'est un défaut), présent dans certains vins primeurs ou jeunes.

Analyse sensorielle
Nom technique de la dégustation.

Animal
Qualifie l'ensemble des odeurs du règne animal : musc, venaison, cuir, etc., surtout fréquentes dans les vins rouges vieux.

Anthocyanes
Pigments bleus contenus dans la pellicule des raisins noirs et qui, solubles dans l'alcool, donnent leur couleur aux vins rouges au cours de la fermentation. Avec le temps, le bleu s'estompe et la couleur du vin passe du violacé au tuilé.

AOC
Appellation d'origine contrôlée.

Système réglementaire français garantissant l'authenticité de certains produits – en particulier le vin – issus d'un terroir donné et dont les caractères tiennent également à des « usages loyaux et constants ». Les grands vins proviennent de régions d'AOC. Voir AOP.

AOP

Appellation d'origine protégée. Terme équivalent de l'AOC à l'échelle européenne, et soulignant la protection juridique (contre les fraudes et contrefaçons) dont jouissent les produits d'appellation. Voir AOC.

Apogée

Période très variable selon les types de vins et les millésimes, et qui correspond à l'optimum qualitatif d'un vin. Après l'apogée vient le déclin.

Âpre

Se dit d'un vin procurant une sensation rude, un peu râpeuse, provoquée par un fort excès de tanin.

Aromatique

Se dit d'un cépage (muscat, gewurztraminer...) ou d'un vin caractérisé par des arômes intenses.

Arôme

Dans le langage technique de la dégustation, ce terme devrait être réservé aux sensations olfactives perçues en bouche. Mais le mot désigne aussi fréquemment les odeurs en général.

Assemblage

Mélange de plusieurs vins pour obtenir un lot unique. Faisant appel à des vins de même origine, l'assemblage est très différent du coupage – mélange de vins de provenances diverses –, qui a une connotation péjorative.

Astringent

Se dit d'un vin présentant un caractère un peu âpre et rude en bouche. L'astringence apparaît souvent dans de jeunes vins rouges riches en tanins, ayant besoin de s'arrondir.

Attaque

Premières impressions perçues après la mise du vin en bouche.

Austère

Se dit d'un vin rouge, généralement jeune, encore fermé aromatiquement, très marqué par les tanins et astringent. Cette sévérité s'estompe en principe avec le temps.

B

Balsamique

Qualificatif d'odeurs venues de la parfumerie et comprenant, entre autres, la vanille, l'encens, la résine et le benjoin.

Ban des vendanges

Fixation par une autorité (autrefois le seigneur) de la date du début des vendanges. Il est aujourd'hui fixé par arrêté préfectoral sur proposition de l'INAO, à maturité des raisins.

Barrique

Fût bordelais de 225 l, ayant servi à déterminer le tonneau (unité de mesure correspondant à quatre barriques, soit 900 l).

Beurré

Se dit d'un arôme rappelant le beurre frais, présent dans certains vins blancs, notamment ceux élevés sous bois.

Biodynamique (agriculture)

Agriculture biologique s'inscrivant dans une vision du monde liant la plante et tous les êtres vivants au cosmos et fondant les travaux liés à la vigne et au chai sur les cycles de la Lune.

Biologique (agriculture)

Agriculture n'utilisant aucun fertilisant ou pesticide de synthèse.

Biologique (vin)

Vin issu de raisins biologiques et élaboré en respectant les règles de vinification adoptées par l'UE en 2012. Ce règlement européen prohibe certaines pratiques, limite les intrants et additifs, notamment le soufre.

Boisé

Se dit d'un vin élevé en barrique et présentant les arômes résultant d'un séjour dans le bois : vanille et notes empyreumatiques telles que bois brûlé, café torréfié et cacao.

Botrytis cinerea

Nom d'un champignon entraînant la pourriture des raisins. Apparaissant par temps strictement pluvieux, la pourriture est dite « grise » ; et elle est néfaste pour le raisin. Due à l'alternance de brouillard (ou de petites précipitations) suivi de soleil, la pourriture, qualifiée de noble, produit une concentration des raisins qui est à la base de l'élaboration des vins blancs liquoreux.

Bouche

Terme désignant l'ensemble des caractères du vin perçus dans la bouche.

Bouchon (goût de)

Défaut irrémédiable du vin se traduisant par un goût de moisi, de vieux papier, de liège, résultant d'une contamination du bouchon de liège par un composé chimique appelé trichloroanisole (TCA). Des produits de traitement du bois (palettes, charpentes utilisées dans les installations de vinification) peuvent produire des effets analogues.

Bouquet

Caractères odorants se percevant au nez lorsque l'on flaire le vin dans le verre, puis dans la bouche sous le nom d'arôme. À l'origine réservé aux vins vieux, ce terme s'applique aujourd'hui à tous types de vins.

Bourbe

Éléments solides en suspension dans le moût. Voir débourbage.

Brillant
Se dit d'une robe très limpide dont les reflets brillent fortement à la lumière.
Brûlé
Qualificatif parfois équivoque, d'odeurs diverses, allant du caramel au bois brûlé.
Brut
Se dit d'un vin effervescent comportant très peu de sucre (juste assez pour tempérer l'acidité du vin, soit entre 6 et 12 g/l) ; brut zéro (brut nature) désigne un champagne non dosé. Voir dosage.

C

Capiteux
Caractère d'un vin très riche en alcool, jusqu'à en être fatigant.
Carafe
1) Récipient de verre de forme ventrue et à col étroit utilisé pour aérer ou décanter le vin.
2) Vins de carafe : vins qui se boivent jeunes et qu'autrefois on tirait directement au tonneau. Par exemple, certains muscadets ou beaujolais.
Casse
Accident (oxydation ou réduction) provoquant une perte de limpidité du vin.
Caudalie
Unité de mesure de la durée de persistance en bouche des arômes après la dégustation (1 caudalie = 1 seconde).
Cépage
Nom de la variété, en matière de vignes.
Chai
Bâtiment dédié à l'élaboration et à l'élevage des vins.
Chair
Caractéristique d'un vin donnant dans la bouche une impression de plénitude et de densité, sans aspérité.
Chaleureux
Se dit d'un vin procurant, notamment par sa richesse alcoolique, une impression de chaleur.
Chapeau
Dans la vinification des vins rouges, désigne les pellicules et autres parties solides du raisin qui remontent et s'amassent à la surface de la cuve après quelques jours de fermentation.
Chaptalisation
Addition de sucre dans la vendange, contrôlée par la loi, afin d'obtenir un bon équilibre du vin par augmentation de la richesse en alcool lorsque celle-ci est trop faible.
Charnu
Se dit d'un vin ayant de la chair.
Charpente
Bonne constitution d'un vin avec une prédominance tannique ouvrant de bonnes possibilités de vieillissement.
Chartreuse
Dans le Bordelais, petit château du XVIIIe s. ou du début du XIXe s.
Château
Terme souvent utilisé pour désigner des exploitations vinicoles, même si parfois elles ne comportent pas de véritable château.
Clairet
Vin rouge léger et fruité, ou vin rosé produit en Bordelais et en Bourgogne.
Claret
Nom donné par les Anglais au vin rouge de Bordeaux.
Clavelin
Bouteille de forme particulière et d'une contenance de 62 cl, réservée aux vins jaunes du Jura.
Climat
Nom de lieu-dit cadastral dans le vignoble bourguignon.
Clone
Ensemble des pieds de vigne issus d'un pied unique par multiplication (bouturage ou greffage).

Clos
Très usité dans certaines régions pour désigner les vignes entourées de murs (Clos de Vougeot), ce terme a pris souvent un usage beaucoup plus large, désignant parfois les exploitations elles-mêmes.
Collage
Opération de clarification réalisée avec un produit (blanc d'œuf, colle de poisson) se coagulant dans le vin en entraînant dans sa chute les particules restées en suspension.
Complexe
Se dit d'un vin déployant tout au long de la dégustation (du premier nez à la finale) une succession d'arômes variés tout en étant fondus, en harmonie les uns avec les autres et avec la texture. Un vin complexe laisse une impression durable de charme et de profondeur.
Concentré
Se dit d'un vin riche dans tous ses composants (sucres dans les vins liquoreux, tanins dans les vins rouges, composés aromatiques) et qui laisse une impression de densité, d'intensité et de profondeur.
Cordon
Mode de conduite des vignes palissées.
Corps
Caractère d'un vin alliant une bonne constitution (charpente et chair) à de la chaleur.
Corsé
Se dit d'un vin ayant du corps.
Coulant
Voir gouleyant.
Coulure
Non-transformation de la fleur en fruit due à une mauvaise fécondation, pouvant s'expliquer par des raisons diverses (climatiques, physiologiques, etc.).
Coupage
Mélange de vins de provenances diverses (à ne pas confondre avec l'assemblage).
Courgée
Nom de la branche à fruits laissée à la taille et qui est ensuite arquée le long du palissage dans le Jura (en Mâconnais, elle porte le nom de queue).
Court
Se dit d'un vin laissant peu de traces en bouche après la dégustation (on dit aussi « court en bouche »).
Crémant
Vin effervescent d'AOC élaboré par méthode traditionnelle, avec des contraintes spécifiques, dans les régions d'Alsace, du Bordelais, de Bourgogne, de Die, du Jura, de Limoux et dans le Val de Loire, ainsi qu'au Luxembourg.
Cru
Terme dont le sens varie selon les régions (terroir ou domaine), mais contenant partout l'idée d'identification d'un vin à un lieu défini de production.
Cuvaison
Période pendant laquelle, après la vendange en rouge, les matières solides restent en contact avec le jus en fermentation dans la cuve. Sa longueur détermine la coloration et la force tannique du vin.

D

Débourbage
Clarification du jus de raisin non fermenté, séparé de la bourbe.
Débourrement
Ouverture des bourgeons et apparition des premières feuilles de la vigne.
Décanter
Transvaser un vin de sa bouteille dans une carafe pour lui permettre d'abandonner son dépôt.
Déclassement
Suppression du droit à l'appellation d'origine d'un vin. Celui-ci est alors commercialisé comme « vin de France ».
Décuvage
Séparation du vin de goutte et du marc après fermentation (on dit aussi « écoulage »).
Dégorgement
Dans la méthode traditionnelle, élimination du dépôt de levures formé lors de la seconde fermentation en bouteille.
Degré alcoolique
Richesse du vin en alcool exprimée en pourcentage de volume d'alcool contenu dans le vin.
Demi-sec
Vin comprenant une certaine proportion de sucres résiduels sans être pour autant moelleux. Les champagnes et mousseux demi-secs, dont le dosage est compris entre 32 et 50 g/l, sont des vins conseillés pour le dessert.
Dépôt
Particules solides contenues dans le vin, notamment dans les vins vieux (où il est enlevé avant dégustation par la décantation).
Dosage
Apport de sucre (exprimé en g/l) sous forme de liqueur d'expédition à un vin effervescent, après le dégorgement. Il varie selon le degré de vivacité souhaité (voir extra-brut, brut, extra-dry, sec, demi-sec).
Doux
Terme s'appliquant à des vins sucrés.
Dur
Un vin dur est caractérisé par un excès d'astringence et d'acidité, pouvant parfois s'atténuer avec le temps.

E

Échelle des crus
Système complexe de classement des communes de Champagne en fonction de la valeur des raisins qui y sont produits.

Écoulage
Voir décuvage.
Effervescent
Synonyme de mousseux.
Égrappage
Séparation des grains de raisin de la rafle.
Élégant
Se dit d'un vin qui, au-delà de l'équilibre, présente des qualités de charme et d'harmonie, sans la moindre lourdeur.
Élevage
Clarification, stabilisation et affinage du vin (en cuve, en fût ou dans d'autres récipients) effectués après la fermentation.
Empyreumatique
Famille d'arômes évoquant le brûlé ou le fumé : bois brûlé, fumée, cendre, goudron, mais aussi les denrées qui résultent de la torréfaction, comme le café, le thé ou le cacao, ou encore le pain grillé et le tabac.
Encépagement
Ensemble des cépages cultivés dans un vignoble ; proportion relative des différents cépages dans un domaine ou un vignoble donné.
Enveloppé
Se dit d'un vin riche en alcool, mais dans lequel le moelleux domine.
Épais
Se dit d'un vin donnant en bouche une impression de lourdeur et d'épaisseur.
Épanoui
Qualificatif d'un vin équilibré qui a acquis toutes ses qualités de bouquet.
Épicé
Se dit d'un arôme évoquant les épices : poivre, cannelle, noix muscade, clou de girofle...
Équilibré
Se dit d'un vin présentant un bon équilibre entre tous ses constituants et saveurs, en particulier : alcool et acidité dans les vins blancs secs, alcool, acidité et sucres dans les vins blancs moelleux, alcool, acidité et force tannique dans les vins rouges.
Éraflage
Séparation des baies de raisin de la rafle (la partie ligneuse de la grappe) avant fermentation pour éviter la présence de tanins rustiques dans le vin. Synonyme : égrappage.
Étampage
Marquage des bouchons, des barriques ou des caisses à l'aide d'un fer.
Évent (goût d')
Défaut caractérisant un vin exposé à l'air et qui a perdu ses qualités aromatiques.
Éventé
Se dit d'un vin ayant perdu tout ou partie de ses arômes à la suite d'une oxydation.
Évolué
Se dit d'un vin montrant par sa couleur (tuilée chez les rouges, ambrée chez les blancs), par ses arômes ou sa structure qu'il amorce la fin de son apogée et demande à être consommé rapidement.
Expressif
Se dit d'un vin épanoui et offrant des arômes bien marqués.
Extra-brut
Se dit d'un champagne très vif, dont la teneur en sucres est inférieure à 6 g/l. Voir dosage.
Extraction
Au cours de la fermentation des vins rouges, absorption par le moût des composés contenus dans les pellicules des baies, comme les tanins et les pigments colorés. Cette absorption peut être favorisée par diverses opérations, comme les pigeages et remontages (voir ces mots). Lorsqu'elle est excessive, on parle de surextraction.
Extra-dry
Se dit d'un champagne très légè-

rement moelleux, dont le dosage est compris entre 12 et 17 g/l. Voir dosage.

F

Fatigué
Terme s'appliquant à un vin ayant perdu provisoirement ses qualités (par exemple après un transport) et nécessitant un repos pour les recouvrer.

Féminin
Caractérise les vins dont l'agrément résulte de l'élégance et de la finesse plus que de la puissance.

Fermé
S'applique à un vin de qualité encore jeune, n'ayant pas acquis un bouquet très prononcé et qui nécessite donc d'être attendu pour être dégusté.

Fermentation
Processus permettant au jus de raisin de devenir du vin, grâce à l'action de levures transformant le sucre en alcool.

Fermentation malolactique
Transformation, sous l'effet de bactéries lactiques, de l'acide malique du vin en acide lactique et en gaz carbonique ; elle a pour effet de rendre le vin moins acide.

Fillette
Nom donné à la demi-bouteille (37,5 cl) dans le Val de Loire.

Filtration
Clarification du vin à l'aide de filtres.

Finale
Impressions plus ou moins durables que l'on ressent en bouche, une fois le vin avalé (ou recraché dans le cas d'une dégustation professionnelle). La finale peut être courte ou persistante.

Finesse
Qualité d'un vin délicat et élégant.

Fleur
Maladie du vin se traduisant par un voile blanchâtre et un goût d'évent.

Floral
Se dit d'un vin dominé par des arômes évoquant les fleurs ; suivant les cas, fleurs blanches (aubépine, acacia, jasmin, chèvrefeuille...), rose, pivoine, violette...

Fondu
Désigne un vin, notamment un vin vieux, dans lequel les différents caractères se mêlent harmonieusement entre eux pour former un ensemble bien homogène.

Foudre
Tonneau de grande capacité.

Foulage
Opération consistant à faire éclater la peau des grains de raisin.

Foxé
Désigne l'odeur, entre celle du renard et celle de la punaise, que dégage le vin produit à partir de certains cépages hybrides.

Frais
Se dit d'un vin légèrement acide, mais sans excès, qui procure une sensation de fraîcheur.

Franc
Désigne l'ensemble d'un vin, ou l'un de ses aspects (couleur, bouquet, goût...), sans défaut ni ambiguïté.

Friand
Qualificatif d'un vin à la fois frais et fruité.

Fruité
Se dit d'un vin, en général jeune, dont la palette aromatique est dominée par des arômes de fruits frais, selon la couleur et le style des vins : arômes de fruits rouges (cerise, griotte, framboise, groseille, fraise...), noirs (cassis, myrtille, mûre), jaunes (abricot, pêche jaune, mirabelle), exotiques (mangue, litchi, ananas), blancs (pomme, poire, pêche blanche) ou d'agrumes (citron, pamplemousse, mandarine...).

Fumé
Qualificatif d'odeurs proches de celle des aliments fumés, caractéristiques, entre autres, du cépage sauvignon, d'où le nom de blanc fumé parfois donné à cette variété.

Fumet
Synonyme ancien de bouquet.

G

Garde (vin de)
Désigne un vin montrant une bonne aptitude au vieillissement.

Garrigue
Notes évoquant les herbes aromatiques méditerranéennes telles que le thym ou le romarin, décelées dans de nombreux vins méridionaux.

Généreux
Se dit d'un vin riche en alcool, mais sans être fatigant, à la différence d'un vin capiteux.

Générique
Terme pouvant avoir plusieurs acceptions, mais désignant souvent un vin de marque par opposition à un vin de cru ou de château ; employé parfois abusivement pour désigner les appellations régionales (par exemple bordeaux, bourgogne...).

Gibier
Famille d'arômes animaux évoquant la venaison et présents dans certains vins rouges vieux. Voir venaison.

Glace (vin de)
Vin liquoreux obtenu par pressurage de baies gelées récoltées au cœur de l'hiver.

Glycérol
Trialcool légèrement sucré, issu de la fermentation du jus de raisin, qui donne au vin son onctuosité.

Gouleyant
Se dit d'un vin souple et agréable, glissant bien dans la bouche.

Gourmand
Se dit d'un vin flatteur et aromatique, qui invite à la dégustation immédiate.

Goutte (vin de)
Dans la vinification en rouge, vin

issu directement de la cuve au décuvage (voir presse).

Gras
Synonyme d'onctueux.

Gravelle
Terme désignant le dépôt de cristaux de tartre dans les vins blancs en bouteille.

Graves
Sol composé de cailloux roulés et de graviers, très favorable à la production de vins de qualité, que l'on trouve notamment en Médoc et dans les Graves.

Greffage
Méthode employée depuis la crise phylloxérique, consistant à fixer sur un porte-greffe résistant au phylloxéra un greffon d'origine locale.

Gris (vin)
Vin obtenu en vinifiant en blanc des raisins à la pellicule colorée (noire ou grise), par pressurage direct, sans macération. Il s'agit d'un rosé très peu coloré.

H

Harmonieux
Se dit d'un vin équilibré laissant une impression flatteuse d'élégance.

Hautain (en)
Taille de la vigne en hauteur.

Herbacé
Se dit d'un arôme végétal peu flatteur évoquant l'herbe ou les feuilles fraîches. Voir végétal.

Hybride
Terme désignant les cépages obtenus à partir de deux espèces de vignes différentes.

I

IGP
Indication géographique protégée, catégorie définie en 2009 et correspondant aux vins de pays. Elle désigne des vins issus d'une zone géographique délimitée, mais dont le lien au terroir est moins fort que pour les vins AOC. L'IGP s'applique à d'autres denrées dont la notoriété et le caractère sont liés à un territoire donné, mais dont certaines phases d'élaboration peuvent se dérouler en dehors de cet espace géographique.

Impériale
Voir Mathusalem.

INAO
Institut national de l'origine et de la qualité (autrefois Institut national des appellations d'origine). Organisme français dépendant du ministère de l'Agriculture et ayant en charge les signes de qualité : AOC, IGP, STG (spécialités traditionnelles garanties), labels rouges et agriculture biologique.

J

Jambes
Synonyme de larmes.

Jéroboam
Grande bouteille contenant l'équivalent de quatre bouteilles.

Jeune
Qualificatif très relatif pouvant désigner un vin de l'année déjà à son optimum, aussi bien qu'un vin ayant passé sa première année, mais n'ayant pas encore développé toutes ses qualités.

L

Lactique (acide)
Acide obtenu par la fermentation malolactique.

Larmes
Traces laissées par le vin sur les parois du verre lorsqu'on l'agite ou l'incline.

Léger
Se dit d'un vin peu coloré et peu corsé, mais équilibré et agréable. En général, à boire assez rapidement.

Levures
Champignons microscopiques unicellulaires provoquant la fermentation alcoolique.

Lies
Dépôt constitué par les levures mortes après la fermentation. Certains vins blancs sont élevés sur leurs lies, ce qui rend leurs arômes et leur structure plus complexes et plus riches.
Limpide
Se dit d'un vin de couleur claire et brillante ne contenant pas de matières en suspension.
Liqueur d'expédition
Dans le champagne et les vins élaborés selon la méthode traditionnelle, ajout précédant le bouchage de vin destiné à combler le vide dans la bouteille créé par le dégorgement. Ce vin ajouté est souvent édulcoré par du sucre, incorporé en proportion variable selon le style de vin recherché, brut: demi-sec, etc. Voir dosage. Synonyme : liqueur de dosage.
Liqueur de tirage
Dans le champagne et les mousseux de méthode traditionnelle, liqueur ajoutée au vin au moment de la mise en bouteille (tirage) ; elle est composée de sucres et de levures dissous dans du vin. Ces composants provoqueront la seconde fermentation en bouteilles aboutissant à la formation de bulles de gaz carbonique.
Liquoreux
Vins blancs riches en sucre, souvent obtenus à partir de raisins sur lesquels s'est développée la pourriture noble, et se distinguant, entre autres, par un bouquet spécifique (notes confites ou rôties). Les vins liquoreux peuvent aussi provenir d'un passerillage des baies sur souche ou sur claies (vins de paille).
Long
Se dit d'un vin dont les arômes laissent en bouche une impression plaisante et persistante après la dégustation. On dit aussi « d'une bonne longueur ».
Lourd
Se dit d'un vin excessivement épais, trop chargé en tanins ou en sucres, manquant selon les cas de souplesse ou de fraîcheur.

M

Macération
Contact du moût avec les parties solides du raisin pendant la cuvaison.
Macération carbonique
Mode de vinification en rouge par macération de grains entiers dans des cuves saturées de gaz carbonique ; il est utilisé notamment pour la production de certains vins primeurs.
Macération pelliculaire
Technique consistant à laisser macérer les baies de raisin à l'abri de l'air et à basse température avant la fermentation, ce qui a pour résultat de favoriser l'expression aromatique du vin.
Mâche
Terme s'appliquant à un vin possédant à la fois épaisseur et volume et qui donne l'impression qu'il pourrait être mâché.
Madérisé
Se dit d'un vin blanc qui, en vieillissant, s'oxyde et prend une couleur ambrée et un goût rappelant celui du madère.
Magnum
Bouteille correspondant à deux bouteilles ordinaires.
Malique (acide)
Acide présent à l'état naturel dans beaucoup de vins et qui se transforme en acide lactique par la fermentation malolactique.
Marc
Matières solides restant après le pressurage.
Mathusalem
Autre nom pour la bouteille impériale, équivalant à huit bouteilles ordinaires.
Maturation
Transformation subie par le raisin quand il s'enrichit en sucre et perd une partie de son acidité pour arriver à maturité.
Merrain
Bois de chêne fendu utilisé dans la fabrication des barriques.
Méthode traditionnelle
Technique d'élaboration des vins effervescents comprenant une prise de mousse en bouteille, conforme à la méthode d'élaboration du champagne. Autrefois abusivement appelée « méthode champenoise ».
Mildiou
Maladie provoquée par un champignon parasite qui attaque les organes verts de la vigne.
Millerandage
Anomalie dans la maturation du raisin conduisant à la présence, dans une même grappe, de baies de taille inégale et souvent réduite. Ce phénomène, dû à de mauvaises conditions climatiques au moment de la floraison, a pour conséquence de diminuer les rendements et parfois d'améliorer la qualité du vin, grâce à l'importance relative des pellicules qui contiennent les composés les plus intéressants du vin.
Millésime
Année de récolte d'un vin.
Minéral
Se dit d'un vin présentant une note aromatique évoquant les roches (dans les blancs : silex, craie, note saline, voire pétrole dans certains rieslings évolués ; dans les rouges : graphite, schiste chauffé au soleil...). Cette série aromatique est souvent associée à des sensations de vivacité. La minéralité pourrait être un effet du terroir (exemple : touches de

pierre à fusil des vins de Loire issus de sauvignon planté sur des argiles à silex).

Mistelle
Moût de raisin frais, riche en sucre, dont la fermentation a été arrêtée par l'adjonction d'alcool. Synonyme : vin de liqueur.

Moelleux
Qualificatif s'appliquant généralement à des vins blancs doux se situant entre les secs et les liquoreux proprement dits. Se dit aussi, à la dégustation, d'un vin à la fois gras et peu acide.

Mordant
Caractère d'un vin très vif et/ou astringent, légèrement agressif.

Mou
Se dit d'un vin déséquilibré par son manque d'acidité.

Moût
Désigne le liquide sucré extrait du raisin.

Musquée
Se dit d'une odeur rappelant celle du musc.

Mutage
Opération consistant à arrêter la fermentation alcoolique du moût en y ajoutant de l'alcool vinique, pratiquée notamment pour obtenir vins doux naturels et vins de liqueur.

N

Nabuchodonosor
Bouteille géante équivalant à vingt bouteilles ordinaires.

Négoce
Terme employé pour désigner le commerce des vins et les professions s'y rapportant. Est employé parfois par opposition à viticulture.

Négociant-éleveur
Dans les grandes régions d'appellations, négociant ne se contentant pas d'acheter et de revendre les vins, mais à partir de vins très jeunes, réalisant toutes les opérations d'élevage jusqu'à la mise en bouteilles.

Négociant-manipulant
Terme champenois désignant le négociant qui achète des vendanges pour élaborer lui-même un vin de Champagne.

Nerveux
Se dit d'un vin marquant le palais par des caractères bien accusés et une pointe d'acidité, mais sans excès.

Net
Se dit d'un vin franc, aux caractères bien définis.

Nez
Terme regroupant l'ensemble des odeurs perçues en respirant le vin. Le « premier nez » désigne les premières senteurs humées avant l'agitation du verre.

Nouveau
Se dit d'un vin des dernières vendanges, et plus particulièrement d'un vin primeur.

O

Odeur
Perçues directement par le nez, à la différence des arômes de bouche, les odeurs du vin peuvent être d'une grande variété, rappelant aussi bien les fruits ou les fleurs que la venaison.

Œil
1) Synonyme de bourgeon.
2) Terme désignant l'aspect visuel du vin. Synonyme : robe.

Œnologie
Sciences (chimie, biologie, microbiologie) appliquées à l'élaboration et à la conservation du vin.

Œnologue
Titulaire du diplôme national d'œnologie, chargé d'élaborer le vin. Parfois, il conseille des propriétés ou des maisons de négoce.

Œnophile
Amateur de vin.

Oïdium
Maladie de la vigne provoquée par un petit champignon et qui se traduit par une teinte grise et un dessèchement des raisins ; se traite par le soufre.
OIV
Organisation internationale de la vigne et du vin. Organisme intergouvernemental étudiant les questions techniques, scientifiques ou économiques soulevées par la culture de la vigne et la production du vin.
Onctueux
Qualificatif d'un vin se montrant en bouche agréablement moelleux et gras.
Organoleptique
Désigne les qualités ou propriétés perçues par les sens lors de la dégustation, comme la couleur, l'odeur ou le goût.
Ouillage
Opération consistant à rajouter régulièrement du vin dans chaque barrique pour la maintenir pleine et éviter l'oxydation du vin au contact de l'air.
Ouvert
Se dit d'un vin au nez épanoui et expressif, en général à son apogée.
Oxydatif (élevage)
Méthode d'élevage visant à faire acquérir aux vins certains arômes d'évolution (fruits secs, orange amère, café, rancio…) en les exposant à l'air ; on les élève alors soit dans des barriques, demi-muids ou foudres non ouillés et parfois entreposés en plein air, soit dans des bonbonnes exposées au soleil et aux variations de températures. Ce type d'élevage caractérise certains vins doux naturels, portos et autres vins de liqueur.
Oxydation
Résultat de l'action de l'oxygène de l'air sur le vin. Excessive, elle se traduit par une modification de la couleur (tuilée pour les rouges, ambrée pour les blancs) et du bouquet.

P

Paille (vin de)
Vin liquoreux obtenu grâce à un passerillage après récolte de grappes de raisin déposées sur des claies ou suspendues dans des locaux bien aérés.
Parfum
Synonyme d'odeur avec, en plus, une connotation laudative.
Passerillage
Dessèchement du raisin à l'air s'accompagnant d'un enrichissement en sucre. Les baies passerillées (ou flétries) donnent des vins liquoreux.
Perlant
Se dit d'un vin dégageant de petites bulles de gaz carbonique.
Persistance
Phénomène se traduisant par la perception de certains caractères du vin (saveur, arômes) après que celui-ci a été avalé. Une bonne persistance est un signe positif.
Pétillant
Désigne un vin légèrement effervescent dont la pression du gaz carbonique est moins forte que dans les autres vins mousseux.
Phylloxéra
Puceron qui, entre 1860 et 1880, ravagea le vignoble français en provoquant la mort des racines par sa piqûre.
Pièce
Nom du fût utilisé en Bourgogne (capacité de 228 l).
Pierre à fusil
Se dit d'un arôme qui évoque l'odeur du silex venant de produire des étincelles.
Pigeage
Au cours de la vinification des vins rouges, opération consistant à enfoncer dans le moût du raisin le chapeau (voir ce mot) constitué par les parties solides du raisin, ce qui favorise une extraction des composants du raisin. Voir aussi extraction et remontage.
Piqué
Qualificatif d'un vin atteint d'acescence, maladie se traduisant par une odeur aigre prononcée.
Piqûre (acétique)
Synonyme d'acescence.
Plat
Se dit d'un vin déséquilibré, trop faible en alcool.
Plein
Se dit d'un vin ayant des qualités d'ampleur, qui donne en bouche une sensation de plénitude.
Pommadé
Se dit d'un vin déséquilibré, pâteux et sirupeux, dont la trop grande richesse en sucres donne une impression de lourdeur.
Pourriture noble
Nom donné à l'action du *Botrytis cinerea* sous certaines conditions atmosphériques (matinées brumeuses et journées ensoleillées), grâce à laquelle les baies de raisin se concentrent en sucres, permettant d'élaborer des vins blancs liquoreux.
Presse (vin de)
Dans la vinification en rouge, vin tiré des marcs par pressurage après le décuvage. Voir goutte (vin de).
Pressurage
En blanc ou en rosé de pressurage, action de presser le raisin pour en tirer du jus. En rouge, opération consistant à presser le marc de raisin pour en extraire le vin.
Primeur (achat en)
Achat fait peu après la récolte et avant que le vin soit consommable.
Primeur (vin)
Vin élaboré pour être bu très jeune,

mis en bouteilles et commercialisé très peu de temps après la fermentation (environ deux mois). Synonyme : nouveau.

Prise de mousse
Nom donné à la deuxième fermentation alcoolique que subissent les vins mousseux. Elle donne lieu à un dégagement de gaz carbonique dans la bouteille.

Puissance
Caractère d'un vin qui est à la fois plein, corsé, généreux et d'un riche bouquet.

R

Racé
Caractère d'un grand vin remarquable par son élégance et sa finesse.

Rafle
Terme désignant dans la grappe le petit branchage supportant les grains de raisin qui, lors d'une vendange non éraflée, apporte des tanins et une certaine acidité au vin.

Raisonnée (agriculture)
Agriculture conventionnelle, mais soucieuse de limiter au maximum les traitements de synthèse.

Rancio
Caractère particulier pris par certains vins doux naturels (arômes de noix) au cours de leur vieillissement.

Râpeux
Se dit d'un vin très astringent, donnant l'impression de racler le palais.

Récoltant-manipulant
En Champagne, vigneron élaborant lui-même ses cuvées à partir des raisins de sa propriété exclusivement.

Réduction
Évolution d'un vin en bouteille, à l'abri de l'air. Elle permet l'apparition d'arômes plus éloignés du fruité originel, dits arômes tertiaires (venaison, truffe, sous-bois...).

Réduit
Se dit d'un vin présentant des arômes rappelant le renfermé, qui peuvent se dégager à l'ouverture d'une bouteille longtemps fermée. Ils s'estompent généralement à l'aération.

Remontage
Opération consistant, en début de fermentation, à soutirer le moût hors de la cuve par le bas, puis à l'y réincorporer par le haut. Elle a pour but d'apporter de l'oxygène au moût pour favoriser la multiplication des levures responsables de la fermentation, tout en humidifiant le chapeau (voir ce mot), qui pourrait s'oxyder ou s'altérer. Enfin, elle met en contact les jus avec les pellicules des baies, riches en pigments colorés, en composés aromatiques et en tanins.

Remuage
Dans la méthode traditionnelle, opération visant à amener les dépôts contre le bouchon par le mouvement imprimé aux bouteilles placées sur des pupitres. Le remuage peut être manuel ou mécanique (à l'aide de gyropalettes).

Riche
Qualificatif d'un vin coloré, généreux, puissant et en même temps équilibré.

Rimage
Désigne un vin doux naturel mis en bouteilles précocement pour lui conserver son fruité, à la différence de ceux élevés en milieu oxydatif (voir ce mot).

Robe
Terme employé souvent pour désigner la couleur d'un vin et son aspect extérieur.

Rognage
Action de couper le bout des rameaux de vigne en fin de végétation.

Rond
Se dit d'un vin dont la souplesse, le moelleux et la chair donnent en bouche une agréable impression de rondeur.

Rôti
Caractère spécifique donné par la pourriture noble aux vins liquoreux, qui se traduit par un goût et des arômes de confit.

S

Saignée (rosé de)
Vin rosé tiré d'une cuve de raisin noir au bout d'un court temps de macération.
Salmanazar
Bouteille géante contenant l'équivalent de douze bouteilles ordinaires.
Sarment
Rameau de vigne de l'année.
Saveur
Sensation (sucrée, salée, acide ou amère) produite sur la langue par un aliment.
Sec
Pour les vins tranquilles, caractère dépourvu de saveur sucrée (moins de 4 g/l). Dans l'échelle de douceur des vins effervescents, il s'agit d'un caractère très légèrement sucré (dosage entre 17 et 35 g/l).
Sévère
Se dit d'un vin rouge généralement jeune, très marqué par les tanins et astringent. Voir austère.
Solera
Méthode d'élevage pratiquée en Andalousie pour certains xérès et qui vise à assembler en continu vins anciens et vins plus jeunes. Elle consiste à empiler plusieurs étages de barriques : celles situées au niveau du sol (*solera*) contiennent les vins les plus âgés, les plus jeunes étant entreposés dans les barriques de l'étage supérieur. On prélève dans les tonneaux du niveau inférieur le vin à mettre en bouteilles, qui est remplacé par du vin plus jeune de l'étage supérieur, et ainsi de suite.
Solide
Se dit d'un vin bien constitué, possédant notamment une bonne charpente.
Souple
Se dit d'un vin dans lequel le moelleux l'emporte sur l'astringence.
Soutirage
Opération consistant à transvaser un vin d'un contenant (cuve ou fût) dans un autre pour en séparer la lie.
Soyeux
Qualificatif d'un vin souple, moelleux et velouté, avec une nuance d'harmonie et d'élégance.
Stabilisation
Ensemble des traitements destinés à la bonne conservation des vins.
Structure
Désigne à la fois la charpente et la constitution d'ensemble d'un vin.
Sulfatage
Traitement, jadis pratiqué à l'aide de sulfate de cuivre, appliqué à la vigne pour prévenir les maladies cryptogamiques.
Sulfitage
Introduction de solution sulfureuse (SO^2) dans un moût ou dans un vin pour le protéger d'accidents ou de maladies, ou pour sélectionner les ferments.
Surmaturité
Caractère de raisins récoltés tardivement, riches en sucres, qui donnent des vins souvent moelleux et marqués par des arômes confits.

T

Taille
Coupe des sarments pour régulariser et équilibrer la croissance de la vigne afin de contrôler la productivité.
Tanin
Substance se trouvant dans le raisin, et qui apporte au vin sa capacité de longue conservation et certaines de ses propriétés gustatives.
Tannique
Caractère d'un vin laissant apparaître une note d'astringence due à sa richesse en tanins.
Tendu
Se dit d'un vin vif et nerveux.
Terroir
Territoire s'individualisant par certaines caractéristiques physiques (sol, sous-sol, exposition…) déterminantes pour son vin.
Thermorégulation
Technique permettant de contrôler et de maîtriser la température des cuves pendant la fermentation.
Tirage
1) Synonyme de soutirage.
2) Mise en bouteille du champagne avant la prise de mousse.
Tonneau
Unité de mesure pour le transport et la commercialisation des vins en vrac et correspondant à quatre barriques de 225 l, soit 900 l.
Tranquille (vin)
Désigne un vin non effervescent.
Tries (vendanges par)
Vendanges effectuées en plusieurs passages successifs pour récolter à leur concentration optimale les raisins touchés par la pourriture noble. Elles permettent l'élaboration de grands vins liquoreux.
Tuilé
Caractère des vins rouges évolués qui, en vieillissant, prennent une teinte rouge-jaune. Plus spécialement, mention sur l'étiquette désignant un rivesaltes rouge élevé au moins de trente mois en milieu oxydatif.

V

VDQS
Devenu AOVDQS. Appellation d'origine vin délimité de qualité supérieure, produit dans une région délimitée selon une réglementation précise. Antichambre des AOC, cette catégorie a disparu en 2011.

Végétal
Se dit du bouquet ou des arômes d'un vin (principalement jeune) rappelant l'herbe ou la végétation. Les arômes végétaux peuvent traduire un manque de maturité de la récolte ou une extraction trop forte.

Venaison
S'applique au bouquet d'un vin rappelant l'odeur de grand gibier.

Vert
Se dit d'un vin trop acide.

Vieux
Terme pouvant avoir plusieurs acceptions, mais désignant en général un vin ayant plusieurs années d'âge et ayant vieilli en bouteille après avoir séjourné en tonneau.

Vif
Se dit d'un vin frais et léger, avec une petite dominante acide, mais sans excès, et agréable.

Village
1) Terme employé dans certaines régions pour individualiser un secteur particulier au sein d'une appellation plus large (côtes-du-rhône, côtes-du-roussillon, beaujolais).
2) En Bourgogne, vin d'appellation communale non classé en 1er cru.

Vin de liqueur
Vin doux ne répondant pas aux normes réglementaires des vins doux naturels ou vin obtenu par mélange de moût et d'eau-de-vie (pineau-des-charentes, floc-de-gascogne, macvin-du-jura).

Vin de pays
À l'origine, vin appartenant au groupe des vins de table, mais dont on mentionnait sur l'étiquette la région géographique d'origine. Devenus IGP (indication géographique protégée) en 2009, les vins de pays sont désormais classés dans la catégorie des vins avec indication géographique, comme les AOC. La mention « vin de pays » peut subsister sur l'étiquette. Voir IGP.

Vin de table
Catégorie de vin n'affichant aucune indication géographique sur l'étiquette et provenant souvent de coupages entre des vins de différents vignobles de France ou de l'UE. Ces vins sont désormais appelés « vins sans indication géographique » (et « vins de France » s'ils proviennent du territoire national).

Vin doux naturel
Vin obtenu par mutage à l'alcool vinique du moût en cours de fermentation, souvent issu des cépages muscat et/ou grenache et correspondant à des conditions strictes de production, de richesse et d'élaboration.

Vineux
Se dit d'un vin possédant une certaine richesse alcoolique et présentant de façon nette les caractéristiques distinguant le vin des autres boissons alcoolisées.

Vinification
Méthode et ensemble des techniques d'élaboration du vin.

Viril
Se dit d'un vin à la fois charpenté, corsé et puissant.

Volume
Caractéristique d'un vin donnant l'impression de bien remplir la bouche.

VQPRD
Vin de qualité produit dans une région déterminée. Correspondait au vin AOC dans le langage réglementaire de l'Union européenne. Aujourd'hui, l'UE distingue les vins avec indication géographique (IG), qui incluent les anciens vins de pays, des vins sans indication géographique (VSIG).

VSIG
Vin sans indication géographique.

Dans le langage réglementaire de l'UE, désigne aujourd'hui les anciens vins de table, qui peuvent être issus de coupages de différents vignobles. Cette catégorie exclut désormais les vins de pays (IGP), qui proviennent obligatoirement d'une zone géographique.

INDEX DES DOMAINES

A

A Ronca, 177
Ackerman, 292
Adissan, 220
Dom. Aliso-Rossi, 227
François d'Allaines, 113
Dom. de l'Amandière, 99
Yannick Amirault, 149
L'Ancienne Cure, 145
Ch. des Annibals, 135
Anstotz et Fils, 188
Antech, 294
Ch. d'Arche (2e cru classé), 253
Ch. Arnauton, 95
Ch. d'Arricaud, 99
Ch. Les Arromans, 199
Ch. des Arroucats, 249
Dom. des Aspras, 132
Art Mas, 156
Ch. d'Astros, 176
Dom. Aubert-Monory, 153
Dom. Charles Audouin, 208
Dom. Aujard, 235
Ch. de l'Aujardière, 232
Dom. Les Aurelles, 127
Autréau de Champillon, 277

B

Ch. de Bachen, 230
Alain Bailly, 276
Ch. Balsamine, 228
Laurent Bannwarth, 191
Paul Bara, 280
Ch. Barouillet, 256
Dom. des Barres, 238
Dom. de Barroubio, 267
Ch. de Basset, 90
Bastide blanche, 137
Bastide des Oliviers, 135
Bastide Saint-Dominique, 156
Ch. Baston-Lamontagne, 196, 253
Dom. Baud Père et Fils, 295
Baudry, 280
Dom. Beau Mistral, 241
Ch. Beau Rivage, 93
Ch. Beaubois, 185
Ch. de Beaupré, 132
Dom. des Beaumont, 112
Dom. de Beaurenard, 271
Dom. de Beaurepaire, 235
Pierre et Frédéric Becht, 293
Beck – Dom. du Rempart, 247
Dom. de la Bégude, 226
Dom. des Béguineries, 154
Dom. Belambrée, 174
Ch. Bellegrave, 103
Dominique Belluard, 215
Michel Berthelot, 280
Dom. Berthet-Bondet, 218
Dom. Berthet-Rayne, 243
Thierry Besard, 263
Bestheim, 191
Philippe Betemps, 215
André Blanck et ses Fils, 246
Dom. Paul Blanck, 189
Boeckel, 188
Joël Boilley, 254
Jean-Claude Boisset, 209
Dom. Boissonnet, 242
Bollinger, 289
Ch. de Bonhoste, 93, 295
Dom. Bonnardot, 205
Ch. Henri Bonnaud, 137
Bonnet-Ponson, 284
Boulard-Bauquaire, 284
Dom. Boudau, 266
Ch. de Bouillerot, 252
Ch. Bouissel, 142
Dom. La Bouïssière, 164
R. Bourdelois, 281
Ch. Bourdieu, 96
Ch. Bramefant, 256
Brana, 231
Franck Breton, 237
Ch. Briand, 144
Ch. de Brézé, 148
Brobecker, 82
Dom. Nicolas Brunet, 237
Paul Buecher, 188
Dom. des Burdelines, 87
Burghart-Spettel, 191
Philippe Butin 273

C

Lauran Cabaret, 223
Dom. La Cabotte, 163
Dom. Cachat-Ocquidant, 114
Dom. du Cagueloup, 225
Ch. Le Calvaire, 93
Ch. La Canorgue, 158
Ch. Cantelaudette, 200
Dom. de Canto Perlic, 139
Ch. de Cappes, 250
Dom. Capuano-Ferreri, 115
Carod, 295
Dom. Castagnier, 117
Ch. de Castres, 201
François Carrel et Fils, 122
Dom. du Carroir-Perrin, 182
Dom. Cahaupé, 259
Cave de Chaintré, 209
Cave de Condom, 272
Ch. de Castelneau, 171
Cave de Crouseilles, 145, 256
Caves de la Loire, 182
Cave de Quinsac, 171
Cave de Rasteau, 271
Cave de Tain, 161
Cave des Producteurs de Vouvray, 263
Cave des Vignerons de Buxy, 108
Cave des Vignerons de Mancey, 291
Cave du Connaisseur, 106
Cave du Marmandais, 140
Cave du Père Tienne, 115
Cave du Trapadis, 271
Cave vinicole de Hunawihr, 293
Caves Bailly-Lapierre, 202, 290
Dom. du Causse d'Arboras, 172
Cazes, 223
François Cazin, 151
Pierre Cellier, 277
Cellier de la Sainte-Baume, 175
Cellier Saint-Augustin, 133
Ch. du Cerbier, 125
Dom. de la Citadelle, 241
Ch. des Chaberts, 224
Ch. de Chamirey, 208
Dom. Jean-Paul Champagnon, 87
Dom. de la Chanade, 228
Lydie et Thierry Chancelle, 262
Chantecôtes, 185
La Chapinière, 146
Hervé Charlopin, 111
J. Charpentier, 281
Anthony Charvet, 87
Dom. du Château, 220
Dom. Chauvenet-Chopin, 117
Yann Chave, 161
Dom. de Chevigneux, 122
Dom. des Chesnaies, 146
Pascal Clair, 273
Dom. Clavel, 156
Ch. Clos Mignon, 180
Dom. de la Closerie, 154
Ch. Le Clou, 230
Pol Cochet, 277
Lydie et Max Cognard, 155
Dom. Michel Colbois, 202
Marc Colin et ses Fils, 206
Dom. des Collines, 93
Dom. du Colombier, 147, 162
Dom. de Coquin, 151
Dom. Cordier Père et Fils, 209
Dom. de la Cornasse, 206
Dom. de la Côte de l'Ange, 163
Ch. de la Cour d'Argent, 94
Dom. du Courbis, 163
Courrèges Wines, 91
Dom. de La Creuze Noire, 194
Dom. La Croix Chaptal, 222
Dom. de la Croix Mulins, 87
Ch. La Croix de Roche, 91
Dom. Cros de La Mûre, 157
Ch. Calissanne, 133
Ch. Candastre, 181
Dom. Caudron, 285
Dom. Edmond Chalmeau et Fils, 107
Ch. Chasse-Spleen, 102
Ch. Cheval Blanc, 105
Ch. Clarke, 101
Ch. Combet, 257
Jacques Copinet, 277
Ch. Couhins, 201
Ch. Coujan, 223
Ch. Creissan, 221
Ch. Crémade, 179
Ch. la Caminade, 141
Ch. la Commanderie, 103
Ch. Comtesse du Parc, 95
Ch. Le Crock, 103
Ch. Poujeaux, 102
Chave, 166
Cheval Quancard, 196
Chevalier, 290
Clape, 166
Clos Canos, 173
Clos de l'Anhel, 128
Clos de la Coulée de Serrant, 238
Clos de la Roue, 84
Clos de Reynaud, 94
Dom. Le Clos des Cazaux, 165
Clos des Vins d'Amour, 223
Dom. du Clos du Roi, 106
Clos La Rivière, 173
Clos Marsalette, 201
Dom. du Clos Saint-Jacques, 203
Clos Saint-Vincent, 226
Clos Teddi, 136
Dom. Bruno Colin, 119
Collet de Bovis, 179
Collovray et Terrier, 213
Commanderie de Peyrassol, 134
Comte Senard, 211
Dom. du Coriançon, 165
Coteaux de la Roche, 84

D

Dom. des Darrèzes, 85
Dauby, 281
Clotilde Davenne, 207
Élise Dechannes, 278
André Delorme, 212
Marc Deschamps, 237
Georges Després et Fils, 195
Michel et François Descombes, 86
Pascal Desroches, 182
Derey Frères, 211
Ch. Deyrem Valentin, 101
Dom. du Deffends, 135
Dom. Delaunay, 292
M. Demière et Fils, 282
Dom. Desroches, 149
Dom. des Diables, 175

INDEX DES DOMAINES

Dom. Digioia-Royer, 116
Dom. de Dionysos, 160
Ch. Doisy-Daëne, 200, (2e cru classé) 253
Dom Pérignon, 288
Ch. Dona Baissas, 269
Ch. du Donjon, 173
Dopff au Moulin, 191
Drapier, 285
Raphaël Dubois, 117
R. Dubois et Fils, 113
Didier Ducos, 282
Dom. Daniel Dugois, 254
Dufouleur Frères, 118
Anna et André Durrmann, 192

E

Jean-Paul Ecklé, 192
Edmundson Remus Wines, 98
Ch. de l'Engarran, 126
Dom. des Escaravailles, 159
Ch. des Estanilles, 130
Christian Étienne, 278
L'Étoile, 268
Ch. Les Eydins, 184

F

Paul Fahrer, 83
Dom. Martin Faudot, 219
Fayolle Fils et Fille, 242
Dom. Félines Jourdan, 221
Dom. Félix, 107
Dom. de la Ferme Blanche, 227
Dom. Feuillat-Juillot, 208
Dom. Fichet, 107
Dom. de Fiervaux, 183
Dom. Maria Fita, 131
Dom. de Fondrèche, 241
Dom. de Fontavin, 270
Ch. de Fontcreuse, 226
Ch. Fontebride, 251
Ch. de Fontlade, 175
Forget-Chemin, 285
Dom. de La Grande Foucaudière, 149
Ch. Fougas, 94
Ch. Frédignac, 97
Dom. des Frémonclairs, 183
J. Fritsch, 190
Dom. de la Fuye, 148

G

Pierre Gaillard, 273
Ch. de Garbes, 250
Dom. de la Gabillière, 236
Dom. de Gagnebert, 260
Dom. Paul Garaudet, 211
Garnier et Fils, 207
Dom. des Gauletteries, 236
Dom. des Génaudières, 260
Dom. Geneletti, 254
Dom. Geoffrenet-Morval, 147
Jean-Michel Gerin 162
Dom. Germain Père et Fils, 202
Dom. Giachino, 216
Dom. Giacometti, 177
Dom. Armand Gilg, 293
Gimonnet-Gonet, 285
Samuel et Fabien Girard-Madoux, 217
Vincent Girardin, 213
Camille Giroud, 112
Willy Gisselbrecht, 192
Gervais Gobillard, 283
Jérôme Godefroy, 155
André Goichot, 119
Dom. Gondard Perrin, 205
Ch. de Gorrichon, 229
Dom. Michel Goubard et Fils, 109
Dom. les Goubert, 164
Ch. Grand Place, 229
Ch. du Grand Plantier, 248
Ch. Grand-Puy Ducasse, 103
Dom. Le Grand Retour, 161
Dom. de Grandmaison, 201
Ch. de la Grange, 233
Dom. du Granit Bleu, 84
Dom. des Gravennes, 157
Ch. aux Graves de la Laurence, 89
Dom. des Grecaux, 124
Ch. de La Greffière, 109
Dom. des Grès, 195

Marcel Grillet, 194
Ch. Grillon, 249
Ch. Les Grimard, 229
Dom. Bernard Gripa, 242
Rémy Gross, 246
Guigal, 167
Guillemard-Pothier, 109
Dom. Pierre Guillemot, 118
Dom. Jean-Michel Guillon et Fils, 113
Ch. Guilhem, 131
Dom. de Guillau, 138
Ch. de la Guipière, 233
Alain Guyard, 111
Dom. Guyon, 116

H

Dom. Robert Haag et Fils, 246
Ch. Haut-Brion, 105
Dom. du Haut Fresne, 291
Ch. Haut-Goutey, 251
Ch. Haut-Guillebot, 197
Ch. Haut-La-Péreyre, 90
Ch. Haut-Mouleyre, 248
Ch. du Haut-Pezaud, 258
Ch. Haut-Plantade, 100
Ch. Haut-Valentin, 252
Didier Herbert, 286
Dom. Heresztyn, 116
Dom. Hordé, 215
Hospices de Colmar, 189
Dom. des Huards, 237
Hueber, 190
Ch. Hugon, 145
Humbrecht, 83, 190

J

Ch. Jacquet, 88
Ch. Jany, 249
Dom. du Jas, 159
Patrick Javillier, 118
Ch. de Jau, 221
Denis Jeandeau, 213
Rémi Jeanniard, 113
Virgile Joly, 125
Patricia et Bernard Jomain, 194
Dom. du Joncier, 157
Alain Joulin et Fils, 263
Ch. de Juliénas, 84
Guy Justin, 217

K

Kamm, 193
André Kleinknecht, 189
Krug, 288

L

Dom. Labranche Laffont, 143
Ch. Lacapelle Cabanac, 144
Ch. Lacour Jacquet, 101
Ch. de Lacroux, 139
Ch. Laffitte-Teston, 229
Ch. Lafite-Rotschild, 104
Dom. Lafond Roc-Épine, 164
Patrick Lambert, 154
Vincent Laroppe, 83
Ch. Lary, 89
Ch. de Lascaux, 222
Ch. Latour, 105
Dom. des Lauriers, 221
L. Huot Fils, 279
Lapeyre, 231
Larmandier Père et Fils, 286
Lavaure-Huber, 279
Laurent Lequart, 286
Pierre Legras, 287
Ch. Léoube, 136
Ch. La Lieue, 175
Dom. La Linquière, 130
Ch. Lousteauneuf, 95
Lucian, 172
André Lurton, 199

M

Dom. Macle, 219
Frédéric Mabileau, 155
Dom. Maby, 185
Jean-Jacques Maillet, 263
Maison Malet-Roquefort, 88
Ch. de Mallevieille, 140
Manoir de l'Emmeillé, 256
Jean-Philippe Marchand, 109, 203
Ch. Margaux, 104
Dom. de Magnaut, 272
Ch. Marguerite, 181
Ch. Marjosse, 92, 198
Dom. des Marnes Blanches, 216
Ch. de Marsan, 171
Laurent Martray, 86
Mas de Bressades, 158
Mas de Cadenet, 225
Mas de la Dame, 135
Mas de Lunès, 124
Mas Granier, 125
Mas Karolina, 269
Dom. du Mas Neuf, 267
Mas Peyre, 269
Mas Sainte-Berthe, 135
Mas Ventenac, 129
Ch. Masburel, 257
Ch. Massac, 251
Ch. de Mérande, 123
Dom. du Météore, 220
Ch. de Meyreuil, 227
Ch. Les Miaudoux, 181
Dom. Michel, 213
Ch. de Mihoudy, 233
Dom. du Mittelburg, 247
Joseph Moellinger et Fils, 189
Dom. des Moirots, 107
Dom. de la Monette, 115
Monial, 283
Ch. du Mont, 249
Ch. de Montfaucon, 157
Ch. Montfin, 222
Dom. de Montfort, 149
Dom. Montirius, 165
Dom. de la Mordorée, 241
J. Moreau & Fils, 207
Dom. Louis Moreau, 210
Olivier Morin, 203
Ch. Moulin Caresse, 145
Dom. du Moulin Giron, 233
Dom. du Moulin de Dusenbach, 293
Moulin des Verny, 291
Dom. Mounié, 131
Dom. de Mourchon, 159
Ch. Mouton-Rotschild, 104
Dom. Xavier Muller, 193

N

Ch. Nardique la Gravière, 198
Ch. La Nauze, 97
Nominé Renard, 287
Dom. Le Nouveau Monde, 127
Ch. Nozières, 144

O

Antoine et Rachel Olivier, 204
Dom. Ollier Taillefer, 127

INDEX DES DOMAINES

Dom. de l'Oppidum des Cauvins, 224
L'Ormarine, 221
Lionel Osmin & Cie, 141
Dom. L'Ostal Cazes, 131
Dom. des Ouches, 150

P

Bruno Paillard, 287
Nicolas Paget, 236
Dom. de la Paleine, 291
Dom. Pardon, 85
Dom. Pastouret, 240
Dom. Christian et Patricia Pêcheur, 216
Ch. de Péna, 266
Dom. des Perdrix, 110
Désiré Petit, 295
Dom. du Petit Clocher, 146
Dom. du Petit Métris, 261
Ch. Petit Sonnailler, 174
Dom. de la Petite Galillée, 195
Dom. des Petits Quarts, 261
Dominique Percereau, 262
La Perrière, 232
Ch. Pesquié, 184
Petrus, 105
Ch. de la Peyrade, 267
Ch. de Peyssonnie, 266
Ch. Piada, 253
Dom. Pieracci, 179
Ch. Pierre-Bise, 238
Ch. Piconat, 170
Piétrement-Renard, 279
Dom. Piétri-Géraud, 129
Dom. de la Pigeade, 270
Pigneret Fils, 205
Dom. Pignier, 214
Dom. Pique-Basse, 161
Plaimont, 231
Plaimont Producteurs, 143, 181
Jacques Plasse, 147
Dom. Le Portail, 263
Ch. Potensac, 100
Dom. Pouderoux, 269
Dom. Poulleau Père et Fils, 110, 119
Marc Pradier, 147
Dom. de Pratavone, 177
Yannick Prévoteau, 283
Pierre Prieur et Fils, 237
Achille Princier, 276
Ch. Le Priolat, 97
Dom. de la Punta, 134
Jacques Puffeney, 123
Ch. de Putille, 260
Ch. Puy-Servain, 259

Q

Dom. des Quatre Vents, 177
Dom. Pascal et Annick Quénard, 217
Les Fils de René Quénard, 215

R

Ch. La Rame, 252
Ch. de Rayne-Vigneau (1er cru classé), 253
Dom. de la Rectorie, 268
Dom. La Réméjeanne, 240
Dom. des Remizières, 243
Dom. de La Rencontre, 267
Dom. de La Renjarde, 160
Dom. de Riaux, 237
Ch. de Ricaud, 252
Ch. Richard, 143
F. Richomme, 279
Dom. Richou, 151
Thierry Richoux, 111
Michel Robineau, 261
Ch. Les Rocs de Plaisance, 170
Dom. de la Roche Blonde, 263
Dom. de la Roche Moreau, 261
Dominique Roger, 151
Ch. de Rolland, 251
Rolet Père et Fils, 218
Romanée-Conti, 120
Dom. des Ronces 123
Roque Sestière, 220
Geoffroy de Roquefeuil, 196
Ch. Les Roques, 140
Dom. Rossignol, 269
Ch. Rouquette-sur-Mer, 126

Ch. la Rose du Pin, 89
Dom. Rotier, 258
Ch. Rôumieu-Lacoste, 251
Dom. Jacques Rouzé, 235
Dom. Roy, 210
Dom. Georges Roy et Fils, 114
Dom. de Rully Saint-Michel, 115

S

Dom. du Sacré-Cœur, 128
Dom. Saint-Jean, 152
Dom. Saint-Jean-Le-Vieux, 225
Ch. Saint-Louis, 180
Ch. Saint-Roch, 185
Saint-Sauveur, 270
Dom. Saint-Vincent, 153
Dom. Salisquet, 142
Salon, 288
Dom. de la Sanglière, 134
Dom. Sarda-Malet, 223
Dom. Sauger, 235
Dom. Joseph Scharsch, 193
Paul Scherer, 82
Dom. des Schistes, 129, 268
Paul Schneider, 189
Dom. des Sesquières, 172
Sieur d'Arques, 294
Ch. Siran, 101
Société Fermière des Grands Crus de France, 88
Dom. de la Sorba, 132
Dom. de Souch, 231
Albert Sount, 212
Stromberg, 189

T

Dom. Taillandier, 261
Nicole Tapon et Jean-Christophe Renaut, 99
Dom. de Terrebrune, 137
Dom. des Terres Blanches, 224
Dom. des Terres de Velle, 204
Dom. Terres Georges, 128
Ch. de Teste, 250
Ch. Teynac, 103
Ch. Thieuley, 92
Jean-Louis Tissot, 214
Michel Tissot et Fils, 123
Toques et Clochers, 223
Dom. de la Tour, 203
Ch. Tour de Miot, 90
Dom. de la Trille, 214
Dom. des Hautes Troglodytes, 152
Dom. Les Trois Terres, 176
Dom. de la Tuffière, 182

U

Union de Producteurs de Saint-Émilion, 96
Dom. Pierre Usseglio et Fils, 157

V

Ch. de Valflaunès, 130
Dom. Vallet, 242
Dom. des Vallettes, 150
Dom. Philippe Vandelle, 217
Ch. de Vauclaire, 178
Dom. des Vernes, 234
Ch. Verrière Bellevue, 248
Veuve A. Devaux, 283
Veuve Clicquot, 289
Dom. du Vieux Bourg, 153
Dom. du Vieux Noyer, 139
Vignerons catalans, 268
Vignerons d'Olt, 141
Vignerons de Gonfaron, 176
Vignerons de Saint-Jean-de-Minervois, 267
Vignerons du Muscat de Lunel, 266
Vignerons du Tutiac, 171
Vignerons du Roy René, 178
Vignerons landais, 145
Vignoble Dampt, 205
Vignoble du Ch. de la Voûte, 234
Vignobles Arbo, 199
Vignobles Boudat-Cigana, 201
Vignobles Ducourt, 197
Vignobles Labuzan, 201
Vignobles Léon Nony, 98
Vignobles de Lussac, 99
Vignobles Poitevin, 91
Dom. Fabrice Vigot, 108
Georges Vigouroux, 138
Dom. A. et P. de Villaine, 119
François Villard, 163
Dom. Élise Villiers, 204
Vindemio, 158
Vins fins du Périgord, 257
Vorburger, 82
Ch. La Voulte-Gasparets, 131

W

Dom. Wilfried, 165
Dom. Weinbach, 193
Christelle et Gilles Wicky, 273
Wolfberger, 193

Z

Zimmermann, 247

Fiche de dégustation

Nom du vin ....

Appellation ....

Millésime analysé ....

- Vin tranquille blanc
- Vin blanc doux
- Vin tranquille rosé
- Vin tranquille rouge
- Vin effervescent blanc
- Vin effervescent rosé
- Vin effervescent rouge

Œil :

Mousse (effervescent) ....

Robe (couleur, reflet, intensité, limpidité) ....

Nez :

(intensité, qualité, nuances odorantes) ....

Bouche :

(première impression, équilibre, dominantes, arômes, intensité et nuances, longueur, finale) ....

Remarques personnelles / Harmonie générale : ....

Accords gourmands : ....

Fiche de dégustation

Nom du vin ....

Appellation ....

Millésime analysé ....

- Vin tranquille blanc
- Vin blanc doux
- Vin tranquille rosé
- Vin tranquille rouge
- Vin effervescent blanc
- Vin effervescent rosé
- Vin effervescent rouge

Œil :

Mousse (effervescent) ....

Robe (couleur, reflet, intensité, limpidité) ....

....

Nez :

(intensité, qualité, nuances odorantes) ....

....

....

Bouche :

(première impression, équilibre, dominantes, arômes, intensité et nuances, longueur, finale) ....

....

....

Remarques personnelles / Harmonie générale : ....

....

....

Accords gourmands : ....

....

Fiche de dégustation

Nom du vin ....

Appellation ....

Millésime analysé ....

- Vin tranquille blanc
- Vin blanc doux
- Vin tranquille rosé
- Vin tranquille rouge
- Vin effervescent blanc
- Vin effervescent rosé
- Vin effervescent rouge

Œil :

Mousse (effervescent) ....

Robe (couleur, reflet, intensité, limpidité) ....

....

Nez :

(intensité, qualité, nuances odorantes) ....

....

....

Bouche :

(première impression, équilibre, dominantes, arômes, intensité et nuances, longueur, finale) ....

....

....

Remarques personnelles / Harmonie générale : ....

....

....

Accords gourmands : ....

....

Fiche de dégustation

Nom du vin ....

Appellation ....

Millésime analysé ....

- Vin tranquille blanc
- Vin blanc doux
- Vin tranquille rosé
- Vin tranquille rouge
- Vin effervescent blanc
- Vin effervescent rosé
- Vin effervescent rouge

Œil :

Mousse (effervescent) ....

Robe (couleur, reflet, intensité, limpidité) ....

....

Nez :

(intensité, qualité, nuances odorantes) ....

....

....

Bouche :

(première impression, équilibre, dominantes, arômes, intensité et nuances, longueur, finale) ....

....

....

Remarques personnelles / Harmonie générale : ....

....

....

Accords gourmands : ....

....

Fiche de dégustation

Nom du vin ....

Appellation ....

Millésime analysé ....

- Vin tranquille blanc
- Vin blanc doux
- Vin tranquille rosé
- Vin tranquille rouge
- Vin effervescent blanc
- Vin effervescent rosé
- Vin effervescent rouge

Œil :

Mousse (effervescent) ....

Robe (couleur, reflet, intensité, limpidité) ....

....

Nez :

(intensité, qualité, nuances odorantes) ....

....

....

Bouche :

(première impression, équilibre, dominantes, arômes, intensité et nuances, longueur, finale) ....

....

....

Remarques personnelles / Harmonie générale : ....

....

....

Accords gourmands : ....

....

Fiche de dégustation

Nom du vin ……………………………………

Appellation ……………………………………

Millésime analysé ……………………………………

- Vin tranquille blanc
- Vin blanc doux
- Vin tranquille rosé
- Vin tranquille rouge
- Vin effervescent blanc
- Vin effervescent rosé
- Vin effervescent rouge

Œil :

Mousse (effervescent) ……………………………………

Robe (couleur, reflet, intensité, limpidité) ……………………………………

Nez :

(intensité, qualité, nuances odorantes) ……………………………………

Bouche :

(première impression, équilibre, dominantes, arômes, intensité et nuances, longueur, finale) ……………………………………

Remarques personnelles / Harmonie générale :

……………………………………

Accords gourmands :

……………………………………

Les bouteilles, étiquettes et propriétés viticoles
mentionnées ne sont pas publicitaires
et répondent au seul choix de l'éditeur.

Direction Hachette Pratique
Catherine Saunier-Talec

Direction Hachette Vins
Stéphane Rosa

Responsable d'édition
Juliette de Lavaur

Édition
Odile Raoul, Séverine Corson-Schneider

Responsable graphique
Antoine Béon

Conception graphique, réalisation et illustrations
François Warzala

Relectures
Frédéric Lorreyte, Martine Lavergne

Fabrication
Isabelle Simon-Bourg

Achevé d'imprimer en novembre 2014
Imprimé en Espagne
par Industria Grafica Cayfosa
Dépôt légal : novembre 2014
ISBN 978-2-01396-252-0

CHAMBO
VOLNAY
1945
1946
1953
1954
1955